13

The Elements of Computing Systems 2/E

THE ELEMENTS OF COMPUTING SYSTEMS, 2/E

by Noam Nisan, Shimon Schocken

밑바닥부터 만드는 컴퓨팅 시스템 2판

불 논리부터 컴퓨터 아키텍처, 운영체제까지

초판 1쇄 발행 2023년 4월 24일 **지은이** 노암 니산, 시몬 쇼켄 **옮긴이** 김진홍 **펴낸이** 한기성 **펴낸곳** ㈜도서출판인사이트 **편집** 백주옥 **제작·관리** 이유현, 박미경 **용지** 월드페이퍼 **출력·인쇄** 예림인쇄 **후가공** 이레금박 **제본** 예림바인딩 **등록번호** 제2002-000049호 **등록일자** 2002년 2월 19일 **주소** 서울시 마포구 연남로5길 19-5 **전화** 02-322-5143 **팩스** 02-3143-5579 **이메일** insight@insightbook.co.kr **ISBN** 978-89-6626-392-9 책값은 뒤표지에 있습니다. 잘못 만들어진 책은 바꾸어 드립니다. 이 책의 정오표는 https://blog.insightbook.co.kr에서 확인하실 수 있습니다.

The Elements of Computing Systems 2/E

밑바닥부터 만드는 컴퓨팅 시스템 2판

불 논리부터 컴퓨터 아키텍처, 운영체제까지

노암 니산·시몬 쇼켄 지음 | 김진홍 옮김

인사이트

단순한 것이 더 아름답다는 교훈을 주신 부모님께

차례

옮긴이의 글

이 훌륭한 책의 1판을 번역한 지 얼마 되지 않은 것 같은데, 꽤 오랜만에 2판을 번역하게 되었습니다. 번역을 하다 보니, 2판이기는 하지만 1판과 주제와 구성만 유사하고 세세한 표현들은 거의 전부 새로 썼다고 해도 과언이 아닐 정도로 많은 내용이 바뀌거나 추가되었다는 사실을 알 수 있었습니다. 1판도 이미 매우 좋은 책이었는데 이렇게까지 열심히 개정을 하다니, 컴퓨터 개념을 알리고자 하는 저자들의 열정과 노력이 한층 더 마음에 와 닿는 느낌이었습니다.

저자들이 책에서도 여러 번 강조하는 이야기지만, 컴퓨터에 관한 어떤 개념을 배우고 이해하는 데 가장 좋은 방법 중 하나는, 그 개념에 관한 무언가를 밑바닥부터 직접 만들어 보는 것입니다. 하드웨어도, 소프트웨어도 그렇죠. 이 책의 장점은 컴퓨터의 한 부분에 국한된 것이 아니라, 가장 기초적인 하드웨어에서부터 OS를 거쳐 테트리스 같은 꽤 복잡한 프로그램까지, 정말로 처음부터 끝까지 다 만들어 본다는 점에 있습니다. 현대 컴퓨터 시스템의 복잡성을 생각해 보았을 때, 이렇게 나무가 아닌 숲을 조망하는 관점의 책은 흔치 않을 것 같습니다. 그러면서도 나무에 해당하는 핵심적인 개념들을 놓치지 않고 설명하고 있습니다. 따라서 컴퓨터를 전공하지 않은 사람은 물론이고, 전공한 사람도 컴퓨터 시스템의 전체적인 그림을 파악하기 위해서라면 이 책을 읽어보는 것은 매우 좋은 선택이 될 것 같습니다.

1판에 이어 2판을 번역하면서, 개인적 시간을 내서 nand2tetris.org 홈페이지에 있는 영문 자료들도 번역해서 소개하면 좋았을 것 같다는 아쉬움이 조금 들었습니다. 변명 아닌 변명(?)을 하자면, 다행히 최근에 웹 브라우저에 있는 부가기능 중 자동 번역 기능이 매우 좋아진 덕분에 언어의 장벽이 크게 낮아져 예전보다는 무리 없이 읽을 수 있지 않을까 생각합니다. 책에서 다룬 내용들, 다른 사람들이 만든 프로젝트, Q&A 게시판 등이 있으니 책과 같이 읽어 보기를 추천합니다.

끝으로, 제가 번역한 2판 번역서도 컴퓨터를 이해하고자 하는 독자 여러분들의 여정에 조금이라도 도움이 되길 바랍니다. 감사합니다.

2023년 3월
옮긴이 김진홍

지은이의 글

듣기만 하면 잊어버리기 마련이고, 보기만 하면 기억할 수만 있을 뿐이고, 행해야 이해할 수 있다.[1]

공자(기원전 551~479)

21세기의 깨우친 사람이라면 BANG, 즉 비트Bit, 원자Atom, 뉴런Neuron, 유전자Genes의 핵심 개념을 잘 알아야 한다는 이야기가 있다. 비록 과학이 그 기본 작동 체계를 밝혀내는 데 크게 성공하기는 했지만, 원자, 뉴런, 유전자가 어떻게 동작하는지 완전히 파악하지 못할 가능성도 상당하다. 하지만 비트와 컴퓨터 시스템은 다행히도 예외다. 현대적인 컴퓨터가 굉장히 복잡하기는 하지만 어떻게 동작하는지, 어떻게 만들어지는지는 완전히 이해할 수 있다. 따라서 BANG을 경외의 눈으로 바라보더라도, 적어도 이 네 가지 개념 중 하나가 인간의 이해 아래 온전히 있다는 생각을 하면 즐거워진다.

실제로 컴퓨터 역사의 초창기에는 컴퓨터에 호기심이 많은 사람이라면 누구든지 컴퓨터가 어떻게 작동하는지 전반적으로 이해할 수 있었다. 예전에는 하드웨어와 소프트웨어 사이의 상호작용이 단순했기에 컴퓨터의 작동 원리를 논리정연하게 그려볼 수 있었다. 하지만 현대에 들어 컴퓨터 기술이 점점 더 복잡해지면서 그 원리를 명료하게 이해하기 어려워졌다. 이제 컴퓨터

---

1 (옮긴이) 이 말은 실제로 공자가 한 적이 없는 말이다. 그보다는 순자의 유효편(儒效篇)에서 나온 不聞不若聞之, 聞之不若見之, 見之不若知之, 知之不若行之; 學至於行之而止矣(듣지 않는 것은 듣는 것만 못하고, 듣는 것은 보는 것만 못하며, 보는 것은 아는 것만 못하고, 아는 것은 행하는 것만 못하다. 배움이란 행하는 데에 이르러야 완성되는 것이다.)에서 따온 말로 보인다.

과학의 가장 기본적인 개념이나 기법은, 여러 단계의 모호한 인터페이스 및 구현 안에 숨겨져 보이지 않는다. 이런 복잡함 탓에 컴퓨터 과학 교육과정은 전체 분야에서 일부만을 다루는 과목들로 세분화되는 것을 피할 수 없게 되었다.

　이 책을 쓴 이유는 컴퓨터 과학과 학생들 중에 나무만 보고 숲을 보지 못하는 학생들이 많다는 생각에서다. 보통 학생들은 프로그래밍, 이론, 엔지니어링에 대한 과목들을 연이어 들어야 하다 보니 잠시 멈춰 서서 전체적인 그림의 아름다움을 감상할 여유가 없다. 이 전체적인 그림은 하드웨어, 소프트웨어 및 응용프로그램 시스템이, 추상화, 인터페이스, 규약 기반 구현들이 그물처럼 긴밀하게 연결되어 있는 그림이다.

　많은 학생과 전문가가 이렇게 복잡하고 규모가 큰 시스템을 실제로 다뤄보지 못해서 컴퓨터 안에서 어떤 일이 일어나는지 잘 모른다는 느낌을 받는다. 컴퓨터는 21세기의 가장 중요한 기기인데도 이런 느낌을 받는다는 건 좋지 않은 일이다.

　우리는 컴퓨터의 작동 원리를 이해하는 가장 좋은 방법은 바로 밑바닥부터 컴퓨터를 구성해 보는 거라 생각했다. 이 생각은 다음 생각으로 이어졌다. 단순하지만 충분히 강력한 컴퓨터 시스템을 설계하자. 그리고 밑바닥 하드웨어 플랫폼에서 소프트웨어 계층까지 학생들이 직접 만들게 하자. 그리고 하는 김에 제대로 하자. 왜냐면 기본 원리를 바탕으로 범용 컴퓨터를 만드는 일은 매우 큰 작업이기 때문이다.

　그래서 우리는 컴퓨터를 직접 만들어 보면서, 대규모 하드웨어 및 소프트웨어 개발 프로젝트를 효과적으로 계획하는 방법도 가르치는 독창적인 교육법을 창안했다. 그뿐만 아니라 우리는 단계적인 접근법을 통해, 몇 개의 기초 구성 블록에서 대단히 복잡하고 유용한 시스템이 구성되는 방식을 보여주려 했다. 또한 기본 원리를 주의 깊게 생각하고 모듈식으로 설계해 보면서 매우 복잡하고 유용한 시스템을 만들어 보는 성취감을 주려고 노력했다.

이 노력의 결과물이 'Nand to Tetris(Nand에서 테트리스까지)'라는 이름의 프로젝트가 되었다. 이 프로젝트는 Nand라는 가장 기초적인 논리 게이트에서 시작해서 12개의 서브 프로젝트를 수행하고 나면, 테트리스 게임뿐 아니라 여러분이 떠올릴 수 있는 어떤 프로그램도 실행할 수 있는 범용 컴퓨터를 완성하게 되는 실습 프로그램이다. 컴퓨터 시스템을 직접 설계하고 만들고 다시 설계하고 다시 만드는 과정을 통해 이 책을 썼고, 다른 학습자들도 똑같이 따라할 수 있도록 그 과정을 설명했다. 또한 nand2tetris.org 웹사이트를 개설해서, 이 과정을 배우거나 가르치고자 하는 사람이라면 누구나 모든 프로젝트 자료와 소프트웨어 도구를 사용할 수 있도록 모두 공개했다.

기쁘게도 이 프로젝트에 대한 반응은 뜨거웠다. 최근 전 세계 수많은 대학, 고등학교 코딩 부트 캠프, 온라인 플랫폼, 해커 클럽에서 Nand to Tetris 과정을 강의하고 있다. 이 책과 온라인 과정은 매우 인기가 높아졌으며, 고등학생부터 구글 엔지니어에 이르기까지 수천 명의 학습자가 Nand to Tetris를 최고의 교육 경험으로 꼽는 후기를 꾸준히 올리고 있다. "내가 만들 수 없는 것은 이해할 수도 없다"고 리처드 파인만Richard Feynman이 말했다. Nand to Tetris는 결국 창작을 통해 이해하는 방법이다. 분명히 사람들은 이 창작자 정신을 열정적으로 받아들이고 있다.

이 책의 초판이 출간된 이후로 우리는 수많은 질문과 의견 및 제안을 받았다. 그 피드백에 맞춰 온라인 자료를 고쳐 나가다 보니 Nand to Tetris의 웹 버전과 책 버전에 격차가 생기게 되었다. 그리고 책의 여러 부분을 좀더 명확하게 서술하고 구성도 더 낫게 바꿀 필요도 느꼈다. 그래서 이 수술을 최대한 미루다가 소매를 걷어붙이고 2판을 쓰기로 했고 드디어 이 책이 나오게 되었다. 이 머리말의 뒷부분에서는 2판의 내용을 설명하고, 초판과의 차이점을 말하는 것으로 마무리 지으려한다.

범위

이 책은 하드웨어 및 소프트웨어를 순서대로 만들어 보면서 컴퓨터 과학의 주요 지식들을 설명한다. 특히 다음과 같은 주제들은 실습을 통해 학습하도록 짜여 있다.

- 하드웨어: 불 산술Boolean arithmetic, 조합 논리combination logic, 순차 논리sequential logic, 논리 게이트의 설계 및 구현, 멀티플렉서multiplexor, 플립-플롭flip-flop, 레지스터register, 램RAM 유닛, 카운터counter, 하드웨어 기술 언어Hardware Description Language, HDL, 칩 시뮬레이션과 검증 및 테스트.
- 아키텍처: ALU/CPU 설계 및 구현, 클록 및 사이클, 주소 지정 방법addressing mode, 인출fetch 및 실행execute 논리, 명령어 집합, 메모리 매핑 입출력I/O.
- 저수준 언어low-level language: 단순 기계어(2진 및 기호) 설계 및 구현, 명령어 집합들, 어셈블리 프로그래밍, 어셈블러.
- 가상 머신Virtual machine: 스택 기반 오토마타stack-based automata, 스택 산술, 함수 호출 및 반환, 재귀 처리, 단순 VM 언어 설계 및 구현.
- 고수준 언어high-level language: 오브젝트 기반이자 자바스러운 언어 설계 및 구현: 추상 데이터 타입, 클래스, 생성자, 메서드, 범위 지정 규칙scoping rules, 구문 및 의미론syntax and semantics, 참조reference
- 컴파일러: 어휘 분석lexical analysis, 파싱parsing, 기호 테이블symbol table, 코드 생성code generation, 배열 및 객체 구현, 2단계 컴파일
- 프로그래밍: 어셈블러, 가상 머신 및 컴파일러 구현 및 API 제공. 구현에 쓰이는 프로그래밍 언어 제한 없음
- 운영체제: 메모리 관리, 수학 라이브러리, I/O 드라이버, 문자열 처리, 문자 출력, 그래픽 출력, 고수준 언어 지원 기능의 설계 및 구현
- 데이터 구조 및 알고리즘: 스택stack, 해시 테이블hash table, 리스트, 트리, 산술 알고리즘, 기하 알고리즘, 실행 시간 고려
- 소프트웨어 공학: 모듈식 설계, 인터페이스/구현 패러다임, API 설계 및

문서화, 단위 테스트unit testing, 사전 테스트 계획, 품질 보증, 대규모 프로그래밍

Nand to Tetris의 독특한 점은 이 모든 주제가, 현대적인 컴퓨터 시스템을 밑바닥부터 구축한다는 명확하고 중요한 목표에 따라 긴밀하게 연결된다는 점이다. 사실 이 주제들이 선택된 이유도, 고수준의 객체 기반 언어로 작성된 프로그램을 실행하는 다목적 컴퓨터 시스템을 구축하는 데 필요한 최소한의 주제들이었기 때문이다. 이제 살펴보겠지만, 이 주제들은 응용 컴퓨터 과학에서 가장 아름다운 개념들뿐만 아니라 기초적인 개념과 기법들을 포함하고 있다.

교육과정

Nand to Tetris 과정은 보통 학부생 및 대학원생 모두에게 해당하며, 독학하는 사람들에게 매우 인기가 있다. 이 과정은 일반적인 컴퓨터 과학 교육과정을 '위에서 아래까지' 다루고 있으므로, 교육과정 중 어느 시점에서나 가르칠 수 있다. 자연스러운 시점 두 가지는, 프로그래밍을 배우기 전 입문 과정으로 CS-2나, 교육과정 마지막 즈음에 종합하는 의미로 CS-99 정도가 알맞을 것이다. 전자는 응용 컴퓨터 과학을 미리 살펴보는 시스템 중심의 개론 강의가 될 것이고, 후자는 이전 교육 과정들의 공백을 채우는 프로젝트 기반의 총론 강의가 될 것이다.

인기 있는 강의 방식 중 하나는 전통적인 컴퓨터 아키텍처 강의와 컴파일 강의에서 핵심 주제만 뽑아서 하나로 합친 강의다. Nand to Tetris 과정은 'Nand to Tetris' 외에도, '컴퓨터 시스템의 요소', '디지털 시스템 구축', '컴퓨터 구조', '컴퓨터를 만들어 봅시다' 등 강의 목표에 따라 다양한 강의명으로 진행되고 있다.

이 책에서 다루는 프로젝트들은 상위 개념부터 시작해서 각각 6개 장, 6개 프로젝트로 이루어진 'I부: 하드웨어'와 'II부: 소프트웨어'까지 매우 모듈화된

방식으로 서술되어 있다. 모두 다 경험해 볼 것을 권하지만, 각각의 부를 따로 배워도 아무 문제없다. 책에 나온 프로젝트는 주제를 어떤 걸 선택하고 학습 속도를 어느 정도로 잡는지에 따라, 한 학기당 6~7주 정도 걸리는 두 학기 분량의 과정으로 나눌 수 있다.

이 책은 필요한 내용을 모두 담고 있다. 즉, 이 책에서 설명하는 하드웨어 및 소프트웨어를 만드는 데 필요한 모든 지식은 각 장의 프로젝트에 담겨 있다. 'I부: 하드웨어'에서는 어떤 선행지식도 필요하지 않으며, 프로젝트 1~6은 어떤 학생이나 독학자도 쉽게 접근할 수 있다. 'II부: 소프트웨어'의 프로젝트 7~12는 (어떤 종류의 고수준 언어든) 프로그래밍 지식이 필요하다.

Nand to Tetris 과정은 컴퓨터 공학 전공에 국한되지는 않는다. 따라서 컴퓨터 과학 전공자 외에도, 하드웨어 아키텍처, 운영체제, 컴파일, 소프트웨어 공학에 대한 지식을 하나의 과정으로 배우고 싶은 사람들이라면 어떤 전공의 학습자에게도 적합하다. 다시 한 번 말하지만, 필요한 선행지식은 오로지 프로그래밍(II부에 해당)뿐이다. 실제로 Nand to Tetris를 배우는 학생들 중에 컴퓨터 과학 개론을 듣고 나서 복수전공은 하지 않고 컴퓨터 과학을 더 배우고 싶어 하는 비전공생들이 많다. 또한 학생들 중에는 기술이 어떻게 작동하는지 '더 깊게' 이해해서, 더 나은 고급 프로그래머가 되고자 하는 소프트웨어 개발자들도 많다.

하드웨어 및 소프트웨어 산업에서 개발자가 급격하게 부족해지면서, 집중적이고 간결한 응용 컴퓨터 과학 프로그램에 대한 수요가 늘어나고 있다. 그에 따라 학습자가 학위 전체를 따지 않고도 취업 시장에 대비할 수 있도록 코딩 부트 캠프나 온라인 강의 모음 형식의 교육이 이뤄지고 있다. 그런 학습 프로그램은 적어도 프로그래밍, 알고리즘 및 시스템에 대한 실무 지식을 가르쳐야 할 것이다. Nand to Tetris는 하나의 강의 틀 안에서 시스템 요소를 다룰 수 있도록 특화되어 있다. 나아가 Nand to Tetris 프로젝트들은 다른 과정에서 배우는 알고리즘 및 프로그래밍 지식들의 대부분을 하나로 통합하고 실제로 수행하는 매력적인 수단이 된다.

자료

책에 설명된 하드웨어 및 소프트웨어 시스템을 구축하는 데 필요한 모든 도구는 Nand to Tetris 소프트웨어 모음에서 무료로 제공된다. 이 소프트웨어 모음에는 책에 나오는 하드웨어 시뮬레이터, CPU 에뮬레이터, VM 에뮬레이터(이상 모두 오픈 소스), 튜토리얼 및 실행 가능한 어셈블러, 가상 머신, 컴파일러, 운영체제를 모두 담고 있다. 또한 nand2tetris.org 웹사이트에는 200여 개의 테스트 프로그램과 스크립트 등 모든 프로젝트 자료가 올라와 있어서, 12개 프로젝트를 단계적으로 개발하고 단위 테스트를 할 수 있다. 소프트웨어 도구 및 프로젝트 자료는 윈도우, 리눅스, 맥OS가 실행되는 컴퓨터라면 그대로 활용할 수 있다.

구성

'I부: 하드웨어'는 1~6장으로 되어 있다. 1장은 불 대수를 소개하고 나서, 기초 Nand 게이트에서 시작해서 그 위에 다른 기초 논리 게이트를 만드는 방법을 설명한다. 2장은 조합 논리를 소개하고 가산기 집합을 거쳐 ALU를 구성한다. 3장은 순차 논리를 설명하고 레지스터와 메모리 디바이스를 거쳐 RAM을 구축한다. 4장은 저수준 프로그래밍에 대해서 이야기하고 기호 및 2진 형식의 기계어를 정의한다. 5장은 1~3장에서 구성한 칩들을 통합해서, 4장에서 만든 기계어로 작성된 프로그램을 실행할 수 있는 하드웨어 아키텍처를 만든다. 6장은 저수준 프로그램 번역을 설명하고 어셈블러 구성으로 막을 내린다.

'II부: 소프트웨어'는 7~12장으로 되어 있으며, 컴퓨터 과학 개론 수준의 프로그래밍 배경 지식이 필요하다(프로그래밍 언어는 무관). 7~8장은 스택 기반 오토마타를 소개하고 JVM 같은 가상 머신을 구축하는 방법을 설명한다. 9장은 자바와 유사한 객체 기반 고수준 언어를 설명한다. 10~11장에서는 파싱과 코드 생성 알고리즘을 다루고, 2단계 컴파일러를 구성한다. 12장은 다양한 메모리 관리와 대수 및 기하학적 알고리즘을 소개하고, 이를 실행하는 운영체제를 구현하는 방법을 설명한다. 이 OS는 II부에서 구현한 고수준 언어와 I부에서 만든 하드웨어 플랫폼 사이의 거리를 좁힐 수 있도록 설계되어 있다.

이 책은 추상화abstraction를 먼저 설명한 다음 구현implementation하는 방식으로 서술되어 있다. 각 장은 그 장에 관련된 개념 및 일반적인 하드웨어 또는 소프트웨어 시스템을 설명하는 '도입' 절로 시작한다. 그 다음은 '명세' 절로 시스템 추상화, 즉 어떤 방식으로든 제공될 다양한 서비스를 설명한다. '무엇'을 할지 이야기한 다음에는, '구현' 절에서 '어떻게' 그 추상화를 구현할지 설명한다. 그 다음은 '프로젝트' 절로, 그 장에서 설명하는 시스템을 구축하고 단위 테스트하는 데 필요한 소프트웨어 도구 및 테스트 자료, 단계별 지침을 이야기한다. 마지막 '정리' 절에서는 그 장에서 자세히 다루진 않았지만 주목할 만한 내용들을 다시 짚어본다.

프로젝트

이 책에서 설명한 컴퓨터 시스템은 진짜로 만들 수 있고, 실제로 작동한다! 이 책은 소매를 걷어붙이고 기꺼이 컴퓨터를 밑바닥부터 만들어 보려는 적극적인 독자를 대상으로 한다. 여러분이 시간과 노력을 들여 차근차근 만들어 본다면, 단순히 관련 지식을 읽어 볼 때보다 비교할 수 없을 만큼 컴퓨터에 대한 이해도가 높아질 것이다.

프로젝트 1, 2, 3, 5에서 만든 하드웨어는 단순한 하드웨어 기술 언어 Hardware Description Language, HDL로 구현되고, 제공된 소프트웨어 기반 하드웨어 시뮬레이터로 시뮬레이션되는데, 이 방식은 실제 업계에서 하드웨어 설계자들이 쓰는 방법이다. 프로젝트 6, 7, 8, 10, 11(어셈블러, 가상 머신 I + II, 컴파일러 I + II)은 어떤 프로그래밍 언어로 작성해도 괜찮다. 프로젝트 4는 앞선 프로젝트에서 구현한 어셈블리 언어로 작성되며, 프로젝트 9와 12(간단한 컴퓨터 게임과 기본 운영체제)는 잭Jack이라는 자바와 유사한 고수준 언어로 작성되며, 그 컴파일러는 10, 11장에서 만든다.

이 책의 프로젝트는 모두 12개다. 각 프로젝트는 일반적인 대학 강의 기준으로 한 주 분량의 숙제에 해당한다. 각 프로젝트는 완전히 독립적이라, 원하는 순서대로 수행할 수(또는 건너 뛸 수) 있다. Nand to Tetris를 전부 다 경험하려면 모든 프로젝트를 순서대로 수행해야 하지만, 여러 선택지 중 하나일 뿐이다.

한 학기 과정에서 이렇게 많은 내용을 다룰 수 있을까? 답은 '그렇다'이다. 백문이 불여일견으로, 실제 150개 이상의 대학에서 한 학기 과정으로 Nand to Tetris를 가르치고 있다. 학생 만족도는 매우 높으며, Nand to Tetris 온라인 강좌도 전체 온라인 강좌 중에 늘 상위권을 차지한다. 학생들이 이 방법론에 반응하는 이유는 바로 '집중'이다. 우리는 너무 쉬운 경우를 제외하고는 최적화는 신경 쓰지 않고 다른 더 구체적인 강의들이 담당하도록 미뤄 두었다. 또한 학생들이 입력의 오류를 걱정하지 않도록 했다. 따라서 예외 및 오류를 처리하는 코드를 작성할 필요가 없어지고, 소프트웨어 프로젝트에 훨씬 더 집중할 수 있게 된다. 물론 잘못된 입력을 처리하는 일은 매우 중요하지만, 프로그래밍 집중 과목이나 소프트웨어 설계 과목에서 오류 처리 기법을 배울 수 있을 거라 생각했다.

2판에서 달라진 점

Nand to Tetris는 전에도 두 주제로 구성되기는 했지만, 2판에서는 이 구성을 더 명확히 했다. 이제 이 책은 'I부: 하드웨어'와 'II부: 소프트웨어'로 별개의 독립적인 부분으로 나뉜다. 각 부는 6개 장, 6개 프로젝트로 구성되며, 각 부가 시작될 때마다 도입부에 해당하는 내용을 새로 작성했다. 각각의 부는 독립적이라는 점이 중요하다. 따라서 2판의 구조는 한 학기 과정 외에도 반 학기 과정으로도 가르칠 수 있다.

2판에서는 '도입' 장을 두 개 새로 추가한 것 외에도, 부록이 새로 네 개 추가되었다. 이 부록들은 학습자들의 요청에 따라, 초판에서 여러 장에 흩어져 있던 다양한 기술적 주제들을 묶어 놓은 것이다. 또 다른 부록에서는 어떤 불함수라도 Nand 연산으로 구현할 수 있음을 증명해서, 하드웨어 구성 프로젝트의 이론적인 기초를 다졌다. 그 외에도 새로운 절, 그림, 예제 들이 많이 추가되었다.

모든 장과 프로젝트 자료는, Nand to Tetris의 주제에 따라 추상화와 구현을 분리하는 데 중점을 두어 다시 쓰였다. 우리는 Nand to Tetris Q&A 포럼에 수년간 올라온 수천 개의 질문들과 관련된 예제와 설명들을 추가하는 데 특별히 공을 들였다.

감사의 글

이 책의 소프트웨어 도구들은 히브리 대학교Hebrew University와 IDC 헤르츨리야 IDC Herzliya의 학생들이 개발했다. 두 명의 주요 소프트웨어 설계자는 야론 우크라이니츠Yaron Ukrainitz와 얀나이 곤차로프스키Yannai Gonczarowski이고, 개발자로는 이프타치 아밋Iftach Amit, 아사프 개드Assaf Gad, 갤 카첸들러Gal Katzhendler, 하다르 로젠시어Hadar Rosen-Sior와 니어 로젠Nir Rozen이 참여했다. 오렌 바라네스 Oren Baranes, 오렌 코헨Oren Cohen, 조너선 그로스Jonathan Gross, 골란 파라시Golan Parashi, 우리 자이라Uri Zeira는 도구의 다른 부분을 개발했다. 이 학생 개발자들과 함께 일하는 것은 큰 즐거움이었으며, 이들을 가르칠 수 있었던 것을 자랑스럽게 생각한다.

또한 이 책을 쓰기 전 강의에서 조교를 담당해 줬던 무아위야 아카시 Muawyah Akash, 필립 헨드릭스Philip Hendrix, 에이탄 리프스히츠Eytan Lifshitz, 란 나복Ran Navok, 데이비드 라비노비츠David Rabinowitz에게 감사드린다. 탈 아히투브Tal Achituv, 용 바코스Yong Bakos, 탈리 구트먼Tali Gutman, 마이클 슈뢰더Michael Schröder는 강의 자료에 여러모로 큰 도움을 주었고, 아뤼에 슈날Aryeh Schnall, 토마스즈 론스키Tomasz Różański, 루돌프 아담코비츠Rudolf Adamkovič는 편집에 관해

세심한 조언을 해 주었다. 루돌프의 의견은 특히 큰 깨우침을 줬고 이에 대해 매우 감사하게 생각한다.

Nand to Tetris에는 전 세계의 많은 사람이 참여했기에 한 명씩 각각에게 모두 감사를 건네기는 어렵다. 하지만 예외가 한 명 있다. 콜로라도 출신의 소프트웨어 및 펌웨어 엔지니어인 마크 암브러스트_{Mark Armbrust}는 Nand to Tetris 학습자들의 수호 천사였다. 마크는 전 세계 Q&A 포럼 관리를 자발적으로 맡아서 수많은 질문에 인내심을 가지고 정중한 답변을 남겨 주었다. 마크는 정답을 말하는 대신에 학습자들이 스스로 해 보고 답을 찾아가도록 유도했다. 그래서 마크는 전 세계 수많은 학습자에게 존경과 찬사를 받았다. 마크는 10년 이상 Nand to Tetris의 최전선에서 일하면서 2,607개의 글을 쓰고, 수십 개의 버그를 발견했으며, 수정 스크립트를 작성하고 내용을 수정했다. 마크는 이 모든 일을 일상적인 업무 시간 외에 수행하면서 Nand to Tetris 커뮤니티의 기둥이 되었으며, 커뮤니티는 그의 제2의 고향이 되었다. 그는 몇 달 동안 심장병으로 투병하다 2019년 3월에 사망했다. 입원하는 동안 마크는 Nand to Tetris 학생들에게 매일 수백 통의 편지를 받았다. 전 세계 청년들은 마크의 무한한 헌신에 감사하고, 자신들이 마크에게 받은 영향을 서로 나눴다.

최근 몇 년 동안 컴퓨터 공학 교육은 개인의 성장과 경제적 지위 상승의 강력한 원동력이 되었다. 돌아보면 일찍부터 모든 교육자료를 자유롭게 사용할 수 있도록 오픈 소스로 공개하기로 결정한 것이 다행이라 생각한다. 한마디로 Nand to Tetris 과정은 아무런 제한 없이 누구라도 배우거나 가르칠 수 있다. 비영리적이기만 하다면 웹사이트에 와서 원하는 자료를 마음대로 가져가도 된다. 이 정책으로 Nand to Tetris는 고품질의 컴퓨터 과학 교육을 자유롭고 공평하게 보급하는 간편한 수단이 되었다. 그 결과 사람들의 끊임없는 참여를 바탕으로 Nand to Tetris는 거대한 교육 생태계가 되었다. 이를 실현할 수 있도록 도와 주신 전 세계의 많은 분께 감사드린다.

> 여행에서 진짜 발견이란, 새로운 장소를 가는 것뿐 아니라 새로운 시각을 갖는 것이다.
>
> 마르셀 프루스트(Marcel Proust, 1871~1922)

이 책은 발견하는 여행이다. 이제 곧 독자들은 다음 세 가지를 배울 참이다. 컴퓨터가 어떻게 작동하는지, 복잡한 문제들을 어떻게 다루기 좋은 개별 요소로 쪼개는지, 그리고 대규모 하드웨어 및 소프트웨어 시스템을 어떻게 개발하는지에 대해서. 이 과정은 실제 작동하는 완전한 컴퓨터 시스템을 밑바닥부터 직접 만들어 보는 여정이 될 것이다. 그리고 이 실습 과정을 통해 컴퓨터 그 자체보다 훨씬 더 중요하고 일반적인 지식을 함께 얻게 될 것이다. 심리학자 칼 로저스Carl Rogers는 "행동에 유의미하게 영향을 미치는 학습방법은, 경험을 통해 스스로 발견하고 스스로 적응하며 진리를 완전히 이해하는 방법뿐이다"라고 말했다. 이 도입 부분에서는 앞으로 우리에게 놓인 발견, 진리, 경험들을 스케치해 보려 한다.

안녕, 밑바닥 세상아

프로그래밍 과목을 들어 본 적이 있다면, 아마도 앞부분에서 다음과 같은 프로그램을 접한 적이 있을 것이다. 본 적이 없더라도 이 프로그램이 Hello World를 화면에 출력하고 멈추는 프로그램이라고 추측할 수 있을 것이다. 이 프로그램은 자바와 유사한, 간단한 고수준 언어high-level language인 잭Jack으로 작성되었다.

```
// 프로그래밍 101 과목의 첫 예제
class Main {
    function void main() {
        do Output.printString("Hello World");
        return;
    }
}
```

Hello World 같은 프로그램은 겉으로만 간단해 보일 뿐이다. 이런 프로그램이 컴퓨터에서 실제로 작동하는 데 무엇이 필요한지 생각해 본 적이 있는가? 한번 그 속을 들여다 보자. 우선 이 프로그램은 그저 텍스트 파일에 저장된 일반 문자열일뿐임에 주목하자. 이 추상화는 기계어로 작성된 명령어만 이해하는 컴퓨터에게는 완전히 뜻 모를 수수께끼일뿐이다. 그러므로 컴퓨터가 이해할 수 있도록 먼저 고수준 코드의 문자열을 분석해서 프로그램이 수행하려는 작업의 의미를 찾아낸 후에, 대상 컴퓨터의 기계어로 그 의미를 다시 쓴 저수준 코드를 생성해야 한다. 이 정교한 번역 과정을 컴파일compilation이라고 하며, 실행 가능한 기계어 명령어들이 그 결과로 나오게 된다.

물론 기계어도 미리 약속된 2진 코드로 구성된 추상화 개념이다. 따라서 이 추상화를 명확히 하려면 하드웨어 아키텍처hardware architecture를 반드시 구현해야 한다. 이 아키텍처는 레지스터, 메모리 장치, ALUArithmetic Logic Unit 같은 칩들로 구성된다. 그리고 이 하드웨어들은 모두 저수준의 기초 논리 게이트elementary logic gate로 만들어진다. 또한 기초 논리 게이트들은 Nand나 Nor 같은 기본 게이트들로 구성할 수 있다. 이 기본 게이트들은 계층 구조의 가장 하단에 위치하지만 그 자체도 보통 트랜지스터로 구현된 몇 개의 스위치 장치switching device로 이루어진다. 그리고 트랜지스터들은? 잠깐, 여기서 더 깊이 들어가진 않겠다. 여기부터는 컴퓨터 과학이 아니라 물리학의 영역이기 때문이다.

독자들은 이렇게 생각할 수 있다. "내 컴퓨터에서 프로그램을 컴파일하고 실행하는 건 훨씬 쉬운데. 그냥 이 아이콘을 클릭하거나 저 명령어를 입력하기만 하면 되잖아!" 정말로, 현대 컴퓨터 시스템은 꼭대기만 보이는 거대한 빙산 같다. 이런 지식은 컴퓨터 시스템에 대한 개략적이고 피상적인 이해일 뿐이다. 하지만 만약 이 물밑 세계를 탐험하고 싶다는 생각이 들었다면, 당신은 행운아다! 그 아래 세상은 컴퓨터 과학에서 가장 아름다운 부분들로 이루어진 매혹적인 세상이다. 이 물밑 세계에 대한 이해도가, 복잡한 하드웨어 및 소프트웨어 기술을 창조할 줄 아는 수준 높은 개발자와 그저 단순한 프로그래머를 가른다. 이런 기술들이 어떻게 작동하는지 뼛속 깊이 이해하는 가장 좋은 방법은 밑바닥부터 온전한 컴퓨터 시스템을 만들어 보는 것이다.

Nand에서 테트리스까지

컴퓨터 시스템을 밑바닥부터 만든다고 하면, 구체적으로 어떤 컴퓨터를 만들어야 할까? 나중에 알게 되겠지만, PC, 스마트폰, 서버 등 모든 범용 컴퓨터는 Nand to Tetris 기기다. 첫째로 모든 컴퓨터는 기본적으로 기초 논리 게이트를 기본으로 하며, Nand는 산업에서 가장 널리 사용되는 게이트다(Nand 게이트가 정확히 무엇인지는 1장에서 설명할 예정이다). 둘째로 모든 범용 컴퓨터는 테트리스 게임 외에도 여러분의 상상력을 자극하는 어떤 프로그램도 실행할 수 있도록 프로그래밍할 수 있다. 따라서 Nand나 테트리스에 특별한 건 없다. 이 책을 앞으로 독자 여러분이 경험하게 될 마법 같은 여행으로 바꿔 줄 단어는 바로 Nand to Tetris의 'to'라는 단어다. 그 여행은 단순한 스위치 장치 부품 더미에서, 텍스트, 그래픽, 애니메이션, 음악, 비디오, 분석, 시뮬레이션, 인공지능 등, 범용 컴퓨터에서 우리가 기대할 수 있는 모든 기능으로 우리를 안내할 것이다. 따라서 세상 모든 컴퓨터 시스템이 따르는 개념이나 기술에 뿌리를 두고 있는 이상, 우리가 어떤 하드웨어 플랫폼이나 소프트웨어 계층을 만들지는 그다지 중요하지 않다.

그림 1.1은 Nand to Tetris 길잡이 지도의 주요 이정표를 보여 준다. 그림의 맨 아래 계층에서 시작해서 모든 범용 컴퓨터는 ALUArithmetic Logic Unit(산술

논리 장치)와 RAM_{Random Access Memory}(임의 접근 메모리)를 포함하는 아키텍처를 갖는다. 모든 ALU와 RAM 장치는 기초 논리 게이트로 구성된다. 그리고 놀라우면서도 다행스럽게, 모든 논리 게이트는 Nand 게이트만으로 만들 수 있다. 이제 소프트웨어 계층을 살펴보면, 모든 고수준 언어는 고수준 코드를 기계어 수준의 명령어로 바꾸는 번역기들(컴파일러/인터프리터, 가상 머신, 어셈블러)에 의존한다. 어떤 고수준 언어는 컴파일 방식보단 인터프리터 방식을 쓰고, 또 어떤 언어는 가상 머신을 사용하지 않거나 하지만, 큰 그림은 본질적으로 같다. 다음 그림은 모든 컴퓨터는 본질적으로 동등하다는, 처치-튜링 추측_{Church-Turing conjecture}이라는 기초 컴퓨터 과학 원리를 나타낸 것이다.

이 그림은 이 책의 접근법이 일반적임을 강조하는 그림이다. 이 책에서 접하게 될 문제, 통찰, 팁, 기법, 기술 및 용어들은 실제 하드웨어 및 소프트웨어 엔지니어들이 접하는 것과 완전히 같다. 그런 점에서 Nand to Tetris는 일

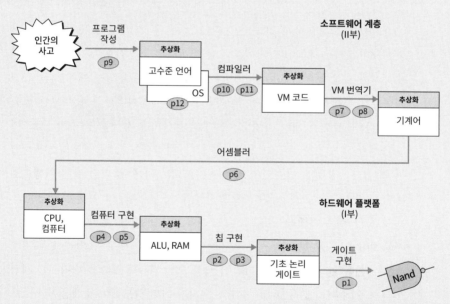

그림 I.1 하드웨어 플랫폼과 소프트웨어 계층으로 구성된 일반적인 컴퓨터 시스템의 주요 모듈들. 각 모듈에는 추상화 뷰(abstract view, 또는 모듈의 인터페이스)와 구현이 하나씩 있다. 오른쪽으로 이어지는 화살표는 각각의 모듈이 그 아래 단계의 추상화 구성 블록을 사용해서 구현되었음을 나타낸다. 각각의 원은 Nand to Tetris의 각 장과 프로젝트들을 뜻하며, 모두 합쳐서 12개의 프로젝트가 있다.

종의 입문 단계다. 이 여정을 마치면 핵심 컴퓨터 전문가가 되기 위한 기반을 훌륭히 닦을 수 있을 것이다.

그렇다면 Nand to Tetris에서 구체적으로 어떤 하드웨어 플랫폼과 고수준 언어를 만들어야 할까? 산업적으로 널리 쓰이는 컴퓨터 모델을 만들고 유명한 고수준 언어에 대한 컴파일러를 작성하는 방법도 있었을 것이다. 하지만 세 가지 이유 때문에 그 길을 선택하지 않았다. 첫째, 컴퓨터 모델은 왔다가 사라지고, 한때 인기 있던 프로그래밍 언어도 새로운 언어에 자리를 내준다. 따라서 특정 하드웨어/소프트웨어 구성에만 매이고 싶지 않았다. 둘째, 실제 사용되는 컴퓨터와 언어들은 교육적 가치는 별로 없지만, 구현하는 데 한세월이 걸리는 세부 기능이 너무 많다. 마지막으로, 제어하기 쉽고, 이해하기 쉽고, 확장하기 쉬운 하드웨어와 소프트웨어 플랫폼이 필요했다. 이 세 가지 고려사항에 따라 I부의 핵Hack 컴퓨터 플랫폼과, II부의 잭Jack 고수준 언어를 만들게 되었다.

일반적으로 컴퓨터 시스템을 설명할 때는, 높은 수준의 추상화가 어떻게 더 단순한 추상화로 구현되는지 하향식top-down으로 설명한다. 예를 들어 어떤 컴퓨터 아키텍처에서 실행되는 2진 명령어가, 어떻게 더 작은 코드들로 쪼개져서 아키텍처의 전선을 통해 전달되고 최종적으로 어떻게 저수준 ALU와 RAM 칩을 조작하게 되는지 설명할 수 있을 것이다. 또는 상향식bottom-up 으로, ALU와 RAM 칩이 어떻게 잘 모여서 그 작은 코드들을 실행하는 2진 기계 명령어군을 구성하는지 설명하는 방법도 있을 것이다. 하향식과 상향식 접근법은 둘 다 가치가 있으며, 만들려는 시스템에 대한 서로 다른 관점을 보여 준다.

그림 I.1에서 화살표 방향은 하향식 접근법을 나타내고 있다. 모듈들 사이에는 고수준 모듈에서 저수준 모듈로 향하는 방향을 가리키는 화살표가 있다. 이 화살표의 의미는 명확하다. 고수준 모듈이 그 아래 수준의 추상화 구성 블록을 사용해서 구현된다는 뜻이다. 예를 들어 고수준 프로그램은 각 고수준 명령문을 추상화 VM 명령 집합으로 번역하는 식으로 구현된다. 그리고 각 VM 명령은 추상화 기계어 명령어로 번역되는 식이다. 추상화와 구현의 구분은 시스템 설계에서 핵심적인 역할을 하며, 이제 곧 논의할 것이다.

추상화와 구현

독자들은 완전한 컴퓨터 시스템을 기초 논리 게이트만 이용해 밑바닥부터 구성하는 것이 어떻게 가능한지 궁금할지도 모르겠다. 엄청난 작업이지 않은가! 그래서 우리는 이 복잡한 프로젝트를 모듈로 쪼개서, 각 모듈별로 한 개 장씩 따로 할애해서 개별 프로젝트로 만들어 나갈 예정이다. 그러면 어떻게 이 모듈들을 따로 설명하고 구성할지가 궁금할 것이다. 당연히 이 모듈들은 모두 서로 연관되어 있다! 책 전반에 걸쳐 설명하겠지만, 좋은 모듈 디자인이란 시스템의 나머지 부분을 신경 쓰지 않아도 되도록 모듈을 독립적으로 만드는 것이다. 사실 시스템이 잘 설계되었다면 이 모듈들을 어떤 순서로 만들든, 팀으로 일한다면 동시에 만들어도 상관없다.

복잡한 시스템을 다루기 좋은 모듈로 '분할과 정복'하는 인지 능력은, 각모듈의 추상화abstraction와 구현implementation을 식별하는 사고방식에 의해 강화된다. 컴퓨터 과학에서 이 용어는 구체적인 의미로 쓰인다. 즉, 추상화는 모듈이 '무엇을 하는지'를, 구현은 '어떻게 하는지'를 가리킨다. 이 구분 개념을 기본으로, 이제 시스템 공학에서 가장 중요한 규칙이 나온다. 바로 어떤 모듈이든 구성 블록으로 사용할 때는 모듈의 추상화에만 집중하고, 상세 구현은 완전히 무시해야 한다는 점이다.

예를 들어, '컴퓨터 아키텍처' 수준부터 시작하는 그림 I.1의 맨 아래 계층에 주목해 보자. 그림에서 볼 수 있듯, 이 아키텍처는 임의 접근 메모리Random Access Memory, RAM를 포함한 그 아래 수준의 구성 블록들 몇 가지를 활용하여 구현된다. RAM은 놀라운 장치다. RAM은 수십억 개의 레지스터로 구성되어 있지만, 그중 어떤 레지스터라도 거의 즉각적으로 직접 접근할 수 있다. 그림 I.1은 컴퓨터 설계자가 이 직접 접근 장치가 실제로 어떻게 구현되는지는 전혀 신경 쓰지 않고 추상적으로만 사용할 것임을 말해 준다. 직접 접근 RAM 마법을 '어떻게' 구현했는지 나타내는 모든 기술적 탁월함이나 드라마 같은 정보는, RAM을 실질적으로 활용하는 맥락과는 무관하므로 완전히 무시해야 한다.

그림 I.1에서 한 단계 아래로 내려가면, 이제 RAM 칩을 구현해야 하는 입장이 되었다. 어떻게 해야 할까? 오른쪽 화살표를 따라가면 그보다 더 아래 수준의 기초 논리 게이트 및 칩들로 RAM이 구현되었음을 알 수 있다. 특히 RAM 저장 및 직접 접근 기능은 각각 레지스터와 멀티플렉서를 이용해서 구현된다. 그리고 다시 한 번 추상화-구현 원리가 적용된다. 우리는 이 칩들을 추상화 구성 블록으로 사용하고, 인터페이스에만 중점을 두고 구현에 대해서는 전혀 신경 쓰지 않을 것이다. 이런 식으로 Nand 수준까지 내려간다.

요약하면, 저수준 하드웨어나 소프트웨어 모듈을 사용해서 구현할 때는 이 모듈들을 블랙박스 기성품으로 생각해야 한다. 구현에 필요한 건 오로지 모듈이 '무엇'을 하는지 설명하는 인터페이스 문서뿐이다. 모듈 인터페이스가 말하는 것을 '어떻게' 수행하는지에 대해서는 신경 쓰지 말아야 한다. 이 추상화-구현 패러다임을 통해 개발자는 매우 큰 시스템을 잘 정의된 모듈로 쪼개서 오류 처리와 수정 및 구현 작업을 수행하기 쉽게 만들 수 있으며, 시스템의 복잡함을 줄이고 온전한 상태를 유지할 수 있게 된다. 이 패러다임은 하드웨어 및 소프트웨어 구축 프로젝트에서 가장 중요한 설계 원리다.

말할 필요도 없이 이 이야기의 모든 것은 복잡한 모듈식 설계 기술에 달려 있다. 문제를 잘 정의된 모듈로 구분하고, 그 사이에 뚜렷한 인터페이스를 만들고, 각각을 독립적으로 구현하기 좋은 크기로 나누고, 단위 테스트 프로그램으로 테스트할 수 있게 만드는 인간의 기술 말이다. 실제로 모듈식 설계는 응용 컴퓨터 과학에서 밥 먹듯 하는 가장 기본적인 방식이다. 시스템 설계자들은 모두 일상적으로 추상화(때로는 모듈 또는 인터페이스라고도 함)를 정의한 다음 구현하거나, 다른 사람에게 구현을 맡긴다. 추상화는 보통 층층이 쌓여서 점점 더 고수준의 기능을 수행하도록 설계된다. 시스템 설계자가 모듈들을 잘 설계한다면 구현은 물 흐르듯 진행될 것이다. 만약 설계가 엉성하다면 구현도 실패할 것이다.

모듈식 설계는 다른 잘 설계된 추상화들을 보거나 구현하면서 체득되는 기술이다. 그리고 그것이 Nand to Tetris에서 여러분이 경험하게 될 내용이다. 독자들은 수백 가지 하드웨어 및 소프트웨어 추상화 기능의 우아함을 감상하는 법을 배우게 될 것이다. 그리고 이 책은 추상화들을 한 번에 한 단계씩 구현하면서 점점 더 큰 기능들을 구현하는 길로 안내할 것이다. 이 여행을 한 장씩 계속하면서, 여러분의 노력으로 컴퓨터 시스템이 점차 모양을 갖춰 나가는 모습을 돌아보는 일은 신나는 경험이 될 것이다.

방법론

Nand에서 테트리스로 가는 여정은 하드웨어 플랫폼과 소프트웨어 계층을 구현하는 일로 이뤄진다. 하드웨어 플랫폼은 I부에서 만드는 약 30개의 논리 게이트 및 칩들을 기반으로 한다. 최상위 컴퓨터 아키텍처를 포함한 이 게이트와 칩들은 모두 하드웨어 기술 언어Hardware Description Language, HDL로 구현된다. HDL은 부록 2에 문서화되어 있으며, 1시간 정도면 배울 수 있다. 작성한 HDL 프로그램이 올바르게 동작하는지는 독자의 PC에서 실행되는 소프트웨어 기반 하드웨어 시뮬레이터로 테스트하게 된다. 이 방식은 하드웨어 엔지니어들이 실제로 일하는 방식과 똑같다. 엔지니어들도 소프트웨어 기반 시뮬레이터로 칩을 구현하고 테스트한다. 그리고 엔지니어들은 칩 시뮬레이션 성능이 잘 나오면 그 사양(HDL 프로그램)을 칩 제조 회사에 보낸다. 거기서 HDL 프로그램을 최적화한 후에, 칩을 제조하는 로봇 팔에 입력되어 실리콘으로 된 하드웨어가 만들어진다.

Nand에서 테트리스로 가는 여정 중 II부에서는, 어셈블러, 가상 머신, 컴파일로 된 소프트웨어 계층을 만들게 된다. 이 프로그램들은 고수준 언어 중 어느 것이라도 택해서 구현할 수 있다. 추가로 잭 언어를 이용해 기본적인 운영체제도 만들 것이다.

이 야심찬 프로젝트들을 어떻게 책 한 권 분량의 강의에서 개발할 수 있을지 궁금할지도 모르겠다. 사실 모듈식 설계 외에 우리의 비법은 설계의 불확실성을 최소한으로 줄이는 것이다. 각 프로젝트마다 자세한 API, 뼈대가 되는 프로그램, 테스트 스크립트, 단계별 구현 지침 등으로 발판을 세세하게 깔아 놓았다.

프로젝트 1~12를 완성하는 데 필요한 소프트웨어 도구들은 모두 Nand to Tetris 소프트웨어 모음에 들어 있으며, *www.nand2tetris.org*에서 무료로 다운로드할 수 있다. 이 모음에는 하드웨어 시뮬레이터, CPU 에뮬레이터, VM 에뮬레이터, 실행 가능한 하드웨어 칩, 어셈블러, 컴파일러, OS가 들어 있다. 소프트웨어 모음을 PC에 다운로드하고 나면 이 모든 도구를 손쉽게 사용할 수 있을 것이다.

앞으로 가야 할 길

Nand에서 테트리스로 가는 여정에는 12개의 하드웨어 및 소프트웨어 구현 프로젝트가 있다. 이 프로젝트들의 개발 방향이나 책의 목차는 상향식 방식을 따른다. 우리는 기초 논리 게이트부터 시작해서 객체 기반의 고수준 프로그래밍 언어 개발로 향할 것이다. 동시에 프로젝트 내의 개발 방식은 하향식이다. 특히 하드웨어나 소프트웨어 모듈을 처음 소개할 때는 항상 그 모듈이 무엇을 하도록 설계되었는지, 그리고 왜 필요한지에 대해 추상적인 설명으로 시작할 것이다. 모듈의 추상화 개념(그 자체로도 깊은 세계)을 이해하고 나면, 그보다 아래 수준의 추상화 구성 블록들을 이용해서 해당 모듈을 구현하게 된다.

그래서 이 기나긴 여정에서 I부의 원대한 계획은 다음과 같다. 1장에서는 Nand 논리 게이트 하나에서 시작해서, And, Or, Xor 등과 같이 일반적으로 사용되는 기초적인 논리 게이트들을 만들 것이다. 2장과 3장에서는 이 구성 블록들로 산술 논리 장치Arithmetic Logic Unit, ALU와 메모리 장치를 각각 만들 것이다. 4장에서는 하드웨어 구현은 잠시 멈추고 기호 및 2진 형식의 저수준 기계어를 소개한다. 5장에서는 앞에서 만든 ALU와 메모리 장치로 중앙 처리 장치Central Processing Unit, CPU와 임의 접근 메모리RAM를 구현할 것이다. 이 장치들은 하드웨어 플랫폼으로 통합되어서, 4장에서 도입한 기계어로 작성된 프로그램을 실행할 수 있게 된다. 5장에서는 어셈블러를 설명하고 구현할 예정인데, 어셈블러는 기호 방식 기계어로 작성된 저수준 프로그램을 실행 가능한 2진 코드로 번역하는 프로그램이다. 이 작업으로 하드웨어 플랫폼 구성이 끝난다. 이 플랫폼은 II부의 출발점이 되어서, 앞으로 가상 머신, 컴파일러, 운영체제로 이뤄진 최신 소프트웨어 계층을 갖춘 플랫폼으로 확장해 나갈 것이다.

　독자들이 대략적이나마 앞으로 나올 내용들을 이해했길 바라며, 새로운 지식을 향한 이 긴 여행을 기꺼이 시작했으면 한다. 자, 이제 준비되었다면 카운트다운을 해보자. 1, 0, 땅!

불 논리
Boolean Logic

그렇게 단순한 것들로, 우리는 이해할 수 없는 복잡한 무언가를 만들죠, 늘상.

존 애시베리(John Ashbery, 1927~2017)

개인용 컴퓨터, 휴대전화 또는 네트워크 라우터 같은 디지털 기기는 모두 2진 정보를 저장하고 처리하도록 설계된 칩들을 탑재한다. 이 칩들은 모양과 형태가 다르기는 하지만 기초 논리 게이트라는 동일한 구성 블록으로 만들어진다. 게이트는 물리적으로는 다양한 하드웨어 기술로 구현되지만, 논리적 작동방식 또는 추상화는 모든 컴퓨터에서 일관적이다.

이 장에서는 가장 기초적인 논리 게이트인 Nand를 이용해 다른 논리 게이트를 만들 작정이다. 구체적으로는 Not, And, Or, Xor 게이트 외에, 멀티플렉서multiplexor와 디멀티플렉서demultiplexor라 불리는 두 게이트를 만들 것이다(이 게이트들의 기능은 뒤에서 설명한다). 만들려는 컴퓨터가 16비트 값을 연산하도록 설계할 것이므로, Not16, And16 같이 16비트 버전의 기본 게이트들도 만들 것이다. 여기서 만든 표준 게이트 칩들은 나중에 우리가 만들 컴퓨터의 계산 처리 및 메모리 칩을 구성하는 데 사용된다. 계산 처리 및 메모리 칩은 각각 2장과 3장에서 설명한다.

이 장은 논리 게이트를 설계하고 구현하는 데 필요한 최소한의 이론적 개념과 실용적 도구부터 설명한다. 특히 불 대수와 불 함수를 소개하고, 불 함수가 논리 게이트로 어떻게 구현되는지 보여 줄 것이다. 그러고 나서 논리 게이트를 하드웨어 기술 언어Hardware Description Language, HDL로 구현하는 방법과, 이 설계들을 하드웨어 시뮬레이터로 테스트하는 방법을 설명한다. 불 대수와 HDL은 앞으로 나올 하드웨어 프로젝트마다 사용되므로 이 도입부는 I부에서 중요한 의미를 갖는다.

1.1 불 대수

불 대수Boolean algebra는 참true/거짓false, 1/0, 예/아니오, 켜짐on/꺼짐off 같은 불 2진 값을 다룬다. 이 책에서는 불 값을 1과 0으로 쓸 것이다. 불 함수는 2진수를 입력받아 2진수를 출력하는 함수다. 컴퓨터는 2진수를 표현하고 처리하는 하드웨어이므로, 불 함수는 하드웨어 아키텍처의 명세, 분석, 최적화에 중심적 역할을 한다.

불 연산자 그림 1.1은 불 연산자Boolean operator라고도 하는 일반적인 세 가지 불 함수를 보여 준다. 이 함수의 이름은 And, Or, Not이고 차례대로 $x \cdot y$, $x + y$ 또는 $x \wedge y$, $x \vee y$, $\neg x$ 같은 표기법으로 표기한다. 그림 1.2는 변수가 두 개일 때 가능한 모든 불 함수들이다. 이 함수들은 두 개의 2진 변수들의 가능한 모든 조합을 나열해서 만들어졌다. 각 연산자는 연산의 의미를 묘사하는 일반적인 이름이 붙어 있다. 예를 들어 Nand 연산자의 이름은 Not-And를 줄인 것으로, Nand(x, y)가 Not(And(x, y))와 동일하기 때문에 붙은 이름이다. Xor 연산자는 배타적 논리합exclusive or의 줄임말로, 2개의 변수 중 딱 하나만 1일 때 1이 된다. Nor 게이트는 Not-Or에서 따온 이름이다. 이 게이트 이름들은 그다지 중요하지는 않다.

그림 1.2는 다음과 같은 질문을 던진다. And, Or, Not이 다른 불 연산자들에 비해 더 흥미롭거나 특별한 이유가 있을까? 바로 답하면 And, Or, Not에는 실제로 특별한 것은 없다. 조금 더 깊게 들여다 보고 답하면, 어떤 불 함수도 다양한 논리 연산자들을 조합해서 만들 수 있으며, 그 조합 중 하나가

{And, Or, Not}이라는 사실을 말할 수 있다. 이 말이 조금 인상적으로 들린다면, 이 세 가지 기본 연산자는 모두 Nand로 표현할 수 있다는 점을 생각해 보자. 이제 더 인상적으로 들린다! 이 말은 곧 어떤 불 함수도 Nand 게이트만으로 구현할 수 있다는 뜻이기 때문이다.

x	y	x And y		x	y	x Or y		x	Not y
0	0	0		0	0	0		0	1
0	1	0		0	1	1		1	0
1	0	0		1	0	1			
1	1	1		1	1	1			

그림 1.1 세 가지 기본 불 함수

		x	0	0	1	1
		y	0	1	0	1
Constant 0	0		0	0	0	0
And	$x \cdot y$		0	0	0	1
x And Not y	$x \cdot \bar{y}$		0	0	1	0
x	x		0	0	1	1
Not x And y	$\bar{x} \cdot y$		0	1	0	0
y	y		0	1	0	1
Xor	$x \cdot \bar{y} + \bar{x} \cdot y$		0	1	1	0
Or	$x + y$		0	1	1	1
Nor	$\overline{x + y}$		1	0	0	0
Equivalence	$x \cdot y + \bar{x} \cdot \bar{y}$		1	0	0	1
Not y	$\bar{y}$		1	0	1	0
If y then x	$x + \bar{y}$		1	0	1	1
Not x	$\bar{x}$		1	1	0	0
If x then y	$\bar{x} + y$		1	1	0	1
Nand	$\overline{x \cdot y}$		1	1	1	0
Constant 1	1		1	1	1	1

그림 1.2 두 2진 변수에 대한 모든 불 함수. 일반적으로 n개(여기서는 $n = 2$)의 2진 변수에 대한 불 함수의 개수는 2^{2^n}이다(불 함수 개수는 매우 많다).

불 함수

모든 불 함수는 두 가지 다른 방식으로 정의할 수 있다. 첫 번째는 그림 1.3과 같이 진리표truth table로 정의하는 방법이다. 변수 값 $v_1, \cdots, v_n$(여기서 $n = 3$)이 조합되는 2^n개의 가능한 사례마다 $f(v_1, \cdots, v_n)$가 표에 표시되어 있다. 불 함수는 이렇게 값 기준으로 정의하는 방법 외에도, $f(x, y, z) = (x$ Or $y)$ And Not (z)처럼 불 표현식을 이용해 정의하는 방법도 있다.

불 표현식이 주어진 진리표와 동일한지 어떻게 검증할 수 있을까? 그림 1.3을 예로 들어 보자. 첫 번째 행부터 보면 $f(0, 0, 0)$은 $(0$ Or $0)$ And Not (0)으로 계산된다. 이 표현식의 값은 0이고 진리표의 값과 같다. 지금까지는 괜찮다. 표의 행마다 비슷한 테스트를 해 볼 수 있는데, 좀 지루한 작업이기는 하다. 이렇게 품이 많이 드는 상향식bottom-up 증명 방식 대신에, 불 표현식 $(x$ Or $y)$ And Not (z)를 분석해서 하향식top-down으로 증명하는 방법도 있다. And 연산자의 좌측 항을 보면 $((x$ is $1)$ Or $(y$ is $1))$일 때만 전체 값이 1이 된다. 그리고 And 연산자의 우측 항을 보면 $(z$ is $0)$일 때만 전체 값이 1이 됨을 알 수 있다. 이 두 사실을 종합하면 $(((x$ is $1)$ Or $(y$ is $1))$ And $(z$ is $0))$일 때만 수식의 값이 1이 된다고 결론을 내릴 수 있다. 이 0과 1의 패턴은 진리표 3, 5, 7번째 행에서만 나타나며, 진리표 가장 오른쪽 열에 1이 포함된 행들이다.

x	y	z	$f(x, y, z) = (x$ Or $y)$ And Not (z)
0	0	0	0
0	0	1	0
0	1	0	1
0	1	1	0
1	0	0	1
1	0	1	0
1	1	0	1
1	1	1	0

그림 1.3 어떤 불 함수 정의와 진리표(예시)

진리표와 불 표현식

변수가 n개인 불 함수가 불 표현식으로 표현되면, 그 함수의 진리표를 항상 구성할 수 있다. 그저 표에 나오는 모든 값 조합(행)마다 함수 값을 계산하면 된다. 이 작업은 품이 많이 들지만 확실한 방법이다. 하지만 그 반대 방향으로 구성하려 하면 전혀 확실하지 않다. 어떤 불 함수에 대한 진리표가 있을 때, 그 함수에 대한 불 표현식을 항상 만들어 낼 수 있을까? 이 흥미로운 질문에 대한 답은 '그렇다'이다. 부록 1에 그 증명이 수록되어 있다.

컴퓨터 구현에 있어서 진리표 표현과 불 표현식, 그리고 한 표현에서 다른 표현을 구성하는 능력은 모두 매우 밀접한 관련이 있다. 예를 들어 DNA 염기 서열 데이터 분석을 위한 하드웨어를 만들기 위해서, 관련 전문가인 생물학자가 염기 서열 분석 논리를 진리표로 설명하는 상황을 생각해 보자. 우리는 이 논리를 하드웨어에 구현해야 한다. 주어진 진리표 데이터를 시작점 삼아서 진리표가 나타내는 불 표현식을 구성할 수 있다. 불 대수를 활용해서 표현식을 단순화하고 나면, 이 장의 뒷부분에 나오는 것처럼 논리 게이트를 이용해서 표현식을 구현할 수 있다. 요약하면, 진리표는 어떤 세상의 상태를 기술하는 데 편리한 수단이고, 불 표현식은 이 기술을 실리콘에 구현하는 데 편리한 형식이다. 하나의 표현에서 다른 표현으로 옮겨 다니는 것은 하드웨어 설계에서 가장 중요한 수단이 된다.

어떤 불 함수의 진리표 표현은 유일하지만, 모든 불 함수는 동등하면서도 매우 여러 개의 불 표현식으로 표현할 수 있으며, 그중에 더 짧고 작업하기 좋은 표현이 있다. 예를 들어 (Not (x And y) And (Not (x) Or y) And (Not (y) Or y))는 Not(x)와 동등한 표현식이다. 따라서 불 표현식을 단순화하는 것이 하드웨어 최적화의 첫걸음임을 알 수 있다. 부록 1에 불 대수를 이용해서 최적화하는 방법이 설명되어 있다.

1.2 논리 게이트

게이트gate는 간단한 불 함수를 구현한 물리적 장치다. 오늘날 대부분의 디지털 컴퓨터는 전기를 이용해서 게이트를 구현하고 2진 데이터를 표현하지만, 신호 스위치 및 전달이 가능한 기술이라면 무엇이든 게이트를 구현하는 데 활용할 수 있다. 실제로 수년에 걸쳐 자력, 광학, 생물학, 유압, 공기압, 양자 기반, 심지어 도미노 기반 원리 등을 이용해서 불 함수를 하드웨어적으로 구현하는 시도가 있었다(이 구현의 상당수가 '이렇게도 해 볼 수 있다'는 기발한 발상에서 비롯된 것이긴 하다). 오늘날 일반적으로 게이트는 실리콘에 식각etching된 트랜지스터들이 칩chip에 패키징된 형태로 구현된다. Nand to Tetris에서는 칩과 게이트라는 용어를 같은 의미로 쓰며, 주로 전자의 단순한 형태를 후자라고 본다.

한편 스위치 기술을 대체할 수 있다는 사실과, 불 대수로 논리 게이트 동작을 추상화할 수 있다는 사실은 매우 중요하다. 기본적으로 컴퓨터 과학자들이 전기 회로, 스위치, 릴레이, 전원 공급장치 같은 물리적인 영역에 대해 고민할 필요가 없다는 뜻이기 때문이다. 그 대신 컴퓨터 과학자들은 불 대수와 게이트 논리의 추상적인 개념만 신경 쓰고, 물리학자나 전기공학자 같은 다른 누군가가 실제 하드웨어 구현 방법을 찾아낼 거라고 믿고 편하게 지낼 수 있다. 따라서 그림 1.4에 나온 기본 게이트들은 기본 논리 연산을 구현한 블랙박스로 볼 수 있으며, 우리는 상세한 구현 방식을 알 필요가 없다. 1937년에 클로드 섀넌Claude Shannon이 불 대수를 이용해서 논리 게이트의 추상적 작동방식을 설명했는데, 그때 섀넌의 석사 논문이 컴퓨터 과학에서 가장 중요한 석사 논문이라고 평가되기도 한다.

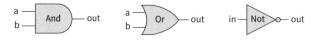

그림 1.4 3개의 기초 논리 게이트의 표준 게이트 다이어그램

기본 게이트와 조합 게이트

모든 논리 게이트는 입력 및 출력 데이터 형식이 같으므로(0 또는 1), 서로 연달아 이으면 더 복잡한 조합 게이트composite gate를 만들어 낼 수 있다. 예를 들어 모든 입력이 1이면 1을 반환하고, 그렇지 않으면 0을 반환하는 3-입력3-way 불 함수 And(a, b, c)를 구현한다고 해 보자. 불 대수로 표기하면 $a \cdot b \cdot c = (a \cdot b) \cdot c$이고, 접두어 표기법을 쓴다면 And($a, b, c$) = And(And($a, b$), c)임에 주목하자. 이 성질을 활용하면 그림 1.5 같은 조합 게이트를 구성할 수 있다.

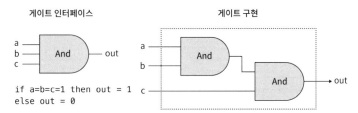

그림 1.5 3-입력 And 게이트의 조합 구현. 오른쪽 그림의 점선으로 된 사각형은 게이트 인터페이스의 경계 개념을 뜻한다.

논리 게이트들은 내부와 외부, 두 가지 관점으로 바라볼 수 있다. 그림 1.5의 오른쪽은 게이트의 내부 아키텍처, 즉 구현을, 왼쪽은 게이트의 인터페이스, 즉 바깥에 노출된 입력 핀과 출력 핀들을 그린 것이다. 내부 아키텍처는 직접 게이트를 구현하는 사람에게만 의미가 있으며, 게이트의 내부 구조를 신경 쓰지 않고 추상적인 규격 부품으로만 활용하려는 설계자는 인터페이스 단계만으로 충분하다.

이제 Xor 게이트 예제를 살펴보자. 정의를 따르면, Xor(a, b)는 a가 1이고 b가 0이거나, a가 0이고 b가 1인 경우에만 1이다. 바꿔 말하면 Xor(a, b) = Or(And(a, Not(b)), And(Not(a), b))이다. 그림 1.6에 이 정의대로 구현한 논리 설계의 예시가 있다.

게이트 인터페이스는 유일하다는 점에 주목하자. 인터페이스를 표현하는 방법은 단 하나뿐으로, 보통 진리표나 불 표현식, 또는 말로 표현된다. 하지만 이 인터페이스를 구현하는 방식은 여러 가지로, 그중에 더 효율적이고 깔끔한 방법이 있을 수 있다. 예를 들어 그림 1.6의 구현은 하나의 예시로, 논리 게이트도 더 적게 쓰고 게이트 사이 연결도 더 줄이면서 더 효율적으로 구현하는 방법도 있다. 그러므로 기능적 관점에서 논리 설계에 가장 기본적인 요구사항이란, 어떤 방식이든 정해진 인터페이스를 따르는 게이트를 구현하는 것이다. 효율성 관점에서는 게이트를 최소한으로 사용해서 비용과 에너지를 아끼고 계산 속도를 빠르게 하는 게 일반적인 원칙이 된다.

요약하면, 논리 설계의 기술은 다음과 같이 설명할 수 있다. 즉, 기존에 구현된 게이트들을 활용해서, 주어진 게이트 추상화(명세specification 또는 인터페이스interface라고도 한다)를 구현하는 효율적인 방법을 찾는 것이다.

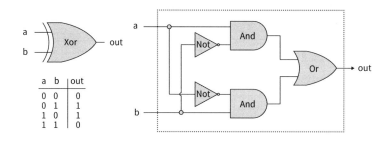

그림 1.6 Xor 게이트(왼쪽)와 구현 방법의 예(오른쪽)

1.3 하드웨어 구성

이제 게이트가 실제로 어떻게 만들어지는지에 대해 논의할 시점이다. 정말로 쉬운 예제부터 시작해 보자. 집 차고에 칩 제조 공장을 열었다고 생각해 보자. Xor 게이트 100개를 제조해 달라는 첫 주문이 들어왔다. 주문 계약금으로 납땜기와 구리선 한 묶음, 그리고 'And 게이트', 'Or 게이트', 'Not 게이트'가 여러 개 들어 있는 통을 하나씩 샀다고 하자. 이 게이트들은 입력과 출력 및 전원공급 단자가 달린 플라스틱으로 포장되어 있다. 목표는 이 하드웨어들로 그림 1.6의 게이트 설계도를 구현하는 것이다.

먼저 And 게이트 두 개와 Not 게이트 두 개, Or 게이트 하나를 집어서 그림과 같이 보드에 배치한다. 다음으로 구리선으로 각각의 칩들을 연결하고 선 끝을 각각 입력/출력 핀에 납땜한다.

이제 게이트 설계도를 주의 깊게 잘 따라 했다면 노출된 선이 세 개 보일 것이다. 이 선 끝에 각각 핀을 하나 납땜한 후, 전체 부품을 (핀 세 개만 제외하고) 플라스틱 케이스로 밀봉하고 'Xor'라고 이름표를 붙이자. 이 조립 과정을 매우 여러 번 반복한다. 하루가 지나면 새로 만든 모든 칩을 'Xor 게이트'라고 써 붙인 통에 넣을 것이다. 나중에 다른 칩을 만들 일이 생기면, 앞서 사용했던 And, Or, Not 게이트처럼 이 Xor 게이트를 기본 블랙박스 구성 블록으로 쓰면 된다.

독자들도 아마 느꼈겠지만, 이렇게 차고에서 칩을 생산하는 방식은 아직 부족한 점이 너무 많다. 우선 초심자에게는 주어진 칩 설계도가 맞는지 확신이 없을 것이다. Xor 같은 간단한 경우는 직접 검증해 볼 수 있겠지만, 현실적으로 더 복잡한 칩들을 다 검증해 보기는 어렵다. 그러므로 칩을 만들어서 전원을 연결하고, 입력 핀에 다양한 조합으로 신호를 입력하며 출력이 명세서와 맞는지 확인해 보는 실험적 테스트로 만족해야 한다. 만약 칩의 출력이 원하는 대로 나오지 않는다면, 물리적 구조를 손봐야 하니 상당히 골치 아픈 일이 된다. 더구나 설계가 제대로 효율적으로 되었다 하더라도 여러 번 칩을 복제하는 일은 시간도 많이 잡아먹고 실수하기도 쉽다. 더 좋은 방법이 필요하다!

1.3.1 하드웨어 기술 언어

오늘날 하드웨어 설계자들은 더 이상 맨손으로 뭔가를 만들지는 않는다. 대신 하드웨어 기술 언어Hardware Description Language 또는 HDL이라 불리는 도구를 사용해서 칩 아키텍처를 설계한다. 설계자는 칩 논리를 HDL 프로그램으로 작성하고, 이 프로그램은 엄격한 테스트를 거치게 된다. 이 테스트들은 하드웨어 시뮬레이터hardware simulator라는 특별한 소프트웨어 도구를 이용해서 가상의 컴퓨터 시뮬레이션으로 수행된다. 이 도구는 HDL 프로그램을 입력으로 받아 칩 논리를 소프트웨어적으로 구현한다. 그 후에 설계자는 시뮬레이터를 통해 다양한 입력을 주면서 이 가상 칩을 테스트한다. 시뮬레이터는 칩의 출력을 계산하고 설계자는 이 출력이 칩 제작을 의뢰한 고객의 요구사항과 맞는지 확인하게 된다.

보통 하드웨어 설계자는 칩의 정확성을 테스트할 뿐 아니라, 칩 설계에 따른 계산 속도나 전력 소비, 전반적인 비용 같은 변수들도 다양하게 고려한다. 설계자는 하드웨어 시뮬레이터를 이용해 이 모든 변수를 정량적으로 시뮬레이션하면서, 칩의 요구 성능 대비 비용 수준을 맞출 때까지 설계를 최적화한다.

따라서 HDL을 활용하면, 본격적으로 칩을 생산하기 전에도 칩을 설계하고 디버깅하고 최적화하는 작업을 전부 수행할 수 있다. 시뮬레이션된 칩의 성능이 칩을 주문한 의뢰인의 요구사항에 맞아 떨어지면, 최적화된 HDL 프로그램을 청사진 삼아 수많은 실리콘 칩들을 찍어내게 된다. 최적화된 HDL 프로그램을 완성한 후 칩 대량 생산에 들어가는 마지막 단계는 보통 칩 제조에 특화된 업체에 위탁되며, 그 업체는 칩을 구현할 수 있는 여러 기술 중 하나를 택해 칩을 생산한다.

예제: Xor 게이트 제작 이 절의 나머지 부분에서는 Xor 게이트 예제를 통해 HDL을 간단하게 소개한다. 자세한 HDL 명세는 부록 2에서 찾아볼 수 있다.

그림 1.7의 하단 왼쪽에 주목하자. 칩의 HDL 정의는 헤더header 부분과 파트parts 부분으로 나뉜다. 헤더는 칩 인터페이스를 정의하는 부분으로, 칩 이름과 입출력 핀 이름이 나열된다. 파트 부분은 칩 아키텍처를 구성하는 칩 파트[1]들을 설명한다. 각 칩 파트는 부품 이름을 명시하는 하나의 구문statement과, 그 파트가 설계상 다른 파트와 어떻게 연결되는지를 가리키는 괄호 표현식으로 구성된다. HDL 프로그래머가 해당 구문을 작성하려면, 딸린 칩 파트들의 인터페이스(입력과 출력 핀의 이름과 설계된 연산 내용)를 전부 알고 있어야 한다는 사실을 기억하자. 예를 들어 그림 1.7의 HDL 프로그램을 작성한 프로그래머는 Not 게이트의 입력 핀과 출력 핀에는 in과 out이라는 이름이, And와 Or에는 a, b, out이라는 이름이 붙어 있다는 사실을 알고 있어야 한다

---

1 (옮긴이) 이후로 '칩 파트'와 '칩 부품'이라는 용어를 혼용한다.

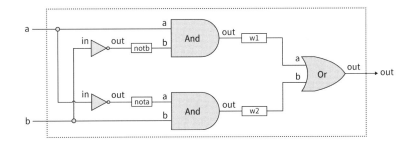

HDL 프로그램 (Xor.hdl)	테스트 스크립트 (Xor.tst)	출력 파일 (Xor.out)

/* Xor (exclusive or) gate:
   If a!=b out=1 else out=0. */
CHIP Xor {
   IN a, b;
   OUT out;
   PARTS:
   Not(in=a, out=nota);
   Not(in=b, out=notb);
   And(a=a,   b=notb, out=w1);
   And(a=nota, b=b,   out=w2);
   Or (a=w1,   b=w2,   out=out);
}
	load Xor.hdl,
	output-list a, b, out;
	set a 0, set b 0,
	eval, output;
	set a 0, set b 1,
	eval, output;
	set a 1, set b 0,
	eval, output;
	set a 1, set b 1,
	eval, output;
		a | b | out
		---------- 	
		0 | 0 | 0
		0 | 1 | 1
		1 | 0 | 1
		1 | 1 | 0

그림 1.7 불 함수 Xor(a, b) = Or(And(a, Not(b)), And(Not(a), b))의 게이트 다이어그램 및 HDL 구현 예시. 테스트에서 생성되는 테스트 스크립트와 출력 파일도 같이 표시되어 있다. 부록 2와 3에서 각각 HDL과 테스트 언어에 대한 자세한 설명을 찾아볼 수 있다.

(Nand to Tetris에서 사용하는 모든 칩의 API는 부록 4에 기술되어 있다).

파트 사이의 연결은 내부 핀internal pin을 생성하고 연결하는 방식으로 정의된다. 예를 들어 이 게이트 다이어그램 아래쪽에 Not 게이트의 출력이 And 게이트의 입력과 이어지는 부분을 보자. 이 연결은 HDL 코드에서는 Not(···, out=nota)와 And(a=nota,···)라는 두 구문으로 기술되어 있다. 첫 번째 구문에서는 nota라는 이름의 내부 핀(밖으로 나가는 선)을 생성하여 out에 연결한다. 두 번째 구문은 nota의 값을 And 게이트의 입력으로 넘긴다. 여기서 두 가지 덧붙일 설명이 있다. 첫째는 내부 핀은 HDL 프로그램에서 처음 등장할 때 '자동으로' 생성된다는 점이다. 둘째로 핀의 출력선에는 제한이 없다는 점이다. 예를 들어 그림 1.7을 보면 한 입력이 동시에 두 게이트에 연결되어 있다. 게이트 다이어그램에서는 연결이 여러 개일 때 분기점으로 표시한다.

HDL에서는 그 분기점이 코드에서 추론된다.

Nand to Tetris에서 사용되는 HDL은 산업용 HDL과 모양과 느낌이 비슷하지만 훨씬 더 단순하다. 이 책의 HDL 문법은 대부분 이해하기 쉬우며, 몇 가지 예제를 보고 부록 2를 참고하면 쉽게 배울 수 있다.

테스트

칩의 품질을 엄격히 보증하려면 구체적이고, 재현 가능하며, 잘 문서화된 방식으로 테스트해야 한다. 그래서 보통 하드웨어 시뮬레이터는 특정 스크립트 언어로 작성된 테스트 스크립트test script를 실행할 수 있도록 설계된다. 예를 들어 그림 1.7의 테스트 스크립트는 Nand to Tetris 하드웨어 시뮬레이터에서 실행 가능한 스크립트 언어로 작성된 것이다.

그림 1.7의 테스트 스크립트에 대해 간단히 알아보자. 스크립트의 처음 두 줄은 Xor.hdl 프로그램을 로드해서 주어진 변수 값을 출력할 준비를 하라는 뜻이다. 다음 명령들은 테스트 시나리오다. 각 시나리오마다 스크립트는 정해진 데이터 값을 칩에 입력하고, 출력 값을 계산하고, 그 테스트 결과를 지정된 파일에 기록하라고 지시하고 있다. Xor 같이 간단한 게이트라면 가능한 모든 입력 값을 테스트하는 스크립트를 짤 수 있을 것이다. 그 출력 파일(그림 1.7의 오른쪽)을 보면 칩이 잘 동작하는지 전체 출력을 다 확인해 볼 수 있다. 앞으로 보게 될 더 복잡한 칩에 대해서는 이런 사치를 부리기 어렵다.

핵Hack 컴퓨터를 만들 계획인 독자라면, Nand to Tetris 소프트웨어 모음에 이 책에 나오는 모든 칩에 대한 기초 뼈대 HDL 프로그램과 테스트 스크립트가 포함되어 있다는 사실에 기뻐할 것이다. HDL은 칩 명세를 완성하려면 반드시 배워야 하지만, 테스트용 언어는 배울 필요가 없다. 하지만 제공된 테스트 스크립트를 읽고 이해할 수는 있어야 한다. 부록 3에서 스크립트 언어를 설명하고 있으니 필요할 때 참고하자.

1.3.2 하드웨어 시뮬레이션

HDL 프로그램을 작성하고 디버깅하는 과정은 통상적인 소프트웨어 개발과 상당히 유사하다. 주요 차이점이라면 고수준 언어 대신 HDL로 코드를 작성한다는 점과, 코드를 컴파일하고 실행하는 대신 하드웨어 시뮬레이터로 테스트한다는 점이다. 하드웨어 시뮬레이터는 HDL 코드의 구문을 분석해서 실행가능한 표현식으로 바꾸고, 주어진 스크립트에 따라 해당 코드를 테스트하는 컴퓨터 프로그램이다. 시중에는 다양한 상업용 하드웨어 시뮬레이터가 있다. Nand to Tetris 소프트웨어 모음에는 이 책에 나오는 칩들을 구현하고, 테스트하고, 조합해서 최종적으로 범용 컴퓨터를 구현하는 데 필요한 모든 기능을 제공하는 간단한 하드웨어 시뮬레이터가 담겨 있다. 그림 1.8은 전형적인 칩 시뮬레이션 화면이다.

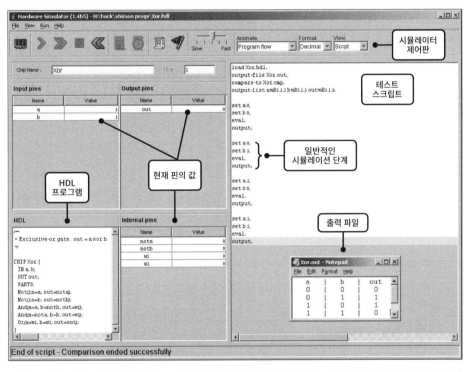

그림 1.8 하드웨어 시뮬레이터에서 Xor 칩을 시뮬레이션하는 화면의 스크린샷(이 시뮬레이터의 다른 버전은 약간 다른 GUI로 되어 있다). 테스트 스크립트 실행이 끝난 직후의 모습이다. 현재 핀의 값은 시뮬레이션 마지막 단계의 값이다(a=b=1). 이 스크린샷에는 나와 있지 않지만, 이 테스트 스크립트 실행 결과로 기대되는 시뮬레이션 출력 결과가 기록된 비교 파일(compare file)이 있다. 테스트 스크립트와 마찬가지로 비교파일은 일반적으로 칩 제조를 의뢰한 고객이 주게 된다. 스크린샷을 보면 시뮬레이션이 생성한 출력 파일(그림 오른쪽 하단)이 미리 주어진 비교 파일과 동일함을 확인할 수 있다.

1.4 명세

이제 우리 컴퓨터 시스템의 칩들을 만드는 데 필요한 논리 게이트들을 정의할 시간이다. 이 게이트들은 일반 불 연산을 수행하도록 설계된 평범한 게이트들이다. 각 게이트마다 게이트 인터페이스(게이트가 수행해야 하는 작업)에 집중하고 세부적인 구현(게이트 기능을 구현하는 방법)은 다음 절로 미룬다.

1.4.1 Nand

다른 모든 게이트의 기초가 되는 Nand 게이트가 앞으로 우리가 만들 컴퓨터 아키텍처의 시작점이다. Nand 게이트는 다음과 같은 불 함수를 계산한다.

a	b	Nand(a, b)
0	0	1
0	1	1
1	0	1
1	1	0

또는 API 형식으로 쓰면 다음과 같다.

```
칩 이름: Nand
입력:    a, b
출력:    out
기능:    if ((a==1) and (b==1)) then out = 0, else out = 1
```

이 책에서 칩들은 위와 같은 API 형식으로 정의된다. 칩 API에는 칩의 이름, 입력 및 출력 핀의 이름, 칩의 기능이나 연산, 추가 설명이 기술된다.

1.4.2 기본 논리 게이트

여기에 소개되는 논리 게이트 중에는, 더 복잡한 칩들을 만드는 데 중요한 역할을 하기 때문에 '기본 게이트'라 불리는 게이트들이 있다. Not, And, Or, Xor 게이트는 기본적인 논리 연산자를 구현한 게이트고, 멀티플렉서와 디멀티플렉서는 정보의 흐름을 제어하는 게이트다.

Not Not 게이트는 인버터inverter라고도 불리며, 입력 값의 반대 값을 출력한다. 게이트 API는 다음과 같다.

```
칩 이름: Not
입력:    in
출력:    out
기능:    if (in==0) then out = 1, else out = 0
```

And And 게이트는 입력 값이 둘 다 1일 경우 1을, 그 외에는 0을 반환한다.

```
칩 이름: And
입력:    a, b
출력:    out
기능:    if ((a==1) and (b==1)) then out = 1, else out = 0
```

Or Or 게이트는 입력 값 중 적어도 하나가 1일 때 1을, 그 외에는 0을 반환한다.

```
칩 이름: Or
입력:    a, b
출력:    out
기능:    if ((a==0) and (b==0)) then out = 0, else out = 1
```

Xor Xor 게이트는 배타적 논리합exclusive or이라고도 불리며, 두 입력 값 중 하나만 1일 때 1을, 그 외에는 0을 반환한다.

```
칩 이름: Xor
입력:    a, b
출력:    out
기능:    if (a!=b) then out = 1, else out = 0
```

멀티플렉서 멀티플렉서multiplexor[2](그림 1.9)는 3-입력 게이트다. 두 입력 비트 a와 b는 데이터 비트data bit로, 세 번째 입력 비트인 sel은 선택 비트selection bit로 해석된다. 멀티플렉서는 sel을 통해서 a와 b 중 어떤 값을 출력할지 선택한다.

---

2 (옮긴이) 통신 시스템에서는 '다중화기'라는 이름으로도 번역한다.

따라서 이 게이트는 셀렉터selector라는 이름이 더 어울릴지도 모른다. 멀티플 렉서라는 이름은 하나의 통신 채널에서 여러 입력 신호를 직렬화serialize(다중 화multiplex)하는 데 사용되는 통신 기기 이름에서 따온 것이다.

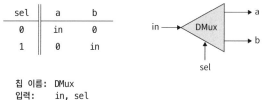

a	b	sel	out
0	0	0	0
0	1	0	0
1	0	0	1
1	1	0	1
0	0	1	0
0	1	1	1
1	0	1	0
1	1	1	1

sel	out
0	a
1	b

칩 이름: Mux
입력: a, b, sel
출력: out
기능: if (sel==0) then out = a, else out = b

그림 1.9 멀티플렉서. 오른쪽 위의 표는 왼쪽 진리표를 간단히 쓴 것이다.

디멀티플렉서 디멀티플렉서demultiplexor는 멀티플렉서와 정반대 기능을 한다. 디멀티플렉서는 입력 신호를 하나 받아서, 선택 비트에 따라 두 개의 출력 중 하나로 내보낸다. 그리고 다른 출력은 0으로 설정된다. 그림 1.10에 API가 나 와 있다.

sel	a	b
0	in	0
1	0	in

칩 이름: DMux
입력: in, sel
출력: a, b
기능: if (sel==0) then {a, b} = {in, 0},
        else   {a, b} = {0, in}

그림 1.10 디멀티플렉서

1.4.3 기본 게이트의 멀티비트 버전

컴퓨터 하드웨어는 보통 멀티비트 값들을 처리하도록 설계된다. 예를 들어 16비트 입력이 두 개 주어졌을 때 비트단위bitwise로 계산하는 And 함수가 있을 것이다. 이 절에서는 우리의 컴퓨터 플랫폼을 구성하는 데 필요한 몇 가지 16비트 논리 게이트에 대해 설명할 것이다. 이 n비트 게이트의 논리적 구조는 n 값(예: 16, 32, 64비트)과 무관하게 동일하다. HDL 프로그램은 개별 비트에 접근하기 위해 인덱스를 쓴다는 점을 제외하고는 멀티비트 값을 단일비트 값과 비슷하게 취급한다. 예를 들어 in과 out이 16비트 값이라고 한다면, out[3]=in[5]는 out의 세 번째 비트 값을 in의 다섯 번째 비트 값으로 설정한다는 뜻이다. 비트는 오른쪽에서 왼쪽으로 인덱스가 부여되는데, 맨 오른쪽 비트는 0번째 비트, 맨 왼쪽 비트는 15번째 비트가 되는 식이다(16비트 설정에서).

멀티비트 Not n비트 Not 게이트는 n비트 입력의 모든 비트마다 Not 불 연산을 수행한다.

```
칩 이름: Not16
입력:    in[16]
출력:    out[16]
기능:    for i = 0..15 out[i] = Not(in[i])
```

멀티비트 And n비트 And 게이트는 두 개의 n비트 입력 쌍마다 And 불 연산을 수행한다.

```
칩 이름: And16
입력:    a[16], b[16]
출력:    out[16]
기능:    for i = 0..15 out[i] = And(a[i], b[i])
```

멀티비트 Or n비트 Or 게이트는 두 개의 n비트 입력 쌍마다 Or 불 연산을 수행한다.

```
칩 이름:   Or16
입력:      a[16], b[16]
출력:      out[16]
기능:      for i = 0..15 out[i] = Or(a[i], b[i])
```

멀티비트 멀티플렉서 n비트 멀티플렉서는 입력과 출력이 n비트인 점을 제외하면 기본 멀티플렉서와 정확히 똑같은 기능을 한다.

```
칩 이름:   Mux16
입력:      a[16], b[16], sel
출력:      out[16]
기능:      if (sel==0) then for i = 0..15 out[i] = a[i],
          else for i = 0..15 out[i] = b[i]
```

1.4.4 기본 게이트의 다입력 버전

입력이 하나 또는 두 개인 논리 게이트는 자연스럽게 입력이 두 개 이상인 다입력multi-way 게이트로 일반화할 수 있다. 이 절에서는 앞으로 만들 컴퓨터 아키텍처에 들어갈 다양한 칩에서 활용되는 다입력 게이트들에 대해 설명한다.

다입력 Or m-입력 Or 게이트는 m개의 입력 비트 중 적어도 하나가 1이면 1을 출력하고, 그 외에는 0을 출력한다. 다음은 8-입력 게이트 예시다.

```
칩 이름:   Or8Way
입력:      in[8]
출력:      out
기능:      out = Or(in[0], in[1], ···,in[7])
```

다입력/멀티비트 멀티플렉서 m-입력 n비트 멀티플렉서는 m개의 n비트 입력 중에 하나를 선택해서 n비트 출력으로 내보낸다. 선택 입력은 k개의 제어 비트로 구성되며, $k = \log_2 m$이다. 다음은 4-입력 멀티플렉서의 API다.

sel[1]	sel[0]	out
0	0	a
0	1	b
1	0	c
1	1	d

앞으로 만들 컴퓨터 플랫폼에는 4-입력 16비트 멀티플렉서와 8-입력 16비트 멀티플렉서가 필요하다.

```
칩 이름: Mux4Way16
입력:    a[16], b[16], c[16], d[16], sel[2]
출력:    out[16]
기능:    if (sel==00,01,10, or 11) then out = a,b,c, or d
설명:    할당은 16비트 연산이다.
         예를 들어 "out = a"는 "i = 0..15에 대해 out[i] = a[i]"란 뜻이다.
```

```
칩 이름: Mux8Way16
입력:    a[16], b[16], c[16], d[16], e[16], f[16], g[16], h[16], sel[3]
출력:    out[16]
기능:    if (sel==000,001,010, ···, or 111)
         then out = a,b,c,d, ···, or h
설명:    할당은 16비트 연산이다.
         예를 들어 "out = a"는 "i = 0..15에 대해 out[i] = a[i]"란 뜻이다.
```

다입력/멀티비트 디멀티플렉서 m-입력 n비트 디멀티플렉서는 n비트 입력을 하나 받아 m개의 n비트 출력 중 하나로 내보낸다. 다른 출력은 0으로 설정된다. 선택 입력은 k개의 제어 비트로 구성되며, $k = \log_2 m$이다. 다음은 4-입력 디멀티플렉서의 API다.

sel[1]	sel[0]	a	b	c	d
0	0	in	0	0	0
0	1	0	in	0	0
1	0	0	0	in	0
1	1	0	0	0	in

앞으로 만들 컴퓨터 플랫폼에는 4-입력 1비트 디멀티플렉서와 8-입력 1비트 디멀티플렉서가 필요하다.

```
칩 이름: DMux4Way
입력:    in, sel[2]
출력:    a, b, c, d
기능:    if (sel==00)    then {a,b,c,d} = {1,0,0,0},
         else if (sel==01) then {a,b,c,d} = {0,1,0,0},
         else if (sel==10) then {a,b,c,d} = {0,0,1,0},
         else if (sel==11) then {a,b,c,d} = {0,0,0,1}

칩 이름: DMux8Way
입력:    in, sel[3]
출력:    a, b, c, d, e, f, g
기능:    if (sel==000)    then {a,b,c,···, h} = {1,0,0,0,0,0,0,0},
         else if (sel==001) then {a,b,c,···, h} = {0,1,0,0,0,0,0,0},
         else if (sel==010) then {a,b,c,···, h} = {0,0,1,0,0,0,0,0},
         ···
         else if (sel==111) then {a,b,c,···, h} = {0,0,0,0,0,0,0,1}
```

1.5 구현

앞 절에서는 기본 논리 게이트의 명세와 인터페이스에 대해 설명했다. 이제 '무엇'에 대해 설명했으니, '어떻게' 하는지에 대해 이야기할 시점이다. 논리 게이트를 구현하는 두 가지 일반적인 방법론을 살펴볼 텐데, 하나는 행동 시뮬레이션behavioral simulation이고 다른 하나는 하드웨어 구현hardware implementation이다. 두 접근법 모두 하드웨어 구축 프로젝트에서 중요한 역할을 한다.

1.5.1 행동 시뮬레이션

지금까지 기술한 칩 설명들은 매우 추상적이다. HDL로 이 칩들을 만들어 보기 전에, 칩의 추상화 개념들을 직접 실험해 볼 수 있다면 좋을 것이다. 어떻게 그렇게 할 수 있을까?

사실 칩의 작동만 생각한다면 굳이 HDL로 칩을 만드는 수고를 할 필요가 없다. 그 대신 기존 프로그래밍 방법으로 훨씬 더 간단하게 칩을 구현할 수 있을 것이다. 예를 들어 객체 지향 언어 하나를 골라서 일반적인 칩들을 구현할 클래스들을 정의한다. 칩 인스턴스 생성자와 칩의 논리를 계산하는 *eval* 메서드를 만들고, 고수준high-level 칩들이 저수준low-level 칩들로 정의되도록 클래스 간 관계를 설정해 준다. 그러고 나서 칩 입력에 여러 가지 값을 입력하고, 칩의 논리를 계산하고, 출력을 관찰할 수 있는 멋진 그래픽 사용자 인터페이스를 추가해 넣을 수도 있을 것이다. 이런 소프트웨어 기반 기법을 행동 시뮬레이션이라 하며, 이 기법은 칩 제작에 있어 큰 의미가 있다. HDL로 칩을 만드는 수고로운 작업을 시작하기 전에 칩 인터페이스를 실험할 수 있는 수단이기 때문이다.

Nand to Tetris 하드웨어 시뮬레이터는 정확히 이런 기능을 제공한다. 하드웨어 시뮬레이터는 그 주 목적인 HDL 프로그램의 행동을 시뮬레이션하는 것 외에도, Nand to Tetris 하드웨어 프로젝트에서 만들 모든 칩의 소프트웨어 구현을 내장하고 있다. 각 칩의 내장 버전은 실행 가능한 소프트웨어 모듈로 구현되어 있으며, 칩 인터페이스를 제공하는 뼈대 HDL 프로그램에서 호출된다. 예를 들어 다음은 Xor 칩의 내장 버전을 구현한 HDL 프로그램이다.

```
/* Xor (exclusive or) gate:
   If a!=b out=1 else out=0. */
CHIP Xor {
    IN a, b;
    OUT out;
    BUILTIN Xor;
}
```

이 프로그램을 그림 1.7의 HDL 프로그램과 비교해 보자. 먼저 정규 칩과 내장형 칩은 인터페이스가 정확히 동일하다. 따라서 그 기능도 정확히 같다. 하지만 내장형 구현에서는 PARTS 부분이 BUILTIN Xor라는 구문으로 바뀌었다. 이 구문은 칩이 Xor.class로 구현되었음을 시뮬레이터에 알려 준다. 이 클래스 파일은 nand2tetris/tools/builtIn 폴더에 다른 내장형 칩들을 구현한 자바 클래스 파일과 함께 위치해 있다.

지나가는 말로 고수준 언어를 이용해 논리 게이트를 구현하는 것이 어렵지 않다 했는데, 그 사실이 행동 시뮬레이션의 또 다른 장점이기도 하다. 즉,

행동 시뮬레이션은 저렴하고 빠르다. 물론 어느 시점에 하드웨어 엔지니어는 칩을 소프트웨어 모듈이 아니라 실리콘에 올릴 수 있는 HDL 프로그램으로 구현해야 한다. 이것이 우리가 다음으로 할 일이다.

1.5.2 하드웨어 구현

이 절에서는 이 장에서 설명한 15개의 논리 게이트들을 실제로 구현하는 방법에 대해 설명한다. 이 책에서는 의도적으로 구현에 대한 지침을 간략하게만 설명할 예정이다. 시작하는 데 필요한 개념은 충분히 설명하고, 직접 게이트를 구현하는 방법을 찾는 즐거움은 독자들에게 맡겨 두려 한다.

Nand Nand 게이트를 하드웨어의 기본 구성 블록으로 삼기로 했기 때문에, Nand 게이트 기능은 외부에서 제공된다고 가정한다. 제공된 하드웨어 시뮬레이터에는 Nand의 내장형 구현이 이미 탑재되어 있으므로 따로 구현할 필요가 없다.

Not Nand 게이트 하나로 구현할 수 있다. (팁: Nand 진리표를 보고, 어떻게 Nand 입력을 재배치하면, 입력 신호 0이 Nand 게이트 출력 1이 되고, 입력 신호 1이 출력 0이 되는지 자문해 보자.)

And 앞의 두 게이트를 이용해서 구현할 수 있다.

Or/Xor 불 함수 Or는 불 함수 And와 Not으로 정의할 수 있다. 불 함수 Xor는 And, Not, Or로 정의할 수 있다.

멀티플렉서/디멀티플렉서 앞에서 만든 게이트들로 구현할 수 있다.

멀티비트 Not/And/Or 이 게이트들의 기본 버전을 이미 구현했다면, 기본 게이트 n개를 나열하고 각 게이트가 단일 비트 입력을 연산하도록 하면 n비트 버전을 구현할 수 있다. HDL 코드 구현이 지루하고 반복적(복사-붙여넣기를 활용)이겠지만, 앞으로 더 복잡한 칩을 만들 때는 이 멀티비트 게이트들이 진가를 발휘할 것이다.

멀티비트 멀티플렉서 n-입력 멀티플렉서는 n개의 2-입력 멀티플렉서들의 선택 비트에 모두 같은 입력을 연결하면 만들 수 있다. 마찬가지로 지루한 작업이지만 매우 쓸모 있는 칩을 얻을 수 있다.

다입력 게이트 (구현 팁: 포크를 떠올려 보자.)

1.5.3 내장형 칩

행동 시뮬레이션에서 설명했듯이, 이 책의 하드웨어 시뮬레이터는 이 책에 나오는 대부분의 칩들의 소프트웨어 기반 내장형 구현을 제공한다. Nand to Tetris에서 가장 자주 나오는 내장형 칩은 당연히 Nand다. HDL 프로그램에서 Nand 칩 파트를 쓸 때마다 하드웨어 시뮬레이터는 내장된 `tools/builtIn/Nand.hdl` 구현을 호출한다. 이 규칙은 칩을 호출하는 일반적인 규칙의 특수한 사례다. 예를 들어 하드웨어 시뮬레이터는 HDL 프로그램에서 *Xxx*라는 칩 파트를 만날 때마다 현재 폴더에서 `Xxx.hdl` 파일을 찾아본다. 만약 그 파일이 있다면 시뮬레이터는 해당 HDL 코드를 계산한다. 파일이 없다면 시뮬레이터는 `tools/builtIn` 폴더를 찾아본다. 거기에 파일이 있으면 해당 칩의 내장형 구현을 실행한다. 파일이 없으면 에러 메시지를 출력하고 시뮬레이션을 종료한다.

이 규칙은 편리하다. 예를 들어 `Mux.hdl` 프로그램을 구현하기 시작했는데, 어떤 이유로 완성을 못했다고 해 보자. 이론적으로는 Mux를 부품으로 활용하는 칩을 더 만들 수 없기 때문에, 진행상황에 차질이 생긴다. 하지만 다행히 설계대로라면 내장형 칩들이 여기서 구원자가 된다. 독자가 할 일은 부분적으로밖에 구현하지 못한 파일의 이름을 `Mux1.hdl`로 바꾸는 것뿐이다. 그러면 하드웨어 시뮬레이터가 Mux 칩 파트의 기능을 시뮬레이션하려 할 때마다 현재 폴더에서 Mux.hdl 파일을 찾는 데 실패하게 되고, 시뮬레이터는 내장형 Mux 버전을 불러오면서 행동 시뮬레이션을 하게 된다. 딱 우리가 원하는 바다! 독자는 나중에 Mux1.hdl로 돌아가서 다시 구현을 할 수도 있다. 이 시점에서 원래 파일명인 Mux.hdl로 변경하고 중단한 부분부터 계속할 수 있다.

1.6 프로젝트

이 절에서는 프로젝트 1을 완료하는 데 필요한 도구와 자료들을 소개하고, 권장하는 구현 순서와 팁을 설명한다.

목표 이 장에서 소개된 모든 논리 게이트를 구현한다. Nand 게이트와 Nand 게이트를 조합해서 밑바닥부터 만들 게이트들만 활용할 수 있다.

자료 독자들이 이미 책에서 필요한 소프트웨어 모음이 담긴 Nand to Tetris zip 파일을 다운로드하고, nand2tetris라는 이름의 폴더에 압축해제 했다고 가정한다. 그러면 nand2tetris/tools 폴더에 이 장에서 필요한 하드웨어 시뮬레이터가 있을 것이다. 이 프로그램과 일반 텍스트 편집기만 있으면 프로젝트 1뿐 아니라 이 책의 모든 하드웨어 프로젝트들을 완성할 수 있을 것이다.

Nand를 제외하고 이 장에서 언급한 15개의 칩들은 부록 2에 기술된 HDL 언어로 구현되어야 한다. *Xxx*라는 칩이 있으면, 구현 부분이 빠진 *Xxx*.hdl 뼈대 프로그램(토막 파일stub file이라고도 한다)도 있을 것이다. 여기에 더해서, 하드웨어 시뮬레이터가 테스트하는 방법을 기술한 *Xxx*.tst 스크립트와, 테스트가 생성할 정답 출력을 기록한 *Xxx*.cmp 비교 파일이 칩마다 제공된다. 이 파일들은 모두 nand2tetris/projects/01 폴더에서 찾을 수 있다. 독자가 할 일은 이 폴더의 모든 *Xxx*.hdl 파일들을 완성하고 테스트하는 것이다. 이 파일들을 작성하고 수정하는 데 어떤 텍스트 편집기를 써도 상관없다.

과제 설계한 칩(수정한 .hdl 프로그램)을 하드웨어 시뮬레이터에서 로드한 후에, .tst 파일로 테스트해 보면 .cmp 파일에 기록된 것과 동일한 출력이 나와야 한다. 만약 시뮬레이터 출력과 예상 출력이 똑같지 않으면 시뮬레이션이 중단되고 에러 메시지가 표시될 것이다.

단계 다음과 같은 순서로 진행하기를 권장한다.

0. 이 프로젝트에 필요한 하드웨어 시뮬레이터는 nand2tetris/tools 폴더에 있다.
1. 필요하면 부록 2(HDL)를 참고한다.
2. 하드웨어 시뮬레이터 튜토리얼(*www.nand2tetris.org*에 있다)을 살펴본다.
3. nand2tetris/projects/01에 있는 모든 칩을 구현하고 시뮬레이션해 본다.

일반적인 구현 팁
(게이트와 칩이라는 용어를 같은 의미로 사용한다.)

- 게이트마다 여러 가지 방식으로 구현 가능하다. 구현은 단순할수록 좋다. 가능한 한 적은 수의 칩 파트를 사용하도록 노력해 보자.
- 각 칩은 Nand 게이트만으로 구현할 수 있지만, 이미 구현된 조합 게이트를 활용하기를 추천한다. 바로 전 팁을 참고하자.
- 독자가 직접 설계해서 '보조 칩'을 만들 필요는 없다. HDL 프로그램에는 이 장에서 나온 칩만 담겨야 한다.
- 이 장에서 나온 순서대로 칩을 구현하자. 어떤 이유로 특정 칩의 HDL 구현을 마치지 못했더라도, 다른 HDL 프로그램의 칩 파트에 그 칩을 사용할 수 있다. 단순히 칩 파일명을 바꾸거나, 폴더에서 파일을 지우면 시뮬레이터가 알아서 내장형 칩을 대신 불러온다.

프로젝트 1의 웹 버전은 *www.nand2tetris.org*에서 찾아볼 수 있다.

1.7 정리

이 장에서는 컴퓨터 아키텍처에서 널리 쓰이는 기본 논리 게이트들을 정의했다. 2장과 3장에서는 각각 이 게이트들을 이용해서 처리용 칩과 저장용 칩 들을 구현할 것이다. 이 칩들은 나중에 우리가 만들 컴퓨터의 중앙 처리 장치와 메모리 장치를 구성하는 데 쓰인다.

Nand를 기본 구성 블록으로 선택하기는 했지만, 다른 논리 게이트도 시작점이 될 수 있다. 예를 들어 Nor 게이트만 쓰거나, And, Or, Not 게이트를 조합해서도 완전한 컴퓨터 플랫폼을 만들 수 있다. 마치 기하학의 정리들을 다른 공리계에서도 유도할 수 있는 것처럼, 이론적으로 동등한 다른 설계 방법들도 있다. 원칙적으로 전기공학자나 물리학자가 특정 기술로 논리 게이트를 더 효율적이고 저렴한 비용으로 구현한다면, 우리는 기꺼이 그 게이트를 기본 구성 블록으로 활용할 것이다. 하지만 현실적으로 대부분의 컴퓨터는 Nand나 Nor 게이트로 만들어진다.

이 장에서는 HDL 프로그램을 작성할 때 에너지 소비나 배선의 교차 횟수 같은 효율성, 비용 문제는 전혀 따지지 않았다. 실제로는 효율적인 설계는 매우 중요하며, 수많은 컴퓨터 과학자와 기술자들이 효율성을 높이려 노력한다. 또한 이 장에서는 실리콘에 트랜지스터를 올리는 방법이나 그 외 스위치 기술 같이 게이트를 구현하는 데 쓰이는 물리학적 방법론도 다루지 않았다. 물론 게이트를 물리적으로 구현하는 방법도 여러 가지가 있으며, 각각의 방법마다 특성(속도, 에너지 소비량, 생산 원가 등)이 다르다. 이 주제를 이해하려면 컴퓨터 과학을 벗어나 전기공학이나 고체물리학 같은 영역으로 모험을 떠나야 한다.

다음 장에서는 비트로 2진수를 표현하는 방법과, 논리 게이트로 산술 연산을 구현하는 방법을 설명한다. 이 기능들은 이 장에서 만든 기초 논리 게이트들을 바탕으로 한다.

불 연산
Boolean Arithmetic

계산은 이 세대의 종교이자, 희망이고 구원이다.

거트루드 스타인(Gertrude Stein, 1874~1946)

이 장에서는 숫자를 표현하고 산술 연산을 하는 칩들을 만든다. 우리는 1장에서 만든 논리 게이트에서 시작해서, 온전히 동작하는 산술 논리 연산 장치 Arithmetic Logical Unit, ALU를 완성하는 것으로 끝맺을 것이다. ALU는 나중에 컴퓨터의 모든 명령을 실행하는 중앙 처리 장치Central Processing Unit, CPU의 핵심적인 계산 부품이 된다. 따라서 ALU는 Nand to Tetris의 여정에서 중요한 이정표다.

　앞 장과 마찬가지로 시작은 배경을 설명하는 절로, 2진 코드와 불 산술을 이용해서 부호 있는 정수를 표현하고 덧셈하는 방법에 대해 알아볼 것이다. '명세' 절에서는 2비트, 3비트 및 n비트 2진수 두 개를 덧셈하는 가산기 칩adder chip을 차례대로 정의한다. 이 칩들은 ALU 명세의 기초가 되며, 놀라울 정도로 단순한 논리 설계를 바탕으로 한다. '구현' 및 '프로젝트' 절에서는 HDL과 하드웨어 시뮬레이터를 사용해서 가산기 칩과 ALU를 만드는 데 필요한 팁과 가이드를 설명한다.

2.1 산술 연산

범용 컴퓨터 시스템은 부호 있는 정수에 대해 최소한 다음과 같은 산술 연산을 수행할 수 있어야 한다.

- 덧셈
- 부호 변환
- 뺄셈
- 비교
- 곱셈
- 나눗셈

여기서는 덧셈과 부호 변환을 수행하는 게이트 논리부터 개발한다. 나중에 이 두 논리를 기본으로 다른 산술 연산을 구현할 수 있음을 보일 것이다.

수학뿐 아니라 컴퓨터 과학에서도 덧셈은 간단한 연산이지만 의미가 깊다. 놀랍게도 산술 연산을 포함하여 디지털 컴퓨터에서 수행되는 모든 함수는 2진수의 덧셈으로 환원할 수 있다. 따라서 2진 덧셈의 과정을 이해하는 것이, 컴퓨터 하드웨어에서 실행되는 여러 종류의 기본 연산을 이해하는 데 핵심이 된다.

2.2 2진수

예를 들어 6083 같은 특정 코드가 10진법 체계로 쓰여진 숫자를 나타낸다고 했을 때, 규칙에 따라 이 숫자를 다음과 같이 해석한다.

$$(6083)_{10} = 6 \cdot 10^3 + 0 \cdot 10^2 + 8 \cdot 10^1 + 3 \cdot 10^0 = 6083$$

10진 코드에서 각 숫자는 밑base 수인 10과, 코드에서 숫자의 위치에 따라 값이 달라진다. 이제 10011이라는 코드가 밑이 2인 숫자(2진법 체계)를 나타낸다고 해 보자. 이 숫자의 값을 계산하려면 밑을 10 대신 2로 하고 앞과 똑같은 절차를 따르면 된다.

$$(10011)_2 = 1 \cdot 2^4 + 0 \cdot 2^3 + 0 \cdot 2^2 + 1 \cdot 2^1 + 1 \cdot 2^0 = 19$$

컴퓨터 내부에서 모든 것은 2진 코드로 표현된다. 예를 들어 "소수의 예를 하나 입력하세요"라는 말에 따라 1, 9, Enter라고 표시된 키보드 키를 누르면, 컴퓨터 메모리에 최종적으로 저장되는 것은 2진 코드인 **10011**이다. 이 값을 화면에 표시하라고 컴퓨터에 명령하면, 다음과 같은 과정을 거치게 된다. 먼저 컴퓨터의 운영체제os는 **10011**이 나타내는 10진수를 계산하고, 이 값은 19가 된다. OS는 이 정수 값을 두 개의 문자 1과 9로 변환하고 나서, 현재 글꼴을 조회해서 화면에 렌더링하기 위한 두 개의 비트맵 이미지를 만든다. 다음으로 OS는 스크린 드라이버를 통해 픽셀을 끄거나 켜(여기까지 몇 백분의 1초도 안 걸린다), 화면에 19라는 이미지가 나타난다.

12장에서 이런 렌더링 연산 외에 여러 가지 저수준 서비스를 실행하는 운영체제를 만들 것이다. 지금으로서는 과거 인류 역사에서 어느 순간에 사람들이 열 손가락을 이용해서 수량을 표현하기로 하고 그 습관이 고착화되어서 10진법 숫자 체계가 생겨났다는 사실을 아는 것만으로도 충분하다. 수학적 관점에서도 10이라는 숫자는 전혀 특별할 것이 없으며, 컴퓨터에게는 골칫거리에 불과하다. 컴퓨터는 모든 것을 2진수로 처리하기 때문에 10진수는 전혀 신경 쓰지 않는다. 하지만 인간은 숫자를 10진수로 보거나 입력하기를 원하기 때문에, 컴퓨터는 필요할 때마다 2진수-10진수 또는 10진수-2진수 변환을 뒤에서 열심히 수행해야 한다. 그 외의 경우에는 2진수로만 처리한다.

고정 단어 크기   정수는 무한하다. 어떤 숫자 x가 주어지면 x보다 큰 정수와 작은 정수가 항상 존재한다. 하지만 컴퓨터는 숫자를 표현하는 데 고정 단어 크기를 사용해야 하는 유한한 기계다. 단어 크기word size란 일반적인 하드웨어 용어로, 컴퓨터가 기본 정보 단위(이 경우에는 정수 값)를 표현하는 데 사용하는 비트 수를 가리킨다. 보통 정수를 표현하는 데 8-, 16-, 32-, 또는 64-비트 레지스터가 사용된다.[1] 고정 단어 크기는 이 레지스터가 표현 가능한 값의 개수에 한계가 있음을 의미한다.

예를 들어 8-비트 레지스터로 정수를 표현한다고 해 보자. 이러면 $2^8 = 256$개의 서로 다른 코드를 나타낼 수 있다. 음수가 아닌 정수만을 표현하려면, 0은 `0000000`, 1은 `00000001`, 2는 `00000010`, 3은 `00000011`과 같은 식으로 255는 `11111111`까지 할당할 수 있다. 일반적으로 n비트가 있으면 음수가 아닌 정수는 0에서 $2^n - 1$까지 표현할 수 있다.

2진 코드로 음수는 어떻게 표현할까? 이 장의 뒷부분에서 음수를 표현하는 가장 멋진 기법을 소개할 예정이다.

그러면 고정된 레지스터 크기가 허용하는 최대 최소 값보다 더 크거나 작은 값은 어떻게 표현할까? 모든 고수준 언어는 실제로 우리가 원하는 만큼 크거나 작은 숫자를 처리하는 추상화 기법을 지원한다. 이 추상화는 보통 원하는 숫자를 표현하는 데 필요한 만큼 n비트 레지스터를 묶는 방식으로 구현된다. 여러 단어multi-word로 구성된 숫자에 산술 및 논리 연산을 실행하는 것은 느린 작업이므로, 매우 크거나 매우 작은 숫자를 처리할 때만 이 기법을 쓰는 것이 좋다.

2.3 2진 덧셈

두 개의 2진수를 더하려면, 초등학교 때 10진수 덧셈을 하던 방식과 마찬가지로 오른쪽에서 왼쪽 자릿수로 숫자들을 하나씩 더하면 된다. 가장 오른쪽 숫자 둘부터 더하는데, 이 숫자들은 최하위 비트least significant bit, LSB라 불린다. 다음으로 자리올림 비트carry bit를 다음 순서의 비트 쌍의 합에 더해 준다. 이

---

[1] 각각 일반적인 고수준 데이터 타입인 byte, short, int, long에 해당한다. 예를 들어 기계 수준의 명령어로 내려가면 short 변수는 16비트 레지스터로 처리된다. 16비트 산술 연산이 64비트 산술 연산보다 4배 빠르기 때문에 프로그래머는 늘 응용프로그램의 요구사항에 맞는 가장 간결한 데이터 타입을 사용하는 것이 좋다.

덧셈을 최상위 비트most significant bit, MSB까지 반복한다. 아래 예시에서 4비트 고정 단어 크기를 사용할 때의 덧셈 알고리즘을 실제로 보여 주고 있다.

```
  0   0   0   1      (carry)      1   1   1   1

      1   0   0   1      x             1   0   1   1

  +   0   1   0   1      y         +   0   1   1   1

  0   1   1   1   0      x + y     1   0   0   1   0
```

오버플로 없음   오버플로

최상위 비트를 더하고 나서도 자리올림수가 1이라면, 오버플로[2]overflow가 발생한다. 오버플로를 어떻게 처리할지는 결정에 따른 문제로, 이 책에서는 오버플로를 무시한다. 우리는 기본적으로 어떤 두 n비트 숫자를 더했을 때 n개 비트 모두 다 올바른 결과임을 보장하는 데 만족할 것이다. 그 결과가 명확하고 뚜렷하다면 그냥 무시하는 것도 방법이다.

2.4 부호가 있는 2진수

n비트 2진법 체계는 2^n개 코드를 표현할 수 있다. 만약 2진 코드로 부호(양수 또는 음수)가 있는 숫자를 나타내야 한다면, 코드 공간을 두 부분집합으로 나누어서 하나는 음수가 아닌 숫자를, 하나는 음수를 표현하도록 하는 해결책이 자연스러울 것이다. 부호가 있는 숫자를 도입할 때는, 산술 연산에 대한 하드웨어 구현이 가능한 한 덜 복잡하도록 코딩 방식을 선택하는 것이 이상적이다.

　수년 간 부호가 있는 숫자를 2진 코드로 표현하기 위한 코딩 체계가 여럿 개발되었다. 그중에서 오늘날 거의 모든 컴퓨터에서 사용되는 방식은 2의 보수법two's complement으로, 기수의 보수법radix complement이라고도 한다. 단어 크기가 n비트인 2진법 체계에서, 2의 보수법에 따라 음수 x를 표현하는 2진 코드

2　(옮긴이) 계산 값이 컴퓨터에서 허용하는 범위를 넘을 때 발생하는 오류를 뜻함.

는 $2^n - x$를 나타내는 코드가 된다. 예를 들어 4비트 2진법 체계에서 −7은, 2^4 − 7 = 9와 관련된 2진 코드 **1001**로 표현된다. +7이 **0111**로 표현된다는 점을 떠올려 보면, **1001** + **0111** = **0000**(오버플로 비트는 무시함)이 됨을 알 수 있다. 그림 2.1에 4비트 체계에서 모든 부호 있는 숫자를 2의 보수법으로 표현한 코드가 나열되어 있다.

0000:	0	
0001:	1	
0010:	2	
0011:	3	
0100:	4	
0101:	5	
0110:	6	
0111:	7	
1000:	−8	(16 − 8)
1001:	−7	(16 − 7)
1010:	−6	(16 − 6)
1011:	−5	(16 − 5)
1100:	−4	(16 − 4)
1101:	−3	(16 − 3)
1110:	−2	(16 − 2)
1111:	−1	(16 − 1)

그림 2.1 4비트 2진법 체계에서, 부호 있는 숫자들의 2의 보수법 표현

그림 2.1을 살펴보면, n비트 2진법 체계에서 2의 보수법 표현은 다음과 같은 매력적인 성질을 가지고 있다는 것을 알 수 있다.

- 이 체계는 −(2^{n-1})부터 $2^{n-1} - 1$까지 2^n개의 부호 있는 숫자를 표기할 수 있다.
- 음수 아닌 수의 코드는 모두 **0**으로 시작한다.
- 음수의 코드는 1로 시작한다.
- x의 코드에서 −x의 코드를 구하려면, x의 최하위 0비트들과 처음으로 나

타나는 최하위 1비트는 그대로 두고, 나머지 비트를 모두 뒤집으면 된다(0은 1, 1은 0으로 바꾼다). 또는 x의 모든 비트를 뒤집고 그 결과에 1을 더해 주면 된다.

2의 보수법이 특히 더 좋은 이유는, 뺄셈이 덧셈의 특별한 경우로 처리되기 때문이다. 5 − 7을 생각해 보자. 이 수식은 5 + (−7)과 같고, 그림 2.1에 따라 0101 + 1001로 계산된다. 결과 값 1110은 −2의 2진 코드다. 또 다른 예로 (−2) + (−3)을 계산하면, 1110 + 1101이 되고 덧셈 결과는 11011이 된다. 오버플로 비트를 무시하면 1011인데, −5의 2진 코드다.

이렇게 2의 보수법을 쓰면 음수 아닌 숫자들을 덧셈하는 데 필요한 하드웨어만으로도 부호 있는 숫자들의 덧셈과 뺄셈을 할 수 있다.

책 뒷부분에서 살펴보겠지만, 곱셈부터 나눗셈, 제곱근까지 모든 산술 연산은 2진수 덧셈으로 구현된다. 따라서 2진 덧셈 위에서 광범위한 컴퓨터 기능을 구현할 수 있다는 사실과, 2의 보수법을 이용하면 부호 있는 숫자들의 덧셈과 뺄셈에 특별한 하드웨어가 필요치 않다는 사실을 알 수 있다. 이 두 사실을 바탕으로 생각해 보면, 2의 보수법이 컴퓨터 과학에 있어 가장 놀라우면서도 잘 알려지지 않은 영웅이라는 결론을 내릴 수밖에 없다.

2.5 명세

이제 단순한 가산기부터 산술 논리 장치까지 칩들을 계층적으로 정의할 시간이다. 앞 장과 마찬가지로 먼저 추상화(칩이 무엇을 위해 설계되는지)부터 살펴보고, 자세한 구현(칩을 어떻게 만드는지)은 다음 절에서 다룬다. 2의 보수법 덕분에 부호가 있는 숫자를 처리하는 방법을 특별히 이야기할 필요가 없다는 점을 기쁘게 되새기자. 여기에서 정의하는 산술 칩들은 음수가 아닌 수, 음수, 부호가 섞인 수에 모두 똑같이 잘 작동한다.

2.5.1 가산기

다음의 가산기를 단계적으로 정의한다.

- 반가산기half-adder: 두 비트를 더함
- 전가산기full-adder: 세 비트를 더함
- 가산기adder: 두 개의 n비트 숫자를 더함

여기에 더해서 특수 목적용 가산기인 증분기incrementer를 정의하는데, 이 칩은 주어진 숫자에 1을 더하는 가산기다. (이 장 뒤에서 살펴보겠지만, 반가산기와 전가산기라는 이름은 전가산기가 반가산기 두 개로 구현된다는 사실에서 온 것이다.)

반가산기 2진수 덧셈의 첫 번째 단계로, 두 비트를 더하는 기능을 한다. 이 연산의 결과는 2비트 수이고, 그중 오른쪽 비트는 sum, 왼쪽 비트는 carry라 하자. 그림 2.2에 이 덧셈을 수행하는 반가산기 칩이 나와 있다.

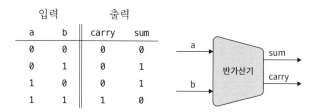

입력		출력	
a	b	carry	sum
0	0	0	0
0	1	0	1
1	0	0	1
1	1	1	0

```
칩 이름:  HalfAdder
입력:     a, b
출력:     sum, carry
기능:     sum  = a + b의 LSB
          carry = a + b의 MSB
```

그림 2.2 반가산기. 2개의 비트를 덧셈하도록 설계되었다.

전가산기 그림 2.3에 세 개의 비트를 더하는 전가산기 칩이 나와 있다. 반가산기와 마찬가지로 전가산기 칩의 출력은 2비트로, 세 개의 입력 비트의 덧셈 값을 나타낸다.

a	b	c	carry	sum
0	0	0	0	0
0	0	1	0	1
0	1	0	0	1
0	1	1	1	0
1	0	0	0	1
1	0	1	1	0
1	1	0	1	0
1	1	1	1	1

칩 이름: FullAdder
입력: a, b, c
출력: sum, carry
기능: sum   = a + b + c의 LSB
        carry = a + b + c의 MSB

그림 2.3 전가산기. 3개의 비트를 덧셈하도록 설계되었다.

가산기 컴퓨터는 정수를 8, 16, 32, 64비트 같은 고정 단어 크기로 표현한다. 이런 두 개의 n비트 수를 더하는 기능을 하는 칩을 가산기라고 부른다. 그림 2.4에 16비트 가산기가 표시되어 있다.

16비트 수의 덧셈 논리는 n비트 가산기 칩에도 손쉽게 확장 적용할 수 있다.

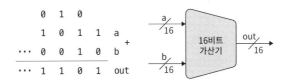

```
    0  1  0
    1  0  1  1  a
          +
··· 0  0  1  0  b

··· 1  1  0  1  out
```

칩 이름: Add16
입력: a[16], b[16]
출력: out[16]
기능: 두 개의 16비트 수를 더한다.
        오버플로 비트는 무시한다.

그림 2.4 16비트 가산기. 2개의 16비트 수를 덧셈하도록 설계되었다. 왼쪽에 덧셈 연산의 예시가 있다.

증분기 나중에 컴퓨터 아키텍처를 설계할 때, 주어진 숫자에 1을 더하는 칩이 있는 편이 편리하다(스포일러: 이 칩은 현재 명령을 실행한 후에 다음 명령을 가져오는 데 쓰인다). 범용 가산기로도 $x + 1$ 연산은 구현 가능하지만, 전용 증분기 칩이 더 효율적이다. 아래는 칩 인터페이스다.

```
칩 이름:  Inc16
입력:     in[16]
출력:     out[16]
기능:     out = in + 1
설명:     오버플로 비트는 무시한다.
```

2.5.2 산술 논리 장치

지금까지 소개한 가산기 칩들은 모두 보편적이라, 산술 연산을 하는 컴퓨터들은 모두 이러한 칩을 어떤 식으로든 활용한다. 이제 이 칩들을 바탕으로, 나중에 CPU의 계산을 담당하는 산술 논리 장치Arithmetic Logic Unit, ALU를 정의할 시간이다. 지금까지 설명한 일반적인 게이트나 칩과 달리, Nand to Tetris 프로젝트의 ALU는 앞으로 만들 핵Hack이라는 컴퓨터에 맞춤으로 설계된 것이다. 그래도 핵 ALU에 깔린 설계 원리는 일반적이어서 다른 설계에도 도움이 된다. 게다가 이 ALU 아키텍처는 내부 부품을 최소한으로 쓰고도 매우 많은 기능을 구현하고 있다. 그런 면에서 이 ALU는 효율적이면서 멋진 설계 예제라할 수 있다.

이름에서 알 수 있듯이, 산술 논리 장치는 어떤 산술 및 논리 연산 집합을계산하도록 설계된 칩이다. ALU에서 지원하는 연산들은 칩을 설계할 때 비용과 효율성을 고려해서 결정한 것이다. 우리는 핵 플랫폼이 (i) ALU가 정수산술 연산만 지원하며(예를 들어 부동 소수점 산술은 지원하지 않는다), (ii)그림 2.5a에 나온 18개의 산술-논리 함수만 계산하도록 결정했다.

그림 2.5a에서 보듯이, 핵 ALU는 2의 보수법으로 표현된 두 개의 16비트정수 x, y와 여섯 개의 제어 비트control bit(각각 1비트 입력)를 입력받아 계산을한다. 이 제어 비트들은 ALU에게 어떤 함수를 계산할지 '알려 준다'. 정확한명세는 그림 2.5b에 나와 있다.

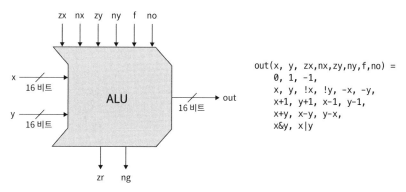

$$out(x, y, zx,nx,zy,ny,f,no) = \\ 0, 1, -1, \\ x, y, !x, !y, -x, -y, \\ x+1, y+1, x-1, y-1, \\ x+y, x-y, y-x, \\ x\&y, x|y$$

그림 2.5a 핵 ALU. 오른쪽에 표시된 18개의 산술-논리 함수를 계산하도록 설계되었다(기호 !, &, |는 각각 16비트 버전 Not, And, Or를 의미한다). 지금은 zr과 ng 출력 비트는 무시하자.

x 입력이 미리 설정됨		y 입력이 미리 설정됨		+ 또는 &를 계산	출력이 나중에 설정됨	ALU 출력 결과
if zx then x=0	if nx then x=!x	if zy then y=0	if ny then y=!y	if f then out=x+y else out=x&y	if no then out=!out	out(x,y) =
zx	**nx**	**zy**	**ny**	**f**	**no**	**out**
1	0	1	0	1	0	0
1	1	1	1	1	1	1
1	1	1	0	1	0	-1
0	0	1	1	0	0	x
1	1	0	0	0	0	y
0	0	1	1	0	1	!x
1	1	0	0	0	1	!y
0	0	1	1	1	1	-x
1	1	0	0	1	1	-y
0	1	1	1	1	1	x+1
1	1	0	1	1	1	y+1
0	0	1	1	1	0	x-1
1	1	0	0	1	0	y-1
0	0	0	0	1	0	x+y
0	1	0	0	1	1	x-y
0	0	0	1	1	1	y-x
0	0	0	0	0	0	x&y
0	1	0	1	0	1	x|y

그림 2.5b ALU에 입력되는 6개의 제어 비트 zx, nx, zy, ny, f, no에 따라 가장 오른쪽 열의 함수가 계산된다.

ALU 논리를 설명하기 위해, $x = 27$에 대해 $x - 1$ 함수를 계산하려 한다고 해보자. 먼저 27의 16비트 2진 코드를 입력 x에 넣는다. 이 예시에서 y 값은 계산에 영향을 미치지 않으므로 신경 쓰지 않기로 한다. 이제 그림 2.5b에서 x-1에 해당하는 ALU 제어 비트를 찾아보면 001110이고 이 값을 제어 비트에 설정한다. 이렇게 하면 명세에 따라 ALU는 26에 해당하는 2진 코드를 출력해야 한다.

정말 그럴까? 핵 ALU가 어떻게 마법을 부리는지 좀더 깊게 파고들어 보자. 그림 2.5b의 맨 위 행을 보면 6개의 제어 비트 각각이 독립적인 조건문과 연관되어 있음을 알 수 있다. 예를 들어 zx 비트는 "if (zx == 1) then set x = 0"과 연결되는 식이다. 이 여섯 개의 조건문은 다음과 같이 순서대로 수행되어야 한다. 먼저 x, y는 0 또는 1로 설정된다. 그 다음에 그 결과 값의 부호를 바꾸거나 바꾸지 않는다. 다음으로 앞에서 처리된 값에 대해 + 또는 &를 계산한다. 마지막으로 최종 결과 값의 부호를 바꾸거나 바꾸지 않는다. 여기서 나오는 값 설정, 반전, 덧셈, 결합은 모두 16비트 연산이다.

이 논리를 기억한 채로, x-1에 해당하는 행으로 가서 6개의 제어 비트가 ALU에 지시하는 세부 연산의 결과로 $x - 1$이 계산되는지 검증해 보자. 왼쪽에서 오른쪽으로 이동하면서 보면, zx와 nx 비트는 0이므로 x 입력은 0이 되지도, 반전$_{negate}$되지도 않고 그대로 남는다. zy와 ny 비트는 1이므로 y 입력을 0으로 만들고 결과를 반전하면 16비트 값 1111111111111111이 된다. 이 값은 2의 보수법에서 −1을 뜻하는 2진 코드이므로, ALU의 두 데이터 입력은 이제 x의 값과 −1이 된다. f 비트가 1이므로 덧셈 연산이 선택되고, ALU는 $x +$ (−1)을 계산한다. 마지막으로 no 비트가 0이므로 출력은 반전되지 않는다. 결론적으로 ALU에 x, y 값을 입력하고 6개의 제어 비트를 001110으로 설정하면, ALU는 정의대로 $x - 1$을 계산하게 된다.

그림 2.5b에 표시된 그 외 17개의 함수는 어떨까? 실제로 ALU가 그 함수대로 계산하는가? 이 사실을 검증해 보려면, 마찬가지로 독자들이 직접 표에 표시된 대로 6개의 제어 비트에 따라 세부 연산을 따라 해 보고 ALU 출력이

어떻게 되는지 살펴보자. 아니면 그냥 ALU가 표에서 말하는 대로 잘 계산하겠거니 하고 믿어도 된다.

6개의 제어 비트 코드는 더 많은 조합이 가능하므로, 실제로 ALU가 계산하는 함수는 총 64개다. 하지만 우리가 만들고자 하는 컴퓨터 시스템의 명령어를 지원하는 데는 18개 함수로 충분하므로, 딱 그만큼만 집중해서 문서화하기로 결정했다. 호기심 많은 독자라면 문서화되지 않은 나머지 ALU 연산들 중 일부가 꽤 의미 있다는 사실에 흥미를 느낄지도 모르겠다. 하지만 핵 시스템에서는 사용하지 않기로 결정했다.

핵 ALU 인터페이스는 그림 2.5c에 나와 있다. ALU는 두 개의 입력에 대해 정해진 함수를 계산하는 일 외에도, 두 개의 출력 비트 zr과 ng도 계산한다. 이 비트들은 각각 ALU 출력이 0인지 음수인지 여부를 나타내며, 앞으로 만들 CPU에서 사용될 것이다.

```
칩 이름:  ALU
입력:     x[16], y[16],  // 두 개의 16비트 데이터 입력
          zx,            // 입력 x를 0으로
          nx,            // 입력 x를 반전
          zy,            // 입력 y를 0으로
          ny,            // 입력 y를 반전
          f,             // f==1이면 out=add(x,y), 아니면 out=and(x,y)
          no             // 출력 out을 반전
출력:     out[16],       // 16비트 출력
          zr,            // out==0이면 zr=1, 아니면 zr=0
          ng             // out<0이면 ng=1, 아니면 ng=0
기능:
          if zx x=0      // 16비트 상수 0
          if nx x=!x     // 비트 반전
          if zy y=0      // 16비트 상수 0
          if ny y=!y     // 비트 반전
          if f out=x+y   // 2의 보수법으로 정수 덧셈
          else out=x&y   // 비트 And
          if no out=!out // 비트 반전
          if out=0 zr=1 else zr=0  // 16비트 동일 값 비교
          if out<0 ng=1 else ng=0  // 2의 보수법 비교
설명:     오버플로 비트는 무시된다.
```

그림 2.5c 핵 ALU API

핵의 ALU를 설계할 때 어떤 사고과정을 따랐는지 이야기하면 도움이 될지도 모르겠다. 먼저 우리는 컴퓨터가 수행할 기본 연산들의 목록을 잠정적으로 결정했다(그림 2.5b의 오른쪽 열). 다음으로 원하는 연산을 수행하려면 x, y 및 out이 2진수로 어떻게 조작되어야 하는지 역으로 추론했다. ALU 논리를 가능한 한 단순하게 만들자는 목표에 맞춰서 추론을 해 보니, 6개의 제어 비트를 각각 기본 논리 게이트로 쉽게 구현할 수 있는 연산들에 직접 연결시키는 방법이 좋겠다는 결론이 나왔다. 그 결과 ALU가 단순하고 우아하게 설계되었다. 하드웨어 산업에서 단순하고 우아한 설계는 늘 성공한다.

2.6 구현

구현에 대한 지침은 일부러 간략하게 설명하겠다. 이미 앞에서 설명하는 도중에 구현 팁을 여러 개 알려 주었으니 이제 칩 아키텍처에서 비어 있는 부분을 독자가 채워 넣을 시간이다.

이 절에서 "논리 설계를 구현하라"라는 표현이 나오면, 독자는 (i) 그 논리 설계를 파악하고(예: 게이트 다이어그램을 그린다), (ii) 그 설계대로 구현하는 HDL 코드를 작성하고, (iii) 제공된 테스트 스크립트와 하드웨어 시뮬레이터로 구현한 코드를 테스트하고 디버그하기를 바란다. 다음 절에서 프로젝트 2를 설명하면서 더 자세한 내용을 이야기할 것이다.

반가산기 그림 2.2의 진리표를 살펴보면 sum(a,b)와 carry(a,b)의 출력이 프로젝트 1에서 구현했던 단순한 불 함수 두 개와 동일하다는 사실을 깨달을 수 있다. 따라서 반가산기 구현은 간단하다.

전가산기 전가산기 칩은 두 개의 반가산기와 한 개의 추가 게이트로 구현이 가능하다(이 사실 때문에 반半가산기, 전全가산기라는 이름이 붙었다). 반가산기를 이용하지 않고 직접 구현하는 방법도 있다.

가산기 두 n비트 수의 덧셈은 오른쪽에서 왼쪽으로 비트 단위로 덧셈하는 방식으로 수행 가능하다. 단계 0에서는 최하위 비트 쌍을 더하고, 그 결과로 나오는 자리올림carry 비트를 다음에 수행될 비트 쌍 덧셈에 추가한다. 이 과정을 최상위 비트들을 더할 때까지 반복한다. 각 단계마다 3개의 비트를 더하게 되며, 그중 한 비트는 '이전' 덧셈에서 전달된 자리올림 비트다.

독자들은 이전 단계에서 자리올림 비트가 계산되기 전에 어떻게 '병렬로' 비트 쌍들을 더할 수 있는지 궁금할지도 모르겠다. 그 질문에 대한 대답은, 계산 과정이 충분히 빠르기 때문에 한 클록 주기 안에 안정적으로 계산이 완료된다는 것이다. 다음 장에서 클록 주기와 동기화에 대해 논하겠지만, 지금은 시간 요소는 무시하고 모든 비트 쌍에 대해 덧셈 연산이 동시에 적용되도록 HDL 코드를 작성하자.

증분기 n비트 증분기는 다양한 방법으로 쉽게 구현할 수 있다.

ALU 이 책의 ALU는 6개 제어 비트를 통해 단순한 불 연산들을 적용해서, 필요한 모든 ALU 연산을 논리적으로 계산 가능하도록 세심하게 설계된 것이다. 그러므로 ALU를 물리적으로 구현하려면, 그림 2.5b 상단의 의사코드pseudocode 명세에 따라 이 단순한 불 연산자들을 구현하면 된다. 구현의 첫 단계는 16비트 값을 0으로 만들거나 반전하는 논리 설계를 만드는 것이다. 이 논리는 출력 out과 입력 x, y를 조작하는 데 쓰인다. 비트 단위 And 및 덧셈용 칩은 프로젝트 1, 2에서 이미 만들었을 것이다. 따라서 남은 일은 제어 비트 f에 따라 이 두 연산을 선택하는 논리를 만드는 일이다(이 선택 논리는 프로젝트 1에서도 구현했다). 이 주요 ALU 기능이 제대로 동작하면, zr 및 ng 출력에 필요한 기능을 이어서 구현하면 된다.

2.7 프로젝트

목표 이 장에서 설명한 칩을 모두 구현해 보자. 1장에서 설명한 게이트들과 이 프로젝트에서 점진적으로 만들게 될 칩들만 있으면 구현할 수 있다.

내장형 칩 방금 말했듯이 이 프로젝트에서 만들 칩들은 1장에서 나온 칩들을 부품으로 활용한다. 앞 장에서 이런 저수준 칩들을 HDL로 잘 구현했더라도, 내장형 칩을 대신 사용하기를 권장한다. HDL 구현 대신에 내장형 칩을 사용하라는 조언은 Nand to Tetris의 모든 하드웨어 프로젝트에 적용된다. 내장형 칩은 명세에 맞게 작동함을 보장하며, 하드웨어 시뮬레이터에서 더 빠르게 실행되기 때문이다.

이 조언을 따르는 방법은 간단하다. `nand2tetris/projects/02` 프로젝트 폴더에 프로젝트 1에서 만든 `.hdl` 파일을 넣지 않으면 된다. 하드웨어 시뮬레이터는 HDL 코드에서 프로젝트 1에서 온 칩들, 예를 들어 `And16`의 참조를 만날 때마다, 현재 폴더에 `And16.hdl`이 있는지 확인한다. 하드웨어 시뮬레이터는 파일을 찾는 데 실패하면 기본적으로 내장형 칩을 불러온다.

나머지는 프로젝트 1의 지침과 같다. 칩 부품을 적게 쓸수록 좋은 HDL 프로그램이며, '도움이 될 만한 중간 칩'을 따로 구현할 필요가 없음을 기억하자. 1장과 2장에서 정의한 칩들만 사용해서 HDL 프로그램을 작성해야 한다.

프로젝트 2의 웹 버전은 *www.nand2tetris.org*에서 찾아볼 수 있다.

2.8 정리

이 장에서 멀티비트 가산기를 구현한 방식은 표준적이기는 했지만 효율성은 고려하지 않은 방식이었다. 실제로 우리가 제안한 구현 방식은 자리올림 비트가 n개 비트 덧셈에 전달되는 데 걸리는 시간 지연 때문에 효율적이지는 않다. 이 계산은 자리올림수 예측carry lookahead 기법을 실행하는 논리 회로를 통해 속도를 올릴 수 있다. 덧셈은 컴퓨터 아키텍처에서 가장 많이 수행되는 연산이므로, 이런 저수준 단계에서의 개선이 전체 성능 향상에 극적인 영향을 미칠 수 있다. 하지만 이 책에서는 주로 칩의 기능에만 초점을 맞추고, 성능 최적화는 보다 전문적인 하드웨어 강의나 교재에 맡겨 두겠다.[3]

하드웨어/소프트웨어 시스템의 전체 기능은 하드웨어 플랫폼 위에서 실행되는 운영체제와 CPU가 같이 협업해서 제공한다. 따라서 새로운 컴퓨터 시스템을 설계할 때, 어떤 기능을 ALU와 OS 중 어디에서 처리하게 할지는 비용/성능 관점에서 큰 딜레마다. 대체로 산술 및 논리 연산을 하드웨어로 직접 구현하는 편이 소프트웨어로 구현하는 것보다 더 효율적이기는 하지만, 하드웨어 플랫폼 구현은 비용이 더 많이 든다.

Nand to Tetris에서 선택한 절충안은 ALU의 기능은 최소화하고, 추가적으로 필요한 수학 연산은 시스템 소프트웨어로 구현하는 방법이었다. 예를 들어 우리가 설계한 ALU에는 곱셈이나 나눗셈이 없다. 대신 II부에서 운영체제(12장)를 설명할 때, 곱셈과 나눗셈 및 기타 수학 연산을 비트 단위로 효율적이고 우아하게 계산하는 알고리즘을 구현할 것이다. 그리고 핵 플랫폼 위에서 동작하는 고수준 언어 컴파일러에서 이 OS 루틴들을 활용할 수 있다. 따라서 고수준 언어 프로그래머가 x*12 + sqrt(y) 같은 표현식 코드를 작성하면, 코드 컴파일 이후에 표현식의 일부는 ALU에서, 나머지는 OS에서 계산되지만, 프로그래머가 이런 저수준 처리는 전혀 알 필요가 없게 된다. 실제로 운영체제의 주요 역할 중 하나가 바로 프로그래머가 사용하는 고수준 언어 추상화와, 그 추상화가 구현되는 하드웨어 사이에 격차를 메우는 것이다.

---

3 우리가 설계한 가산기 칩에서 자리올림수 예측 기법을 활용하지 않는 이유는, 핀을 순환적으로 연결하는 하드웨어 구현이 필요하기 때문이다. Nand to Tetris 시뮬레이터에서는 그 기능을 지원하지 않는다.

메모리
Memory

과거로만 향하는 기억은 나쁜 기억이야.

루이스 캐롤(Lewis Carroll, 1832~1898)

고수준 연산 x=y+17을 생각해 보자. 2장에서는 논리 게이트를 이용해서 수를 표현하는 방법과 y+17 같은 간단한 산술 표현식을 계산하는 방법을 살펴보았다. 이제는 논리 게이트를 이용해서 일정 시간 동안 값을 저장하는 방법, 즉 x 같은 변수가 값을 '기록'하도록 설정하고, 다른 값을 설정할 때까지 그 값을 유지하게 하는 방법을 배울 차례다. 이 작업을 위해 새로운 메모리 칩memory chip들을 개발할 것이다.

지금까지 1, 2장에서 만든 칩들(ALU 포함)은 모두 시간과 무관한 칩이었다. 이런 칩들은 보통 조합 칩combinational chip이라 불린다. 칩 내부에서 계산에 걸리는 시간을 제외하고는 지연 없이 다양한 조합의 입력에 대한 출력을 내기 때문이다. 이 장에서 만들 칩은 순차 칩sequential chip이다. 시간에 무관한 조합 칩과 달리, 순차 칩의 출력은 현재 시점의 입력뿐 아니라 이전에 처리했던 입력 및 출력에도 영향을 받는다.

당연히 '현재'와 '이전'의 개념은 '시간'과 관련이 있다. 이제 이전에 메모리에 저장해 둔 내용을 기억할 수 있는 것이다. 따라서 메모리에 대해 이야기하기 전에, 먼저 시간의 진행을 논리를 이용해 모델링하는 방법을 알아야 한다. 시간의 진행은 틱tick과 톡tock이라는 2진 신호를 연속적으로 생성하는 클록clock을 이용해 모델링할 수 있다. 틱의 시작과 다음 틱의 종료 사이의 시간을 주기cycle라 하는데, 이 주기는 컴퓨터의 모든 메모리 칩의 작동을 조정하는 역할을 한다.

이 장에서는 먼저 사용자 중심으로 메모리 장치에 대해 간략히 소개하고 나서, 시간 의존성이 있는 칩들을 구현하는 데 필요한 순차 논리 기술에 대해 설명한다. 그 다음으로 레지스터, RAM 장치, 카운터를 만들기 시작할 것이다. 이 메모리 장치들은 2장에서 만든 산술 장치와 함께, 완전한 범용 컴퓨터 시스템을 구축하는 데 필요한 칩 모음이 된다. 컴퓨터 시스템 구축은 5장에서 다룬다.

3.1 메모리 장치

컴퓨터 프로그램은 변수, 배열, 객체 같이 시간이 지나도 데이터를 유지하는 추상화 개념들을 활용한다. 그리고 하드웨어 플랫폼은 상태를 유지하는 메모리 장치를 통해 이런 기능들을 지원한다. 사람들은 진화를 통해 획득한 경이로운 전기-화학적 기억 체계를 지니고 있으므로 시간이 지나도 무언가를 기억할 수 있다는 능력을 당연시하는 경향이 있다. 하지만 기억 능력은 시간이나 상태에 대한 개념이 없는 고전적인 논리로는 구현하기 어렵다. 따라서 먼저 시간의 진행을 모델링하는 방법과, 논리 게이트가 상태를 유지하고 시간이 변함에 따라 응답하도록 하는 방법을 찾아야 한다.

우리는 클록과 함께, 0과 1의 두 안정 상태를 왔다 갔다flip and flop 할 수 있는 시간의존적 논리 게이트를 도입해서 이 문제를 해결하고자 한다. 이 게이트는 데이터 플립-플롭data flip-flop, DFF이라 불리며, 모든 메모리 장치를 만드는 데 기본 구성 블록이 된다. DFF가 핵심적인 역할을 하기는 하지만 눈에 잘 띄는 게이트는 아니다. DFF는 컴퓨터 아키텍처에서 눈에 띄는 역할을 하는 레지스터, RAM 장치, 카운터와 달리, 다른 메모리 장치 깊숙한 곳에서 조용히 제 역할을 하는 저수준 부품이다.

DFF는 그림 3.1에서 볼 수 있듯, 이제 우리가 만들 메모리 계층의 기초 역할을 한다. 이제 DFF를 이용해서 1비트 레지스터를 만드는 방법과, 그 레지스터 n개를 결합해서 n비트 레지스터를 만드는 방법을 살펴볼 것이다. 그 다음으로 n비트 레지스터가 여러 개 들어가는 RAM 장치를 구축할 것이다. 무엇보다도 주소 지정addressing 기능을 개발할 예정인데, 이 기능은 RAM에서 임의로 선택된 특정 레지스터를, 그 주소를 통해 곧바로 직접 접근하는 기능이다.

하지만 이 칩들을 만들기 전에 시간의 진행을 모델링하고 상태를 유지하는 방법론을 먼저 알아보자.

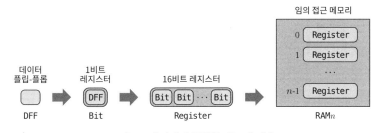

그림 3.1 이 장에서 구현할 메모리 계층

3.2 순차 논리

1장과 2장에서 나온 칩들은 모두 시간에 무관한 고전적 논리를 기반으로 한다. 따라서 메모리 장치를 구현하려면, 입력뿐 아니라 클록 틱의 변화에 따라 응답할 수 있도록 게이트 논리를 확장할 필요가 있다. 우리는 '강아지'라는 단어의 의미를 시간 $t-1$에 기억하고 있었기 때문에 시간 t에도 기억할 수 있으며, 이 시점은 처음 그 의미를 기억했을 때까지 거슬러 올라간다. 이렇게 시간에 따라 상태를 유지하는 능력을 개발하려면, 컴퓨터 아키텍처를 시간 차원으로 확장하고, 불 함수를 이용해서 시간을 다루는 도구를 만들어야 한다.

3.2.1 시간의 문제

지금까지는 칩들이 입력에 즉시 응답한다고 가정했다. 예를 들어 ALU에 7,

2와 '뺄셈'을 입력하면… 짠! ALU 출력이 5가 된다. 하지만 실제로는 적어도 다음의 두 가지 이유로 항상 지연이 발생한다. 첫 번째는 칩의 입력이 갑자기 나타나지는 않는다는 점이다. 그 대신 입력 신호는 다른 칩의 출력에서 이동해 온 것이며, 이동에는 시간이 걸린다. 두 번째로 칩이 계산을 수행하는 데도 시간이 걸린다. 칩에 부품이 많을수록(논리가 정교할수록), 칩 회로에서 출력이 다 만들어질 때까지 시간이 더 오래 걸릴 것이다.

따라서 시간은 잘 다뤄야 할 문제다. 그림 3.2의 맨 위처럼 시간은 보통 끊임없이 앞으로 나아가는 화살표로 은유된다. 그리고 시간의 진행은 연속적으로 생각된다. 즉, 두 시점 사이에는 항상 또 다른 시점이 있고, 그 사이의 변화는 무한히 작다고 본다. 철학자와 물리학자에게는 이런 시간 개념이 친숙하겠지만, 컴퓨터 과학자에게는 너무 심오하고 불가사의한 개념이다. 따라서 컴퓨터 과학자는 시간이 연속적으로 진행된다고 보지 않고, 주기라는 고정된 길이의 간격으로 쪼개서 보는 편이다. 이 시간 개념은 이산적이며, 주기 1, 주기 2, 주기 3 같은 식으로 표현된다. 연속적인 시간의 화살표 개념에서는 시간을 무한히 나눌 수 있지만, 주기 개념에서는 시간은 더 이상 쪼개지지 않고 가장 기본적인 단위가 된다. 그리고 주기가 전환될 때만 실제로 세상에 변화가 일어나고, 주기 도중에는 세상의 변화가 정지된다.

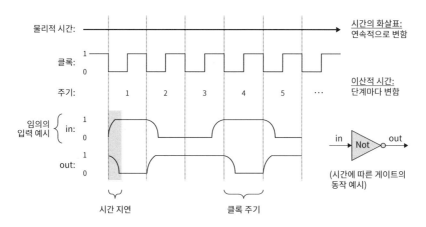

그림 3.2 이산적 시간 표현: 상태(입력 및 출력 값) 변화는 주기가 전환될 때만 관찰된다. 주기 도중의 변화는 무시한다.

물론 세상은 절대로 멈춰 있지는 않는다. 하지만 시간을 이산적으로 생각하면 연속적인 변화를 무시할 수 있다. 우리는 주기 n과 주기 $n+1$에서의 상태는 확인하겠지만, 각 주기의 중간에 그 상태가 어떨지는 뭐, 신경 쓰지 않을 것이다. 이산적인 시간 개념은 컴퓨터 설계에 있어서 두 가지 주요 특성을 가져온다. 첫 번째는 이산적 시간 개념을 통해, 통신이나 계산 중에 발생하는 시간 지연과 관련된 무작위성을 줄일 수 있다는 것이다. 두 번째는 시스템 전체에서 여러 칩들의 연산을 동기화하는 데 그 개념을 활용할 수 있다는 점으로, 뒤에서 곧 살펴볼 예정이다.

자세한 이해를 위해 그림 3.2의 아래 부분을 살펴보자. 이 부분은 임의의 입력에 대해 Not 게이트가 어떻게 반응하는지 추적해 본 것이다. Not 게이트에 1을 입력하면, 게이트의 출력이 0으로 안정화되는 데 약간의 시간이 걸린다. 하지만 설계상 한 주기가 시간 지연보다 길기 때문에, 주기가 끝나는 시점에는 게이트의 출력은 이미 0으로 안정화된 상태가 된다. 우리는 주기가 끝날 때만 상태를 확인하기 때문에 시간 지연은 관찰하지 못한다. 대신에 게이트에 0을 입력하면, 짠! 하고 출력이 1이 되는 것처럼 보인다. 따라서 매 주기가 끝날 때마다 관찰해 보면, Not 게이트가 어떤 2진 입력 x를 받으면 즉시 Not(x)를 출력한다고 결론 내릴 수 있다.

주의 깊은 독자라면, 이 방식이 동작하려면 최대 지연 시간보다 한 주기의 길이가 더 길어야 한다는 사실을 알아차렸을 것이다. 실제로 하드웨어 플랫폼 설계에서 주기의 길이는 가장 중요한 변수 중에 하나다. 하드웨어 엔지니어는 컴퓨터를 설계할 때 두 가지 목표를 달성하도록 주기 길이를 고른다. 하나는 어떤 시간 지연이든 문제가 없을 정도로 주기를 길게 잡는 것이고, 다른 하나는 가능한 한 컴퓨터가 빠르게 동작하도록 주기를 짧게 잡는 것이다. 주기가 전환될 때만 어떤 변화가 생기기 때문에, 당연히 주기가 짧을수록 동작도 빨라지기 때문이다. 요약하면, 주기 길이는 시스템 내 모든 칩에서 발생하는 최대 시간 지연보다는 살짝 더 길게 잡아야 한다. 스위치 기술이 엄청나게 발전함에 따라 이제 우리는 주기를 10억분의 1초보다 더 짧게 만들 수 있으며, 컴퓨터 속도도 놀라울 정도로 빠르게 되었다.

일반적으로 한 주기는 0-1, 고high-저low, 틱tick-톡tock의 두 상태를 연속적으로 오가는 발진기oscillator로 구현된다(그림 3.2 참고). '틱'의 시작과 다음 번 '톡'의 끝까지 경과된 시간을 주기cycle라고 부르며, 각 클록 주기는 하나의 이산적 시간 단위를 모델링한 것이다. 현재 클록 상태(틱 또는 톡)는 2진 신호로 표현된다. 이 마스터 클록 신호는 하드웨어의 회로망을 통해 컴퓨터에 있는 모든 메모리 칩에 동시에 전달된다. 이러한 모든 칩 내에서 클록 입력은 저수준의 DFF 게이트로 보내지며, 칩은 새로운 상태로 바뀌고 클록 주기의 끝에서만 값을 출력하게 된다.

3.2.2 플립-플롭

메모리 칩은 시간이 지나도 정보를 '기억'하고 저장하도록 설계된 칩이다. 이렇게 저장에 대한 추상화 개념을 실현해 주는 저수준 장치가 바로 플립-플롭 게이트flip-flop gate로, 이 게이트에는 몇 가지 다른 종류가 있다. Nand to Tetris에서는 입력 및 출력이 1비트 데이터로 된 데이터 플립-플롭data flip-flop, DFF(이하 DFF)이라는 게이트를 사용한다(그림 3.3 맨 위 참고). 또한 DFF에는 마스터 클록 신호에서 오는 클록 입력도 있다. DFF는 데이터 입력과 클록 입력을 종합해서 $out(t)=in(t-1)$이라는 시간에 따른 간단한 동작을 구현한다. 여기서 in과 out은 각각 게이트의 입력과 출력 값이고, t는 현재 시간 단위를 뜻한다(지금부터 '시간 단위'와 '주기'라는 용어를 같은 의미로 사용할 것이다). 이 동작을 실제로 어떻게 구현하는지는 걱정하지 말자. 지금은 각 시간 단위가 끝날 때 DFF가 이전 시간 단위의 입력 값을 출력한다는 사실만 알면 된다.

DFF는 Nand 게이트와 마찬가지로 하드웨어 계층에서 가장 기초가 된다. 그림 3.1을 보면 레지스터, RAM 장치, 카운터 같은 모든 메모리 칩의 기반에 DFF 게이트들이 있음을 알 수 있다. 이 DFF들은 모두 마스터 클록에 연결되어, 거대한 '합창단' 같이 행동한다. 각 클록 주기가 끝날 때, 컴퓨터 내 모든 DFF 출력들은 이전 클록 주기의 입력에 따라 맞춰진다. 그 외 시간에는 DFF

가 '잠금latch' 상태가 되는데, 이 말은 입력이 변해도 출력이 곧바로 영향을 받지 않는다는 뜻이다. 이런 연산이 매 초당 대략 십억 번씩(컴퓨터의 클록 주파수에 따라 다르다) 시스템 내의 모든 DFF에서 수행된다.

하드웨어적으로는 시스템 내 모든 DFF 게이트에 마스터 클록의 신호를 동시에 전달하는 전용 클록 버스를 통해 이런 시간 의존성을 구현한다. 하드웨어 시뮬레이터에서는 소프트웨어적으로 이 효과를 에뮬레이션한다. 특히 Nand to Tetris 하드웨어 시뮬레이터에는 클록 아이콘이 있어서 사용자가 클록의 진행을 직접 조작할 수 있으며, 테스트 스크립트에서는 tick과 tock 명령어를 통해 클록 진행을 프로그래밍할 수 있다.

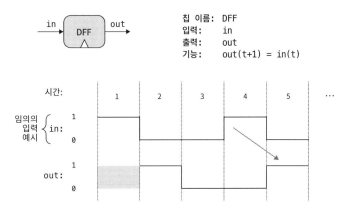

그림 3.3 데이터 플립-플롭(위)과 동작 예시(아래). 첫 번째 주기에서는 이전 주기 입력이 없으므로 DFF 출력이 정의되지 않는다. 그 뒤로 이어지는 모든 시간 단위에서 DFF 출력은 이전 시간 단위의 입력이 된다. 게이트 다이어그램 작성 규칙에 따라, 클록 입력은 게이트 아이콘 아래 작은 삼각형으로 표시되어 있다.

3.2.3 조합 및 순차 논리

기초 논리 게이트에서 ALU까지, 1장과 2장에서 개발한 칩들은 모두 현재 클록 주기에 발생한 변화에만 응답하도록 설계되었다. 이런 칩들을 시간 의존성 칩time-independent chip 또는 조합 칩combinational chip이라 한다. 조합 칩이라는 용어는, 이 칩들의 출력이 서로 다른 조합의 입력 값에 따라서만 달라지고 시간의 진행과는 상관없음을 암시한다.

반면 이전 시간 단위에서 발생한 변화(현재 시간 단위의 변화도 포함)에 응답하도록 설계된 칩들은 순차 칩sequential chip 또는 클록 칩clocked chip이라 부른다. 가장 기본적인 순차 게이트는 DFF로, 이 칩을 포함하는 칩들은 모두 직접적이든 간접적이든 순차 칩으로 불린다. 그림 3.4는 전형적인 순차 논리 구성을 보여 준다. 이 구성의 주요 요소는 DFF를 직접적이든 간접적이든 부품으로 포함한 여러 개의 칩들이다. 그림에서 볼 수 있듯, 이 순차 칩들은 조합 칩과도 상호작용할 수 있다. 그리고 순차 칩은 피드백 루프[1]를 통해 이전 시간 단위의 입력 및 출력에 응답할 수 있다. 조합 칩은 시간을 인지하지 못하기 때문에, 피드백 루프를 넣으면 출력은 입력을, 입력은 출력을 따르므로, 결국 출력이 자기 자신을 따라 결정된다는 문제가 생긴다. 하지만 피드백 루프가 DFF 게이트를 거친다면, 출력을 다시 입력으로 넣는 데 전혀 문제가 없다. DFF 자체에 시간 지연이 있어서 시간 t의 출력이 자기 자신이 아니라 시간 $t - 1$의 출력에 따르기 때문이다.

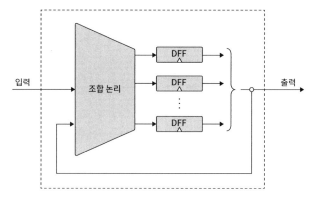

그림 3.4 순차 논리 설계에는 일반적으로 조합 칩에서 입력을 받거나 조합 칩에 연결되는 DFF 게이트가 들어간다. 순차 칩은 이런 연결을 통해 현재 및 이전 입출력에 응답할 수 있게 된다.

순차 칩에 시간 의존성이 있어서 얻게 되는 중요한 부가 효과는, 전체 컴퓨터 아키텍처를 동기화 하는 데 이 특성을 활용할 수 있다는 점이다. 예를 들

---

1 (옮긴이) 되먹임 고리라고도 한다. 여기서는 출력 신호를 다시 입력으로 넣는 구조를 말한다.

어 ALU에 $x + y$를 계산하라고 명령을 내렸다고 생각해 보자. 그런데 x는 근처 레지스터의 출력 값이고, y는 멀리 위치한 RAM 레지스터의 출력 값이다. 이럴 경우 거리, 저항, 간섭 같은 물리적 제한 때문에, x 및 y의 전기 신호가 ALU에 도착하는 시점이 서로 다를 가능성이 높다. 그러나 조합 칩인 ALU에는 시간 개념이 없으므로, 언제 어떤 데이터 값이 도착하든 계속 값을 더할 뿐이다. 그러므로 ALU가 올바른 $x + y$ 결과를 출력할 때까지는 시간이 좀 걸리며, 그 전의 ALU 출력은 의미 없는 값이 된다.

이 문제를 어떻게 극복할까? 사실, 이산적인 시간 개념을 도입하면 이 문제는 신경 쓸 필요가 없다. 그냥 컴퓨터 아키텍처 내에서 비트 하나가 가장 긴 경로를 따라 전송되는 시간과, 칩 내에서 가장 오래 걸리는 계산 시간을 더한 것보다 클록 주기를 살짝 더 길게 만들기만 하면 된다. 이렇게 하면 주기가 끝날 때는 ALU의 출력이 유효함을 보장할 수 있다. 한마디로 이 방법은 서로 다른 하드웨어 부품들을 하나의 시스템으로 동기화되도록 만드는 기술이다. 5장에서 컴퓨터 아키텍처를 구축하면서 이 기술에 대해 더 자세히 알아볼 것이다.

3.3 명세

이 절에서는 컴퓨터 아키텍처에서 일반적으로 활용되는 다음의 메모리 칩들을 정의한다.

- 데이터 플립-플롭(DFF)
- 레지스터(DFF에 기반함)
- RAM 장치(레지스터에 기반함)
- 카운터 칩(레지스터에 기반함)

앞 장과 마찬가지로 이 칩들은 추상적으로 정의될 것이다. 특히 칩 인터페이

스(입력, 출력, 기능)에 집중한다. 칩에 어떻게 이 기능을 넣을지에 대해서는
'구현' 절에서 설명한다.

3.3.1 데이터 플립-플롭

데이터 플립-플롭data flip-flop, DFF 게이트는 모든 메모리 소자의 기본 부품이 되
며, 여기서 소개하는 순차 칩 중 가장 기초적인 칩이다. DFF 게이트는 1비트
입력 데이터, 1비트 출력 데이터 및 클록 입력을 받아서, $out(t) = in(t - 1)$이
라는 간단한 동작을 수행한다.

사용법 DFF 입력에 1비트 값을 넣으면 DFF의 상태가 이 값으로 설정되고, 다
음 시간 단위에 이 값을 출력한다(그림 3.3 참고). 이 단순한 연산이 레지스
터를 구현할 때 매우 유용하다는 것을 곧 알게 될 것이다.

3.3.2 레지스터

Bit라는 이름의 1비트 레지스터와, Register라는 이름의 16비트 레지스터를
만들 것이다. Bit 칩은 1비트 정보(0 또는 1)를 저장한다. 칩 인터페이스는
데이터 비트를 전달하는 입력 in과, 쓰기 기능을 설정하는 load 입력, 그리고
레지스터의 현재 상태를 출력하는 out 출력으로 이루어진다. 그림 3.5에 Bit
의 API와 입출력 동작이 나와 있다.

그림 3.5는 1비트 레지스터가 임의의 in과 load 입력에 응답해서 시간에
따라 어떻게 동작하는지 설명하고 있다. load 비트가 설정되지 않으면 레지
스터가 잠금 상태가 되며, 입력 값과 관계없이 현재 상태를 유지한다.

16비트 Register 칩은 16비트 값을 처리한다는 점을 제외하고는 Bit 칩과
똑같이 동작한다. 그림 3.6에 자세한 내용이 나와 있다.

사용법 Bit와 16비트 Register 칩은 활용법이 동일하다. 레지스터의 상태를
읽으려면 out의 값을 조사한다. 레지스터의 상태를 v로 설정하려면, 입력 in

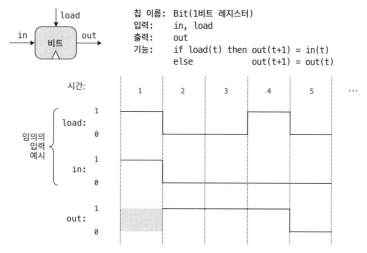

그림 3.5 1비트 레지스터. 새로운 값을 불러오라고 지시하기 전까지, 1비트 값을 하나 저장하고 출력한다.

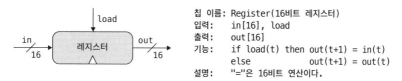

그림 3.6 16비트 레지스터. 새로운 값을 불러오라고 지시하기 전까지, 16비트 값을 하나 저장하고 출력한다.

에 v를 넣고 load 비트를 활성화(1을 입력)한다. 이렇게 하면 레지스터의 상태가 v로 설정되고, 다음 시간 단위부터 레지스터가 새 값을 받아들여 out에 그 값을 출력하기 시작한다. Register 칩은 메모리 장치의 기본적인 기능을 하고 있음을 알 수 있다. 즉, 마지막에 쓰여진 값을 기억하고, 다른 값을 설정할 때까지 그 값을 출력하는 것이다.

3.3.3 임의 접근 메모리

임의 접근 메모리Random Access Memory, 줄여서 RAM은 직접 접근 메모리 장치로, n개의 Register 칩으로 구성된다. RAM은 각 레지스터마다 특정 주소(0에서 $n-1$

까지 숫자)를 할당하고, 이 주소를 이용해 레지스터를 선택하고 읽기/쓰기 작업을 한다. 중요한 점은 임의로 선택된 메모리 레지스터에 접근하는 시간이 즉각적이고, RAM의 크기나 레지스터의 주소에 무관하다는 점이다. 이 특성이 RAM 장치를 매우 유용하게 만드는 이유다. RAM에 레지스터가 수십억 개가 있더라도, 동일한 시간 내에 즉각적으로 해당 레지스터에 직접 접근하고 조작할 수 있기 때문이다. 그림 3.7에 RAM API가 나와 있다.

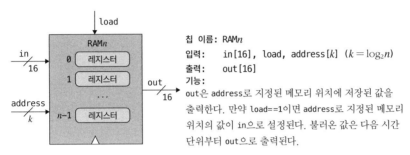

칩 이름: RAMn
입력: in[16], load, address[k] ($k = \log_2 n$)
출력: out[16]
기능:
out은 address로 지정된 메모리 위치에 저장된 값을 출력한다. 만약 load==1이면 address로 지정된 메모리 위치의 값이 in으로 설정된다. 불러온 값은 다음 시간 단위부터 out으로 출력된다.

그림 3.7 RAM 칩. 개별적으로 선택하고 조작할 수 있는 n개의 16비트 레지스터 칩으로 구성된다. 레지스터 주소(0에서 $n - 1$)는 칩 하드웨어의 일부가 아니며, 다음 절에서 설명할 게이트 논리로 구현된다.

사용법 m번 레지스터의 내용을 읽으려면 address에 m을 입력하면 된다. 이렇게 설정하면 m번 레지스터가 선택되고, RAM의 출력에 그 값이 나오게 된다. 새로운 값 v를 m번 레지스터에 쓰려면, address에 m을, in에 v를 설정하고 load 비트를 활성화(1로 설정)하면 된다. 이렇게 하면 m번 레지스터가 선택되어서 값을 쓸 수 있게 되고, 그 값이 v로 설정된다. 다음 시간 단위에서 RAM은 v를 출력하기 시작한다.

최종적으로 RAM은 딱 원하는 대로 작동한다. 즉, 주소 지정 가능한 레지스터들이 있고, 각 레지스터는 독립적으로 접근 가능하고 연산할 수 있게 된다. 읽기 연산(load==0)의 경우에, RAM은 즉시 선택된 레지스터의 값을 출력한다. 쓰기 연산(load==1)의 경우에는, 선택된 메모리 레지스터가 입력 값으로 설정되고, RAM은 다음 시간 단위부터 해당 값을 출력하기 시작한다.

중요한 것은, 어떤 레지스터에 거의 즉각적으로 접근할 수 있음을 보장하도록 RAM을 구현해야 한다는 점이다. 그렇지 않으면 적당한 시간에 명령어를 불러오거나 변수를 조작할 수 없게 되고, 컴퓨터가 비실용적일 정도로 느려지게 된다. 즉각적인 접근 시간을 가능하게 만드는 마법은 '구현' 절에서 살펴볼 것이다.

3.3.4 카운터

카운터Counter는 매 시간 단위마다 값을 1씩 증가시키는 칩이다. 이 칩은 5장에서 컴퓨터 아키텍처를 구축할 때 프로그램 카운터Program Counter, 또는 줄여서 PC로 불리므로, 여기에서도 그 이름을 사용한다.

PC 칩의 인터페이스는 inc와 reset이라는 제어 비트를 제외하면 레지스터의 인터페이스와 같다. 카운터는 inc==1이면 매 클록 주기마다 상태 값을 1씩 증가시킨다(PC++). 그리고 카운터를 0으로 재설정하고 싶으면 reset 비트를 활성화하면 된다. 카운터 값을 v로 설정하고 싶으면, 레지스터와 마찬가지로 in에 v를 입력하고, load 비트를 활성화한다. 자세한 내용은 그림 3.8에 나와 있다.

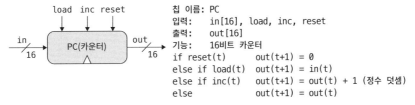

```
칩 이름: PC
입력:      in[16], load, inc, reset
출력:      out[16]
기능:      16비트 카운터
if reset(t)       out(t+1) = 0
else if load(t)   out(t+1) = in(t)
else if inc(t)    out(t+1) = out(t) + 1 (정수 덧셈)
else              out(t+1) = out(t)
```

그림 3.8 프로그램 카운터(PC): 제대로 사용하려면 load, inc, reset 중 하나 이상이 활성화되어야 한다.

사용법 PC의 현재 내용을 읽으려면 out 핀을 조사하면 된다. PC를 재설정하려면 reset 비트를 활성화하고 다른 제어 비트들은 0으로 설정하면 된다. 매 시간 단위마다 PC를 1 증가시키려면 inc 비트를 활성화하고 다른 제어 비트들은 0으로 설정하면 된다. PC 값을 v로 설정하려면, in에 v를 입력하고, load 비트를 활성화하고, 다른 제어 비트들은 0으로 설정하면 된다.

3.4 구현

앞 절에서는 메모리 칩들의 인터페이스와 기능의 추상적 개념에 집중했다. 이 절에서는 이 칩들을 이미 만들었던 더 단순한 칩들을 이용해서 구현하는 방법을 설명한다. 앞 장과 마찬가지로 여기서는 구현 방법을 제안하기만 한다. 독자 스스로 HDL과 하드웨어 시뮬레이터로 칩들을 구현할 수 있도록 힌트는 충분히 제공하고자 한다.

3.4.1 데이터 플립-플롭

DFF 게이트는 0과 1로 표현되는 두 개의 안정된 상태 사이를 '왔다 갔다flip-flop'할 수 있도록 설계된 칩이다. 이 기능은 Nand 게이트만으로 구현하는 방법 외에도 여러 가지 방법으로 구현할 수 있다. Nand 기반으로 DFF를 구현하는 방법은 우아하지만, 조합 게이트 사이에 피드백 루프를 만들어야 하기 때문에 이 책의 하드웨어 시뮬레이터로는 모델링하기 불가능하다. 이 복잡성을 추상적 개념 아래 숨기기 위해서 DFF를 기초 구성 블록으로 취급할 것이다. Nand to Tetris 하드웨어 시뮬레이터에는 다른 칩에서 쉽게 사용할 수 있는 내장형 DFF 구현이 들어 있다.

3.4.2 레지스터

레지스터 칩은 메모리 장치로, 시간에 따라 상태를 기억하고 출력하는 $out(t + 1) = out(t)$ 동작을 구현한 것이다. 이 동작은 DFF의 $out(t + 1) = in(t)$ 동작과 비슷하다. DFF 출력을 다시 그 입력으로 넣을 수만 있다면 1비트 Bit 레지스터를 구현하는 시도로 괜찮을 것이다. 이 해법은 그림 3.9의 왼쪽에 설명되어 있다.

하지만 그림 3.9의 왼쪽에 표시된 구현은 몇 가지 이유 때문에 유효하지 않다. 첫째로 레지스터 인터페이스에서 요구하는 load 비트가 없다. 두 번째로 언제 in에서 입력을 불러오고 out에 출력할지 DFF에 지시할 방법이 없다. 실제로 HDL 프로그램 규칙상, 하나 이상의 입력원에서 핀에 신호를 전달하

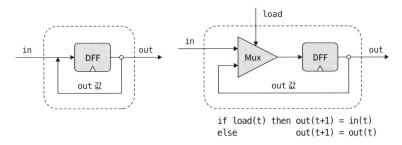

if load(t) then out(t+1) = in(t)
else   out(t+1) = out(t)

그림 3.9 Bit(1비트 레지스터) 구현: 유효하지 않은 해법(왼쪽)과 올바른 해법(오른쪽).

는 것은 금지된다.

이 설계가 유효하지 않지만 좋은 점이 있다면, 그림 3.9의 오른쪽 같은 올바른 구현 아이디어로 이끌어 준다는 점이다. 칩 다이어그램에서 알 수 있듯이 멀티플렉서를 집어 넣으면 입력의 모호함을 해결할 수 있다. 여기서 레지스터 칩의 load 비트는 내부의 멀티플렉서의 select 비트로 전달되며, 이 비트를 1로 설정하면 멀티플렉서가 in 값을 DFF에 입력한다. load 비트를 0으로 설정하면, 멀티플렉서는 DFF의 이전 출력을 DFF에 입력한다. 따라서 우리가 레지스터에 의도한 대로 '만약 load가 1이면 레지스터에 새 값을 설정하고, 0이면 이전에 저장된 값을 설정하라'라는 동작이 수행된다.

방금 설명한 피드백 루프는 데이터 경쟁data race[2] 문제를 일으키지 않는다. 루프가 DFF 게이트를 거치므로 시간 지연이 생기기 때문이다. 사실 그림 3.9의 Bit 설계는 그림 3.4의 일반적인 조합 논리 설계의 특수한 예다.

1비트 Bit 레지스터를 구현하고 나면 이제 w비트 레지스터 구현으로 넘어갈 수 있다. w비트 레지스터는 w개의 Bit 칩들을 일렬로 구성해서 구현할 수 있다(그림 3.1 참고). 이런 레지스터의 기본적인 설계 변수는 w(저장해야 하는 비트 수)로, 16, 32, 64 같은 값이 될 수 있다. 핵Hack 컴퓨터는 16비트 하드웨어 플랫폼이므로, Register 칩은 16개의 Bit 부품으로 구성된다.

2 (옮긴이) 경쟁 상태(race condition)라고도 한다. 공학 분야에서 어떤 시스템에 둘 이상의 입력이 가해졌을 때, 그 입력의 순서나 타이밍에 따라 결과 값이 영향을 받아 시스템이 예상치 못하는 동작을 하는 상태를 가리킨다.

핵 아키텍처에서 DFF를 직접적으로 사용하는 칩은 Bit 레지스터뿐이다. 다른 고수준 메모리 장치들은 모두 Bit 칩으로 구성된 Register 칩을 사용하므로, DFF 칩을 간접적으로 활용하는 셈이다. 직접적이든 간접적이든 어떤 칩에 DFF 게이트가 포함되면, 그 칩과 그 칩에서 파생되는 모든 고수준 칩은 시간 의존성이 있는 칩이 된다.

3.4.3 RAM

핵 하드웨어 플랫폼에는 16K(16384)개의 16비트 레지스터로 구성된 RAM 장치가 필요하므로 이를 구현해야 한다. 다음과 같이 점진적으로 구현하는 로드맵을 따르기를 권장한다.

칩	n	k	다음 칩으로 구현:
RAM8	8	3	8개의 Register 칩
RAM64	64	6	8개의 RAM8 칩
RAM512	512	9	8개의 RAM64 칩
RAM4K	4096	12	8개의 RAM512 칩
RAM16K	16384	14	4개의 RAM4K 칩

이 메모리 칩들의 API는 모두 그림 3.7에 나와 있는 RAMn의 API와 정확히 같다. RAM 칩에는 각각 n개의 레지스터가 있으며 주소 입력의 폭width은 $k = \log_2 n$ 비트다. 이제 RAM8부터 시작해서 이 칩들을 어떻게 구현하는지 설명하겠다.

RAM8 칩은 그림 3.7과 같이 8개의 레지스터로 구성된다($n = 8$). 각 레지스터는 RAM8의 3비트 주소 입력에 0에서 7 값을 입력해서 선택할 수 있다. 선택된 레지스터의 값을 읽는 행위는 다음과 같이 설명할 수 있다. address 값(0에서 7 사이)이 주어졌을 때, 주소가 address인 레지스터를 어떻게 '선택'하고, 그 출력을 RAM8 출력에 연결할 수 있을까? (힌트: 프로젝트 1에서 만든 조합 칩 중 하나를 이용하면 가능하다.) 이것이 클록과 RAM에 있는 레지스터의 개수에 무관하게, 선택된 RAM 레지스터의 값을 읽는 것이 거의 즉각적으로 이뤄지는 이유다. 비슷한 방법으로 선택된 레지스터에 값을 기록하는 행위는 다음과 같이 설명할 수 있다. address 값과 load 값(1), 16비트 in 값이 주어졌을 때, 주소가 address인 레지스터에 어떻게 in 값을 설정할 수 있을까? (힌트: 16비트 in 데이터는 8개의 Register 칩의 in에 동시에 입력할 수 있다.) 프로젝트 1에서 개발한 또 다른 조합 칩에 address와 load 입력을 추가하면, 하나의 레지스터만 in 값을 받아들이고 나머지 7개의 레지스터는 그 값을 무시하도록 만들 수 있다.

RAM8 칩을 구현하고 나면 RAM64 칩을 이어서 구현할 수 있다. RAM64는 8개의 RAM8 칩을 부품으로 활용해서 구현된다. RAM64 메모리에서 특정 레지스터를 선택하려면, 6비트 주소, 예를 들어 *xxxyyy*가 필요하다. *xxx* 비트는 RAM8 칩 중 하나를 선택하는 데 쓰이고, *yyy* 비트는 선택된 RAM8 내의 레지스터 하나를 선택하는 데 사용된다. 이렇게 주소를 계층적으로 지정하는 것은 게이트 논리로 가능하다. 그리고 마찬가지 방식으로 나머지 RAM512, RAM4K, RAM16 칩을 구현하면 된다.

요약하면, 우리는 무한한 수의 레지스터를 집적하고, 어떤 특정 레지스터에 직접 접근 가능하도록 해 주는 상부 구조를 만들어서 RAM을 구현할 수 있다. 독자들이 이 해법의 아름다움을 놓치지 않기를 바란다.

3.4.4 카운터

카운터는 매시간 단위마다 값을 증가시킬 수 있는 메모리 장치다. 또한 카운터는 0이나 다른 값으로 설정될 수 있다. 카운터의 기본 저장 및 카운팅 기능은 각각 Register 칩과 프로젝트 2에서 만든 증분기 칩으로 구현할 수 있다. 카운터의 inc, load, reset 모드를 선택하는 논리는 프로젝트 1에서 구현한 멀티플렉서 중에 일부를 활용하면 구현할 수 있다.

3.5 프로젝트

목표 이 장에서 설명한 칩들을 모두 만들자. 기본 DFF 게이트와 DFF에서 파생된 칩들, 그리고 앞 장에서 나온 칩들만 구성 블록으로 사용할 수 있다.

자료 이 프로젝트에는 Nand to Tetris 하드웨어 시뮬레이터만 있으면 된다. 모든 칩은 부록 2의 HDL 언어로만 구현해야 한다. 앞 장과 마찬가지로, 각 칩마다 구현 부분이 빠진 .hdl 뼈대 프로그램과 하드웨어 시뮬레이터에서 테스트해 볼 수 있는 .tst 스크립트 파일, 그리고 결과 비교용 .cmp 파일이 있다. 제공된 .hdl 프로그램에서 빠진 구현 부분을 채워 넣는 게 독자가 할 일이다.

과제 독자가 설계한 칩(수정된 .hdl 프로그램)을 하드웨어 시뮬레이터에서 로드하고 .tst 파일로 테스트하면 .cmp 파일에 기록된 출력이 나와야 한다. 만약 출력이 일치하지 않으면 시뮬레이터가 메시지로 알려 줄 것이다.

팁 데이터 플립-플롭 게이트는 기본이므로 따로 만들 필요는 없다. HDL 프로그램에서 DFF 게이트가 있으면 시뮬레이터가 자동으로 내장된 tools/builtIn/DFF.hdl 구현을 불러올 것이다.

이 프로젝트의 폴더 구조 저수준 RAM 칩들로 상위 RAM을 구성할 때는 내장형 버전을 활용하기를 권장한다. 그렇지 않으면 시뮬레이터가 RAM 장치를 구성하는 부품별로 수많은 소프트웨어 객체를 메모리에 재귀적으로 불러오게 된다. 이러면 시뮬레이터가 느려지거나, 시뮬레이터가 실행 중인 컴퓨터의 메모리가 부족해질 수 있다.

이 문제를 방지하기 위해서 이 프로젝트에서 만드는 RAM 칩들을 두 개의 서브 폴더로 나누어 놓았다. RAM8.hdl과 RAM64.hdl 프로그램은 projects/03/a에 저장되고, 나머지 고수준 RAM 칩들은 projects/03/b에 저장된다. 이렇게 나눈 이유는 하나다. 시뮬레이터가 b 폴더에 저장된 RAM 칩을 계산할 때, RAM64.hdl을 b 폴더에서 찾을 수 없어 자동으로 내장형 버전을 사용하게 되기 때문이다.

단계 다음과 같은 순서로 진행하기를 권장한다.

1. 이 프로젝트에 필요한 하드웨어 시뮬레이터는 nand2tetris/tools 디렉터리에 있다.
2. 필요하면 부록 2와 하드웨어 시뮬레이터 튜토리얼을 읽어 본다.
3. projects/03 폴더에 있는 모든 칩을 구현하고 시뮬레이션해 본다.

프로젝트 3의 웹 버전은 *www.nand2tetris.org*에서 찾아볼 수 있다.

3.6 정리

플립-플롭은 이 장에서 설명하는 모든 메모리 시스템의 주춧돌로, 기본 내장형 블록으로 취급된다. 플립-플롭을 구성하는 일반적인 방법은 기본 조합 게이트(예: Nand 게이트)를 피드백 루프로 연결하는 것이다. 일반적으로는 두 상태(0 또는 1) 중 하나로 설정될 수 있는, 클록이 없는 단순한 플립-플롭을 구현하는 데서 시작한다. 이 클록 없는 플립-플롭 두 개를, 하나는 클록이 틱일 때, 또 하나는 클록이 톡일 때 설정되도록 계단식으로 구성하면 클록이 있는 플립-플롭을 만들 수 있다. 이 마스터-슬레이브 설계를 통해 플립-플롭에 클록 동기화 기능을 부여할 수 있다.

이 플립-플롭 구현은 우아하지만 복잡하다. 이 책에서는 플립-플롭을 기본 게이트로 보고 이런 저수준 동작은 추상화 개념 밑으로 숨기기로 했다. 플립-플롭 게이트의 내부 구조를 알고 싶은 독자들은 논리 설계나 컴퓨터 아키텍처 관련 교재를 찾아보기를 바란다.

난해한 플립-플롭 설계에 연연하지 않는 이유는 현대 컴퓨터에서 사용되는 메모리 장치가 꼭 플립-플롭 게이트로 구성되는 것은 아니기 때문이다. 그 대신 현대적 메모리 칩들은 물리적 특성을 활용해서 세밀하게 최적화된 기술로 만들어진다. 오늘날 메모리를 구현하는 대체 기술들은 많으며, 보통 어떤 기술을 사용할지는 비용 대비 성능을 고려해서 결정한다. 마찬가지로 이 책에서 했던 방식대로 RAM을 재귀적으로 구현하는 방법은 우아하기는 하지만 효율적이지는 않다. 더 효율적인 구현 방법도 있다.

이런 물리적 특성을 제쳐 둔다면, 이 장에서 설명한 레지스터, 카운터, RAM은 표준적인 구성이며, 모든 컴퓨터 시스템에서 찾아볼 수 있다.

5장에서는 이 장에서 만든 레지스터 칩과 2장에서 만든 ALU를 이용해서 중앙 처리 장치Central Processing Unit, CPU를 만든다. CPU는 RAM 장치와 더불어 기계어로 작성된 프로그램을 실행할 수 있는 범용 컴퓨터 아키텍처가 된다. 이 기계어는 다음 장에서 다룰 것이다.

기계어
Machine Language

> 상상 작품은 매우 평이한 언어로 표현해야 한다.
> 더 순수한 상상일수록 더 평이할 필요가 있다.
>
> 새뮤얼 테일러 콜리지(Samuel Taylor Coleridge, 1772~1834)

1~3장에서는 범용 컴퓨터 하드웨어 플랫폼을 구축할 수 있는 처리용 칩과 메모리 칩을 만들었다. 구축을 시작하기 전에 잠시 멈추고 질문해 보겠다. 이 컴퓨터의 목적은 정확하게 무엇인가? 건축가 루이스 설리번Louis Sullivan이 남긴 명언처럼, "형태는 기능을 따른다". 시스템을 이해하거나, 구축하고 싶다면, 먼저 시스템이 수행하는 기능을 알 필요가 있다. 이 사실을 기억한 채로, 이 장에서는 하드웨어 플랫폼 구축을 시작하기 전에 이 플랫폼이 구현할 기계어machine language를 알아보는 시간을 갖도록 하겠다. 결국 모든 범용 컴퓨터의 궁극적인 기능은 기계어로 작성된 프로그램을 효율적으로 실행하는 것이기 때문이다.

　기계어는 기계 수준의 명령어를 코딩할 수 있도록 미리 정의된 언어다. 프로그래머는 이 명령어를 이용해서 컴퓨터 프로세서에서 산술 및 논리 연산을 하거나, 메모리에서 값을 불러오거나 쓰고, 불 조건식을 검사하고, 다음에 불러오거나 실행할 명령어를 결정하는 작업을 명령할 수 있다. 고수준 언어는 플랫폼 간 호환성과 강력한 표현력을 지원하는 것이 설계 목표라면, 기계어는 대상 하드웨어 플랫폼에서 직접적으로 명령을 실행하고, 하드웨어를 완전히 제어하는 것이 설계 목표다. 물론 기계어도 일반적이고 우아하고 강력한 표현력이 필요하기는 하지만, 어디까지나 하드웨어에서 직접적이고 효율적으로 명령을 실행하는 기본적인 조건을 만족하는 것이 먼저다.

기계어는 전체 컴퓨터 시스템에서 가장 기본이 되는 인터페이스로, 하드웨어와 소프트웨어가 만나는 접점이다. 이 지점에서 고수준 프로그램으로 표현된 사람의 추상적 아이디어가, 최종적으로 실리콘 소자에서 실행되는 물리적 연산으로 바뀐다. 그러므로 기계어는 프로그래밍 도구인 동시에 하드웨어 플랫폼의 구성 요소이기도 하다. 사실 기계어가 어떤 하드웨어 플랫폼을 제어하도록 설계된 것이라고 한다면, 그 하드웨어 플랫폼은 그 기계어로 작성된 명령어를 실행할 수 있도록 만들어졌다고 바꿔 말할 수도 있다.

이 장은 기계어 프로그래밍에 대한 소개로 시작한다. 다음으로 핵 기계어 Hack machine language의 2진 버전과 기호 버전에 대해 자세히 설명한다. 마지막으로 기계어 프로그램을 작성해 보는 프로젝트로 이 장을 마무리할 것이다. 이 프로젝트에서는 직접 저수준 프로그래밍을 해 보고, 다음 장에서 컴퓨터 하드웨어 구축을 완성할 준비를 할 것이다.

프로그래머가 기계어로 직접 프로그램을 작성할 일은 흔치 않지만, 컴퓨터의 작동 원리를 완전히 이해하려면 저수준 프로그래밍을 공부하는 것이 필수다. 또한 저수준 프로그램을 잘 이해하면 더 효율적이고 더 나은 고수준 프로그래밍을 하는 데 도움이 된다. 또한 가장 정교한 소프트웨어 시스템이라도 그 밑바닥은 단순한 비트 단위 하드웨어 연산 명령어들로 이루어진다는 사실을 직접 관찰해 보는 일은 대단히 흥미로운 경험이 될 것이다.

4.1 기계어: 개요

이 장에서는 기계보다는 그 기계를 제어하는 언어에 중점을 둔다. 따라서 기계어 명령어에서 명시되는 최소한의 하드웨어 요소들에만 초점을 맞추고, 하드웨어 플랫폼은 추상화해서 바라볼 것이다.

4.1.1 하드웨어 요소

기계어는 프로세서와 레지스터들로 메모리를 조작하도록 설계된 언어로 볼 수 있다.

메모리 메모리는 컴퓨터에서 데이터와 명령어를 저장하는 하드웨어 장치들을 통칭하는 용어다. 기능 관점에서 메모리를 정의하면, 고유한 주소를 가지며, 위치 또는 메모리 레지스터로도 참조될 수 있는 셀들의 연속적인 배열이라 할 수 있다.

프로세서 프로세서는 보통 중앙 처리 장치Central Processing Unit 또는 CPU라 불리며, 특정한 기초 연산들을 수행하는 장치다. 이 연산에는 산술 및 논리 연산, 메모리 접근 연산, 그리고 제어(또는 분기branching) 연산이 포함된다. 프로세서는 선택한 레지스터나 메모리 위치에서 입력을 가져와, 역시 선택된 레지스터나 메모리 위치에 출력을 기록한다. 프로세서는 2진 명령어를 파싱하고 실행할 수 있는 게이트 논리, ALU, 레지스터 모음으로 구성된다.

레지스터 프로세서와 메모리는 개별적이고 독립적인 두 개의 칩으로 구현되며, 두 칩 사이에 데이터를 옮기는 건 상대적으로 느린 작업이다. 이런 이유로 프로세서는 보통 값 하나를 저장할 수 있는 레지스터를 여러 개 장착하고 있다. 이 레지스터들은 프로세서 칩 내부에 위치하며, 프로세서가 데이터와 명령어를 빠르게 조작할 수 있도록 로컬 고속 메모리 역할을 한다.

    CPU 내에 위치한 레지스터들은 두 가지 종류로 나뉜다. 하나는 데이터를 저장하는 데이터 레지스터data register고, 다른 하나는 데이터 값이나 메모리 주소로 해석되는 값들을 저장하는 주소 레지스터address register다. 컴퓨터 아키텍처는 주소 레지스터에 특정 값 n을 설정할 경우 주소가 n인 메모리 위치가 즉시 선택되도록 구성된다.[1] 그리고 선택된 메모리 위치에서 후속 연산을 수행할 준비를 한다.

---

1   여기서 '즉시'란 '동일한 클록 주기 또는 시간 단위 내'를 뜻한다.

4.1.2 언어

기계어 프로그램은 2진binary과 기호symbolic의 두 가지 버전으로 동일하게 작성될 수 있다. 예를 들어 "R1+R2의 값을 R1에 설정하라"라는 추상화 연산을 생각해 보자. 그러면 6비트 코드 **101011**로 덧셈 연산을, 각각 **00001**과 **00010**이라는 코드로 레지스터 R1과 R2를 표현하도록 언어를 설계할 수 있을 것이다. 그리고 이 코드를 왼쪽에서 오른쪽으로 조합assemble해서 16비트 명령어 **1010110001000001**을 만들고, 이 코드를 "R1+R2의 값을 R1에 설정하라"의 2진 코드로 정의할 수 있을 것이다.

초창기 컴퓨터는 수동으로 프로그래밍되었다. 그때의 프로그래머는 "R1+R2의 값을 R1에 설정하라"라는 명령을 실행하고 싶으면, 기계식 스위치를 켜거나 끄는 방식으로 컴퓨터의 명령어 메모리에 **1010110001000001** 같은 2진 코드를 입력했다. 그래서 프로그램의 명령어가 100줄이면 이 고생을 100번이나 반복해야 했다. 당연히 이런 프로그램을 디버깅하는 것은 끔찍한 악몽이었다. 이 때문에 프로그래머들은 프로그램을 컴퓨터에 입력하기 전에 편리하게 종이 위에 기록하고 디버깅하기 위하여 기호 코드를 발명했다. 예를 들어 "R1+R2의 값을 R1에 설정하라"라는 의미의 2진 명령어 **1010110001000001**을 표시하는 데 add R2, R1 같은 기호를 도입하는 방식이었다.

여러 사람들이 R, 1, 2, + 같은 기호들도 미리 약속된 2진 코드로 표현할 수 있다는 생각에 도달하기까지는 그리 오래 걸리지 않았다. 기호 명령어로 프로그램을 작성하고, 그 기호 명령어를 실행 가능한 2진 코드로 번역하는 번역기 프로그램을 사용하면 어떨까? 이 혁신적인 아이디어로 프로그래머는 2진 코드를 작성하는 지루한 작업에서 벗어날 수 있었고, 고수준 프로그래밍 언어들이 쏟아져 나오는 계기가 되었다. 6장에서 그 이유를 살펴보겠지만, 기호 기계어는 어셈블리어assembly language라 부르며, 그 언어를 2진 코드로 번역하는 프로그램은 어셈블러assembler라 한다.

하드웨어에 독립적이고 이식성이 있는 고수준 언어 문법과 달리, 어셈블리어 문법은 ALU에서 가능한 연산, 레지스터의 수와 종류, 메모리 크기 등 대상 하드웨어의 저수준 특성과 밀접한 관련이 있다. 이런 저수준 특성은 컴퓨터마다 매우 다양하므로 마치 성경에 나오는 바벨탑 이야기처럼 특정 CPU 군에 특화된 기계어들이 있고 서로 문법이 통하지 않는다. 하지만 기계어는 다양하더라도 이론적으로는 모두 같으며, 일반적으로 하는 작업들도 비슷하다. 이제부터 그 내용을 설명할 것이다.

4.1.3 명령어

다음 내용에서 컴퓨터 프로세서에 R0, R1, R2, …로 표시된 레지스터들이 장착되어 있다고 가정한다. 이 레지스터의 정확한 수와 종류는 다음 설명에서는 중요하지 않다.

산술 및 논리 연산 모든 기계어는 덧셈, 뺄셈 같은 기본적인 산술 연산과, And, Or, Not 같은 기본 논리 연산을 위한 명령어들을 지원한다. 예를 들어 다음 코드 조각들을 살펴보자.

```
// 2개의 수를 더한다.
load R1,17    // R1 <- 17
load R2,4     // R2 <- 4
add  R1,R1,R2 // R1 <- R1 + R2

// 논리 연산을 한다.
load R1,true    // R1 <- true의 2진 표현
load R2,false   // R2 <- false의 2진 표현
and  R1,R1,R2   // R1 <- R1 And R2(비트 단위 And)
```

이러한 기호 명령어를 컴퓨터에서 실행하려면 먼저 2진 코드로 번역해야 한다. 이 번역은 어셈블러라는 프로그램이 하며, 6장에서 이 프로그램을 개발할 것이다. 지금은 필요할 때 어셈블러를 사용할 수 있다고 생각하자.

메모리 접근 기계어에서 수행되는 작업들은 전부 다 특정 메모리 위치에 접근해서 메모리를 조작하는 것과 관련이 있다. 이 작업은 보통 주소 레지스터를

통해 이뤄지는데, 이 레지스터를 A라 하자. 예를 들어 메모리 위치 17에 값 1을 설정하려 한다고 해 보자. 이 작업은 load A,17과 load M,1이라는 두 명령어로 지시할 수 있는데, 여기서 M은 관례상 A가 선택한 메모리 레지스터(즉, A의 현재 값이 주소인 메모리 레지스터)를 뜻한다. 이 상황에서 15개의 메모리 위치 100, 201, 202, …, 249에 1을 설정하려 한다고 해 보자. 이 작업은 load A,200 명령을 실행하고 나서, load M,1과 A,A,1 명령어를 50번 반복하는 루프를 수행하면 된다.

흐름 제어 컴퓨터 프로그램은 기본적으로 명령어 하나씩 순차적으로 실행되지만, 다음 명령어 대신에 특정 위치로 갑자기 점프하는 경우도 있다. 기계어는 이러한 분기 동작을 위해, 조건 및 무조건 goto 분기 명령어와, goto의 목적지를 설정하는 레이블 선언문을 몇 가지 지원한다. 그림 4.1에 기계어에서의 단순 분기 동작이 설명되어 있다.

기호 그림 4.1의 두 가지 버전의 코드는 어셈블리어로 작성되어 있다. 따라서 둘 다 실행되기 전에 2진 코드로 번역되어야 한다. 또한 두 가지 버전의 코드는 완전히 동일한 논리를 수행한다. 하지만 기호 참조를 사용하는 코드가 작성, 디버그, 유지보수 측면에서 훨씬 더 쉽다.

게다가 물리적 주소를 사용하는 코드와 달리 기호 참조를 사용하는 코드는, 컴퓨터 메모리에서 활용 가능한 어떤 메모리 세그먼트에서도 그 코드를

```
물리적 주소 사용

...
// Sets R1 to 0+1+2, ...
12: load R1,0
13: add R1,R1,1
...
27: goto 13
...
```

```
기호 주소 사용

...
// Sets R1 to 0+1+2, ...
    load R1,0
(LOOP)
    add R1,R1,1
    ...
    goto LOOP
    ...
```

그림 4.1 똑같이 동작하는 두 가지 버전의 저수준 코드(여기에는 표시되지 않았지만, 코드에 루프 종료 논리가 있다고 가정한다.)

불러오거나 실행할 수 있다. 이런 이유로 물리적 주소를 쓰지 않는 저수준 코드는 재배치 가능한relocatable 코드라 부른다. 확실히 여러 앱을 동적으로 동시에 실행하는 PC나 핸드폰 같은 컴퓨터 시스템에서는 재배치 가능한 코드가 필수적이다. 따라서 기호 참조는 단순한 꾸밈 요소로서가 아니라, 코드가 불필요하게 물리적 메모리 주소와 얽히지 않도록 만들어 주는 용도로 쓰인다고 볼 수 있다.

이것으로 기계어의 필수적인 내용 몇 가지에 대한 소개를 간략히 마친다. 다음 절에서는 핵 컴퓨터의 기본 코드가 될 기계어를 구체적으로 설명하고자 한다.

4.2 핵 기계어

저수준 코드를 작성하는 프로그래머(또는 저수준 코드를 생성하는 컴파일러나 인터프리터를 작성하는 프로그래머)는 컴퓨터의 기계어인 인터페이스interface를 통해 추상적으로 대상 컴퓨터를 다룬다. 프로그래머가 기본 컴퓨터 아키텍처의 모든 세부 사항을 알고 있을 필요는 없지만, 저수준 프로그램에서 사용할 수 있는 하드웨어 요소들은 숙지하고 있어야 한다.

이 사실을 염두에 두고 핵 컴퓨터에 대한 개념적 설명과 함께 핵 기계어에 대한 논의를 시작하려 한다. 그 다음에는 핵 어셈블리어로 완성된 프로그램 예제를 보여 주려 한다. 이 예제는 핵 언어 명령어에 대한 정식 명세로 이어질 것이다.

4.2.1 배경

다음 장에서 소개될 핵 컴퓨터는 폰 노이만 구조von Neumann architecture[2]라는 일반적인 컴퓨터 설계를 따른다. 폰 노이만 구조라는 용어는 컴퓨터 과학의 선구자인 존 폰 노이만John von Neumann의 이름에서 따온 것이다. 핵은 16비트 컴퓨

---

2 (옮긴이) 수학자인 존 폰 노이만(John von Neumann)이 제시한 추상적 컴퓨터 모델을 뜻한다. 대부분의 현대 범용 컴퓨터들이 따르는 모델로, CPU, 메모리, 프로그램 구조 등으로 이루어진다.

터인데, 이 말은 곧 CPU와 메모리 장치가 16비트 값들을 처리하고, 이동하고, 저장하도록 설계되었다는 뜻이다.

메모리 그림 4.2에서 볼 수 있듯, 핵 플랫폼은 데이터 메모리data memory와 명령어 메모리instruction memory라는 두 개의 개별 메모리를 활용한다. 데이터 메모리는 프로그램이 조작하는 2진 값을 저장한다. 명령어 메모리는 2진 값으로도 표현되는 프로그램의 명령어들을 저장한다. 두 메모리는 모두 폭이 16비트이고, 각각 주소 공간은 15비트다. 따라서 각 메모리에서 주소 지정 가능한 최대 크기는 2^{15} 또는 32K 16비트 단어에 해당한다(여기서 기호 K는 그리스어로 1천을 뜻하는 kilo를 줄인 말로, 보통 $2^{10} = 1024$를 뜻한다). 각 메모리 단위는 주소가 0에서 32K − 1까지 주소 지정 가능한 메모리 레지스터가 일렬로 나열되어 있는 상태로 생각하는 것이 편리하다.

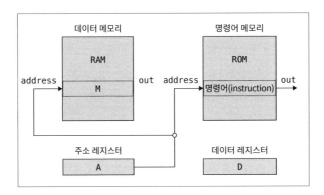

그림 4.2 핵 메모리 시스템의 개념적 모델. 실제 구조는 약간 다르게 연결되어 있지만(5장에서 설명함), 이 모델은 핵 프로그램의 의미를 이해하는 데 도움이 된다.

데이터 메모리(RAM이라고도 함)는 읽고 쓰기가 가능한 장치다. 핵 명령어는 선택된 RAM 레지스터에서 데이터를 읽거나 쓰도록 명령할 수 있다. 특정 레지스터는 주소를 통해 선택할 수 있다. 메모리의 address 입력에는 항상 어떤 값이 들어가기 때문에, 하나의 레지스터가 늘 선택되며, 그 레지스터는 핵 명령어에서 M으로 참조된다. 예를 들어 M=0이라는 핵 명령어는 선택된 RAM

레지스터에 0을 설정하라는 뜻이다.

명령어 메모리(ROM이라고도 함)는 읽기 전용 장치로, 프로그램은 어떤 외부 수단으로 메모리에 로드된다(5장에서 자세하게 다룰 것이다). RAM과 마찬가지로 명령어 메모리의 주소 입력에는 항상 어떤 값이 들어간다. 따라서 명령어 메모리 레지스터가 늘 하나 선택된다. 이 레지스터의 값이 참조하는 것이 현재 명령어다.

레지스터 핵 명령어는 3개의 16비트 레지스터, 즉 데이터 레지스터(D), 주소 레지스터(A), 선택된 데이터 메모리 레지스터(M)를 조작하도록 설계되어 있다. 핵 명령어의 문법은 알아보기 쉽다. 예를 들면 D=M, M=D+1, D=0, D=M−1 같은 식으로 쓴다.

데이터 레지스터 D의 역할은 단순하다. 16비트 값을 저장하는 것이다. 두 번째 레지스터 A는 주소 레지스터 또는 데이터 레지스터의 두 가지 역할을 한다. 값 17을 A 레지스터에 저장하고 싶다면, @17이라는 핵 명령어를 쓰면 된다(문법이 이런 이유는 곧 밝혀질 것이다). 사실 이 명령어는 핵 컴퓨터에서 상수를 얻는 유일한 방법이다. 예를 들어 D 레지스터에 17을 설정하려면 @17과 D=A 두 명령어를 사용한다. A 레지스터는 많은 역할을 하는데, 두 번째 데이터 레지스터 역할뿐 아니라 데이터 메모리 및 명령어 메모리의 주소를 지정하는 데도 활용된다.

주소 지정 핵 명령어 @*xxx*는 A 레지스터에 값 *xxx*를 설정한다. 또한 @*xxx* 명령어에는 추가적인 기능이 두 가지 더 있다. 첫 번째는 주소가 *xxx*인 RAM 레지스터를, '선택된 메모리 레지스터' M으로 만드는 것이다. 두 번째는 주소가 *xxx*인 ROM 레지스터의 값을 '선택된 명령어'가 되게 한다. 따라서 A에 어떤 값을 설정하면 그와 동시에 매우 다른 두 가지 후속 작업을 준비하는 것과 같은 효과가 나는 셈이다. 즉, 그 후속 작업이란 선택된 데이터 메모리 레지스터를 조작하거나, 선택된 명령어로 무언가를 하는 것이다. 어떤 작업을 할지(또는 안 하게 될지)는 다음에 이어지는 핵 명령어로 결정된다.

설명을 위해 RAM[100]의 값을 17로 설정하려 한다고 해 보자. 이 작업은 @17, D=A, @100, M=D라는 핵 명령어들로 수행할 수 있다. 첫 두 명령어에서 A 는 데이터 레지스터로, 다음 두 명령어에서는 주소 레지스터로 동작하고 있음을 주목하자. 여기에 또 다른 예제도 있다. RAM[100]을 RAM[200]의 값으로 설정하려면, @200, D=M, @100, M=D 명령어들을 쓰면 된다.

이 두 경우 모두, A 레지스터는 명령어 메모리에서도 레지스터를 선택했지만 결국 무시했다. 다음 절에서는 반대 경우, 즉 A를 이용해서 명령어를 선택하고 데이터 메모리에서의 동작은 무시하는 경우를 살펴보고자 한다.

분기 지금까지의 코드 예제들은 핵 프로그램이 일련의 명령어들로 이루어져 있고, 각 명령어는 차례대로 실행된다고 가정했다. 실제로 기본적인 제어 흐름은 순차 실행이기는 하지만, 다음 명령어 대신 29번 명령어로 분기해서 실행하려면 어떻게 할까? 핵 언어에서는 이 분기 작업을 @29 다음에 0;JMP라는 핵 명령어로 수행할 수 있다. 앞에서 첫 번째 명령어는 ROM[29] 레지스터를 선택한다(RAM[29]도 선택하지만, 신경 쓰지 않기로 한다). 다음 0;JMP 명령어는 핵 버전의 무조건 분기unconditional branching를 명령어로, A 레지스터가 지정하는 주소의 명령어로 이동해서 실행하라는 의미다(0;의 의미는 뒤에서 설명할 것이다). ROM에는 주소 0부터 현재 실행하려는 프로그램의 명령어들이 들어 있다고 가정하기 때문에, @29와 0;JMP는 결국 ROM[29]의 값을 다음에 실행할 명령어로 삼게 된다.

핵 언어에는 조건부 분기conditional branching 기능도 있다. 예를 들어 if D==0 goto 52라는 논리는 @52 다음에 D;JEQ라는 명령어로 구현할 수 있다. 두 번째 명령어는 "D를 평가evaluate하라; 그 값이 0과 같으면, A가 지정한 주소에 저장된 명령어로 점프해서 실행하라"라는 의미다. 핵 언어에는 이런 조건부 분기 명령이 몇 가지 있는데, 이 장 뒷부분에서 다룰 것이다.

요약: A 레지스터는 동시에 매우 다른 두 가지 주소 지정 기능을 한다. @xxx 명령 다음에, 선택된 데이터 메모리 레지스터(M)에 집중하고 명령어는

무시하거나, 반대로 선택된 명령어에 집중하고 데이터 메모리 레지스터는 무시하는 선택을 할 수 있다. 이러한 이중성은 조금 혼란스러울 수는 있지만, 하나의 주소 레지스터로 두 개의 별도 메모리 장치를 제어하는 방식으로 잘 무마할 수 있다(그림 4.2 참고). 그 결과 컴퓨터 아키텍처는 더 간단해지고 기계어는 더 간결하게 되었다. 이 설계 작업에서는 늘 그랬듯이 단순함과 절약정신이 생명이다.

변수 핵 명령어 @*xxx*에서 *xxx*는 상수나 기호 모두 가능하다. 명령어가 @23이라면 A 레지스터는 값 23으로 설정된다. 명령어가 @x이고, x가 513 같은 특정 값에 바인딩되어 있다면, A 레지스터는 513으로 설정된다. 우리는 기호를 사용함으로써 핵 어셈블리 프로그램에서 물리적 메모리 주소 대신 변수$_{variable}$를 다룰 수 있게 된다. 예를 들어 let x=17 같이 일반적으로 고수준 언어에서 쓰이는 할당문은 핵 언어에서는 @17, D=A, @x, M=D로 표현할 수 있다. 이 코드의 의미는 "주소가 기호 x에 바인딩된 값인 RAM 레지스터를 선택하고, 이 레지스터에 17을 설정하라"라는 뜻이다. 여기서 x 같이 고수준 언어에서 찾아볼 수 있는 기호들을, 데이터 메모리의 주소에 실용적이고 일관된 방식으로 바인딩하는 역할을 하는 프로그램이 필요하다. 그 프로그램이 바로 어셈블러다.

어셈블러 덕분에 핵 프로그램에서는 필요에 따라 x 같은 변수명을 지정하고 사용할 수 있다. 예를 들어 어떤 카운터 값을 증가시키는 코드를 작성한다고 해 보자. 먼저 이 카운터를 RAM[30] 같은 데 저장해 놓고, @30, M=M+1 명령어로 값을 증가시키는 방법이 있다. 하지만 @count, M=M+1 명령어를 쓰고, 어셈블러가 이 변수를 메모리 어디에 넣을지 결정하게 하는 방법이 더 실용적이다. 어셈블러가 이 기호를 항상 그 주소로 해석하는 한, 프로그래머는 구체적인 주소를 신경 쓸 필요가 없기 때문이다. 6장에서 어셈블러가 이 유용한 매핑 연산을 수행하도록 구현하는 방법에 대해 설명할 것이다.

필요에 따라 핵 어셈블리 프로그램에 도입할 수 있는 기호 외에도, 핵 언어는 R0, R1, R2, ⋯, R15까지 16개의 내장 기호를 지원한다. 어셈블러는 이 기호들을 항상 값 0, 1, 2, ⋯, 15에 바인딩하고 있다. 따라서 예를 들어 @R3, M=0 같은 명령어는 RAM[3]에 0을 설정한다. 그래서 뒤에서는 R0, R1, R2, ⋯, R15를 가상 레지스터virtual register로 부르기도 한다.

더 읽기 전에, 그림 4.3의 코드 예제를 살펴보고 완전히 이해가 되었는지 확인해 보기를 권장한다(일부는 이미 살펴보았다).

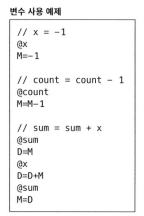

메모리 접근 예제

```
// D = 17
@17
D=A

// RAM[100] = 17
@17
D=A
@100
M=D

// RAM[100] = RAM[200]
@200
D=M
@100
M=D
```

분기 예제

```
// goto 29
@29
0;JMP

// if D>0 goto 63
@63
D;JGT
```

변수 사용 예제

```
// x = -1
@x
M=-1

// count = count - 1
@count
M=M-1

// sum = sum + x
@sum
D=M
@x
D=D+M
@sum
M=D
```

그림 4.3 핵 어셈블리 코드 예제들

4.2.2 프로그램 예제

핵 언어의 공식 정의는 다음 절로 미루고, 이제 핵 어셈블리 프로그램에 뛰어들어 직접 살펴보도록 하자. 뛰어들기 전에 먼저 주의할 점이 있다. 아마 대부분의 독자들은 이 프로그램의 양식이 모호함에 어리둥절할 것이다. 우리가 할 말은 다음과 같다. "기계어 프로그래밍에 오신 걸 환영합니다." 고수준 언어와 달리 기계어는 프로그래머를 편하게 만들어 주지 않는다. 기계어는 단지 하드웨어 플랫폼을 효율적이고 명확하게 제어할 수 있도록 설계된 언어다.

주어진 값 n에 대해 $1 + 2 + 3 + \cdots + n$ 덧셈을 계산한다고 생각해 보자. 계산을 위해 n을 RAM[0]에 넣고, RAM[1]에 덧셈 출력을 넣을 것이다. 이 덧셈을 계산하는 프로그램이 그림 4.4에 나와 있다. 의사코드를 보면 잘 알려진 수열 계산 공식 대신에 단순 대입 덧셈을 하고 있음을 알 수 있다. 핵 기계어 에서 조건부 반복 프로세스를 설명하기 위함이다.

의사코드

```
// 프로그램: Sum1ToN
// RAM[1]=1+2+3+····+RAM[0]을 계산한다.
// 사용법: value>=1을 RAM[0]에 넣는다.
   i = 1
   sum = 0
LOOP:
   if (i > R0) goto STOP
   sum = sum + i
   i = i + 1
   goto LOOP
STOP:
   R1 = sum
```

핵 어셈블리 코드

```
// 파일: Sum1ToN.asm
// RAM[1]=1+2+3+····+RAM[0]을 계산한다.
// 사용법: value>=1을 RAM[0]에 넣는다.
   // i = 1
   @i
   M=1
   // sum = 0
   @sum
   M=0
(LOOP)
   // if (i > R0) goto STOP
   @i
   D=M
   @R0
   D=D-M
   @STOP
   D;JGT
   // sum = sum + i
   @sum
   D=M
   @i
   D=D+M
   @sum
   M=D
   // i = i + 1
   @i
   M=M+1
   // goto LOOP
   @LOOP
   0;JMP
(STOP)
   // R1 = sum
   @sum
   D=M
   @R1
   M=D
(END)
   @END
   0;JMP
```

그림 4.4 핵 어셈블리 프로그램(예제). RAM[0]과 RAM[1]이 각각 R0, R1로 참조된다.

이 장 뒷부분에 가면 독자들은 이 프로그램을 완전히 이해할 수 있을 것이다. 지금은 자세한 내용은 무시하고 다음 패턴에 집중하기를 바란다. 즉, 핵 언어에서 메모리 위치와 관련된 모든 연산은 두 가지 명령어로 이뤄진다는 점이다. 첫 번째 명령어 @*addr*은 대상 메모리 주소를 선택하는 데 사용되고, 다음 명령어는 그 주소에 어떤 작업을 할지 지정한다. 이미 몇 가지 예제를 통해 살펴보았지만, 핵 언어는 이 논리를 지원하기 위해 두 가지 일반 명령어를 갖추고 있다. 하나는 주소 명령어address instruction로 *A*-명령어(@으로 시작하는 명령어)라고도 불린다. 다른 하나는 계산 명령어compute instruction로 *C*-명령어(그 외다른 모든 명령어)라고도 한다. 각 명령어는 기호 표현과 2진 표현을 갖고 있으며, 어떤 동작을 하는지는 이제부터 설명하겠다.

4.2.3 핵 언어 명세
핵 기계어는 그림 4.5에 정의된 두 가지 명령어로 구성된다.

A-명령어
A-명령어는 A 레지스터에 15비트 값을 설정한다. 2진 버전 명령어는 필드가 두 개 있다. 하나는 연산 코드operation code, 줄여서 op-code로, 가장 왼쪽 비트는 0이고 그 뒤로 음수 아닌 2진수를 가리키는 15개의 비트가 붙어있는 형태다. 예를 들어 @5라는 기호 명령어는 2진 버전이 0000000000000101이고, 5의 2진수 코드를 A 레지스터에 저장한다.

    A-명령어가 활용되는 목적은 세 가지다. 첫 번째로 *A*-명령어는 프로그램의 제어하에 컴퓨터에 상수를 입력하는 유일한 수단이다. 두 번째로 *A*-명령어는 선택된 RAM 레지스터의 주소(M으로 참조됨)를 A에 설정함으로써, 다음 *C*-명령어가 해당 레지스터를 조작할 수 있도록 해 준다. 세 번째로 A에 점프 목적지 주소를 설정함으로써 다음 *C*-명령어가 점프를 할 수 있도록 준비한다.

C-명령어
C-명령어는 무엇을 계산할지(*comp*로 표시되는 ALU 연산), 어디에 계산된 값

A-명령어

기호: @*xxx* (*xxx*는 0에서 32767까지의 10진수 값이거나, 그런 값에 연결된 기호다.)

2진: 0*vvvvvvvvvvvvvvv* (*vv* … *v* = *xxx*의 15비트 값)

C-명령어

기호: *dest* = *comp*; *jump* (*comp*는 필수다.
만약 *dest*가 비어 있으면, =는 생략된다.
만약 *jump*가 비어 있으면, ;는 생략된다.)

2진: 111*accccccdddjjj*

comp		*c*	*c*	*c*	*c*	*c*	*c*
0		1	0	1	0	1	0
1		1	1	1	1	1	1
-1		1	1	1	0	1	0
D		0	0	1	1	0	0
A	M	1	1	0	0	0	0
!D		0	0	1	1	0	1
!A	!M	1	1	0	0	0	1
-D		0	0	1	1	1	1
-A	-M	1	1	0	0	1	1
D+1		0	1	1	1	1	1
A+1	M+1	1	1	0	1	1	1
D-1		0	0	1	1	1	0
A-1	M-1	1	1	0	0	1	0
D+A	D+M	0	0	0	0	1	0
D-A	D-M	0	1	0	0	1	1
A-D	M-D	0	0	0	1	1	1
D&A	D&M	0	0	0	0	0	0
D|A	D|M	0	1	0	1	0	1

a == 0   *a* == 1

dest	*d*	*d*	*d*	효과: *comp*를 다음에 저장
null	0	0	0	값은 저장되지 않음
M	0	0	1	RAM[A]
D	0	1	0	D 레지스터
DM	0	1	1	D 레지스터와 RAM[A]
A	1	0	0	A 레지스터
AM	1	0	1	A 레지스터와 RAM[A]
AD	1	1	0	A 레지스터와 D 레지스터
ADM	1	1	1	A 레지스터, D 레지스터, RAM[A]

jump	*j*	*j*	*j*	효과:
null	0	0	0	점프하지 않음
JGT	0	0	1	*comp* > 0이면 점프
JEQ	0	1	0	*comp* = 0이면 점프
JGE	0	1	1	*comp* ≥ 0이면 점프
JLT	1	0	0	*comp* < 0이면 점프
JNE	1	0	1	*comp* ≠ 0이면 점프
JLE	1	1	0	*comp* ≤ 0이면 점프
JMP	1	1	1	무조건 점프

그림 4.5 핵 명령어 목록. 연상 기호와 그에 따른 2진 코드를 같이 표시했다.

을 저장할지(*dest*), 그리고 다음에 무엇을 할지(*jump*)라는 세 가지 질문에 답한다. C-명령어는 A-명령어와 함께 컴퓨터에서 가능한 모든 연산을 지정한다.

2진 버전에서 맨 왼쪽 비트는 C-명령어의 op-code인 1이다. 다음 두 비트는 사용되지 않으며, 관례상 1로 설정된다. 그다음 비트 7개는 *comp* 필드의 2진 표현이다. 그 뒤 비트 3개는 *dest* 필드의 2진 표현이다. 마지막 맨 오른쪽 비트 3개는 *jump* 필드의 2진 표현이다. 이제 이 세 가지 필드의 문법과 의미를 설명하겠다.

계산 명세(*comp*) 핵 ALU는 주어진 2개의 16비트 입력에 대해, 정해진 함수들 중 하나를 계산하도록 설계되어 있다. 핵 컴퓨터에서 두 개의 ALU 데이터 입력 배선은 다음과 같이 연결된다. 첫 번째 ALU 입력은 D 레지스터에서 입력을 받는다. 두 번째 ALU 입력은 A 레지스터(a-비트가 0일 때)나, 선택된 데이터 메모리 레지스터 M(a-비트가 1일 때)에서 입력을 받도록 연결된다. 그리고 두 입력에서 a-비트 하나와 *comp* 필드를 구성하는 여섯 개의 c-비트가 합쳐져서 ALU에서 계산될 함수가 결정된다. 이 7비트 패턴으로 최대 128개의 함수를 표현할 수 있지만, 그중에서 그림 4.5에 나오는 28개 함수만 언어 명세에 정의되어 있다.

C-명령어의 형식이 111accccccdddjjj임을 떠올리자. 만약 D 레지스터의 값에서 1을 빼는 계산을 한다고 해 보자. 그림 4.5에 따르면 이 계산은 기호 명령어 D-1로 수행할 수 있으며, 2진 표현으로는 1110001110000000이 된다(*comp* 필드에 해당하는 7비트를 밑줄로 강조했다). D와 M 레지스터의 값 사이에 비트 단위 Or를 계산하려면 D|M 명령어를 사용하면 된다(2진 표현으로는 1111010101000000). 그리고 상수 -1을 계산하는 데는 -1 명령어를 사용하는 식이다(2진 표현으로는 1110111010000000).

목적지 명세(*dest*) ALU의 출력은 동시에 0, 1, 2, 또는 3개의 목적지에 저장될 수 있다. 첫 번째와 두 번째 d-비트는 각각 계산된 값을 A 레지스터와 D 레지스터에 저장할지 아닐지를 나타내는 코드다. 세 번째 d-비트는 계산된 값을 현재 선택된 메모리 레지스터 M에 저장할지 여부를 뜻한다. 이 세 비트 중에 하나 이상 설정되거나, 아무것도 설정되지 않을 수 있다.

C-명령어의 형식이 111acccccdddjjj임을 떠올리자. 주소가 7인 메모리 레지스터의 값을 증가시키고, 새로운 값을 D 레지스터에 저장한다고 생각해 보자. 그림 4.5에 따르면 다음의 두 명령어로 이 작업을 수행할 수 있다.

```
0000000000000111  // @7
1111110111011000  // DM=M+1
```

점프 지정(*jump*) C-명령어의 *jump* 필드는 다음에 수행할 작업을 지정한다. 다음 작업으로는 다음 두 가지가 가능하다. 프로그램의 다음 명령어를 불러오고 실행하는 것이 기본이고, 또 하나는 다른 지정된 명령어를 불러오는 것이다. 후자의 경우에는 A 레지스터에 이미 대상 명령어의 주소가 설정되어 있다고 가정한다.

점프 여부는 런타임 동안 명령어 *jump* 필드의 j-비트 3개와 ALU 출력을 조합해서 결정된다. 첫 번째, 두 번째, 세 번째 j-비트는 각각 ALU 출력이 음수, 0, 양수일 경우 점프할지 여부를 가리킨다. 이 조합에 따라 8가지 점프 조건이 가능한데, 그림 4.5의 우측 하단에 조건들이 나와 있다. 무조건 goto 명령어는 관례상 0;JMP로 정의된다(*comp* 필드는 필수이므로 관례상 ALU 연산 중에 임의로 0을 선택하여 계산하는 것이며, 이 값은 무시된다).

A 레지스터를 사용할 때 충돌 방지 핵 컴퓨터는 RAM과 ROM의 주소를 지정하는 데 주소 레지스터를 하나만 사용한다. 따라서 @n 명령어를 실행할 때 RAM[n]과 ROM[n]이 둘 다 선택된다. 그래서 다음에 이어지는 C-명령어가 선택된 데이터 메모리 레지스터 M을 조작하거나, 점프를 수행하게 된다. 이 두 연산 중에 정확히 하나만 실행되도록 하려면 다음의 조언을 따르자. M에 대한 참조를 포함하는 C-명령어에서는 점프를 지정하지 않도록 하고, 반대의 경우도 마찬가지다. 점프를 지정한 C-명령어에서는 M을 참조하지 말아야 한다.

4.2.4 기호

어셈블리 명령어는 상수나 기호를 사용해서 메모리 위치(주소)를 지정할 수 있다. 기호는 기능에 따라 다음 세 가지 범주로 나뉜다. 특정 메모리 주소를 나타내는 선언 기호predefined symbol, goto 명령어의 목적지를 가리키는 레이블 기호label symbol, 변수를 나타내는 변수 기호variable symbol가 그것이다.

선언 기호 저수준 핵 프로그램에는 일관성과 가독성을 높이려는 목적으로 몇 가지 종류의 선언 기호가 정의되어 있다.

R0, R1, …, R15 이 기호들은 0에서 15까지 값이 바인딩되어 있다. 이 선언 기호들로 인해 핵 프로그램이 좀더 읽기 쉬워진다. 다음과 같은 코드 조각을 생각해 보자.

```
// RAM[3]에 7을 설정
@7
D=A
@R3
M=D
```

@7 명령어는 A 레지스터에 7을, @R3은 3을 설정한다. 후자에서 전자와 달리 굳이 R을 쓰는 이유가 무엇일까? 그렇게 하면 코드만 봐도 뜻을 이해하기 좋아지기 때문이다. @7의 경우 문법을 보면 A를 데이터 레지스터로 쓰고, 선택된 RAM[7]은 쓰지 않을 거란 힌트를 얻을 수 있다. @R3의 경우에는 A가 데이터 메모리 주소로 사용될 거란 걸 짐작할 수 있다. 일반적으로 선언 기호 R0, R1, …, R15는 미리 정해진 변수라 볼 수 있으며, 가상 레지스터라고도 불린다.

SP, LCL, ARG, THIS, THAT 이 기호들은 각각 0, 1, 2, 3, 4 값에 바인딩되어 있다. 예를 들어 주소 2는 @2, @R2, @ARG 세 명령어 모두로 선택할 수 있다. 기호 SP, LCL, ARG, THIS, THAT은 이 책의 II부에서 핵 플랫폼상에서 돌아가는 컴파일러와 가상 머신을 구현할 때 사용할 것이다. 이 기호들은 지금은 전혀 신경 쓰지 않아도 된다. 선언 기호를 전부 다 소개하기 위해서 지금 언급한 것이다.

SCREEN, KBD 핵 프로그램은 키보드에서 데이터를 읽을 수도, 스크린에 데이터를 표시할 수도 있다. 스크린과 키보드는 각각 메모리 맵memory map이라는 미리 지정된 메모리 블록 두 개를 인터페이스로 컴퓨터와 통신한다. SCREEN과 KBD 기호는 각각 16384와 24576이라는 값(16진수로는 4000과 6000)에 바인딩되어 있으며, 이 값들은 스크린 메모리 맵과 키보드 메모리 맵의 시작 주소를 뜻한다. 이 기호들은 스크린과 키보드를 조작하는 핵 프로그램에서 사용되며, 다음 절에서 살펴볼 것이다.

레이블 기호 레이블은 핵 어셈블리 프로그램 어디서든지 선언될 수 있으며, (*xxx*)라는 문법으로 정의한다. 이 선언문은 기호 *xxx*를 프로그램 내의 다음 명령어의 주소에 바인딩한다. goto 명령어는 레이블이 프로그램 내 어디에 선언되었든지 사용될 수 있으며, 심지어 선언되기 전에도 쓸 수 있다. 레이블 기호는 규칙상 대문자로 표기한다. 그림 4.4에 나온 프로그램에서는 세 개의 레이블 기호 LOOP, STOP, END를 사용하고 있다.

변수 기호 핵 어셈블리 프로그램에서 미리 선언하지도, (*xxx*)로 정의하지도 않은 기호 *xxx*는 항상 변수로 취급되며, 16부터 시작하는 고유의 수에 바인딩된다. 변수 기호는 규칙상 소문자로 표기한다. 예를 들어 그림 4.4에 나온 프로그램에서는 두 개의 변수 i와 sum을 사용하고 있다. 어셈블러는 이 기호를 각각 16과 17에 바인딩한다. 따라서 어셈블러의 번역을 거친 이후에 @i와 @sum이라는 명령어는 각각 메모리 주소 16과 17을 선택하게 된다. 이 문법의 장점은 어셈블리 프로그램이 물리적 주소를 전혀 취급하지 않는다는 점이다. 어셈블리 프로그램에서는 어셈블러가 그 기호를 실제 주소로 잘 해석할 거라고 믿고, 오로지 기호만 사용하게 된다.

4.2.5 입력/출력 처리
핵 하드웨어 플랫폼은 스크린과 키보드, 두 I/O 단말 장치와 연결할 수 있다. 두 장치는 메모리 맵을 통해 컴퓨터와 통신한다.

스크린에 픽셀을 그리는 작업은 스크린용으로 지정된 메모리 세그먼트에 2진수 값을 쓰는 방식으로 이루어진다. 마찬가지로 키보드 입력은 해당 키에 대응하는 메모리 위치의 값을 읽어 들이는 식으로 처리한다. 물리적 I/O 장치와 메모리 맵은 계속 갱신되는 루프를 통해 동기화된다.

스크린 핵 컴퓨터의 스크린은 512개 열 × 256개 행의 흑백 픽셀로 구성된다. 그리고 스크린의 내용은 RAM 주소 16384(16진수로 4000)에서 시작해서, 16비트 단어로 된 8K개 메모리 블록에 저장된 메모리 맵으로 표시되며, RAM 시작 주소는 선언 기호 **SCREEN**으로도 참조할 수 있다. 물리적 스크린의 각 행은 왼쪽 상단에서 시작하며, RAM에서 32개의 연속된 16비트 단어들[3]로 표현된다. 규칙에 따라 스크린의 시작점은 왼쪽 상단 모서리로, 0번째 행, 0번째 열에 해당한다. 따라서 위에서 row 번째 행, 왼쪽에서 col 번째 열은 **RAM**[**SCREEN** + $row \cdot 32 + col/16$]에 위치한 단어의 (LSB에서 MSB 방향으로 보았을 때) $col \% 16$번째 비트로 매핑된다. 이 픽셀은 (검은색인지 흰색인지 조사하기 위해) 읽을 수 있고, 1을 설정하면 검은색, 0을 설정하면 흰색 픽셀이 된다. 예를 들어 다음 코드 조각은 스크린의 왼쪽 상단의 첫 16픽셀을 검은색으로 만들라는 의미다.

```
// A 레지스터를 스크린의 최상단 행에서
// 가장 왼쪽에 있는 16개 픽셀을 나타내는 RAM 레지스터의 주소로 설정한다.
@SCREEN
// 이 RAM 레지스터를 1111111111111111로 설정한다.
M=-1
```

핵 명령어로는 개별 픽셀이나 비트에 직접 접근할 수 없음에 유의하자. 그 대신 메모리 맵에서 16비트 단어를 하나 가져와서, 어떤 비트를 대상으로 할지 파악하고, 산술/논리 연산을 통해 (다른 픽셀은 건드리지 않고) 그 픽셀을 조작한 후에, 최종 수정된 16비트 단어를 메모리에 써야 한다. 위 예제에서는

---

3   (옮긴이) 32 × 16 = 512비트이므로, 각각의 비트가 512개 열의 픽셀에 대응한다.

한 번의 조작으로 원하는 작업이 가능하므로 비트별 조작은 하지 않았다.

키보드 핵 컴퓨터는 RAM 주소 24576(16진수로 6000)에 위치한 1단어 크기 메모리 맵을 통해 물리적 키보드 장치와 통신하며, RAM 시작 주소는 선언 기호 KBD로도 참조할 수 있다. 규칙은 다음과 같은데, 실제 키보드에서 키가 눌릴 때마다, 눌린 키의 16비트 코드가 RAM[KBD]에 기록된다. 키가 눌리지 않는 동안에는 그 메모리 위치에 코드 0이 기록된다. 핵의 문자 집합은 부록 5에 나와 있다.

지금쯤 프로그래밍 경험이 있는 독자들이라면 어셈블리어로 입력/출력을 다루는 것이 지루한 작업이라는 사실을 깨달았을 것이다. write("hello")나 drawCircle(x,y,radius) 같은 고수준 명령문에 익숙해져 있을 테니 말이다. 이제는 이해할 수 있듯, 추상적이고 고수준의 I/O 명령문과, 그 명령문을 실제로 실리콘 소자에서 구현하는 비트 단위 기계 명령어 사이에는 상당한 격차가 있다. 이 격차를 메우는 역할을 하는 프로그램 중 하나가 바로 운영체제다. 운영체제는 픽셀 조작을 통해 텍스트를 렌더링하고 그림을 그리는 법을 알고 있다. 책의 II부에서 이런 OS에 대해 설명하고 개발해 볼 것이다.

4.2.6 구문 규칙과 파일 형식

2진 코드 파일 규칙에 따라 2진 핵 언어로 작성된 프로그램은 'hack' 확장자를 가지는 텍스트 파일에 저장된다(예: Prog.hack). 파일 내 각 라인은 하나의 2진 명령어를 나타내며, 16개의 0 또는 1 문자로 된 문자열로 표시된다. 이 라인들이 모여서 하나의 기계어 프로그램이 된다. 기계어 프로그램이 컴퓨터의 명령어 메모리에 로드될 때, 파일의 n번째 라인의 2진 코드는 명령어 메모리의 주소 n에 저장된다. 프로그램 라인, 명령어, 메모리 주소는 모두 0에서 시작된다.

어셈블리어 파일 규칙에 따라 기호 핵 어셈블리어로 작성된 프로그램은 'asm' 확장자를 가지는 텍스트 파일에 저장된다(예: Prog.asm). 어셈블리어 파일은 텍스트 라인들로 구성되며, 각 라인은 A-명령어, C-명령어, 레이블 선언, 주석 중 하나다.

레이블 선언은 (symbol) 같은 형식의 텍스트 라인이다. 어셈블러는 이런 선언문을 만나면 *symbol*을 프로그램 내 다음 명령어의 주소에 바인딩한다. 레이블 선언에 대해 어셈블러가 하는 작업은 이것뿐이고, 별다른 2진 코드는 생성되지 않는다. 이런 이유로 레이블 선언은 의사 명령어_{pseudo-instruction}라고도 불린다. 기호 수준에서만 존재하고, 아무런 코드도 생성하지 않기 때문이다.

상수와 기호 @*xxx* 형식의 A-명령어에 있는 *xxx*가 상수와 기호에 해당한다. 상수는 0에서 $2^{15} - 1$까지 음이 아닌 값으로, 10진법으로 표기된다. 기호는 문자, 숫자, 밑줄(_), 마침표(.) 달러 기호($), 콜론(:)으로 이루어진 문자열로, 숫자로 시작하지 않아야 한다.

주석 슬래시 두 개(//)로 시작하는 텍스트 라인은 전체가 주석_{comment}으로 간주되어 무시된다.

공백 앞에 나오는 공백들과 빈 라인은 무시된다.

대소문자 규칙 모든 어셈블리 연상 기호(그림 4.5)는 대문자로 써야 한다. 그리고 레이블 기호는 대문자, 변수명은 소문자로 쓰는 것이 규칙이다. 그림 4.4 예시를 참고하자.

4.3 핵 프로그래밍

이제 핵 어셈블리어를 활용한 저수준 프로그래밍 예제를 세 가지 살펴보자. 프로젝트 4는 핵 어셈블리 프로그램 작성에 중점을 두고 있으므로 이 예제들을 잘 읽고 이해하는 것이 좋다.

예제 1 그림 4.6은 처음 두 RAM 레지스터의 값들을 더하고, 그 합에 17을 더한 후에, 그 결과를 세 번째 RAM 레지스터에 저장하는 프로그램이다. 이 프로그램을 실행하려면 사용자(또는 테스트 스크립트)는 RAM[0]과 RAM[1]에 미리 어떤 값을 입력해 놔야 한다.

```
// 프로그램: Add.asm
// 계산: RAM[2] = RAM[0] + RAM[1] + 17
// 사용법: RAM[0]과 RAM[1]에 값을 입력한다.
    // D = RAM[0]
    @R0
    D=M
    // D = D + RAM[1]
    @R1
    D=D+M
    // D = D + 17
    @17
    D=D+A
    // RAM[2] = D
    @R2
    M=D
(END)
    @END
    0;JMP
```

그림 4.6 간단한 산술 표현식을 계산하는 핵 어셈블리 프로그램

이 프로그램은 특히 가상 레지스터 R0, R1, R2, …를 작업 변수로 사용하는 방법을 보여 주고 있다. 또한 이 프로그램의 마지막에는 무한 루프가 있는데, 이는 핵 프로그램을 종료할 때 권장되는 방법이다. 이 무한 루프가 없으면 CPU는 불러오기-실행하기fetch-execute 논리에 따라(다음 장에서 자세히 설명한다), 현재 프로그램의 마지막 명령어 다음 위치의 명령어가 뭐든 간에 메모리에서 불러와서 계속 즐겁게 실행하려 들 것이다. 이는 예측할 수 없고 경우에 따라 위험한 결과를 초래할 수 있다. 무한 루프를 의도적으로 넣으면 프로그램 실행이 완료된 이후에 CPU의 연산을 제어하고 억제할 수 있다.

예제 2 두 번째 예제는 $1 + 2 + 3 + \cdots + n$을 계산하는 프로그램이다. 여기서 n은 첫 번째 RAM 레지스터의 값이고, 두 번째 RAM 레지스터에 덧셈 결과가

출력된다. 이 프로그램은 그림 4.4에 있으며, 이제 우리는 이 프로그램을 완전히 이해할 수 있다.

이 프로그램은 특히 기호 변수(여기서는 i와 sum) 사용법을 설명하고 있다. 또한 이 프로그램은 어셈블리 코드 대신 goto 기반의 의사코드를 먼저 작성하는 방법을 보여 주고 있는데, 이 방법은 저수준 프로그램 개발에서 권장되는 방법이다. 의사코드를 작성하고 나면 핵심 변수의 값을 종이에 쓰면서 추적하는 방식으로 코드를 테스트해 보자. 프로그램 논리가 제대로 잘 동작한다는 확신이 들면 각 의사 명령어를 하나 이상의 어셈블리 명령어로 바꿔서 표현해 보자.

1843년에 재능 있는 수학자이자 작가인 러브레이스 백작 부인 어거스터 에이다 킹-노엘Augusta Ada King-Noel은 (실제 대신) 기호 명령을 작성하고 디버깅하는 것의 장점을 처음으로 제시했다. 이 중요한 통찰로 인해 에이다 러브레이스는 최초의 프로그래머라는 명성을 얻게 되었다. 에이다 러브레이스 이전에 초창기 기계식 컴퓨터로 작업하던 소위 '원시 프로그래머'들은 기계를 직접 조작하며 연산을 했기에, 코딩 작업이 매우 어렵고 오류도 많았다. 1843년에 기호 및 물리적 프로그래밍에 적용되었던 사실은 오늘날 의사pseudo 및 어셈블리 프로그래밍에 대해서도 똑같이 적용된다. 즉, 복잡한 프로그램을 작성할 때는, 의사코드를 먼저 작성하고 테스트한 후에 그 의사코드를 어셈블리 명령어로 옮기는 편이 곧바로 코드를 작성하는 것보다 더 쉽고 더 안전하다는 사실이다.

예제 3 고수준 배열 처리에 관용적으로 쓰이는 for i=0...n {do something with arr[i]} 구문을 생각해 보자. 이 논리를 어셈블리에서 표현하고 싶다고 할 때, 기계어에는 배열에 대한 추상화 개념이 없다는 사실에서 막히게 된다. 하지만 RAM에서의 배열의 시작 주소를 안다면, 배열 원소에 포인터 기반으로 접근하는 방식으로 어셈블리에서도 배열 논리를 쉽게 구현할 수 있다.

포인터의 개념을 설명하기 위해, 변수 x에 값 523이 저장되어 있다고 가정하고, x=17과 *x=17이라는 의사 명령어를 생각해 보자(두 의사 명령어 중 하나만 실행한다). 첫 번째 명령어는 x의 값을 17로 설정한다. 두 번째 명령어는 x가 포인터pointer 변수, 즉 그 값이 메모리 주소로 해석되는 변수로 처리됨을 알려 준다. 따라서 두 번째 명령어는 RAM[523]에 17을 설정하고, x의 값은 그대로 유지한다.

그림 4.7의 프로그램은 핵 기계어에서 포인터 기반으로 배열 처리를 하는 방식을 보여 준다. 여기서 핵심 명령어는 A=D+M 다음 M=−1이다. 핵 언어에서 기본 포인터 처리 구문은 A=··· 같은 형식의 명령어 다음에, M에서 연산하는 C-명령어의 형태로 표현된다(M은 RAM[A]로, A로 선택된 메모리 위치를 뜻한다). 이 책의 II부에서 컴파일러를 구현하면서 살펴보겠지만, 이런 단순한 저

의사코드

```
// 프로그램: PointerDemo
// 시작 주소 R0부터 시작해서
// 처음 나오는 R1개 단어에 −1을 설정한다.
   n = 0
LOOP:
   if (n R1) goto END
   *(R0 + n) = -1
   n = n + 1
   goto LOOP
END:
```

핵 어셈블리 코드

```
// 프로그램: PointerDemo.asm
// 시작 주소 R0부터 시작해서
// 처음 나오는 R1개 단어에 −1을 설정한다.
   // n = 0
   @n
   M=0
(LOOP)
   // if (n == R1) goto END
   @n
   D=M
   @R1
   D=D-M
   @END
   D;JEQ
   // *(R0 + n) = -1
   @R0
   D=M
   @n
   A=D+M
   M=-1
   // n = n + 1
   @n
   M M+1
   // goto LOOP
   @LOOP
   0;JMP
(END)
   @END
   0;JMP
```

그림 4.7 배열 처리 예제. 포인터 기반으로 배열 원소에 접근한다.

수준 구문으로, 고수준 언어에서의 배열 값 접근이나 오브젝트 기반 get/set 같은 연산을 핵 어셈블리에서도 구현할 수 있다.

4.4 프로젝트

목표 저수준 프로그래밍을 맛보고 핵 컴퓨터 시스템에 익숙해진다. 핵 어셈블리어로 작성된 두 개의 저수준 프로그램을 작성하고 실행하면서 이 목표를 달성할 것이다.

자료 프로젝트를 완성하는 데는 nand2tetris/tools에 들어 있는 핵 CPU 에뮬레이터만 필요하다. 그리고 아래에서 설명하는 테스트 스크립트는 project/04 폴더에서 찾아볼 수 있다.

과제 아래에 설명된 두 프로그램을 작성하고 테스트해 보자. 제공된 CPU 에뮬레이터로 프로그램을 실행하면 아래에 설명된 대로 동작해야 한다.

곱셈 프로그램(mult.asm) 이 프로그램의 입력은 R0과 R1(RAM[0]과 RAM[1])에 저장된 값들이다. 이 프로그램은 R0 * R1 곱셈을 계산하고 그 결과를 R2에 저장한다. 여기서 R0 ≥ 0, R1 ≥ 0, R0 * R1 < 32768이라 가정한다(프로그램에서 이 제약조건을 검사할 필요는 없다). 독자가 작성한 프로그램을 대표적인 값들에 대해 테스트하는 용도로 Mult.tst와 Mult.cmp 스크립트가 제공된다.

I/O 처리 프로그램(Fill.asm) 이 프로그램은 키보드에서 입력을 받는 무한 루프를 실행한다. 어떤 키든 눌렸을 때 이 프로그램은 모든 픽셀에 검은색을 기록해서 스크린을 검게 만든다. 아무 키도 눌리지 않으면 모든 픽셀에 흰색을 기록해서 스크린을 지운다. 키를 충분히 오랫동안 누르면 스크린을 완전 검게 채우거나, 충분히 오랜 시간 아무 키도 누르지 않으면 스크린을 지우는 식으로 다른 패턴을 적용해 볼 수도 있다. 이 프로그램에는 테스트 스크립트

(Fill.tst)는 있지만 비교 파일은 없다. 따라서 CPU 에뮬레이터에서 시뮬레이션하는 스크린을 직접 보고 잘 동작하는지 확인해야 한다.

CPU 에뮬레이터 이 프로그램은 nand2tetris/tools에 있으며, 핵 컴퓨터를 시각적으로 시뮬레이션할 수 있게 해 준다(그림 4.8 참고). 프로그램의 GUI에서는 핵 컴퓨터의 명령어 메모리ROM, 데이터 메모리RAM, 두 개의 레지스터 A와 D, 프로그램 카운터 PC 및 ALU의 현재 상태를 보여 준다. 또한 컴퓨터 스크린의 현재 상태를 표시하고, 키보드를 통해 입력을 받을 수 있게 해 준다.

CPU 에뮬레이터는 보통 기계어 프로그램을 ROM에 로드하고, 코드를 실행하고, 하드웨어 구성요소에서 시뮬레이션 효과를 관찰하는 방식으로 사용한다. 중요한 점은 CPU 에뮬레이터가 핵 어셈블리어로 작성된 기호 .asm 파일 말고도 2진 .hack 파일도 불러올 수 있다는 점이다. 에뮬레이터는 기호 파

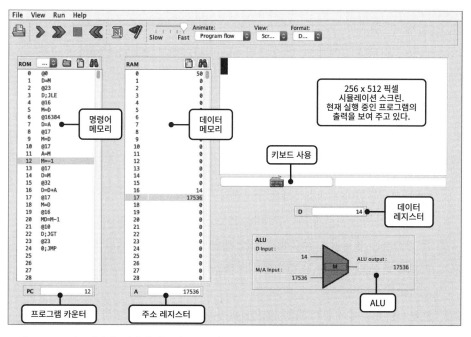

그림 4.8 CPU 에뮬레이터. 명령어 메모리(ROM)에는 프로그램이, 데이터 메모리(RAM)에는 어떤 값이 로드되어 있다. 이 그림은 프로그램 실행 도중에 찍은 스크린샷이다.

일로 된 어셈블리 프로그램을 불러왔을 경우 즉석에서 2진 코드로 번역한다. 불러온 코드는 2진 형식과 기호 형식 둘 다로 편리하게 볼 수 있다.

제공된 CPU 에뮬레이터에는 어셈블러가 내장되어 있으므로 이 프로젝트에서 어셈블러를 단독으로 쓸 일은 없다.

단계 다음과 같은 순서로 진행하기를 권장한다.

0. 제공된 CPU 에뮬레이터는 nand2tetris/tools 폴더에 있다. 도움말이 필요하다면 *www.nand2teris.org*에서 튜토리얼을 참고하자.
1. 기본 텍스트 에디터를 사용하여 Mult.asm 프로그램을 작성하거나 수정하자. projects/04/mult/Mult.asm에 있는 뼈대 프로그램부터 시작해 보자.
2. CPU 에뮬레이터에 Mult.asm을 로드한다. 대화창을 통해 파일을 로드하거나, 제공된 Mult.tst 스크립트를 불러오고 실행하는 방식으로도 로드할 수 있다.
3. 스크립트를 실행하자. 번역 과정이나 런타임에서 오류가 발생하면 단계 1로 돌아간다.

두 번째 프로그램도 1~3 단계를 따르면 된다. 뼈대 프로그램은 projects/04/fill 폴더에 있다.

디버깅 팁 핵 언어는 대소문자를 구분한다. 일반적으로 어셈블리 프로그래밍을 할 때 자주 저지르게 되는 오류는, 프로그램에서 @foo와 @Foo를 같은 기호를 참조하는 명령어로 착각하고 쓰는 경우다. 실제로 이렇게 쓰면 어셈블러는 아무런 관련이 없는 두 변수를 생성하고 관리할 뿐이다.

프로젝트 6의 웹 버전은 *www.nand2tetris.org*에서 찾아볼 수 있다.

4.5 정리

핵 기계어는 기초적이다. 일반적인 기계어들은 더 많은 연산과 더 많은 데이터 타입, 더 많은 수의 레지스터와 더 많은 명령어 형식을 지원한다. 우리는 핵의 문법이 기존 어셈블리어 문법보다 더 가볍게 보이도록 설계했다. 특히 add M,D와 같이 수많은 기계어에서 사용되는 일반적인 접두어 문법 대신에 D=D+M처럼 친숙한 문법을 C-명령어에 적용했다. 하지만 이것은 단지 문법의 문제라는 점을 알아야 한다. 예를 들어 연산 코드 D+M에서 문자 +는 어떤 대수적 역할도 하지 않는다. 대신 D+M이라는 문자 3개짜리 문자열 전체가 하나의 어셈블리 연상 기호로, 특정 ALU 연산과 연결되도록 설계되어 있을 뿐이다.

기계어를 구분하는 주요 특성 중 하나는 한 개의 명령어에서 사용할 수 있는 메모리 주소의 개수다. 핵 언어는 이런 면에서 1/2 주소 기계어라고 말할 수 있다. 왜냐하면 핵의 16비트 명령어 하나에서는 명령어 코드와 15비트 주소를 동시에 쓸 공간이 없으므로, 주소를 특정하는 A-명령어와 연산을 수행하는 C-명령어 두 개를 써야 온전하게 메모리 접근 연산을 표현할 수 있기 때문이다. 이와 달리 대부분의 기계어에서는 명령어마다 적어도 하나 이상의 주소에 대한 연산을 지정할 수 있다.

그래서 핵 어셈블리 코드는 보통 A-명령어와 C-명령어가 교대로 나타나는데, 예를 들면 @sum 다음에 M=0이 오고, @LOOP 다음에 0;JMP가 오는 식이다. 이런 코딩 스타일이 지겹고 이상하다는 생각이 든다면, sum=0이나 goto LOOP와 같은 매크로 명령어macro-instruction를 도입해서 핵 어셈블리 코드를 더 짧고 읽기 쉽게 만들 수도 있다. 어셈블러에서 이런 매크로 명령어를 그에 대응하는 두 개의 핵 명령어로 번역하도록 만들면 되는데, 이런 기능 추가는 비교적 간단하다.

이 장에서 여러 번 언급한 어셈블러는 기호로 된 어셈블리 프로그램을 실행 가능한 2진 코드 프로그램으로 번역하는 프로그램이다. 그 외에도 어셈블러는 어셈블리 프로그램 내의 모든 시스템 정의 기호와 사용자 정의 기호를 관리하고, 이 기호들을 물리적 메모리 주소로 해석해서 생성된 2진 코드에 바꾸어 넣는 일을 한다. 이런 번역 작업은 6장에서 어셈블러를 구현할 때 다시 다룰 것이다.

컴퓨터 아키텍처
Computer Architecture

> 모든 걸 가능한 한 단순하게 만들되, 지나치게 단순하게 만들지는 마라.
>
> 알버트 아인슈타인(Albert Einstein, 1879~1955)

이 장은 책의 여정에서 '하드웨어' 부분의 정점이다. 이제 우리는 1~3장에서 만든 칩들을 모두 모아 4장에서 소개한 기계어 프로그램을 실행할 수 있는 범용 컴퓨터로 통합할 준비가 되었다. 우리가 만들 컴퓨터의 이름은 핵Hack이며, 이 컴퓨터는 두 가지 중요한 장점을 갖추고 있다. 하나는 핵이 앞에서 만든 칩들과 책에서 제공하는 하드웨어 시뮬레이터를 이용해서 몇 시간 정도면 만들 수 있을 만큼 간단하다는 점이다. 그러면서도 핵은 모든 디지털 컴퓨터의 핵심 작동 원리와 하드웨어 요소들을 충분히 설명할 수 있을 만큼 강력하다. 따라서 핵을 만들어 보면 최신 컴퓨터가 어떻게 작동하는지, 그리고 어떻게 구현되는지 실제로 이해할 수 있다.

5.1절에서는 먼저 거의 모든 현대 컴퓨터 설계의 기초이자 컴퓨터 과학의 기본 원리인 폰 노이만 구조von Neumann architecture를 설명한다. 핵 플랫폼은 폰 노이만 기계의 한 예로, 5.2절에서 그 하드웨어에 대한 명세를 자세히 기술할 것이다. 5.3절에서는 앞에서 만든 칩들, 특히 2장의 ALU와 3장의 레지스터 및 메모리 장치를 이용해서 핵 플랫폼을 구현하는 방법을 설명한다. 5.4절에서는 컴퓨터 구현 프로젝트를 소개하고, 5.5절에서는 핵 컴퓨터를 상용 컴퓨터와 비교하면서 최적화의 중요성을 알아볼 것이다.

이 과정을 통해 만든 컴퓨터는 더이상 단순할 수 없을 정도로 단순하다. 이 컴퓨터의 하드웨어 구성은 최소화되었으면서도 우아하다. 그러면서도 이 책의 II부에서 설명할 자바와 유사한 프로그래밍 언어로 작성된 프로그램을 실행할 수 있을 만큼 충분히 강력하다. II부의 프로그래밍 언어로는 그래픽 애니메이션을 활용해서, 견고한 성능과 만족스러운 사용자 경험을 제공하는 대화형 컴퓨터 게임 및 응용프로그램을 개발할 수 있다. 기초적인 하드웨어 플랫폼에서 이런 고수준의 응용프로그램을 구현하려면, 컴파일러, 가상 머신, 운영체제를 구축해야 한다. 이 작업은 II부에서 이루어진다. 이 장에서는 지금까지 만든 칩들을 통합해서 완전한 범용 하드웨어 플랫폼을 만들어 봄으로써 I부를 마무리하려 한다.

5.1 컴퓨터 아키텍처 기초

5.1.1 내장식 프로그램 개념

우리 주위의 다른 모든 기기들과 비교했을 때, 디지털 컴퓨터의 가장 두드러진 특징은 놀라울 정도로 다재다능하다는 점이다. 게임 플레이부터 책 조판, 자동차 운전까지 무한한 수의 작업을 이 유한한 컴퓨터로 수행할 수 있다. 우리가 평소에 당연시했지만 알고 보면 놀라운 이 다재다능함은 내장식 프로그램stored program이라는 매우 멋진 초기 아이디어에서 비롯된 것이다. 내장식 프로그램 개념은 1930년대에 여러 과학자와 공학자들이 독립적으로 만들어 낸 것으로, 현대 컴퓨터 과학의 기초 그 자체는 아닐지라도 가장 심오한 발명 중 하나다.

위대한 과학적 발견들이 보통 그렇듯이, 기본 아이디어는 꽤 간단하다. 컴퓨터는 정해진 단순한 명령어 집합들을 실행하는 고정된 하드웨어 플랫폼에 바탕을 두고 있다. 동시에 이 명령어들은 기본 블록이 되어 무한히 복잡한 프로그램으로 조합된다. 또한 1930년대 이전의 기계식 컴퓨터들과 달리 이 프로그램들은 하드웨어에 내장되지 않는다. 그 대신 프로그램의 코드가 컴퓨터 메모리에 데이터처럼 저장되어서 우리가 소프트웨어라 부르는 대상이 된다. 현재 실행하는 소프트웨어에 따라 사용자가 경험하는 컴퓨터 동작이 다르기 때문에, 동일한 하드웨어 플랫폼이라도 다른 프로그램을 불러오면 전혀 다른 일을 수행할 수 있다.

5.1.2 폰 노이만 구조

내장식 프로그램 개념은 추상적 컴퓨터 모델이나 실제 모델의 핵심 요소로서, 이 모델 중에 가장 주목할 만한 것은 보편 튜링 기계universal Turing machine (1936)와 폰 노이만 기계von Neumann machine(1945)다. 튜링 기계는 믿기 어려울 정도로 간단한 추상적 컴퓨터 모델로, 주로 이론 컴퓨터 과학에서 계산의 논리적 기초를 분석하는 데 활용된다. 반면 폰 노이만 기계는 거의 모든 현대 컴퓨터 플랫폼을 구성하는 실제 모델이다.

폰 노이만 구조는 메모리 장치와 통신하고, 입력 장치에서 데이터를 받고, 출력 장치로 데이터를 내보내는 중앙 처리 장치Central Processing Unit, CPU를 바탕으로 한다(그림 5.1). 내장식 프로그램 개념은 이 구조의 핵심으로, 컴퓨터가 조작하는 데이터 외에 컴퓨터가 수행할 작업을 지시하는 명령어도 메모리에 저장된다는 개념이다. 이 구조를 자세히 살펴보자.

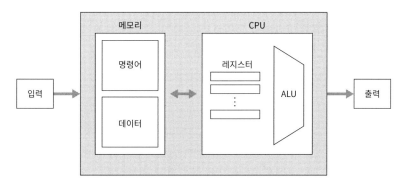

그림 5.1 일반적인 폰 노이만 컴퓨터 구조

5.1.3 메모리

컴퓨터 메모리는 물리적 관점과 논리적 관점에서 바라볼 수 있다. 물리적으로 메모리는 주소를 지정할 수 있는 고정된 크기의 레지스터들을 선형적으로 배열한 것으로, 이 레지스터들은 고유 주소와 값을 가진다. 논리적으로 이 주소 공간은 데이터 저장과 명령어 저장이라는 두 가지 용도로 사용된다. '명령어 단어instruction word'와 '데이터 단어data word'는 둘 다 정확히 똑같은 방식으로 구현된다. 즉, 비트 열로 표현된다.

모든 메모리 레지스터는 그 역할과 상관없이 동일한 방식으로 처리된다. 즉, 특정 메모리 레지스터에 접근하려면 레지스터 주소가 필요하다. 주소 지정addressing이라고도 불리는 이 작업을 통해 레지스터 데이터에 직접 접근할 수 있다. 임의 접근 메모리Random Access Memory, RAM라는 용어는, 메모리 크기나 레지스터 위치와 관계없이 무작위로 선택된 메모리 레지스터에 즉시, 즉 동일 주기(또는 시간 단위) 내에 접근할 수 있어야 한다는 뜻에서 나온 말이다. 확실히 레지스터가 수십억 개에 달하는 메모리 장치에서는 이 능력이 중요하다. 프로젝트 3에서 RAM 장치를 만들어 본 독자라면 이미 이 능력을 달성했다는 사실을 기억할 것이다.

다음으로 우리는 데이터 전용 메모리 영역은 데이터 메모리data memory, 명령어 전용 메모리 영역은 명령어 메모리instruction memory라 부를 것이다. 폰 노이만 구조를 따르는 모델 중에는 데이터 메모리와 명령어 메모리가 필요에 따라 동일한 물리적 주소 공간에서 동적으로 할당 및 관리되는 모델이 있다. 또 다른 모델은 데이터 메모리와 명령어 메모리가 개별 주소 공간을 가진 물리적으로 분리된 메모리에 저장된다. 두 모델 다 장단점이 있으며 뒤에서 논의할 것이다.

데이터 메모리 고수준 프로그램은 변수variable, 배열array, 객체object 같은 추상적 개념들을 다루도록 설계된다. 하지만 하드웨어 수준에서 이러한 데이터 추상화는 메모리 레지스터에 저장된 2진 값으로 구현된다. 특히 기계어를 번역하고 나면, 추상적인 배열 처리나 객체에서 get/set 연산은 선택된 메모리 레지스터를 읽고 쓰는 일로 환산된다. 레지스터를 읽을 때는 주어진 주소를 통해 선택된 레지스터의 값을 조사한다. 레지스터에 쓸 때는 주어진 주소를 통해 선택된 레지스터에 새로운 값을 예전 값에 덮어쓴다.

명령어 메모리 고수준 프로그램은 대상 컴퓨터에서 실행되기 전에 먼저 대상 컴퓨터의 기계어로 번역되어야 한다. 고수준 명령문들은 하나 이상의 저수준 명령어로 번역되어서 2진binary 또는 실행 가능한executable 버전 프로그램이라 불리는 파일에 2진 값으로 기록된다. 프로그램을 실행하려면 먼저 대용량 저장 장치에서 2진 버전 프로그램을 불러온 후에 그 명령어를 컴퓨터의 명령어 메모리에 직렬화해야 한다.

순수한 컴퓨터 아키텍처 관점에서 프로그램을 컴퓨터 메모리에 어떻게 불러오는지는 외부의 문제로 취급된다. CPU가 프로그램을 실행하기 위해 호출되었을 때 프로그램 코드가 이미 컴퓨터 메모리에 올라와 있는지 여부만 중요하다.

5.1.4 중앙 처리 장치

컴퓨터 아키텍처의 핵심인 중앙 처리 장치Central Processing Unit, CPU는 현재 실행 중인 프로그램의 명령어를 실행하는 일을 맡는다. 각 명령어는 CPU에 수행할 계산, 접근할 레지스터, 다음에 불러와서 실행할 명령어를 알려 준다. CPU는 세 가지 주요 요소, 즉 산술 논리 장치, 레지스터 집합, 제어 장치를 활용해서 이 작업들을 실행한다.

산술 논리 장치(ALU) ALU 칩은 컴퓨터에서 지원하는 모든 저수준 산술 연산 및 논리 연산을 수행하는 장치다. 일반적인 ALU는 주어진 두 값을 더하거나, 비트 단위 And를 계산하거나, 두 값이 동일한지 비교하는 일 등을 수행한다. ALU가 얼마나 많은 함수를 지원할지는 설계에 따라 결정된다. 일반적으로

ALU에서 지원하지 않는 함수는 나중에 하드웨어 플랫폼 위에서 돌아가는 시스템 소프트웨어로 구현될 수 있다. 트레이드 오프 관계는 간단하다. 하드웨어 구현이 보통 더 효율적이지만 하드웨어가 비싸지며, 소프트웨어 구현은 저렴하지만 효율이 떨어진다.

레지스터　CPU는 연산 도중에 중간 값을 임시로 저장해야 하는 경우가 많다. 이론적으로는 이 값들을 메모리 레지스터에 저장할 수 있지만, CPU와 RAM은 별개의 칩이기 때문에 신호가 이동하려면 거리가 너무 멀다. 이때 발생하는 시간 지연 때문에 CPU에 탑재된 ALU는 초고속임에도 계산에 방해를 받게 된다. 이렇게 속도가 빠른 프로세서가 입출력이 느린 데이터 저장소에 영향을 받아 속도가 느려지는 상태를 기아 상태starvation라 한다.

　　기아 상태를 방지하고 성능을 향상시키기 위해 일반적으로 CPU에는 프로세서에서 곧바로 접근 가능한 메모리 역할을 하는 (비교적 비싼) 고속 레지스터들을 작은 용량으로 탑재한다. 이 레지스터들은 다양한 용도로 사용된다. 중간 값을 저장하는 데이터 레지스터data register, RAM 주소를 지정하는 값을 저장하는 주소 레지스터address register, 다음에 불러와서fetch 실행해야 하는 명령어의 주소를 저장하는 프로그램 카운터program counter, 그리고 현재 명령어를 저장하는 명령어 레지스터instruction register가 그것이다. 일반적인 CPU는 이런 레지스터를 수십 개 활용하지만, 핵 컴퓨터는 검소하므로 3개만 사용한다.

제어　컴퓨터 명령어는 미리 정의되고 구조화된 마이크로코드의 집합으로, 이 코드는 여러 장치에 해야 할 일을 알려 주는 1개 이상의 비트 열이다. 따라서 명령어는 실행되기 전에 먼저 마이크로코드로 디코딩되어야 한다. 그 다음에 각 마이크로코드는 CPU 내에 지정된 하드웨어 장치(ALU, 레지스터, 메모리)로 전달되어, 전체 명령어가 실행되려면 그 장치가 어떻게 참여해야 하는지 말해 준다.

인출-실행 프로그램이 실행되는 각 단계(주기)마다 CPU는 명령어 메모리에서 2진 기계 명령어를 인출하고, 디코딩하고, 실행한다. CPU는 명령어를 실행할 때 부가적으로 다음에 인출해서 실행할 명령어가 무엇인지도 알아낸다. 이 반복적인 프로세스를 인출-실행 주기fetch-execute cycle라고도 한다.

5.1.5 입력과 출력

컴퓨터는 다양한 입력/출력I/O 장치를 통해 외부환경과 통신한다. 이 입출력 장치에는 스크린, 키보드, 저장 장치, 프린터, 마이크, 스피커, 네트워크 인터페이스 카드 등이 있으며, 자동차, 카메라, 보청기, 경보 장치 및 그 외 우리 주위의 모든 장치에 탑재된 엄청난 수의 센서들은 말할 것도 없다. 이런 I/O 장치들에 관심을 두지 않는 이유는 두 가지다. 첫째로, 이런 개별적인 장치들을 이해하려면 그에 맞는 공학 지식이 필요하기 때문이다. 둘째로, 바로 그와 같은 이유 때문에 컴퓨터 과학자들이 똑똑하게도 이 복잡성을 추상화해서 여러 입출력 장치들을 컴퓨터에서 완전히 똑같이 보이도록 만드는 기법들을 고안해서다. 이 추상화 기법의 핵심이 바로 메모리 매핑 I/O이다.

메모리 매핑 I/O의 기본 아이디어는 I/O 장치의 2진 에뮬레이션을 만들어서, CPU에게 그 장치를 마치 일반적인 선형 메모리 세그먼트처럼 '보이도록' 만드는 것이다. 구체적으로 말하자면 각 I/O 장치마다 '메모리 맵memory map' 역할을 하는 전용 메모리 영역을 할당하는 것이다. 키보드 같은 입력 장치의 경우에 이 메모리 맵은 지속적으로 장치의 물리적 상태를 반영reflect한다. 그래서 사용자가 키보드에서 키 하나를 누르면 그 키가 나타내는 2진 코드가 키보드의 메모리 맵에 나타나게 된다. 스크린 같은 출력 장치의 경우에는 스크린이 지속적으로 지정된 메모리 맵의 상태를 반영한다. 그래서 스크린의 메모리 맵에 비트 하나를 기록하면, 스크린 위에서 그 비트에 해당하는 픽셀이 켜지거나 꺼지게 된다.

I/O 장치와 메모리 맵은 1초당 여러 번 새로 고침 되거나 동기화되므로 사용자가 보기에 응답 시간은 즉각적이게 된다. 프로그램 관점에서 중요한 의

미는, 저수준 컴퓨터 프로그램이 지정된 메모리 맵을 조작해서 모든 I/O 장치에 접근할 수 있다는 점이다.

메모리 맵 방식은 미리 정의된 여러 규칙을 바탕으로 한다. 먼저 I/O 장치를 구동하는 데이터는 컴퓨터 메모리 위에 직렬화되거나 매핑되어야 하며, 그 이유로 메모리 맵memory map이라는 이름으로 불린다. 예를 들어 2차원 픽셀 격자로 구성된 스크린은 고정 크기의 메모리 레지스터들로 구성된 1차원 블록으로 매핑된다. 둘째로 I/O 장치들은 예측 가능한 방식으로 프로그램이 접근할 수 있도록 미리 정의된 상호작용 규약protocol을 지원해야 한다. 예를 들어 키보드의 키들이 어떤 2진 코드로 표현되는지 정해야 한다. 수많은 하드웨어 및 소프트웨어 업체들에서 매우 다양한 컴퓨터 플랫폼, I/O 장치들이 출시된다는 점을 감안해 보면 산업 전반에 걸친 표준이 이런 저수준 상호작용 규칙을 구현하는 데 얼마나 중요한 역할을 하는지 이해할 수 있을 것이다.

메모리 매핑 I/O의 실질적인 의미는 중요하다. 컴퓨터 시스템이 자신과 통신할 I/O 장치의 개수, 특성, 제품 종류와 전적으로 무관하다는 뜻이기 때문이다. 컴퓨터에 새로운 I/O 장치를 연결하고 싶을 때마다 우리는 그 장치를 새로운 메모리 맵에 할당하고 시작 주소를 적어 두기만 하면 된다(이런 일회성 설정은 보통 설치installer 프로그램이 담당한다). 그 다음으로 꼭 필요한 요소는 컴퓨터 운영체제에 추가되는 장치 드라이버device driver 프로그램이다. 이 프로그램은 I/O 장치의 메모리 맵 데이터와, 이 데이터가 실제 I/O 장치에서 렌더링되거나 생성되는 방식을 연결해 주는 역할을 한다.

5.2 핵 하드웨어 플랫폼: 명세

지금까지 설명한 아키텍처는 모든 범용 컴퓨터 시스템의 특성이다. 이제 이 아키텍처의 특수한 버전인 핵Hack 컴퓨터에 대해 설명한다. 이 책에서 그래왔듯이, 컴퓨터가 무엇을 수행하는지 중점을 두는 추상화 단계부터 시작한다. 컴퓨터를 어떻게 구현하는지는 나중에 설명할 것이다.

5.2.1 개요

핵 플랫폼은 핵 기계어로 작성된 프로그램을 실행할 수 있도록 설계된 16비트 폰 노이만 기계다. 이를 위해 핵 플랫폼은 CPU, 명령어 메모리 및 데이터 메모리로 분리된 두 개의 메모리 모듈, 그리고 두 개의 메모리 매핑 I/O 장치인 스크린과 키보드로 구성된다.

핵 컴퓨터는 명령어 메모리에 있는 프로그램을 실행한다. 핵 플랫폼에서 명령어 메모리는 프로그램이 미리 기록된 ROM~Read-Only Memory~ 칩으로 물리적으로 구현된다. 핵 컴퓨터의 소프트웨어 기반 에뮬레이터는 핵 기계어 프로그램이 담긴 텍스트 파일을 명령어 메모리에 불러오는 기능을 통해 이 방식을 지원한다.

핵 CPU는 프로젝트 2에서 만든 ALU와 세 종류의 레지스터, 즉 데이터 레지스터(D), 주소 레지스터(A), 프로그램 카운터(PC)로 구성된다. D 레지스터와 A 레지스터는 프로젝트 3에서 만든 Register 칩과 동일하고, 프로그램 카운터는 프로젝트 3에서 만든 PC 칩과 같다. D 레지스터는 데이터 값을 저장하는 데만 사용되지만, A 레지스터는 사용 맥락에 따라 세 가지 용도로 활용된다(D 레지스터처럼). 데이터 값 저장하기, 명령어 메모리에서 주소 선택하기, 데이터 메모리에서 주소 선택하기가 그 세 가지 용도다.

핵 CPU는 핵 기계어로 작성된 명령어들을 실행하도록 설계되었다. *A*-명령어의 경우, 16비트 명령어는 A 레지스터에 그대로 로드되는 2진 값으로 취급된다. *C*-명령어는 CPU 내의 다양한 칩들이 수행하는 여러 가지 마이크로 연산을 가리키는 제어 비트들로 처리된다. 이제 CPU가 이런 마이크로코드들을 실제 동작으로 구체화하는 방법을 설명하겠다.

5.2.2 중앙 처리 장치

핵 CPU 인터페이스는 그림 5.2에 나와 있다. CPU는 4장에서 소개된 핵 기계어 명세에 따라 16비트 명령어를 실행하도록 설계되었다.

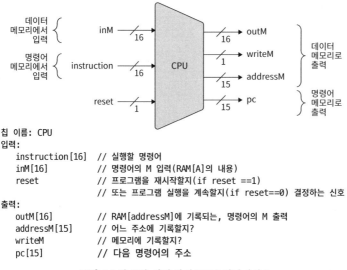

칩 이름: CPU
입력:
    instruction[16]   // 실행할 명령어
    inM[16]   // 명령어의 M 입력(RAM[A]의 내용)
    reset   // 프로그램을 재시작할지(if reset ==1)
                   // 또는 프로그램 실행을 계속할지(if reset==0) 결정하는 신호
출력:
    outM[16]   // RAM[addressM]에 기록되는, 명령어의 M 출력
    addressM[15]   // 어느 주소에 기록할지?
    writeM   // 메모리에 기록할지?
    pc[15]   // 다음 명령어의 주소

그림 5.2 핵 중앙 처리 장치(CPU) 인터페이스

CPU는 하나의 ALU, 두 개의 레지스터 A와 D, 하나의 프로그램 카운터 PC로 구성된다(이 내부 칩 파트들은 CPU 외부에서는 볼 수 없다). CPU는 실행을 위한 명령어를 인출해 오는 명령어 메모리와, 데이터 값을 읽거나 쓰는 데이터 메모리에 연결된다. inM 입력과 outM 출력은 *C*-명령어 구문에서 M으로 참조되는 값을 갖는다. address 출력은 outM이 기록되어야 할 주소를 갖는다.

만약 instruction 입력이 *A*-명령어라면, CPU는 16비트 명령어 값을 A 레지스터에 로드한다. 만약 instruction 입력이 *C*-명령어라면, CPU는 (i) ALU가 명령어가 지정한 계산을 수행하도록 하고, (ii) {A,D,M} 레지스터들 중에 명령어가 지정한 대상 레지스터들에 이 값을 저장한다. 대상 레지스터 중 하나가 M이라면 CPU의 outM 출력은 ALU 출력으로 설정되고, writeM 출력은 1로 설정된다. 대상 레지스터에 M이 없다면 writeM은 0으로 설정되고, outM은 아무 값이나 될 수 있다.

reset 입력이 0인 한, CPU는 ALU 출력과 현재 명령어의 점프 비트를 이용해서 다음에 인출할 명령어를 결정한다. reset이 1이면 CPU는 pc를 0으로 설정한다. 이 장의 뒷부분에서는 CPU의 pc 출력을 명령어 메모리 칩의 address

입력과 연결해서 메모리 칩이 다음 명령어를 출력하도록 만들 것이다. 이 구성은 인출-실행 주기에서 인출 단계를 구현한다.

CPU의 outM 및 writeM 출력은 조합 논리로 구현되므로, 명령어가 실행되면 즉시 영향을 받는다. address와 pc 출력은 클록 주기를 따르므로, 명령어가 실행되어도 다음 시간 단계에서만 새 값을 출력한다.

5.2.3 명령어 메모리

ROM32K라고 불리는 핵의 명령어 메모리가 그림 5.3에 명시되어 있다.

칩 이름: ROM32K
입력: address[15]
출력: out[16]
기능: address 입력으로 선택된 주소에 저장된 16비트 값을 내보낸다.
     핵 기계어로 작성된 프로그램이 칩에 미리 로드되었다고 가정한다.

그림 5.3 핵 명령어 메모리 인터페이스

5.2.4 입력/출력

핵 컴퓨터의 입력/출력 장치는 데이터 메모리로 접근 가능하며, 데이터 메모리는 32K개의 주소 지정 가능한 16비트 레지스터로 구성된 읽기/쓰기 RAM 장치다. 데이터 메모리는 컴퓨터의 범용 데이터 저장소 역할 외에도 CPU와 입력/출력 장치 사이의 인터페이스 역할도 한다. 지금부터 그 내용을 알아보자.

핵 플랫폼은 스크린과 키보드라는 두 가지 주변 장치에 연결된다. 두 장치는 모두 메모리 맵이라고 하는 전용 메모리 영역을 통해 컴퓨터 플랫폼과 상호작용한다. 이미지는 스크린 메모리 맵이라는 지정된 메모리 세그먼트에 16비트 값을 쓰는 방식으로 그린다. 마찬가지로 키보드에서 현재 어떤 키가 눌렸는지는 키보드 메모리 맵이라는 지정된 16비트 메모리 레지스터를 조사하는 방식으로 알아낸다.

스크린 메모리 맵과 키보드 메모리 맵은 컴퓨터 외부의 새로 고침 논리에 따라 초당 여러 번 지속적으로 업데이트된다. 따라서 스크린 메모리 맵에서 1개 이상의 비트가 바뀌면 즉시 그 변경이 물리적 스크린에 반영된다. 마찬가지로 실제 키보드에서 키를 누르면, 누른 키의 문자 코드가 키보드 메모리 맵에 즉시 나타난다. 저수준 프로그램은 키보드에서 무언가를 읽거나 스크린에 무언가를 기록할 때 이러한 I/O 장치의 메모리 맵들을 조작한다.

핵 컴퓨터 플랫폼에서 스크린 메모리 맵과 키보드 메모리 맵은 Screen과 Keyboard라는 두 개의 내장형 칩으로 구현된다. 이 칩들은 표준 메모리 장치처럼 동작하며, 거기에 I/O 장치와 해당 메모리 맵 사이에 지속적으로 동기화하는 기능이 추가된 것이다. 이제 이 칩들을 자세히 정의해 보자.

Screen(스크린) 핵 컴퓨터는 512열 × 256행짜리 총 131,072개 흑백 픽셀로 구성된 물리적 스크린과 통신한다. 컴퓨터와 물리적 스크린 사이의 통신은 메모리 맵을 통해서 이루어지며, 이 메모리 맵은 16비트 레지스터로 된 8K 메모리 칩으로 구현된다. 이 칩의 이름은 Screen이며, 일반 메모리 칩처럼 동작한다. 즉, 일반 RAM 인터페이스를 이용해서 읽고 쓸 수 있다. 여기에 추가로 Screen 칩은 비트들의 상태를 지속적으로 물리적 스크린의 픽셀로 반영하는 기능을 한다(1 = 검은색, 0 = 흰색).

물리적 스크린은 행과 열마다 픽셀이 할당된 2차원 주소 공간이다. 고수준 프로그래밍 언어에는 일반적으로 (행, 열) 좌표로 개별 픽셀에 접근할 수 있는 그래픽 라이브러리가 있다. 하지만 이 2차원 스크린을 나타내는 메모리 맵을 저수준에서 바라보면 16비트 단어들의 1차원 연속열이 되며, 이 단어들이 각각 주소로 식별되는 형태다. 따라서 개별 픽셀에 직접 접근이 불가능하며, 그 대신 변경하려는 비트가 어느 단어에 위치하는지 알아내서 접근한 후에, 대상 픽셀까지 포함한 16비트 단어 전체를 조작해야 한다. 이 두 주소 공간 사이의 정확한 매핑은 그림 5.4에 정의되어 있다. 이 매핑은 II부에서 개발할 운영체제의 스크린 드라이버로 구현될 것이다.

```
칩 이름:  Screen        // 스크린 메모리 맵
입력:     in[16]        // 기록할 내용
          address[13]   // 읽고/쓸 주소
          load          // 쓰기 가능 비트
출력:     out[16]       // 주어진 주소의 스크린 값
기능:     16비트, 8K RAM과 완전히 동일하며, 추가로 스크린 새로 고침 기능이 있다.
```

address로 지정된 메모리 위치에 저장된 값을 내보낸다.

만약 load==1이면, address로 지정된 메모리 위치를 in 값으로 설정한다.

로드된 값은 다음 시간 단계에 out으로 출력된다.

또한 이 칩은 512열 x 256행의 흑백 픽셀로 구성된 물리적 스크린을 지속적으로 새로 고침 한다.

위에서 r번째 행, 왼쪽에서 c번째 열의 픽셀은, Screen$[r*32+c/16]$에 저장된 16비트 단어에서 (LSB에서 MSB 순서로 세었을 때) $c\%16$번째 비트로 매핑된다(이때 $0 \leq r \leq 255$, $0 \leq c \leq 511$).

(핵 컴퓨터 시뮬레이터에서 물리적 스크린과 매핑, 새로 고침 기능을 시뮬레이션한다.)

그림 5.4 핵의 Screen 칩 인터페이스

Keyboard(키보드) 핵 컴퓨터는 개인용 컴퓨터 키보드와 같은 물리적 키보드와 통신할 수 있다. 컴퓨터와 물리적 키보드 사이의 통신은 Keyboard 칩으로 구현된 메모리 맵을 통해서 이루어지며, 그 인터페이스는 그림 5.5에 나와 있다. 칩 인터페이스는 읽기 전용 16비트 레지스터와 동일하다. Keyboard 칩은 여기에 덧붙여 물리적 키보드의 상태를 반영하는 기능을 한다. 즉, 물리적 키보드에서 키가 눌리면 Keyboard 칩의 output으로 키에 해당하는 문자의 16비트 코드가 출력된다. 아무 키도 눌리지 않으면 칩은 0을 출력한다. 핵 컴퓨터에서 지원하는 문자 집합과 각 문자의 코드는 부록 5에 수록되어 있다.

```
칩 이름:  Keyboard   // 키보드 메모리 맵
출력:     out[16]
기능:     물리적 키보드에서 현재 눌린 키의 16비트 문자 코드를 출력한다.
          아무 키도 눌리지 않았으면 0을 출력한다.
```

(핵 컴퓨터 시뮬레이터에서 이 새로 고침 기능을 시뮬레이션한다.)

그림 5.5 핵 Keyboard 칩 인터페이스

5.2.5 데이터 메모리

핵 데이터 메모리의 전체 주소 공간은 Memory라는 칩으로 구현된다. 이 칩은 기본적으로 세 개의 16비트 칩 부품, 즉 RAM16K(16K 레지스터 RAM 칩. 범용 데이터 저장소로 활용), Screen(내장형 8K RAM 칩. 스크린 메모리 맵 역할), Keyboard(내장형 레지스터 칩. 키보드 메모리 맵 역할)를 묶은 것이다. 전체 명세는 그림 5.6에 나와 있다.

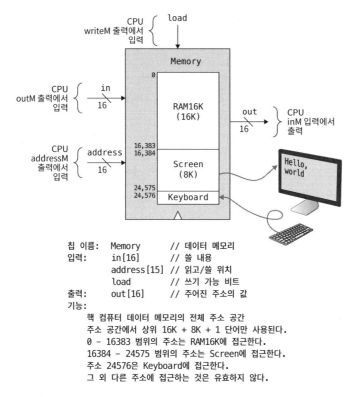

칩 이름: Memory   // 데이터 메모리
입력: in[16]   // 쓸 내용
         address[15] // 읽고/쓸 위치
         load   // 쓰기 가능 비트
출력: out[16]   // 주어진 주소의 값
기능:
      핵 컴퓨터 데이터 메모리의 전체 주소 공간
      주소 공간에서 상위 16K + 8K + 1 단어만 사용된다.
      0 - 16383 범위의 주소는 RAM16K에 접근한다.
      16384 - 24575 범위의 주소는 Screen에 접근한다.
      주소 24576은 Keyboard에 접근한다.
      그 외 다른 주소에 접근하는 것은 유효하지 않다.

그림 5.6 핵 데이터 메모리 인터페이스. 10진수 값 16384와 24576은 각각 16진수로 4000과 6000이다.

5.2.6 컴퓨터

핵 하드웨어 계층의 최상위 칩은 Computer라는 이름의 칩으로, 칩 1개짜리 컴퓨터다(그림 5.7). Computer 칩은 스크린과 키보드에 연결된다. 사용자가 이

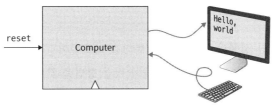

칩 이름: Computer
입력: reset
기능:
reset==0이면 컴퓨터에 저장된 프로그램이 실행된다.
reset==1이면 프로그램 실행이 재시작된다.
프로그램 실행을 시작하려면 reset을 1로 설정한 후에 0으로 설정한다.
(컴퓨터 칩은 명령어 메모리에 핵 기계어 프로그램이 로드되어 있다고 가정한다.)

그림 5.7 핵 하드웨어 플랫폼의 최상위 칩인 Computer의 인터페이스

칩 외부에서 보는 것은 스크린, 키보드와 reset이라는 이름의 1비트 입력이다. 사용자가 이 reset 비트를 1로 설정한 후에 0으로 설정하면 컴퓨터는 현재 로드된 프로그램을 실행하기 시작한다. 이 시점부터 사용자는 소프트웨어를 사용할 수 있게 된다.

이 컴퓨터 시작 논리는 '컴퓨터를 부팅'하는 것을 구현한 것이다. 예를 들어 PC나 휴대폰을 부팅하면 그 장치들은 ROM에 내장된 프로그램을 실행하도록 설정된다. 이 내장 프로그램은 차례대로 운영체제의 커널(이 또한 프로그램이다)을 RAM에 로드하고 커널 실행을 시작한다. 그러면 이 커널이 키보드, 마우스, 터치스크린, 마이크 등의 입력 장치에서 신호를 기다리는 프로세스(이것도 프로그램이다)를 실행한다. 사용자가 무언가를 하면 OS는 그에 응답해서 다른 프로세스를 실행하거나 특정 프로그램을 호출한다.

핵 컴퓨터에서 소프트웨어는 핵 기계어로 작성된 16비트 명령어들의 2진 연속열로 구성되며, 컴퓨터 명령어 메모리에 저장된다. 일반적으로 이 2진 코드는 어떤 고수준 언어로 작성된 프로그램의 저수준 버전으로, 컴파일러가 핵 기계어로 번역한 것이다. 컴파일 프로세스는 이 책의 II부에서 설명하고 구현할 것이다.

5.3 구현

이 절에서는 앞 절에서 정의한 핵 컴퓨터를 하드웨어로 구현하는 방법을 설명한다. 앞에서와 마찬가지로 독자들이 직접 방법을 찾아낼 수 있도록 자세한 구현 방법은 설명하지 않는다. 아래에 설명된 칩들은 모두 HDL로 구성할 수 있으며, 책에서 제공하는 하드웨어 시뮬레이터를 이용해서 개인용 컴퓨터에서 시뮬레이션해 볼 수 있다.

5.3.1 중앙 처리 장치

핵 CPU 구현에는 (i) 주어진 핵 명령어를 실행하고 (ii) 다음에 인출해서 실행할 명령어가 무엇인지 결정할 수 있는 논리 게이트 구조를 구성하는 일이 포함된다. 이 구조를 만들기 위해서 우리는 현재 명령어를 디코딩하기 위한 게이트 논리와, 그 명령어가 지정하는 함수를 계산하는 산술 논리 장치, 명령어에 지정된 대로 결과 값을 저장하는 레지스터 집합, 그리고 다음에 어떤 명령어를 인출해서 실행해야 하는지 추적하는 프로그램 카운터를 활용할 것이다. 모든 기본 구성 블록(ALU, 레지스터들, PC, 기초 논리 게이트)은 이미 이전 장에서 만들었으므로, 이제 이 칩 부품들을 어떻게 잘 연결해서 우리가 원하는 CPU 기능을 수행하게 만들지가 핵심 문제다. 그림 5.8은 그 해법 중 하나로, 아래에서 설명한다.

명령어 디코딩 먼저 CPU의 instruction 입력에 초점을 맞춰보자. 이 16비트 값은 A-명령어(맨 왼쪽 비트가 0인 경우)인지, C-명령어(맨 왼쪽 비트가 1인 경우)인지를 나타낸다. A-명령어의 경우에 명령어 비트는 A 레지스터에 로드할 2진 값으로 해석된다. C-명령어의 경우에는, 명령어가 제어 비트 1xxacccccdddjjj와 같은 형태로 간주된다. 여기서 a와 cccccc 비트는 명령어의 *comp*, ddd 비트는 *dest*, jjj 비트는 *jump* 부분을 뜻한다. xx 비트는 무시된다.

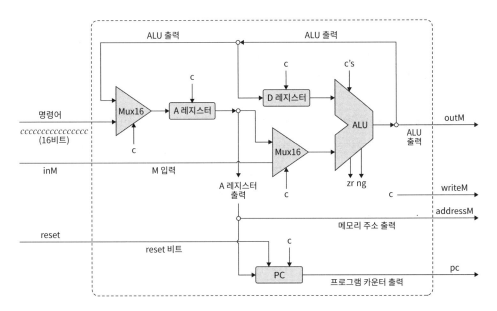

그림 5.8 핵 CPU 구현 방법 예시. 어떤 16비트 명령어가 들어왔을 때를 보여 주고 있다. *C*-명령어가 서로 다른 CPU 부품을 제어하는 제어 비트들의 묶음으로 취급된다는 점을 강조하기 위해서 명령어를 *ccccccccccccccc* 라고 표기했다. 이 다이어그램에서 칩 부품에 들어가는 *c* 기호들은 모두 명령어에 있는 특정 제어 비트들을 뜻한다(ALU의 경우 *c* 입력은 ALU가 무엇을 계산할지 지시하는 6개의 제어 비트를 나타낸다). 이러한 제어 비트들이 따로 제어하는 동작들이 모여서 전체 명령어 실행이 된다. 독자들이 어떤 제어 비트가 어디로 가야 하는지 스스로 찾도록 구체적인 연결을 그림에 표시하지는 않았다.

명령어 실행 *A*-명령어의 경우에 명령어의 16비트는 그대로 A 레지스터에 로드된다(MSB가 op-code 0이기 때문에 실제로는 15비트 값이다). *C*-명령어의 경우에 a-비트는 ALU 입력이 A 레지스터 값에서 올지, 아니면 입력된 M 값에서 올지를 결정하는 비트다. cccccc 비트는 ALU에서 어떤 함수가 계산될지를 가리킨다. ddd 비트는 어떤 레지스터가 ALU 출력을 받아야 할지 지정한다. jjj 비트는 다음에 인출할 명령어를 결정하는 데 쓰인다.

위에서 설명한 제어 비트를 instruction 입력에서 꺼내서 알맞은 칩 부품으로 전달하도록 CPU 구조를 짜야 하며, 전달된 제어 비트들은 전체 명령어를 실행하기 위해 어떤 부분을 담당해야 하는지 해당 부품에 지시하게 된다.

이런 칩 부품들은 모두 이미 정해진 함수를 실행하도록 설계되어 있다. 따라서 대부분의 CPU 설계는 이미 있는 칩들을 어떻게 연결해서 실행 모델을 구현하는가에 대한 문제가 된다.

명령어 인출 CPU는 현재 명령어를 실행하면서 동시에 다음에 인출해서 실행할 명령어의 주소를 결정하고 출력한다. 이 작업의 핵심은 프로그램 카운터로, 다음 명령어의 주소를 항상 저장하고 있는 역할을 하는 칩 부품이다.

핵 컴퓨터 명세에 따르면 현재 프로그램은 주소 0에서 시작하는 명령어 메모리에 저장된다. 따라서 프로그램 실행을 시작(또는 재시작)하고 싶으면 프로그램 카운터를 0으로 설정해야 한다. 그림 5.8에서 CPU의 reset 입력이 PC 칩의 reset 입력으로 직접 연결되는 이유가 이 때문이다. 이 비트를 활성화하면 PC=0이 되어서 컴퓨터가 프로그램의 첫 번째 명령어를 불러와 실행하게 된다.

다음에는 무엇을 해야 할까? 보통은 프로그램의 다음 명령어를 실행할 것이다. 따라서 reset 입력이 0으로 '재'설정되었다고 하면, 프로그램 카운터의 기본 연산은 PC++가 된다.

하지만 만약 현재 명령어에 점프 지시문이 있다면 어떻게 할까? 언어 명세에 따르면 점프는 항상 A의 현재 값을 주소로 하는 명령어로 분기해서 실행하는 방식으로 이루어진다. 따라서 프로그램 카운터가 'if *jump* then PC=A else PC++'를 실행하도록 CPU를 구현해야 한다.

이 동작은 게이트 논리로 어떻게 만들 수 있을까? 그 답에 대한 힌트는 그림 5.8에 있다. 그림을 보면 A 레지스터의 출력이 PC 레지스터의 입력으로 연결된다. 따라서 PC의 로드 비트를 활성화하면 기본 연산인 PC++ 대신 PC=A 연산을 할 수 있다. 그리고 우리는 점프해야 할 때만 load 비트를 활성화해야 한다. 이는 다음 질문으로 이어진다. 점프해야 하는지는 어떻게 알 수 있을까? 그 답은 현재 명령어에서 3개의 j-비트들과, ALU의 출력 비트인 zr 및 ng에 달려 있다. 이 비트들이 모여서 점프 조건을 만족하는지 아닌지 결정된다.

독자들이 CPU 구현을 스스로 완성하는 즐거움을 빼앗지 않기 위해서 여기에서 멈추겠다. 독자들이 핵 CPU의 정교함과 우아함을 음미할 수 있기를 바란다.

5.3.2 메모리

핵 컴퓨터의 Memory 칩은 세 가지 칩 부품, 즉 RAM16K, Screen, Keyboard로 구성된다. 하지만 이 모듈들은 명시적이지 않으며, 핵 기계어 프로그램은 메모리를 주소 0에서 주소 24576(16진수로는 6000)까지 단일 주소 공간으로 바라본다.

그림 5.6은 Memory 칩 인터페이스다. 이 인터페이스를 구현하려면 방금 설명한 단일 주소 공간을 구현해야 한다. 예를 들어 Memory 칩의 address 입력이 16384라면, Screen 칩의 주소 0에 접근하도록 구현하는 식이 되어야 한다. 이번에도 독자들이 스스로 구현 방법을 찾을 수 있도록 너무 자세하게 설명하지는 않겠다.

5.3.3 컴퓨터

드디어 하드웨어 개발 여정의 막바지에 다다랐다. 최상위 Computer 칩은 세 가지 부품, 즉 CPU, Memory 칩(데이터 메모리), ROM32K 칩(명령어 메모리)으로 구현할 수 있다. 그림 5.9에 자세한 내용이 있다.

Computer는 다음과 같은 인출-실행 주기를 구현하도록 설계되어 있다. 사용자가 reset 입력을 활성화하면, CPU의 pc에서는 0이 출력되고 그에 따라 명령어 메모리(ROM32K)가 프로그램의 첫 번째 명령어를 출력한다. CPU는 출력된 명령어를 실행하며, 실행 중에 데이터 메모리 레지스터를 읽거나 쓸 수 있다. CPU는 명령어를 실행하는 과정에서 다음에 어떤 명령어를 인출할지 결정하고 그 명령어의 주소를 pc 출력으로 내보낸다. CPU의 pc 출력은 명령어 메모리의 address 입력으로 연결되어서, 명령어 메모리가 다음에 실행할 명령어를 출력하도록 한다. 이 출력은 CPU의 instruction 입력으로 연결되어서 인출-실행 주기를 마무리한다.

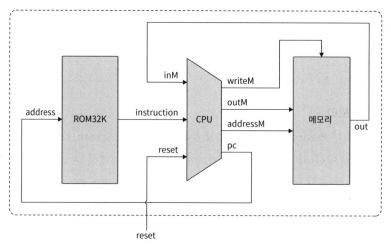

그림 5.9 핵 플랫폼의 최상위 칩인 Computer 구현 방법 예시

5.4 프로젝트

목표 최상위 Computer 칩을 갖춘 핵 컴퓨터를 구축한다.

자료 이 장에서 설명하는 모든 칩은 HDL로 작성해야 하며, 제공된 하드웨어 시뮬레이터에서 아래 설명한 테스트 프로그램을 활용해서 테스트해야 한다.

과제 핵 기계어 프로그램을 실행할 수 있는 하드웨어 플랫폼을 구축한다. 독자가 만든 Computer 칩이 제공된 세 개의 테스트 프로그램을 실행하도록 해서 플랫폼의 작동을 시연해 본다.

테스트 프로그램 전체 Computer 칩 구현을 테스트하려면, 핵 기계어로 작성된 예제 프로그램을 실행해 보는 방법이 자연스럽다. 테스트를 하려면, 먼저 Computer 칩을 하드웨어 시뮬레이터에 로드하고, 외부 텍스트 파일에 있는 프로그램을 ROM32K 칩-파트(명령어 메모리)에 불러온 후에, 프로그램을 실행할 만큼 충분한 주기를 진행시키는 테스트 스크립트를 작성하면 된다. 이런 테스트 프로그램을 세 개 준비했으며, 각각 테스트 스크립트와 비교 파일이 제공된다.

- Add.hack: 상수 2와 3을 더하고, 그 결과를 RAM[0]에 기록한다.
- Max.hack: RAM[0]과 RAM[1] 중에 최댓값을 계산하고, 그 결과를 RAM[2]에 기록한다.
- Rect.hack: RAM[0]개의 행마다 16개 픽셀로 이루어진 직사각형을 스크린에 그린다. 이 직사각형의 왼쪽 위 모서리는 스크린의 왼쪽 최상단에 위치한다.

이 테스트 프로그램들로 Computer 칩을 테스트하기 전에 먼저 테스트 스크립트를 살펴보고 시뮬레이터에 전달되는 명령어들을 이해해 보도록 한다. 필요하면 부록 3('테스트 기술 언어')을 참고하자.

단계 다음과 같은 순서로 컴퓨터를 구현한다.

Memory 이 칩은 그림 5.6에 나와 있는 일반적인 개요를 세 가지 칩-파트, 즉 RAM16K, Screen, Keyboard로 구축할 수 있다. Screen과 Keyboard는 내장 칩으로 지원되므로 만들 필요가 없다. 프로젝트 3에서 RAM16K 칩을 만들기는 했지만, 그 대신 내장형 버전을 사용하기를 권장한다.

CPU 중앙 처리 장치는 그림 5.8에서 제안한 예시를 따라 구현할 수 있다. CPU를 구현할 때는 원칙적으로 프로젝트 2에서 만든 ALU, 프로젝트 3의 Register와 PC 칩, 프로젝트 1의 논리 게이트를 사용할 수 있지만, 이 칩들은 내장형 버전을 사용하기를 권장한다(특히 ARegister, DRegister, PC의 내장형 버전). 내장형 칩은 이전 프로젝트에서 만든 메모리 칩들과 기능은 완전히 동일하지만, 테스트와 시뮬레이션을 좀더 쉽게 만들어 주는 GUI 기능이 추가되어 있다.

CPU를 구현하는 과정에서 여러분만의 내부 ('도우미') 칩을 정의하고 만들어 보겠다는 생각이 들 수도 있다. 하지만 그럴 필요는 없다. 그림 5.8에 나오는 칩 부품들에, 프로젝트 1에서 만든 기초 논리 게이트 몇 개면 핵 CPU 를 우아하고 효율적으로 구현할 수 있기 때문이다.

명령어 메모리 내장형 ROM32K 칩을 사용한다.

Computer 컴퓨터는 그림 5.9에 제안된 구현 방식을 따라 만들 수 있다.

하드웨어 시뮬레이터 최상위 Computer 칩을 포함한, 이 프로젝트에 나오는 모든 칩은 제공된 하드웨어 시뮬레이터로 구현 및 테스트가 가능하다. 그림 5.10 은 구현한 Computer 칩에서 Rect.hack 프로그램을 테스트하는 장면이다.

프로젝트 5의 웹 버전은 *www.nand2tetris.org*에서 찾아볼 수 있다.

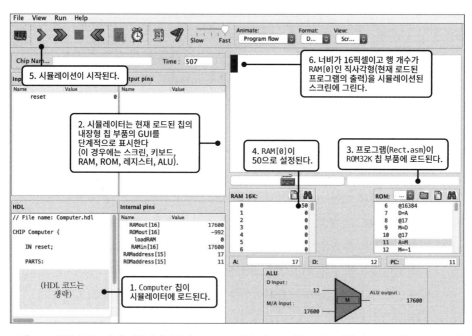

그림 5.10 제공된 하드웨어 시뮬레이터에서 Computer 칩을 테스트하는 모습. 저장된 프로그램은 Rect로, 검은색 픽셀 16개짜리 행이 RAM[0]개 있는 직사각형을 스크린 왼쪽 최상단에 그리는 프로그램이다.

5.5 정리

Nand to Tetris의 정신에 따라 핵 컴퓨터는 상당히 간단한 구조로 되어 있다. 보통의 컴퓨터는 레지스터도 더 많고, ALU 성능도 더 강력하며, 데이터 타입이나 명령어들도 더 다양하게 지원한다. 하지만 이 차이는 정량적인 차이일 뿐이다. 정성적 관점에서 핵 컴퓨터는 대부분의 디지털 컴퓨터와 상당히 유사하며, 폰 노이만 구조를 따른다는 점에서 개념적으로 동일한 시스템이다.

컴퓨터 시스템은 목적에 따라 두 범주, 즉 **범용 컴퓨터**general-purpose computer와 **전용 컴퓨터**single-purpose computer로 분류된다. PC나 휴대폰 같은 범용 컴퓨터는 일반적으로 사용자와 상호작용한다. 범용 컴퓨터는 여러 종류의 프로그램을 실행하며, 다른 프로그램으로 쉽게 바꿔서 실행할 수 있도록 설계된다. 전용 컴퓨터는 보통 자동차, 카메라, 미디어 플레이어, 의학 기기, 산업용 제어기와 같은 특수한 시스템들에 내장된다. 그래서 그 활용 방식에 맞는 프로그램이 전용 컴퓨터의 ROMRead-Only Memory에 기록되어 있다. 예를 들어 일부 게임 콘솔에서는 게임 소프트웨어를 멋진 외부 카트리지 형식의 ROM에 저장해 놓고 다른 게임을 할 때 교체할 수 있게 한다. 범용 컴퓨터는 전용 컴퓨터보다 더 복잡하고 기능도 많지만, 내장식 프로그램, 인출-해석-실행 논리, CPU, 레지스터, 프로그램 카운터 같은 기본적인 개념은 두 컴퓨터가 모두 공유한다.

대부분의 범용 컴퓨터들은 데이터와 프로그램을 저장하는 데 단일 주소 공간을 활용한다. 반면, 핵과 같이 주소 공간을 분리하는 컴퓨터도 있다. 후자는 역사적인 이유로 하버드 아키텍처Havard architecture라 불리며, 이 구조는 메모리를 유연하게 활용하지는 못하지만 뚜렷한 장점도 있다. 첫째, 구현하기 쉽고 저렴하다. 둘째, 단일 주소 공간보다 더 빠른 경우가 많다. 마지막으로, 컴퓨터가 실행할 프로그램의 크기를 미리 알 수 있다면, 그에 따라 명령어 메모리의 크기를 고정된 크기로 최적화할 수 있다. 이러한 이유로 하버드 아키텍처는 여러 종류의 전용 컴퓨터와 임베디드 컴퓨터에서 자주 쓰이는 구조다.

명령어와 데이터를 저장하는 데 동일한 주소 공간을 쓰는 컴퓨터는 다음과 같은 문제에 직면할 수 있다. 즉, 명령어의 주소와 그 명령어가 적용될 데이터 레지스터의 주소를, 어떻게 공유 메모리 장치의 주소 입력 하나로 전달할 수 있을까? 분명히 두 입력을 동시에 전달할 수는 없다. 이 문제의 표준적인 해결책은 컴퓨터 연산을 두 주기cycle로 나누는 것이다. 그래서 인출 주기fetch cycle에는 명령어 주소를 메모리의 주소 입력에 전달해서 현재 명령어를 즉시 출력하도록 한 다음에, 그 명령어를 명령어 레지스터instruction register에 저장한다. 다음에 이어지는 실행 주기execute cycle에는 명령어를 해석decode해서, 명령어가 적용될 데이터 주소를 동일하게 메모리의 주소 입력에 전달한다. 이와 달리 핵과 같은 컴퓨터에서는 명령어 메모리와 데이터 메모리를 분리해서 인출과 실행 논리를 한 주기 안에서 수행하며, 이 편이 처리하기 더 빠르고 쉽다. 그래서 명령어 레지스터를 사용할 필요는 없지만 그 대가로 데이터와 명령어를 분리해야 한다는 단점이 있다.

핵 컴퓨터는 스크린과 키보드와 통신한다. 범용 컴퓨터는 보통 프린터, 저장 장치, 네트워크 장치 등 여러 개의 I/O 장치들과 연결된다. 그리고 일반적인 디스플레이 장치는 핵의 스크린보다 픽셀의 수나 색상도 더 많고 렌더링 속도도 더 빠르다. 그럼에도 메모리에 상주하는 2진 값으로 픽셀을 제어한다는 기본 원리는 여전히 같다. 다만 핵 스크린은 픽셀당 1비트로 흑백 표현만 하지만, 일반 스크린은 보통 픽셀마다 8비트를 활용해 기본 색상의 밝기 레벨을 조정해서 매우 다양한 색을 표현한다는 점이 차이다. 그래서 인간의 눈이 식별할 수 있는 수보다 훨씬 더 많은 수백만 가지 색상을 표현할 수 있다.

컴퓨터의 주 메모리에 핵 스크린을 매핑하는 방식이 단순하다는 점도 차이점이다. 대부분의 컴퓨터들은 픽셀을 바로 메모리 비트에 매핑하는 대신, CPU가 전용 그래픽 칩이나 GPU라는 독립적인 그래픽 처리 장치에 '선 그리기'나 '원 그리기' 같은 고수준 그래픽 명령어를 전송하도록 되어 있다. 이런 전용 그래픽 프로세서의 하드웨어 및 저수준 소프트웨어는 그래픽, 애니메이션 및 비디오 렌더링에 특별히 최적화되어 있으며, CPU와 주 컴퓨터에서 이런 과중한 그래픽 작업을 직접 처리해야 하는 부담을 덜어 준다.

마지막으로 컴퓨터 하드웨어를 설계할 때는 하드웨어 성능을 올리기 위해 노력과 창의력이 많이 들어간다는 점을 강조하고 넘어가려 한다. 하드웨어 설계자들은 메모리 접근 속도를 높이고, 캐싱 알고리즘과 데이터 구조를 영리하게 활용하고, I/O 장치 접근을 최적화하고, 이 장에서 전혀 다루지 않은 파이프라인, 병렬화, 명령어 예비인출prefetch 같은 최적화 기법을 적용하는 데 힘을 쏟는다.

역사적으로 볼 때 CPU 프로세서의 성능을 개선하는 설계 방법은 크게 두 분파로 나뉜다. 하나는 복잡 명령어 집합 컴퓨터Complex Instruction Set Computer, CISC 분파로, 더 정교한 명령어들을 제공하는 강력한 프로세스를 만들어서 성능을 개선해야 한다는 접근법이다. 반대로, 축소 명령어 집합 컴퓨터Reduced Instruction Set Computing, RISC 분파는 명령어 집합을 제한한 간단한 프로세서가 벤치마크에서 더 성능이 낫다고 주장한다. 핵 컴퓨터는 명령어 집합이 강력하지도, 하드웨어 가속 기법을 특별히 쓰지도 않으므로 이 논쟁과는 별 관련이 없다.

어셈블러
Assembler

이름이란 뭘까? 장미꽃이 다른 이름으로 불리어도 달콤한 향기는 그대로일 것을.

세익스피어(Shakespeare), 《로미오와 줄리엣》에서

앞 장에서는 핵 기계어로 된 프로그램을 실행할 수 있는 하드웨어 플랫폼을 완성했다. 두 가지 버전의 기계어(기호 및 2진)를 도입하고, 어셈블러assembler 라는 프로그램으로 기호symbolic 프로그램을 2진 코드로 번역할 수 있음을 설명했다. 이 장에서는 어셈블러가 어떻게 작동하고, 어떻게 어셈블러를 구현하는지 설명한다. 그 결과로 핵 어셈블러를 만들게 될 것이다. 핵 어셈블러는 핵 기호 언어로 작성된 프로그램을 핵 하드웨어에서 실행 가능한 2진 코드로 번역하는 프로그램이다.

기호 명령어와 그에 해당하는 2진 코드는 직접 대응되므로, 어떤 고수준 프로그래밍 언어로든 어셈블러를 구현하는 일은 그리 어렵지 않다. 어려운 부분이 있다면 어셈블리 프로그램에서 메모리 주소를 기호로 참조하는 기능을 넣는 것이다. 어셈블러에는 사용자 정의 기호를 관리하고 물리적 주소에 할당하는 기능이 있다. 이 기능은 보통 기호 테이블symbol table이라는 일반적인 데이터 구조로 구현된다.

어셈블러 구현은 이 책의 II부에 나오는 7개의 소프트웨어 개발 프로젝트의 첫 번째에 해당한다. 여러분이 어셈블러를 개발하면, 명령줄 인수 처리, 입력 및 출력 텍스트 파일 처리, 명령어 파싱parsing, 공백 처리, 기호 처리, 코

드 생성, 그 외 여러 소프트웨어 개발 프로젝트에서 쓰이는 기법들에 대한 일반적인 지식을 얻고, 그 지식을 이후에도 잘 활용할 수 있을 것이다.

프로그래밍 경험이 없는 독자라면 종이 위에서 어셈블러를 개발해 볼 수도 있다. *www.nand2tetris.org*에서 찾아볼 수 있는 프로젝트 6의 웹 버전에서 이 방법을 설명하고 있다.

6.1 배경

기계어는 보통 두 가지 형식, 즉 기호와 2진 형식으로 정의된다. 예를 들어 11000010000000110000000000000111 같은 2진 명령어는 어떤 하드웨어에서 해석되고 실행되도록 미리 정의된 마이크로코드들이다. 예를 들어 이 명령어의 맨 왼쪽 8개 비트(11000010)는 'load' 같은 연산을, 그 다음 8개 비트(00000011)는 레지스터 R3를, 나머지 16개 비트(0000000000000111)는 어떤 값 7을 나타낼 수 있다. 그리고 하드웨어 아키텍처와 기계어를 설계하면서, 이 32비트 명령어가 "상수 7을 레지스터 R3에 로드하라"라는 의미를 갖도록 만들 수 있을 것이다. 현대 컴퓨터 플랫폼에서는 이런 연산을 수백 가지 지원한다. 따라서 기계어는 다양한 연산 코드, 메모리 주소 지정 방식, 명령어 형식으로 인해 꽤 복잡한 형식을 띨 수 있다.

분명 이런 연산을 2진 코드로 정의하기란 어렵다. 그 대신 "load R3, 7" 처럼 명령어를 동일한 의미의 약속된 기호로 작성하는 해법이 자연스러울 것이다. 여기서 load 같은 연산 코드는 연상 기호mnemonic라 불리며, 원어인 'mnemonic'은 라틴어로 '무언가를 기억하는 데 도움이 되도록 만든 문자 패턴'을 뜻한다. 연상 기호에서 2진 코드로 변환하는 것은 간단하기 때문에, 기호 표기법으로 저수준 프로그램을 직접 작성한 후에 컴퓨터가 2진 코드로 번역하도록 하는 것이 합리적이다. 이 기호 언어는 어셈블리assembly, 번역기는 어셈블러assembler라 한다. 어셈블러는 어셈블리 명령어의 필드를 분석parse해서 동일한 의미의 2진 코드로 바꾸고, 그 코드들을 실제로 하드웨어에서 실행 가능한 2진 명령어로 조립assemble한다. 그래서 이름이 어셈블러다.

기호 goto 312라는 기호 명령어를 생각해 보자. 이 명령어를 번역하면 컴퓨터에게 주소 312에 저장된 명령어를 불러오고 실행하라는 명령이 되고, 이 명령은 어떤 루프의 시작점이라 하자. 그렇다면 어셈블리 프로그램에서 이 지점을 LOOP 같이 이해하기 좋은 레이블로 표시하고, goto 312 대신 goto LOOP라는 명령을 사용하면 어떨까? 이렇게 하려면 LOOP가 312를 의미한다는 기록을 어딘가 해 두기만 하면 된다. 그리고 프로그램을 2진 코드로 번역할 때, LOOP가 나올 때마다 312로 교체하면 된다. 이 작업은 프로그램의 가독성과 이식성을 늘리는 데 필요한 약간의 대가인 셈이다.

일반적으로 어셈블리어는 다음 세 가지 이유로 기호를 사용한다.

- 레이블label: 어셈블리 프로그램은 코드 내 위치를 표시하기 위해 기호를 정의하고 사용한다(예: LOOP, END).
- 변수variable: 어셈블리 프로그램은 기호 변수를 정의하고 사용할 수 있다 (예: i, sum).
- 선언 기호predefined symbol: 어셈블리 프로그램은 미리 선언된 기호를 사용해서 컴퓨터 메모리 내의 특정 주소를 참조할 수 있다(예: SCREEN, KBD).

물론 공짜 점심은 없다. 누군가는 이 모든 기호를 관리해야 한다. 구체적으로 말하자면 누군가는 SCREEN은 16384, LOOP는 312, sum은 어떤 다른 주소를 뜻한다는 걸 기억해야 한다. 기호 처리 작업은 어셈블러에서 가장 중요한 기능 중 하나다.

예제 그림 6.1은 동일한 프로그램을 두 가지 버전의 핵 기계어로 작성한 예시다. 기호 버전 코드에는 주석, 공백, 들여쓰기, 기호 명령어, 기호 참조와 같이 사람에게 익숙한 프로그램 요소들이 있다. 컴퓨터는 이런 꾸밈 요소들은 신경 쓰지 않고 오로지 '비트'만 이해한다. 사람에게 편리한 기호 코드와 컴퓨터가 이해할 수 있는 2진 코드 사이의 간극을 메워 주는 역할을 하는 것이 바로 어셈블러다.

그림 6.1에서 기호 테이블이나 세부 내용은 일단 무시하고 일반적인 내용을 관찰해 보자. 첫 번째로 줄 번호는 코드의 일부가 아니지만, 번역 과정에서 (암시적이긴 하지만) 중요한 역할을 한다. 만약 2진 코드가 주소 0부터 시작하는 명령어 메모리에 로드된다고 하면, 각 명령어의 줄 번호는 메모리 주소와 일치한다. 분명 어셈블러 관점에서 흥미로운 사실이다. 두 번째로 관찰할 수 있는 것은 주석 및 레이블 선언은 아무런 코드도 생성하지 않는다는 사실인데, 그 때문에 레이블 선언이 의사 명령어pseudo-instruction라 불리기도 한

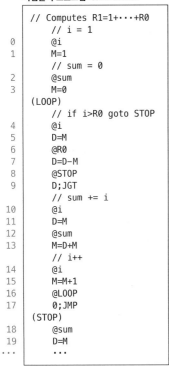

그림 6.1 기호 테이블을 이용해서 2진 코드로 번역된 어셈블리 코드. 줄 번호는 코드의 일부분은 아니지만 참고를 위해 표시했다.

다. 마지막으로 뚜렷한 사실은, 어떤 기계어에 대한 어셈블러를 작성하려면, 개발자가 언어의 기호 및 2진 문법에 대한 명세를 완전하게 알아야 한다는 것이다.

이 사실을 염두에 두고 이제 핵 기계어를 정의해 보자.

6.2 핵 기계어 명세

핵 어셈블리어와 그에 따른 2진 표현은 4장에서 이미 설명했다. 참고하기 편리하도록 언어 명세를 여기에 다시 기술한다. 이 명세는 핵 어셈블러에서 반드시 구현해야 하는 기능들이다.

6.2.1 프로그램

2진 핵 프로그램 2진 핵 프로그램은 텍스트 라인들로 구성되며, 각 라인은 16개의 '0'과 '1' 문자로 이루어진다. 라인의 첫 문자가 0이면 2진 *A*-명령어고, 1이면 2진 *C*-명령어다.

어셈블리 핵 프로그램 어셈블리 핵 프로그램은 텍스트 라인들로 구성되며, 각 라인은 어셈블리 명령어, 레이블 선언 및 주석으로 되어 있다.

- 어셈블리 명령어: 기호 *A*-명령어 또는 기호 *C*-명령어(그림 6.2 참고)
- 레이블 선언: (*xxx*) 형식의 라인. *xxx*는 기호
- 주석: 두 개의 빗금(*//*)으로 시작하는 라인은 주석을 뜻하며 무시된다.

6.2.2 기호

핵 어셈블리 프로그램에서 기호는 다음 세 가지 분류, 즉 선언 기호, 레이블 기호, 변수 기호로 나뉜다.

A-명령어	기호: *@xxx*							(*xxx*는 0에서 32767까지의 10진수 값이거나, 그런 값에 연결된 기호다.)

A-명령어

기호: *@xxx*   (*xxx*는 0에서 32767까지의 10진수 값이거나, 그런 값에 연결된 기호다.)

2진: 0*vvvvvvvvvvvvvvv*   (*vv … v* = *xxx*의 15비트 값)

C-명령어

기호: *dest* = *comp*; *jump*

(*comp*는 필수다.
만약 *dest*가 비어 있으면, =는 생략된다.
만약 *jump*가 비어 있으면, ;는 생략된다.)

2진: 111*accccccdddjjj*

comp		c	c	c	c	c	c		dest	d	d	d	효과: *comp*를 다음에 저장
0		1	0	1	0	1	0		null	0	0	0	값은 저장되지 않음
1		1	1	1	1	1	1		M	0	0	1	RAM[A]
-1		1	1	1	0	1	0		D	0	1	0	D 레지스터
D		0	0	1	1	0	0		DM	0	1	1	D 레지스터와 RAM[A]
A	M	1	1	0	0	0	0		A	1	0	0	A 레지스터
!D		0	0	1	1	0	1		AM	1	0	1	A 레지스터와 RAM[A]
!A	!M	1	1	0	0	0	1		AD	1	1	0	A 레지스터와 D 레지스터
-D		0	0	1	1	1	1		ADM	1	1	1	A 레지스터, D 레지스터, RAM[A]
-A	-M	1	1	0	0	1	1						
D+1		0	1	1	1	1	1		jump	j	j	j	효과:
A+1	M+1	1	1	0	1	1	1		null	0	0	0	점프하지 않음
D-1		0	0	1	1	1	0		JGT	0	0	1	*comp* > 0이면 점프
A-1	M-1	1	1	0	0	1	0		JEQ	0	1	0	*comp* = 0이면 점프
D+A	D+M	0	0	0	0	1	0		JGE	0	1	1	*comp* ≥ 0이면 점프
D-A	D-M	0	1	0	0	1	1		JLT	1	0	0	*comp* < 0이면 점프
A-D	M-D	0	0	0	1	1	1		JNE	1	0	1	*comp* ≠ 0이면 점프
D&A	D&M	0	0	0	0	0	0		JLE	1	1	0	*comp* ≤ 0이면 점프
D|A	D|M	0	1	0	1	0	1		JMP	1	1	1	무조건 점프
a == 0	*a* == 1												

그림 6.2 핵 명령어 목록. 연상 기호와 그에 따른 2진 코드를 같이 표시했다.

선언 기호 핵 어셈블리 프로그램에서는 다음과 같은 선언 기호predefined symbol
를 사용할 수 있다. R0, R1, ···, R15는 각각 0, 1, ···, 15를 가리킨다. SP, LCL,

ARG, THIS, THAT은 각각 0, 1, 2, 3, 4를 나타낸다. SCREEN과 KBD는 각각 16384 와 24576을 가리킨다. 이 기호들의 값은 핵 RAM의 주소로 해석된다.

레이블 기호 의사 명령어~pseudo-instruction~(xxx)는 프로그램의 다음 명령어를 저장하고 있는 ROM의 주소를 기호 xxx가 참조하도록 정의한다. 레이블 기호가 한 번 정의되면 어셈블리 프로그램 내 어디서든 사용할 수 있으며, 심지어 그 기호를 정의한 라인 앞부분에서도 쓸 수 있다.

변수 기호 기호 xxx가 선언 기호가 아니거나, 레이블 선언 (xxx)로 정의되지 않은 경우에는 변수로 취급된다. 변수는 등장한 순서대로 RAM 주소 16에서 시작하는 RAM 위치에 차례대로 매핑된다. 따라서 프로그램에서 처음 등장하는 변수는 RAM[16]에 연결되고, 두 번째는 RAM[17]이 되는 식이다.

6.2.3 문법 관례

기호 기호는 문자, 숫자, 밑줄(_), 마침표(.), 달러 기호($), 콜론(:)들로 이루어진 문자열로, 맨 앞 글자는 숫자가 아니어야 한다.

상수 A-명령어에서만 @xxx 같은 형식으로 쓸 수 있다. 상수 xxx는 0~32767 사이 값으로 10진수로 표기된다.

공백 앞에 오는 공백 문자들과 빈 라인은 무시된다.

대소문자 규칙 어셈블리 연상 기호(A+1, JEQ 등)들은 모두 대문자로 써야 한다. 레이블이나 변수명 같은 나머지 기호들은 대소문자 구분을 한다. 레이블에는 대문자, 변수명에는 소문자를 쓰는 게 관례다.

여기까지 핵 기계어 명세가 끝났다.

6.3 어셈블리-2진 코드 번역

이 절에서는 핵 어셈블리 프로그램을 2진 코드로 번역하는 방법을 설명한다. 핵 언어용 어셈블러 개발에 중점을 두기는 하지만, 여기서 소개하는 기법들은 다른 어떤 어셈블러에도 적용할 수 있다.

어셈블러는 어셈블리 명령어 열을 입력으로 받아 2진 명령어 열로 번역해 출력한다. 그리고 그 결과 코드는 그대로 컴퓨터 메모리에 로드해서 실행할 수 있다. 어셈블러가 번역을 하려면 명령어와 기호를 처리할 수 있어야 한다.

6.3.1 명령어 처리

어셈블리 명령어마다 어셈블러는 다음을 수행한다.

- 명령어의 필드들을 파싱한다.
- 각 필드마다 그에 대응하는 비트 코드를 생성한다(그림 6.2 참고).
- 명령어에 기호 참조가 있으면, 그 기호를 숫자 값으로 해석한다.
- 생성된 비트 코드들을 조립해서 16개의 0 또는 1 문자로 이뤄진 문자열로 만든다.
- 조립된 문자열을 출력 파일에 기록한다.

6.3.2 기호 처리

어셈블리 프로그램에서는 기호 레이블(goto 명령의 목적지)을, 그 기호가 정의된 라인 앞부분에서도 사용할 수 있다. 이 규칙은 어셈블리 프로그래머에게는 편리하지만 어셈블러 개발을 더 어렵게 만든다. 보통 이 문제는 코드를 처음부터 끝까지 두 번 읽는 2패스 어셈블러로 해결한다. 이 어셈블러가 1차로 코드를 읽을 때는 기호 테이블을 만들고 레이블 기호들을 모두 테이블에 기록하며, 아무런 코드도 생성하지 않는다. 2차로 코드를 읽을 때는 앞에서 만든 기호 테이블을 활용해서 변수 기호들을 처리하고 2진 코드를 생성한다. 자세한 내용은 다음과 같다.

초기화 어셈블러는 기호 테이블을 만들고, 선언 기호와 그 기호에 할당된 값들로 테이블을 초기화한다. 그림 6.1을 보면, 초기화의 결과로 KBD를 포함한 모든 기호가 기록된 기호 테이블이 있다.

1 패스 어셈블러는 줄 번호를 추적하면서 한 줄씩 전체 어셈블리 프로그램을 훑는다. 이 줄 번호는 0에서 시작하며 *A*-명령어나 *C*-명령어를 만날 때마다 그 값을 1씩 증가시키며, 주석이나 레이블 선언이 나오면 값을 그대로 둔다. 어셈블러는 레이블 선언 (*xxx*)가 나올 때마다 기호 테이블에 새 항목을 추가하고, 기호 *xxx*에 현재 줄 번호 더하기 1 값을 연결시킨다(이 값은 프로그램의 다음 명령어의 ROM 주소가 된다).

1 패스가 끝나면, 프로그램의 모든 레이블 기호가 그에 대응하는 값과 함께 기호 테이블에 추가된다. 그림 6.1을 보면 기호 테이블에 LOOP와 STOP이 추가되어 있음을 확인할 수 있다. 1 패스에서는 아무런 코드도 생성되지 않는다.

2 패스 어셈블러는 전체 프로그램을 다시 훑으며 각 라인을 다음과 같이 파싱한다. 먼저 기호가 있는 *A*-명령어(즉, @*xxx*에서 *xxx*가 숫자가 아닌 기호인 경우에)를 만날 때마다, 기호 테이블에서 *xxx*를 조회해 본다. 테이블에 그 기호가 있으면 어셈블러는 그 기호를 그에 대응되는 숫자 값으로 교체하고 해당 명령어의 번역을 완료한다. 기호가 테이블에 없다면 그 기호는 새로운 변수라는 뜻이다. 새 변수를 처리하기 위해 어셈블러는 (i) 기호 테이블에 ⟨*xxx*, *value*⟩ 항목을 추가하는데, 여기서 *value*는 변수를 위한 RAM 공간 내에서 다음 번으로 사용 가능한 주소를 뜻한다. 그리고 (ii) 이 주소를 이용해서 해당 명령어의 번역을 완료한다. 핵 플랫폼에서 변수를 저장하기 위해 지정된 RAM 공간의 주소는 16에서 시작하며, 코드에 새 변수가 나타날 때마다 1씩 증가한다. 그림 6.1을 보면 2 패스의 결과로 기호 i와 sum이 기호 테이블에 기록되어 있음을 확인할 수 있다.

6.4 구현

사용법 핵 어셈블러는 다음과 같이 명령줄 인수를 하나 받는다.

```
prompt>HackAssembler Prog.asm
```

여기서 입력 파일 *Prog*.asm에는 어셈블리 명령어들이 담겨 있다(.asm 확장자는 필수다). 파일명에는 파일 경로가 포함될 수 있다. 파일 경로를 지정하지 않을 경우 어셈블러는 현재 폴더에서 작업한다. 어셈블러는 *Prog*.hack이라는 이름의 출력 파일을 만들고, 번역된 2진 명령어를 그 파일에 저장한다. 출력 파일은 입력 파일과 같은 폴더에 만들어진다. 동일한 이름의 파일이 그 폴더에 있을 경우, 그 파일에 덮어쓴다.

어셈블러는 두 단계로 구현하기를 권장한다. 첫 단계에서는 기호 참조가 없는 핵 프로그램을 위한 기본 어셈블러를 만든다. 그리고 두 번째 단계에서는 기본 어셈블러가 기호 참조를 처리할 수 있도록 기능을 확장한다.

6.4.1 기본 어셈블러 개발

기본 어셈블러는 소스 코드에 기호 참조가 없다고 가정한다. 따라서 주석이나 공백 처리를 제외하면, 어셈블러는 @*xxx* 형식의 *C*-명령어나 *A*-명령어를 번역하게 된다(여기서 *xxx*는 10진수이고 기호는 아니다). 이 번역 작업은 간단하다. *C*-명령어에서 연상 기호는 그에 대응하는 비트 코드로 번역하고(그림 6.2 참고), *A*-명령어의 10진수 상수 *xxx*는 그와 동일한 2진수로 바꾸면 된다.

어셈블러는 다음과 같은 구성으로 만들기를 권장한다. 즉, 입력을 명령어로, 명령어를 필드로 파싱하는 Parser 모듈, 필드(연상 기호)를 2진 코드로 번역하는 Code 모듈, 그리고 전체 번역 과정을 진행하는 핵 어셈블러 프로그램으로 구성된 소프트웨어 아키텍처를 따르도록 한다. 이 세 모듈을 정의하기 전에 먼저 문서화 양식부터 간단히 이야기하고자 한다.

API 문서 핵 어셈블러 개발은 책의 II부에서 이어지는 7개의 소프트웨어 개발 프로젝트 시리즈 중 첫 번째다. 이 프로젝트들은 각각 따로 개발할 수 있으며, 어떤 고수준 프로그래밍 언어를 써서 개발해도 상관없다. 따라서 API 문서화 양식에서는 어떤 언어로 구현하는지는 미리 가정하지 않는다.

이번 프로젝트를 시작으로, 각 프로젝트마다 여러 개의 모듈module로 구성된 API를 제시할 것이다. 각 모듈에는 하나 이상의 루틴routine이 문서화된다. 일반적인 객체 지향 언어에서 모듈은 클래스class에, 루틴은 메서드method에 대응된다. 그 외 언어에서는 모듈은 파일에, 루틴은 함수에 대응될 수 있다. 어셈블러를 포함해서 앞으로 소프트웨어 프로젝트에서 어떤 언어를 사용하든, 여기서 제시된 API의 모듈과 루틴을 해당 언어의 프로그래밍 요소들에 연결하는 데 문제가 없어야 한다.

Parser 모듈

Parser 모듈은 입력된 어셈블리 코드를 처리하는 기능을 캡슐화한다. 즉, 소스 코드를 한 줄씩 진행하고, 주석이나 공백을 건너뛰고, 기호 명령어를 필드로 분리하는 수단을 편리하게 제공한다.

기본 버전의 어셈블러에서는 기호 참조를 처리할 필요가 없지만, 아래에 정의할 Parser 모듈은 그 기능을 지원한다. 바꿔 말하면, 여기서 정의하는 Parser 모듈은 기본 어셈블러와 확장 어셈블러에서 같이 쓰인다.

Parser 모듈은 입력 명령어 열에서 주석과 공백을 무시하고, 한 번에 한 줄씩 접근하는 기능을 제공하며, 기호 명령어를 파싱해서 필드로 나눈다.

다음 쪽에 Parser API가 정의되어 있다. 다음은 Parser 사용법에 대한 몇 가지 예시다. 만약 현재 명령어가 @17이나 @sum인 경우, symbol()을 호출하면 문자열 "17"이나 "sum"이 각각 반환된다. 만약 현재 명령어가 (LOOP)라면, symbol()을 호출하면 문자열 "LOOP"가 반환된다. 현재 명령어가 D=D+1;JLE인 경우에는, dest(), comp(), jump()를 호출하면 문자열 "D", "D+1", "JLE"가 각각 반환된다.

프로젝트 6에서는 이 API를 구현할 때 고수준 언어를 사용해야 한다. 따라서 고수준 언어에서 텍스트 파일과 문자열을 다루는 법에 익숙해져야 한다.

루틴	인수	반환	함수
생성자/ 초기자	입력 파일/ 스트림	—	입력 파일/스트림을 열고 분석할 준비를 한다.
hasMoreLines	—	boolean	입력에 라인이 더 있는가?
advance	—	—	공백과 주석은 건너뛴다. 입력에서 다음 명령어를 읽고, 현재 명령어로 만든다. 이 루틴은 hasMoreLines가 참일 때만 호출되어야 한다. 초기에는 현재 명령어는 지정되지 않는다.
instructionType	—	A_INSTRUCTION, C_INSTRUCTION, L_INSTRUCTION (상수)	현재 명령어의 타입을 반환한다. A_INSTRUCTION: @*xxx*, 여기서 *xxx*는 기호나 10진수 C_INSTRUCTION: *dest=comp;jump* L_INSTRUCTION: (*xxx*), 여기서 *xxx*는 기호
symbol	—	string	현재 명령어가 (*xxx*)이면, 기호 *xxx*를 반환한다. 현재 명령어가 @*xxx*이면, 기호 또는 10진수 *xxx*를 반환한다(문자열로). instructionType이 A_INSTRUCTION이나 L_INSTRUCTION일 때만 호출되어야 한다.
dest	—	string	현재 C-명령어(8개 종류)의 *dest* 기호 부분을 반환한다. instructionType이 C_INSTRUCTION일 때만 호출되어야 한다.
comp	—	string	현재 C-명령어(28개 종류)의 *comp* 기호 부분을 반환한다. instructionType이 C_INSTRUCTION일 때만 호출되어야 한다.
jump	—	string	현재 C-명령어(8개 종류)의 *jump* 기호 부분을 반환한다. instructionType이 C_INSTRUCTION일 때만 호출되어야 한다.

Code 모듈

이 모듈은 핵 연상 기호를 2진 코드로 번역하는 기능을 제공한다. 구체적으로는 그림 6.2와 같은 언어 명세에 따라 핵 연상 기호를 2진 코드로 옮긴다. 다음은 모듈 API다.

루틴	인수	반환	함수
dest	string	3비트 string	*dest* 연상 기호의 2진 코드를 반환한다.
comp	string	7비트 string	*comp* 연상 기호의 2진 코드를 반환한다.
jump	string	3비트 string	*jump* 연상 기호의 2진 코드를 반환한다.

모든 n비트 코드는 '0' 또는 '1'로 구성된 문자열로 반환된다. 예를 들어 dest("DM")의 호출 결과로는 문자열 "011"이, comp("A+1")은 문자열 "0110111"이, comp("M+1")은 문자열 "1110111"이, jump("JNE")는 문자열 "101"이 반환되는 식이다. 이 연상 기호와 2진 코드 사이 연결은 그림 6.2에 정의되어 있다.

핵 어셈블러

이 부분은 Parser와 Code 모듈의 기능을 종합해서 전체 어셈블리 프로세스를 구동하는 메인 프로그램이다. 지금 설명하는 기본 어셈블러 버전은 어셈블리 소스 코드에 기호 참조가 없다고 가정한다. 이 말은 곧, (i) @*xxx* 형식의 명령어에서 *xxx*는 10진수 상수이고 기호가 아니며, (ii) 입력 파일에는 (*xxx*) 형식의 레이블 명령어가 없다는 뜻이다.

이제 기본 어셈블러 프로그램의 전체적인 동작 방식은 다음과 같다. 먼저 프로그램은 입력 소스 파일의 이름(예: *Prog*)을 명령줄 인수로 받는다. 그리고 *Prog*.asm 입력 파일을 파싱하기 위한 Parser를 생성하고, 번역된 2진 명령어를 기록할 *Prog*.hack이라는 출력 파일을 만든다. 그런 다음 프로그램은 입력 파일의 각 라인(어셈블리 명령어)들을 순차적으로 반복하면서 다음과 같이 처리한다.

프로그램은 *C*-명령어를 만나면 Parser와 Code 모듈 기능을 이용해 명령어를 필드로 파싱하고 각 필드를 그에 해당하는 2진 코드로 번역한다. 그런 다음 프로그램은 번역된 2진 코드를 조립(연결)해서 16개의 '0' 또는 '1' 문자로 구성된 문자열로 만들고, 출력 .hack 파일의 다음 줄에 이 문자열을 기록한다.

프로그램이 @*xxx* 형식의 A-명령어를 만날 경우에는, *xxx*를 2진 표현으로 바꾸고, 16개의 '0' 또는 '1' 문자로 구성된 문자열을 만든 후에, 출력 .hack 파일의 다음 줄에 이 문자열을 기록한다.

이 모듈의 API는 제공하지 않으므로, 독자가 생각하는 대로 구현해 보자.

6.4.2 어셈블러 완성

기호 테이블

핵 명령어는 기호 참조를 포함할 수 있으므로, 번역 과정에서 이 기호들을 실제 주소로 바꾸어야 한다. 어셈블러는 기호와 그 의미(핵의 경우, RAM과 ROM의 주소들)의 대응관계를 관리하는 기호 테이블을 통해 이 작업을 처리한다.

〈*key*, *value*〉 쌍을 다루는 데이터 구조라면 어떤 것이든 이 <*symbol*, *address*> 매핑을 표현하기에 적절하다. 현대 고수준 프로그래밍 언어는 보통 해시 테이블, 맵, 사전 같이 이런 매핑을 다루는 추상화 데이터 구조를 갖추고 있다. 독자는 기호 테이블을 밑바닥부터 구현하거나, 아니면 이런 데이터 구조를 이용해서 구현할 수 있을 것이다. 다음은 SymbolTable API다.

루틴	인수	반환	함수
생성자/초기자	–	–	빈 기호 테이블을 생성한다.
addEntry	symbol(string) address(int)	–	<symbol, address>를 테이블에 추가한다.
contains	symbol(string)	boolean	기호 테이블이 주어진 symbol을 포함하는가?
getAddress	symbol(string)	int	symbol과 연결된 주소를 반환한다.

6.5 프로젝트

목표 핵 어셈블리어로 작성된 프로그램을 핵 2진 코드로 번역하는 어셈블러를 개발한다.

이 버전의 어셈블러는 어셈블리 소스 코드에 오류가 없다고 가정한다. 오류 검사, 보고, 처리 기능은 다음 버전의 어셈블러에서 추가될 것이며 프로젝트 6에는 포함되지 않는다.

자료 이 프로젝트를 완성하는 데 필요한 주요 도구는 어셈블러를 구현할 때 사용할 프로그래밍 언어다. nand2tetris/tools에서 제공되는 어셈블러와 CPU 에뮬레이터도 유용할 것이다. 이 도구를 이용해서 독자가 스스로 어셈블러를 만들어 보기 전에 잘 동작하는 어셈블러에 먼저 실험을 해 볼 수 있을 것이다. 또 하나 중요한 점은 제공된 어셈블러의 출력과 독자가 만든 어셈블러의 출력을 서로 비교해 볼 수 있다는 점이다. 여기에 대한 더 자세한 정보는 *www.nand2tetris.org*의 어셈블러 튜토리얼을 참고하자.

과제 독자가 만든 어셈블러에 명령줄 인수로 넘기는 *Prog*.asm 파일에는 핵 어셈블리어로 작성한 유효한 프로그램이 있어야 하며, 이 프로그램은 올바른 핵 2진 코드로 번역되어서 *Prog*.hack이라는 이름의 파일로 소스 코드와 동일한 폴더에 저장되어야 한다(동일한 이름의 파일이 이미 있을 경우 덮어쓴다). 독자가 만든 어셈블러의 출력은 제공된 어셈블러의 출력과 같아야 한다.

개발 계획 두 단계로 나눠서 어셈블러를 구현하고 테스트해 보는 것이 좋다. 첫 단계에서는 기호 참조가 없는 프로그램을 번역하는 기본 어셈블러를 작성한다. 그런 다음 기호 처리를 지원하도록 어셈블러 기능을 확장한다.

테스트 프로그램 첫 번째 테스트 프로그램에는 기호 참조가 없다. 나머지 테스트 프로그램들은 기호 참조가 있는 것과 없는 것 두 가지 버전으로 나뉘며,

각각 *Prog*.asm, *ProgL*.asm 같은 형식의 파일명으로 되어 있다.

Add.asm 상수 2와 3을 더해서 그 결과를 R0에 넣는다.

Max.asm max(R0, R1)을 계산해서 결과를 R2에 넣는다.

Rect.asm 화면 왼쪽 최상단에 사각형을 그린다. 이 사각형은 너비가 16픽셀이고, 높이는 R0 픽셀이다. 이 프로그램을 실행하기 전에 R0에 음수가 아닌 값을 넣도록 한다.

Pong.asm 고전적인 1인용 아케이드 게임. 공 하나가 계속 화면의 가장자리에서 튕겨진다. 플레이어는 왼쪽이나 오른쪽 방향키를 눌러 막대를 움직여서 공을 쳐내야 한다. 플레이어가 공을 쳐내는 데 성공할 때마다 1점씩 얻고, 막대 길이는 조금씩 줄어들기 때문에 게임이 점점 어려워진다. 플레이어가 공을 놓치면 게임이 종료된다. 게임에서 나가려면 ESC 키를 누르면 된다.

제공된 Pong 프로그램은 책의 II부에서 소개되는 도구를 이용해서 개발한 것이다. 특히 게임 소프트웨어는 잭Jack이라는 고수준 프로그래밍 언어로 작성되었으며, *Pong*.asm은 해당 소프트웨어를 잭 컴파일러로 번역한 것이다. 고수준 *Pong*.jack 프로그램은 대략 300줄의 코드로 되어 있지만, 실행 가능한 Pong 애플리케이션은 약 20,000줄의 2진 코드로 되어 있으며, 그 코드 중 대부분은 잭 운영체제에 관련된 부분이다. CPU 에뮬레이터에서 이런 대화형 프로그램을 실행하면 무척 느리므로, 대단한 Pong 게임을 기대하지는 말자. 게임 실행이 느리므로 프로그램의 그래픽이 어떻게 작동하는지 눈으로 따라가 볼 수 있다는 점은 장점이다. II부의 소프트웨어를 개발하고 나면 게임 실행이 훨씬 더 빨라질 것이다.

테스트하기 예를 들어 제공된 프로그램 중 하나인 *Prog*.asm을 테스트해 볼 어셈블리 핵 프로그램이라 하자. 독자가 만든 어셈블러가 *Prog*.asm을 올바르게 번역하는지 테스트하는 방법은 기본적으로 두 가지가 있다. 첫 번째는 독자의 어셈블러가 생성한 *Prog.asm* 파일을 CPU 에뮬레이터에 로드하고 실행한 후에, 기대한 대로 작동하는지 확인하는 것이다.

두 번째 테스트 방법은 독자의 어셈블러가 생성한 코드를 제공된 어셈블러가 생성한 코드와 비교하는 것이다. 먼저 독자의 어셈블러가 생성한 파일을 *Prog*1.hack이라는 이름으로 변경한다. 그 다음에 *Prog.asm*을 제공된 어셈블러에 로드하고 번역한다. 만약 독자의 어셈블러가 제대로 작동한다면, *Prog*1.hack은 제공된 어셈블러가 생성한 *Prog.asm*과 완전히 동일해야 한다. *Prog*1.asm을 비교 파일로 불러오면 비교를 해 볼 수 있다. 자세한 내용은 그림 6.3을 참고하자.

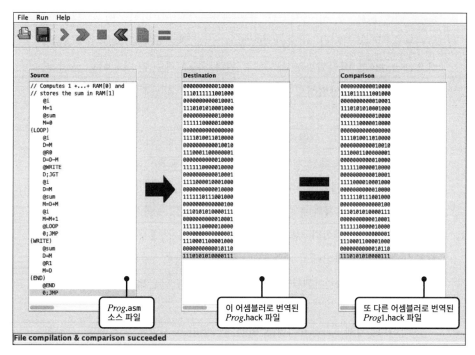

그림 6.3 제공된 어셈블러로 독자의 어셈블러 출력을 테스트하기

프로젝트 6의 웹 버전은 *www.nand2tetris.org*에서 찾아볼 수 있다.

6.6 정리

대부분의 어셈블러와 마찬가지로, 핵 어셈블러는 주로 텍스트 처리를 하는 비교적 간단한 번역기다. 당연히 기능이 더 많은 기계어의 어셈블러는 더 복잡하다. 또한 핵에서 찾아볼 수 없는 정교한 기호 처리 기능을 지원하는 어셈블러도 있다. 예를 들어 어떤 어셈블러는 기호에 대한 상수 산술constant arithmetic 기능을 지원하는데, 예를 들면 base 주소에서 다음 다섯 번째 메모리 위치를 base+5로 참조하는 기능이다.

매크로 명령어macro-instruction를 처리하도록 기능을 확장한 어셈블러도 많다. 매크로 명령어는 일련의 기계 명령어들에 이름을 붙인 것이다. 예를 들면 D=M[*addr*]이라는 매크로 명령어를 미리 정의하고, 이 매크로 명령어가 @*addr* 다음 D=M으로 이어지는 두 기본 핵 명령어로 번역되도록 어셈블러를 고쳐볼 수 있을 것이다. 마찬가지로 goto *addr* 같은 매크로 명령어는 @*addr* 다음에 0;JMP로 번역되도록 해 볼 수 있다. 이런 매크로 명령어를 쓰면 번역 비용을 적게 들이면서도 어셈블리 프로그램을 상당히 단순하게 만들 수 있다.

기계어 프로그램을 사람이 작성하는 일은 거의 없고, 보통 컴파일러가 생성한다. 그리고 자동화된 컴파일러에서는 2진 기계 코드를 곧바로 생성하는 편이 더 편리하기 때문에 굳이 기호로 된 코드들을 만들지 않는다. 즉, 어셈블러는 효율성과 최적화에 관심이 있는 C/C++ 프로그램 개발자에게는 여전히 유용한 프로그램이다. 프로그래머는 컴파일러가 생성한 기호 코드를 조사해서 특정 하드웨어에서 성능이 더 좋아지도록 고수준 코드를 개선할 수 있다. 그리고 생성된 어셈블리 코드가 효율적이라 판단되면, 어셈블러를 이용해 최종 2진 실행 코드로 번역할 수 있을 것이다.

축하한다! 이제 Nand to Tetris 여정 중 I부의 마지막에 도착했다. 프로젝트 1~6을 완료했다면 기본 원리에서 범용 컴퓨터 시스템을 구축한 것이다. 이 놀라운 성과에 대해 자부심과 성취감을 느껴도 된다.

아, 이 컴퓨터는 기계어로 작성된 프로그램만 실행할 수 있다. II부에서는 이 기본 하드웨어 플랫폼을 출발점으로 삼아, 그 위에 현대적인 소프트웨어 계층을 올릴 것이다. 이 소프트웨어들은 가상 머신, 고수준 객체지향 프로그래밍 언어를 위한 컴파일러, 기본 운영체제로 구성된다.

그러니 모험을 더 할 준비가 되었다면, Nand to Tetris로 가는 대장정의 II부로 넘어가 보자.

소프트웨어
Software

> 충분히 발달한 기술은 마법과 구별할 수 없다.
>
> 아서 C. 클라크(Arthur C. Clarke, 1962~)

위 명언에 다음과 같이 덧붙이고자 한다. "그리고 충분히 발달한 마법은 무대 뒤에서 열심히 일하는 것과 구별할 수 없다"고. 이 책의 I부에서는 기계어로 작성된 프로그램을 실행할 수 있는 핵$_{Hack}$이라는 컴퓨터 시스템의 하드웨어 플랫폼을 만들어 보았다. II부에서는 이 기본 하드웨어를 마법과 구별할 수 없는 기술로 바꾸어 놓을 것이다. 체스 플레이어, 검색 엔진, 비행 시뮬레이터, 미디어 스트리머나 그 외 독자의 환상을 자극하는 그 무엇으로도 될 수 있는 블랙박스 말이다. 이런 블랙박스를 만들기 위해서 우리는 무대 뒤의 정교한 소프트웨어 계층을 펼쳐 놓아서 고수준 프로그래밍 언어로 작성된 프로그램을 실행할 수 있는 기능을 컴퓨터에 부여하려 한다. 특히 9장에서 공식적으로 설명될, 단순하면서도 자바와 유사한 객체 지향 프로그래밍 언어인 잭$_{Jack}$에 초점을 맞출 것이다. 그동안 Nand to Tetris 독자들과 학생들은 잭언어를 이용해서 테트리스, 퐁, 스네이크, 스페이스 인베이더 외에 다양한 게임들과 대화형 프로그램들을 만들었다. 핵은 범용 컴퓨터이므로 이런 모든 프로그램과 독자들의 머릿속에 떠오르는 그 외 다른 프로그램들도 실행할 수 있다.

분명 고수준 언어의 문법 표현과 저수준 기계어의 투박한 명령어 사이에는 큰 격차가 존재한다. 동의하지 않는다면 @17, M=M+1 같은 명령어로 테트리스 게임을 개발해 보자. II부는 이 격차를 메우는 것이 전부다. 우리는 응용 컴퓨터 과학에서 가장 강력하면서도 야심 찬 프로그램들인 컴파일러compiler, 가상 머신virtual machine, 기본 운영체제operating system, OS를 차례차례 개발하면서 이 격차 사이를 건너는 다리를 놓을 것이다.

쟉 컴파일러는 예를 들어 테트리스 같은 쟉 프로그램을 입력받아서, 핵 플랫폼에서 실행했을 때 테트리스 게임이 되는 기계어 명령어들을 생성하도록 설계된다. 물론 테트리스는 한 가지 예일 뿐이다. 독자가 만들 컴파일러는 어떤 쟉 프로그램도 핵 컴퓨터에서 실행될 수 있는 기계어 코드로 번역할 수 있을 것이다. 컴파일러가 하는 주요 작업은 구문 분석syntax analysis과 코드 생성 code generation으로 구성되며, 컴파일러는 10장과 11장에서 만들어 볼 것이다.

자바나 C#과 같은 프로그래밍 언어와 같이 쟉 컴파일러는 2단계로 구성된다. 먼저 컴파일러는 추상적인 가상 머신에서 실행되도록 설계된 중간 VM 코드interim VM code를 생성한다. 그런 다음 이 VM 코드는 별도의 번역기를 통해 핵 기계어로 컴파일된다. 응용 컴퓨터 과학에서 가장 중요한 개념인 이 가상화virtualization는, 프로그램 컴파일, 클라우드 컴퓨팅, 분산 저장소, 분산 처리 및 운영체제 등 다양한 환경에서 적용된다. 7장과 8장은 가상 머신을 알아보고, 설계하고, 만들어 보는 데 할애할 예정이다.

다른 고수준 언어와 마찬가지로 기본 쟉 언어는 놀라울 정도로 단순하다. 단순한 현대 언어를 강력한 프로그래밍 체계로 바꾸는 것은 바로 수학 함수, 문자열 처리, 메모리 관리, 그래픽 기능, 사용자 환경 등 다양한 기능을 제공하는 표준 라이브러리들이다. 이 표준 라이브러리들은 모여서 기본 운영체제를 구성하며, 쟉 프레임워크에서는 표준 클래스 라이브러리 패키지로 되어 있다. 이 기본 OS는 고수준 쟉 언어와 저수준 핵 플랫폼 사이의 많은 격차들을 메우도록 설계되었으며 쟉 언어 그 자체로 개발할 것이다. 프로그래밍 언어를 어떻게 동일한 그 언어로 개발하는 것이 가능한지 궁금할지도 모르겠다. 우리는 C 언어로 유닉스 OS를 개발했던 방법과 마찬가지로, 부트스트래핑

bootstrapping이라는 개발 전략을 따라 잭 언어를 개발할 것이다.

OS를 만들어 보면서 우리는 하드웨어 리소스 및 주변 장치를 관리할 때 일반적으로 사용되는 우아한 알고리즘과 고전적인 데이터 구조를 접하게 될 것이다. 그리고 이 알고리즘을 잭 언어로 구현해서 언어의 기능을 한 단계씩 확장해 나갈 것이다. II부에서 각 장을 진행하면서 독자들은 여러 다른 관점으로 OS를 다루게 된다. 9장에서는 응용프로그램의 프로그래머가 되어서 잭 애플리케이션을 개발하고 OS 기능을 고수준 클라이언트 측면에서 추상적으로 사용한다. 10장과 11장에서는 잭 컴파일러를 만들어 보면서, 컴파일러에 필요한 다양한 메모리 관리 기능 등의 OS 기능을 저수준 클라이언트 측면에서 활용할 것이다. 12장에서는 마침내 OS 개발자가 되어서 이 모든 시스템 기능을 직접 구현하게 될 것이다.

잭 프로그래밍 맛보기

이 모든 흥미진진한 프로젝트에 대해 알아보기 전에 먼저 잭 언어를 간략하게 소개하고자 한다. Hello World를 포함한 두 개의 예제를 통해 잭 언어를 알아볼 것이다. Hello World 예제를 보면 이렇게 가장 기초적인 고수준 프로그램에도 우리 눈에 보이는 것보다 훨씬 더 많은 것들이 작동하고 있음을 알 수 있다. 그리고 나서 잭 언어의 객체 기반 기능을 설명하는 간단한 프로그램을 또 하나 소개할 것이다. 프로그래머 관점에서 고수준 잭 언어를 맛보고 나면 이제 가상 머신, 컴파일러, 운영체제를 만들면서 잭 언어를 구현해 나가는 여정을 시작할 준비가 될 것이다.

또다시, Hello Word 이 책은 프로그래밍 입문 과정에서 대표적으로 가장 먼저 접하게 되는 Hello World 프로그램으로 시작했다. 다음은 이 간단한 프로그램을 잭 프로그래밍 언어로 다시 작성해 본 것이다.

```
// 프로그래밍 101 과목의 첫 예제
class Main {
   function void main () {
      do Output.printString("Hello World");
      return;
   }
}
```

이런 프로그램에서 보통 암묵적으로 가정하는 것들에 대해 이야기해 보자. 우리가 당연시하는 첫 번째 마법은 printString("Hello World") 같은 문자열로 인해 실제로 컴퓨터 스크린에 무언가 표시된다는 점이다. 컴퓨터는 무엇을 해야 하는지 어떻게 알아낼까? 그리고 컴퓨터가 무엇을 해야 할지 안다고 해도, 실제로 어떻게 그 일을 할까? 이 책의 I부에서 알아보았듯이 스크린은 픽셀 격자다. 스크린에 H를 표시하려면, 신중하게 픽셀들을 선택해서 켜거나 꺼야 원하는 모양의 문자 이미지를 렌더링할 수 있다. 물론 이것은 시작에 불과하다. 크기와 해상도가 다른 스크린에서 H를 읽기 쉽게 표시하는 일은 어떨까? 그리고 고수준 프로그래머가 작동 방식을 자세히 모른 채로 일상적으로 사용하는 while, for 루프, 배열, 객체, 메서드, 클래스들은 또 어떠한가?

　일반적으로 고수준 언어나 잘 설계된 추상화의 아름다움이란, 자세한 내용을 잘 모르는 채로 사용할 수 있다는 점에서 온다. 사실 응용프로그래머들은 언어가 실제로 어떻게 구현되었는지는 신경 쓰지 말고, 언어를 추상적인 블랙박스로 보고 프로그래밍을 하는 것이 바람직하다. 프로그래머에게는 좋은 튜토리얼과 몇 개의 코드 예제만 있으면 충분하다.

　하지만 분명한 것은 누군가는 언젠가 이 언어의 추상화들을 구현해야 한다는 사실이다. 누군가는 프로그래머들이 아무 생각없이 즐겁게 입력한 sqrt(1764)를 위해 효율적으로 제곱근을 계산하는 기능을 개발해야 하고, x=readInt()를 위해서는 사용자에게 숫자를 입력 받는 기능을 구현해야 하며, 프로그래머가 new를 사용해서 아무렇지 않게 객체를 생성할 때는 가용 메모리 블록을 찾아내는 기능을 만들어야 하는 등, 프로그래머가 생각 없이 잘 될 거라 기대하는 다양한 추상화 기능들을 알기 쉽게 지원해야 한다. 그렇다면 이렇게 고수준 프로그램을 마법과 구별할 수 없는 발전된 기술로 변신시키는 착한 분들은 과연 누구일까? 바로 컴파일러, 가상 머신, 운영체제를 개발하는 소프트웨어 '마법사'들이다. 그리고 바로 독자들이, 다음 장들에서 그 역할을 하게 될 것이다.

왜 무대 뒤에서 벌어지는 이 모호한 일들로 괴로움을 당해야 하는지 의아해할지도 모르겠다. 고수준 언어를 사용할 때는 안에서 어떻게 작동하는지 걱정하지 말라고 하지 않았던가? 적어도 두 가지 이유가 있다. 첫째는 저수준 시스템 내부에 대한 이해가 깊어질수록 더 고수준의 프로그래머가 될 수 있다는 것이다. 그 이해를 통해 하드웨어와 OS를 영리하게 효율적으로 활용하는 고수준 코드를 작성하는 법과, 메모리 누수처럼 당혹스러운 버그들을 피하는 법을 배울 수 있다.

두 번째로 소매를 걷어붙이고 직접 시스템 내부를 개발하면서, 응용 컴퓨터 과학에서 가장 아름답고 강력한 알고리즘들과 데이터 구조들을 관찰하는 기회를 얻는다는 점이다. II부에서 배우게 될 개념과 기법들이 컴파일러와 운영체제에만 머무르지 않는다는 것이 중요하다. 이 개념과 기법들은 독자들의 경력 전반에 걸쳐 만나게 될 수많은 소프트웨어 시스템과 애플리케이션의 기초 구성 블록이기 때문이다.

PointDemo 프로그램 평면에서 점을 표시하거나 조작하는 프로그램을 만든다고 해 보자. 그림 II.1은 두 개의 점 p_1, p_2와, 두 점의 벡터 연산 $p_3 = p_1 + p_2 = (1, 2) + (3, 4) = (4, 6)$으로 계산된 세 번째 점 p_3가 그려져 있다. 이 그림에는 피타고라스 정리로 계산된 p_1과 p_3 사이의 유클리드 거리Euclidean distance도 표시되어 있다. Main 클래스 내의 코드는 객체 기반 잭 언어로 이 대수적 계산을 하는 방법을 보여 준다.

잭 언어에서 var, let, do 같은 키워드를 사용하는 이유가 궁금할지도 모르겠다. 지금으로서는 문법의 세부 사항은 넘어가도록 하자. 그 대신 큰 그림에 초점을 맞춰서 잭 언어에서 Point 추상 데이터 타입을 구현하는 방법을 살펴보자(그림 II.2).

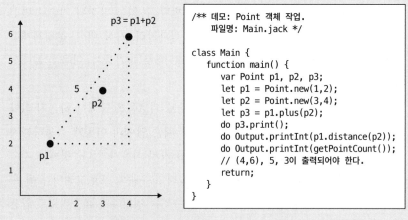

```
/** 데모: Point 객체 작업.
    파일명: Main.jack */

class Main {
    function main() {
        var Point p1, p2, p3;
        let p1 = Point.new(1,2);
        let p2 = Point.new(3,4);
        let p3 = p1.plus(p2);
        do p3.print();
        do Output.printInt(p1.distance(p2));
        do Output.printInt(getPointCount());
        // (4,6), 5, 3이 출력되어야 한다.
        return;
    }
}
```

그림 II.1 평면에서 점을 계산하는 잭 예제 코드

그림 II.2의 코드는 잭 클래스(Main과 Point 같은 예)가 생성자나 메서드 또는 함수 같은 서브루틴이 하나 이상 모여서 구성됨을 보여 준다. 생성자는 새로운 객체를 생성하는 서브루틴이고, 메서드는 현재 객체에서 연산이 되는 서브루틴, 함수는 특정 객체와 상관없이 연산이 되는 서브루틴이다. (순수한 객체 지향 설계를 추구하는 사람들은 한 클래스 내에서 함수와 메서드를 섞어 놓은 것에 눈살을 찌푸릴 수도 있다. 하지만 설명을 위해서 그렇게 섞어 놓은 것이다.)

이 절의 나머지 부분에서는 Main과 Point 클래스를 훑어보고자 한다. 잭 프로그래밍을 맛보는 게 목표이므로 언어를 제대로 기술하는 건 9장으로 미뤄둘 것이다. 본질에만 집중하는 여유를 부리며 시작해 보자. Main.main 함수 도입부는 Point 클래스의 인스턴스를 참조하는 세 개의 객체 변수object variable(참조reference 또는 포인터pointer라고도 함)를 정의하는 것으로 시작한다. 그리고 두 개의 Point 객체를 생성하고, p1과 p2 변수에 그 객체들을 할당한다. 다음으로 plus 메서드를 호출하고 그 메서드가 반환하는 Point 객체를 p3에 할당한다. Main.main 함수의 뒷부분에서는 결과를 일부 출력한다.

Point 클래스는 모든 Point 객체가 두 개의 필드 변수(속성property 또는 인스턴스 변수instance variable라고도 한다)로 구별된다는 선언으로 시작한다. 그 다음

```
/** 2차원 점을 표현한다.
   파일명: Point.jack */
class Point {
    // 이 점의 좌표:
    field int x, y
    // 현재까지 생성된 Point 객체의 수:
    static int pointCount;
    /** 2차원 점을 생성하고,
        주어진 좌표로 초기화한다. */
    constructor Point new(int ax, int ay) {
        let x = ax;
        let y = ay;
        let pointCount = pointCount + 1;
        return this;
    }
    /** 이 점의 x 좌표를 반환한다. */
    method int getx() {return x;}
    /** 이 점의 y 좌표를 반환한다. */
    method int gety() {return y;}
    /** 지금까지 생성된 Point 수를 반환한다. */
    function int getPointCount() {
        return pointCount;
    }
    // 오른쪽 위로 클래스 선언이 이어짐
```

```
/** 이 점과 다른 점을 더한 점을 반환한다. */
    method Point plus(Point other) {
        return Point.new(x + other.getx(),
                         y + other.gety());
    }
    /** 이 점과 다른 점의 유클리드 거리를 반환한다. */
    method int distance(Point other) {
        var int dx, dy;
        let dx = x - other.getx();
        let dy = y - other.gety();
        return Math.sqrt((dx*dx) + (dy*dy));
    }
    /** 이 점을 "(x,y)" 같은 형식으로 출력한다. */
    method void print() {
        do Output.printString("(");
        do Output.printInt(x);
        do Output.printString(",");
        do Output.printInt(y);
        do Output.printString(")");
        return;
    }
} // Point 클래스 선언 끝
```

그림 II.2 Point 추상화의 잭 구현

정적 변수static variable, 즉 특정 객체와 연관이 없는 클래스 수준의 변수를 선언한다. 클래스 생성자는 새로 생성된 객체의 필드 값을 설정하고, 지금까지 이 클래스에서 파생된 인스턴스 수를 증가시킨다. 잭 생성자는 새로 생성된 객체의 메모리 주소를 명시적으로 반환해야 하며, 이 주소는 언어 규칙에 따라 this로 표시된다.

왜 distance 메서드로 계산된 제곱근 결과가 int 변수에 저장되는지 궁금할 것이다. 분명 float 같은 실수형 데이터 타입이 더 적절하기 때문이다. 그 이유는 간단하다. 잭 언어의 기본 데이터 타입이 int, Boolean, char로 세 종류밖에 없기 때문이다. 다른 데이터 타입은 클래스로 구현할 수 있으며, 9장과 12장에서 만들어 볼 것이다.

운영체제 Main과 Point 클래스는 Output.printInt, Output.printString, Math.sqrt라는 세 가지 OS 함수를 사용한다. 잭 언어는 다른 현대 고수준 언어와

마찬가지로 표준 클래스를 통해 일반적인 OS 서비스를 제공하는 방식으로 기능을 보강하고 있다(전체 OS API는 부록 6에 수록되어 있다). OS 서비스에 대해서는 9장에서는 잭 프로그래밍의 맥락에서, 12장에서는 OS를 구현하는 관점에서 더 자세히 이야기할 것이다.

잭 프로그램에서 OS 서비스를 직접 호출하는 경우 외에도, OS는 더 간접적인 기능도 한다. 예를 들어 객체 지향 언어에서 객체를 생성할 때 사용되는 new 연산을 생각해 보자. 어떻게 컴파일러는 새로 생성된 객체를 넣을 RAM 위치를 알 수 있을까? 사실, 알지 못한다. 그래서 그 주소를 알아내기 위해서 OS 루틴이 호출된다. 12장에서 OS를 구현할 때 무엇보다도 먼저 런타임 메모리 관리 시스템을 구현할 것이다. 그래서 한쪽 끝에서는 이 시스템이 하드웨어 및 컴파일러와 어떻게 상호작용하는지를 배우고, 다른 쪽 끝에서는 효율적으로 RAM 공간을 할당하고 회수하는 방법을 실습하게 된다. 이 실습은 OS가 고수준 애플리케이션과 하드웨어 플랫폼 사이에 다리를 놓는 방법을 보여 주는 한 가지 예일 뿐이다.

프로그램 컴파일

고수준 프로그램은 그 자체로는 하드웨어에서는 아무런 의미를 갖지 않는 추상적 기호들이다. 이 프로그램을 실행할 때 고수준 코드는 기계어로 번역되어야 한다. 이 번역 과정을 컴파일이라 하고, 컴파일을 하는 프로그램을 컴파일러라 부른다. 고수준 프로그램을 저수준 기계 명령어로 번역하는 컴파일러를 작성하는 것은 가치 있는 도전이다. 예를 들어 자바나 C# 같은 언어들은 이 문제를 우아한 2단계 컴파일 모델로 해결한다. 먼저 소스 프로그램은 추상적인 중간 VM 코드(자바나 파이썬에서는 바이트코드bytecode, C#/.NET에서는 중간 언어Intermediate Language라 부른다)로 번역된다. 그 다음 이 VM 코드는 완전히 독립적인 과정을 통해 어떤 대상 하드웨어 플랫폼의 기계어로 번역된다.

이러한 모듈성은 적어도 자바가 지배적인 프로그래밍 언어가 된 한 가지 이유일 것이다. 역사적 관점에서 보면 컴퓨터가 소수의 프로세서/OS 플랫폼 조합에서 발전해서, PC, 휴대폰, 모바일 기기, 사물 인터넷 기기 등 네트워크에 연결된 다양한 기기로 뒤죽박죽 혼란스러워지기 시작한 시점에 적절하게 자바가 2단계 컴파일 모델을 적용하고 나온 강력한 객체 지향 언어라서 성공했다고 볼 수 있다. 이런 다양한 플랫폼마다 실행 가능한 고수준 프로그램을 작성하는 것은 어려운 일이다. 이렇게 (컴파일 관점에서) 분산되고, 공급자가 다양한 생태계에서는 전체를 아우르는 미리 정의된 가상 머신 아키텍처를 기반으로 하는 것이 문제를 단순화하는 방법 중 하나다. 공통의 중간 런타임 환경으로 작동하는 VM 접근법을 통해, 개발자는 VM이 탑재된 매우 다양한 하드웨어 플랫폼에서 거의 그대로 실행되는 고수준 프로그램을 작성할 수 있게 되었다. II부를 전개하면서 이 모듈성이 어떤 일을 가능하게 하는지 더 많은 이야기를 할 기회가 있을 것이다.

앞으로 가야 할 길 이 책의 나머지 부분에서는 위에서 언급했던 흥미로운 소프트웨어 기술들을 모두 개발하는 데 힘을 쏟을 것이다. 최종 목표는 어떤 고수준 프로그램도 실행 가능한 코드로 바꿀 수 있는 기반을 닦는 것이다. 그림 II.3은 그 로드맵이다.

Nand to Tetris의 접근법에 따라 II부의 로드맵은 밑바닥부터 위로 올라가는 방향이다. 시작하기 위해 먼저 어셈블리어가 탑재된 하드웨어 플랫폼이 있다고 가정한다. 7~8장에서는 가상 머신 아키텍처와 VM 언어를 소개하고, VM 프로그램을 핵 어셈블리 프로그램으로 번역하는 VM 번역기를 개발하면서 추상화를 구현할 것이다. 9장에서는 잭 고수준 언어를 설명하고 그 언어를 이용해서 간단한 컴퓨터 게임을 만들어 볼 것이다. 이를 통해 독자들은 잭 언어와 운영체제를 만들어 보기 전에 먼저 익숙해질 수 있을 것이다. 10~11장에서는 잭 컴파일러를 개발하고, 12장에서는 운영체제를 만들 예정이다.

자, 소매를 걷어붙이고 작업을 시작해 보자!

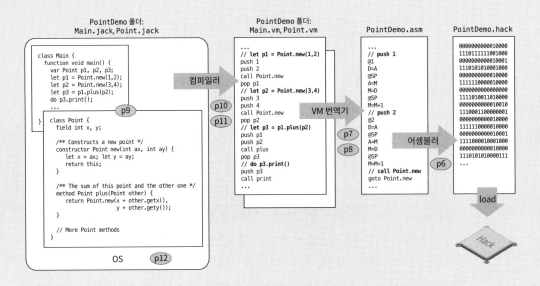

그림 II.3 II부의 로드맵(어셈블러는 I부에 속하지만, 전체 그림을 위해 포함시켰다). 이 로드맵은 고수준, 객체 기반, 다중 클래스 프로그램에서 VM 코드, 어셈블리 코드, 실행 가능한 2진 코드로 번역되는 계층적 과정을 보여 주고 있다. 번호가 매겨진 동그라미는 컴파일러, VM 번역기, 어셈블러, 운영체제를 구현하는 프로젝트를 뜻한다. 프로젝트 9는 잭 언어에 익숙해지기 위해 애플리케이션을 만들어 보는 프로젝트다.

가상 머신 I: 프로세싱
Virtual Machine I: Processing

프로그래머는 홀로 우주를 창조하는 사람이다.
거의 무한대로 복잡한 우주가 컴퓨터 프로그램의 형태로 창조될 수 있다.

요제프 바이첸바움(Joseph Weizenbaum),
《Computer Power and Human Reason》(1974)

이 장은 일반적인 객체 지향 고수준 언어용 컴파일러를 만드는 첫 단계에 해당한다. 우리는 이 작업을 두 개 장 씩 두 단계로 나누어 설명할 것이다. 10~11장에서는 고수준 프로그램을 중간 코드intermediate code로 번역하는 컴파일러를 구축하고, 7~8장에서는 그 중간 코드를 하드웨어 플랫폼의 기계어로 번역하는 번역기translator를 만들어 볼 것이다. 장 번호를 보면 알 수 있듯 번역기부터 시작해서 밑바닥부터 튼튼히 쌓아 올리는 방식으로 개발을 진행할 예정이다.

이 컴파일 모델의 핵심에 있는 중간 코드는, 가상 머신virtual machine(이하 VM)이라 불리는 추상적 컴퓨터에서 실행되도록 설계된 코드다. 고수준 언어를 곧바로 기계어로 번역하는 전통적인 컴파일 방식에 비해 이런 2단계 컴파일 모델이 의미 있는 이유가 몇 가지 있다. 그중 한 가지 이점은 바로 플랫폼간 이식성cross-platform portability[1]이다. 가상 머신은 여러 하드웨어 플랫폼에서 비교적 쉽게 구현될 수 있으며, 그러한 VM 구현이 장착된 장치라면 어떤 것

---

1 (옮긴이) 동일한 코드를 수정 없이, 또는 약간의 변경만으로 여러 컴퓨터 환경에서 실행할 수 있는 상태를 가리킨다.

이든 동일한 VM 코드를 실행할 수 있다. 바로 그 이유로 자바가 다양한 프로세서와 OS가 조합되는 모바일 장치용 앱 개발 분야에서 주류 언어가 된 것이기도 하다. VM은 소프트웨어 인터프리터나 특수 목적 하드웨어를 이용하거나, VM 프로그램을 그 장치의 기계어로 번역하는 방법으로 대상 장치에 구현될 수 있다. 그리고 후자의 구현 방식이 자바, 스칼라, C#, 파이썬 및 Nand to Tetris에서 개발할 잭 언어에서 택한 방법이다.

이 장에서는 전형적인 VM 아키텍처와 VM 언어에 대해 소개하는데, 개념적으로는 각각 자바 가상 머신Java Virtual Machine, JVM과 바이트코드bytecode와 유사하다. Nand to Tetris에서 늘 하던 방식대로 이 가상 머신을 두 가지 관점에서 바라볼 것이다. 먼저 VM이 무엇을 하도록 설계되었는지 설명하면서, VM 추상화에 대한 동기부여를 하고 그 내용을 정의한다. 그 다음에 앞에서 정의한 VM을 핵 플랫폼에서 구현할 것이다. 그리고 그 구현의 결과로 VM 코드를 핵 어셈블리 코드로 번역하는 VM 번역기라는 프로그램을 만들게 된다.

여기서 소개할 VM 언어는 산술-논리 명령, 푸시push와 팝pop이라는 메모리 접근 명령, 분기 명령 및 함수 호출-반환 명령으로 구성된다. 이 VM 언어는 한 장당 프로젝트 하나씩, 둘로 나눠서 설명하고 구현할 예정이다. 이 장에서는 VM의 산술-논리 및 push/pop 명령을 구현하는 기본 VM 번역기를 만들어 보고, 다음 장에서는 분기 명령 및 함수 명령을 처리할 수 있도록 이 번역기의 기능을 확장해 본다. 결과적으로 완성된 가상 머신은 10~11장에서 만들 컴파일러의 백엔드 역할을 할 것이다.

가상 머신을 만드는 과정에서 컴퓨터 과학의 중요한 개념들이 등장한다. 먼저 하나의 컴퓨터로 다른 컴퓨터를 에뮬레이션한다는 아이디어는 1930년대 앨런 튜링Alan Turing[2]까지 거슬러 올라가는, 컴퓨터 과학의 기본 개념이다. 오늘날 가상 머신 모델은 자바, .NET, 파이썬을 포함한 여러 주류 프로그래

---

2 (옮긴이) 영국의 컴퓨터 과학자이자 수학자, 논리학자, 암호학자, 철학자, 이론 생물학자이다. 알고리즘과 계산에 대한 추상 모델을 튜링 기계라는 형태로 형식화해서, 현대에 이르는 컴퓨터 개념을 수학적으로 만들어 낸 선구적인 인물이다.

밍 환경에서 핵심적인 역할을 하는 모델이다. 이 프로그래밍 환경의 내부 동작 방식을 이해하려면 간단한 버전의 VM을 만들어 보는 것이 최선이다. 그리고 바로 지금부터 그 일을 해 보려 한다.

이 장의 또 다른 주요 주제는 스택 프로세싱stack processing이다. 스택stack은 여러 컴퓨터 시스템, 알고리즘 및 응용프로그램에서 사용되는 기본 데이터 구조다. 이 장의 VM은 스택 기반이므로, 엄청나게 다양하게 쓰이는 이 강력한 데이터 구조의 실제 활용 예를 살펴보게 될 것이다.

7.1 가상 머신 패러다임

고수준 프로그램이 컴퓨터에서 실행되려면 먼저 기계어로 번역되어야 한다. 보통 어떤 고수준 언어를 특정 저수준 기계어로 번역하려면 그때마다 별도의 컴파일러를 따로 만들어야 한다. 그래서 오랜 기간 한편으로는 고수준 언어에 따라, 또 한편으로는 프로세서와 명령어 집합에 따라 매우 다른 컴파일러가 생겨났고, 이 컴파일러들은 원본 언어와 대상 언어의 세부 특징에 종속적이게 되었다. 이 종속성을 분리하는 방법 중 하나가 바로 전체 컴파일 과정을 두 단계로 쪼개는 것이다. 그래서 첫 단계에서는 고수준 언어의 구문을 분석parse해서 그 명령들을 중간 처리 단계로 번역한다. 이 단계는 '고수준'도 '저수준'도 아닌 말 그대로 중간 단계이다. 두 번째 단계에서는 이 중간 단계를 다시 대상 하드웨어의 기계어로 번역한다.

이렇게 고수준 언어와 대상 기계어의 영역을 분리한다는 개념은 소프트웨어 공학 관점에서 매우 매력적인 개념이다. 이때 첫 번째 번역 단계는 원본 고수준 언어의 특성에만, 두 번째 단계는 대상 저수준 기계어의 특성에만 종속적이라는 사실을 기억하자. 물론 이렇게 두 단계로 번역할 때 그 사이의 인터페이스(즉, 중간 처리 단계의 명확한 정의)는 주의 깊게 설계해야 한다. 실제로 컴파일러 개발자들은 이 중간 인터페이스 개념을 발전시키다가, 이 인터페이스가 어떤 추상화된 기계의 독립적인 언어로 정의해도 될 만큼 중요하다는 결론에 도달했다. 그 추상화된 기계가 바로 가상 머신virtual machine으로, 이 기계는 중간 처리 단계에서 고수준 명령을 번역하는 명령들을 구현한다. 그리고 예전에 단일 프로그램이었던 컴파일러는 이제 두 개의 더 단순한 개별 프로그램으로 분리되었다. 그중 첫 번째 프로그램은 여전히 컴파일러라고 불리며, 고수준 코드를 중간 VM 명령으로 번역한다. 두 번째 프로그램은 VM 번역기라고 불리며, 중간 VM 명령을 이어서 대상 하드웨어 플랫폼의 기계 명령어로 번역한다. 그림 7.1은 이 2단계 컴파일 모델이 어떻게 자바 프로그램에 플랫폼 간 이식성을 부여하는지 개념적으로 설명하고 있다.

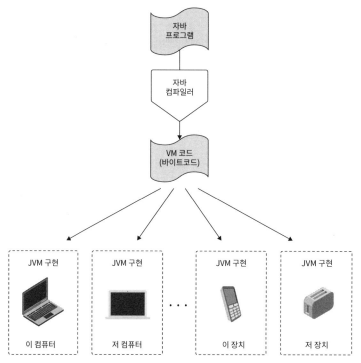

그림 7.1 자바로 예를 든 가상 머신 프레임워크. 고수준 프로그램은 중간 VM 코드로 컴파일된다. 그 VM 코드는 적절한 JVM 구현을 장착한 하드웨어라면 어떤 것에든 전달되고 실행될 수 있다. 이 VM 구현들은 보통 VM 코드를 대상 장치의 기계어로 번역하는 클라이언트 측 프로그램으로 구현된다.

가상 머신 프레임워크에는 실질적인 장점이 많이 있다. 제조사는 새로운 디지털 기기(예를 들면 핸드폰)를 시장에 내놓을 때, JRE_{Java Runtime Environment}(자바 런타임 환경)라는 JVM 구현을 비교적 쉽게 개발할 수 있다. 이렇게 클라이언트 측에서 자바 환경을 지원하면 그 즉시 새로 출시한 기기에서 수많은 자바 소프트웨어를 실행할 수 있게 된다. 또한 여러 고수준 언어가 동일한 중간 VM 언어로 컴파일되는 .NET 환경 같은 경우에는, 서로 다른 언어의 컴파일러가 동일한 VM 백엔드를 공유하게 되면서 공통의 라이브러리를 활용하는 언어 상호운용성을 달성할 수 있게 된다.

VM 프레임워크는 우아하고 강력하지만, 그 대가로 효율성이 떨어진다. 당연히 2단계 번역 과정으로 생성된 기계 코드는 직접 컴파일해서 나온 코드보다 더 장황하고 복잡한 코드가 된다. 하지만 프로세서 속도가 빨라지고 VM 구현이 최적화되면서, 대부분의 응용프로그램에서 이런 효율성 저하는 별로 눈에 띄지 않게 되었다. 물론 고성능이 필요한 응용프로그램이나 임베디드 시스템에서라면, C나 C++ 같은 언어의 컴파일러에서 한 단계만 거쳐 곧바로 생성된 효율적인 코드가 늘 필요할 것이다. 그래서 최신 C++에서는 고전적인 1단계 컴파일러와 2단계 VM 기반 컴파일러를 동시에 지원한다.

7.2 스택 머신

VM 언어 설계가 효과적이려면 고수준 프로그램 언어의 편리함과 저수준 기계어의 다양성 사이에 균형을 잡아야 한다. 따라서 VM 언어는 위에서 내려오거나 아래에서 올라오는 여러 요구사항을 충족시켜야 한다. 먼저 VM 언어에는 적절한 표현력이 있어야 한다. 이 목표를 달성하기 위해 우리는 산술-논리 명령, push/pop 명령, 분기 명령 및 함수 명령을 지원하는 VM 언어를 설계했다. 이 VM 명령들은 컴파일러가 적절히 구조화된 VM 코드들을 생성할 수 있도록 충분히 '고수준'이어야 한다. 동시에 이 VM 명령들은 VM 번역기가 효율적인 기계어 코드를 생성할 수 있도록 충분히 '저수준'이기도 해야 한다. 다르게 말하면, 고수준과 VM 수준, VM 수준과 기계 수준 사이의 번역 차이가 너무 벌어지지 않도록 해야 한다. 어떤 면에서 서로 상충되는 이 조건을 달성하는 한 가지 방법은 스택 머신stack machine이라는 추상적인 아키텍처를 중간 VM 언어의 기반으로 삼는 것이다.

계속 나아가기 전에 인내심을 가져 달라고 부탁하고 싶다. 이제부터 설명할 스택 머신과 책 뒷부분에서 소개할 컴파일러 사이의 관계는 미묘하다. 따라서 독자들이 궁극적인 목적은 걱정하지 말고 그냥 스택 머신 추상화의 내적 아름다움을 감상하기를 바란다. 이 추상화의 놀라울 정도로 강력한 실용성은 다음 장 끝에 가서야 밝혀질 것이다. 현재로서는 어떤 고수준 프로그래밍 언어로 작성된 프로그램도 스택상에서 이뤄지는 순차적인 연산들로 번역이 가능하다는 사실만 알고 있으면 된다.

7.2.1 push와 pop

스택 머신 모델의 핵심은 스택stack이라 불리는 추상 데이터 구조다. 스택은 필요에 따라 늘어나고 줄어드는 연속적인 저장 공간이다. 스택은 다양한 연산을 지원하는데, 그중에 핵심은 push와 pop이다. push 연산은 마치 쌓인 접시 위에 접시 하나를 또 놓듯이 스택의 최상단에 값을 추가하는 연산이다. pop 연산은 스택의 최상단 값을 제거하는데, 이 값 바로 아래의 값이 다시 최상단 스택 요소가 된다. 그림 7.2 예시를 보자. push/pop 연산이 후입선출last-in-first-out, LIFO[3] 논리를 따름을 알 수 있다. 즉, 항상 스택에 맨 마지막으로 push된 값이 pop된다. 결과적으로 이 동작 논리는 프로그램 번역과 실행의 목적에 딱 맞지만, 두 개 장을 다 읽어야 왜 그런지 알 수 있을 것이다.

그림 7.2에서 볼 수 있듯이, 이 VM 추상화에는 RAM과 같은 순차적인 메모리 세그먼트와 스택이 있다. 스택에 접근하는 방식이 기존 메모리 접근 방식과 어떻게 다른지 살펴보자. 먼저 스택은 최상단에서만 접근 가능하지만,

---

3 (옮긴이) 최근에 넣은 것이 먼저 나온다는 뜻이다. 참고로 선입선출(first-in-first-out, FIFO)은 먼저 넣었던 것이 먼저 나온다는 의미로, 큐(Queue)가 이 규칙을 따르는 자료구조이다.

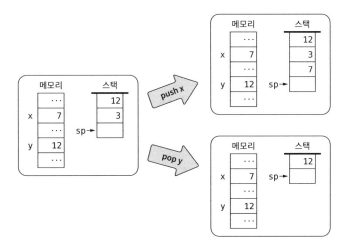

그림 7.2 스택 프로세싱 예제. push와 pop이라는 두 개의 기초적인 연산을 보여 주고 있다. 그림에는 RAM과 같은 메모리 세그먼트와, 스택의 두 가지 데이터 구조가 나와 있다. 스택은 관례에 따라 아래 방향으로 늘어나도록 표현된다. 스택의 최상단 값 바로 아래 위치는 sp(stack pointer의 준말)라는 포인터로 참조된다. 기호 x와 y는 임의의 두 메모리 위치를 가리킨다.

일반적인 메모리는 메모리 내의 모든 값에 인덱스가 있고 직접 접근이 가능하다. 둘째로 스택 읽기는 손실 연산lossy operation이다. 다시 말해서 스택에서 최상단 값을 읽으려면 그 값을 스택에서 삭제하는 수밖에 없다(어떤 스택 모델은 삭제하지 않고 값을 읽는 peek(엿보기) 연산을 지원하기도 한다). 보통 메모리에서 값을 읽을 때는 메모리 상태가 아무런 영향을 받지 않는다는 점과 대조된다. 마지막으로 스택 쓰기 연산은 어떤 값을 최상단에 추가하며, 스택의 나머지 값들은 그대로 둔다. 이와 달리 일반적인 메모리 주소에 값을 쓰는 연산은 손실 연산으로, 그 주소에 있던 예전 값을 덮어쓰게 된다.

7.2.2 스택 산술

연산자 op가 피연산자 x와 y에 적용되는 일반적인 연산 형태 $x\ op\ y$를 생각해 보자(예: 7+5, 3−8 등). 스택 머신에서 각 $x\ op\ y$ 연산들은 다음과 같이 수행된다. 먼저 피연산자 x와 y를 스택 최상단에서 꺼내 온다(pop). 다음으로 $x\ op\ y$의 값이 계산된다. 마지막으로 계산된 값이 스택 최상단에 들어 간다(push).

마찬가지로 단항 연산 *op x*는 스택 최상단에서 *x*를 꺼내서(pop), *op x* 값을 계산하고, 마지막으로 그 값을 스택 최상단에 넣는(push) 방식으로 이루어진다. 예를 들어 덧셈(add)과 부호 반전(neg)을 처리하는 방법은 다음과 같다.

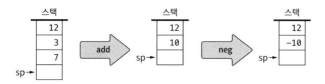

일반 산술 표현식을 스택 기반으로 계산하려면 위 방식을 확장하면 된다. 예를 들어 d=(2−x)+(y+9)라는 고수준 언어의 표현식을 떠올려 보자. 이 표현식을 스택 기반으로 계산한 방식이 그림 7.3a에 나와 있다. 논리 표현식을 스택 기반으로 계산하는 것은 그림 7.3b에 나와 있으며, 방식은 동일하다.

스택 입장에서 산술 및 논리 연산을 하면, 스택의 나머지 값들은 그대로 둔 채로 연산의 피연산자를 연산의 결과로 바꾸는 효과가 난다. 이는 인간이 단기 기억을 이용해서 암산을 하는 방법과 비슷하다. 예를 들어 $3 \times (11 + 7) - 6$은 어떻게 계산할까? 사람들은 먼저 수식에서 11과 7을 마음속으로 떠올리고 $11 + 7$을 계산한다. 그리고 결과 값을 수식에 다시 넣어서 $3 \times 18 - 6$으로 만든다. 따라서 수식의 나머지 부분은 그대로 둔 채로 $(11 + 7)$을 18로 바꾸는 셈이 된다. 그리고 수식이 하나의 값이 될 때까지 떠올리고(pop), 계산하고(compute), 집어넣는(pop) 암산을 반복하게 된다.

이 예제는 스택 머신의 중요한 장점을 말해 준다. 즉, 산술 및 논리 표현식이 아무리 복잡하더라도 스택 위에서의 단순한 연산들로 체계적으로 변환하고 계산할 수 있다는 점이다. 따라서 우리는 고수준 산술 및 논리 표현식을 순차적인 스택 명령들로 번역하는 컴파일러를 만들 수 있으며, 10~11장에서 실제로 구현해 볼 것이다. 고수준 표현식을 한 번 스택 명령들로 바꾸고 나면, 스택 머신 구현을 이용해서 명령들을 계산할 수 있게 된다.

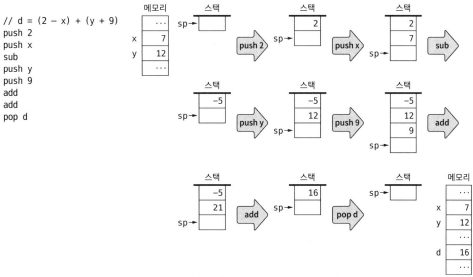

```
// d = (2 - x) + (y + 9)
push 2
push x
sub
push y
push 9
add
add
pop d
```

그림 7.3a 산술 표현식을 스택 기반으로 계산하기

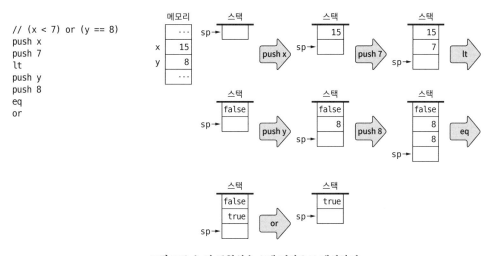

```
// (x < 7) or (y == 8)
push x
push 7
lt
push y
push 8
eq
or
```

그림 7.3b 논리 표현식을 스택 기반으로 계산하기

7.2.3 가상 메모리 세그먼트

지금까지의 스택 처리 예제에서는 push x와 push y의 구문에서 x와 y가 임의의 메모리 주소를 참조한다고 하고 push/pop 명령을 개념적으로 설명했다.

이제 push와 pop 명령을 더 공식적으로 설명해 보겠다.

고수준 언어는 x, y, sum, count 같은 기호 변수를 지원한다. 이 고수준 언어가 객체 기반이라면, 이런 변수는 클래스 레벨에서는 정적 변수, 인스턴스 레벨에서는 객체 필드 변수, 메서드 레벨에서는 지역 변수 또는 인수argument가 될 것이다. 하지만 자바 JVM 같은 가상 머신이나 우리가 만드는 VM 모델에서는 기호 변수가 없다. 그 대신 변수들은 static, this, local, argument 같은 이름의 가상 메모리 세그먼트 내 항목들로 표현된다. 특히 나중에 다른 장에서 살펴보겠지만, 컴파일러는 고수준 프로그램에서 나오는 첫 번째, 두 번째, 세 번째 정적 변수들을 static 0, static 1, static 2 같은 식으로 매핑한다. 그리고 다른 종류의 변수들도 비슷하게 this, local, argument 세그먼트로 매핑된다. 예를 들어 지역 변수 x와 필드 y가 각각 local 1과 this 3에 매핑된 경우, 컴파일러는 let x = y 같은 고수준 명령문을 push this 3, pop local 1로 번역한다. 종합하면 우리의 VM 모델은 8개의 메모리 세그먼트를 지원하며, 그 이름과 역할은 그림 7.4에 나열되어 있다.

세그먼트	역할
argument	함수의 인수를 나타냄
local	함수의 지역 변수를 나타냄
static	함수에서 볼 수 있는 정적 변수를 나타냄
constant	상수 변수 0, 1, 2, 3, …, 32767을 나타냄
this	뒷장에서 설명
that	뒷장에서 설명
pointer	뒷장에서 설명
temp	뒷장에서 설명

그림 7.4 가상 메모리 세그먼트

컴파일러가 기호 변수를 가상 메모리 세그먼트에 어떻게 매핑하는지에 대해 VM 개발자가 신경 쓸 필요는 없다는 점을 잠깐 언급하고자 한다. 10~11장에서 컴파일러를 개발할 때 이 내용에 대해 좀더 자세히 다룰 것이다. 현재로서는 VM 명령이 모든 가상 메모리 세그먼트에 접근할 때 정확히 똑같은 방법으로 기술한다는 사실만 알면 된다. 즉, 세그먼트 이름 다음에 음수 아닌 인덱스를 쓰는 방법이다.

7.3 VM 명세, 파트 I

우리의 VM 모델은 스택 기반이다. 즉, 모든 VM 연산마다 피연산자를 스택에서 가져오고 그 결과도 스택에 저장한다. 데이터 타입은 부호 있는 16비트 정수 하나만 지원한다. VM 프로그램은 다음 네 가지 유형 중 하나로 분류되는 VM 명령들을 순서대로 모아 놓은 것이다.

- push/pop 명령: 스택과 메모리 세그먼트 사이에 데이터를 전송한다.
- 산술-논리 명령: 산술 및 논리 연산을 수행한다.
- 분기 명령: 조건 및 무조건 분기 연산을 한다.
- 함수 명령: 함수의 호출 및 반환 연산을 한다.

이 명령들의 명세와 구현은 두 개 장에 걸쳐 있다. 이 장에서는 산술-논리 명령과 push/pop 명령을 다룬다. 다음 장에서는 나머지 명령들의 명세를 완성할 것이다.

주석과 공백   //로 시작하는 줄은 주석으로 보고 무시한다. 빈 줄도 허용되며 역시 무시된다.

push/pop 명령

push *segment index*   *segment*[*index*] 값을 스택에 push한다. 여기서 *segment*는 argument, local, static, constant, this, that, pointer, temp 중 하나고, *index*는 음수 아닌 정수다.

pop *segment index*	스택 최상단 값을 pop해서(꺼내서), *segment*[*index*]에 저장한다. 여기서 *segment*는 argument, local, static, this, that, pointer, temp 중 하나고, *index*는 음수 아닌 정수다.

산술-논리 명령

- 산술 명령: add, sub, neg
- 비교 명령: eq, gt, lt
- 논리 명령: and, or, not

add, sub, eq, gt, lt, and, or 명령들은 암묵적으로 두 개의 피연산자를 가진다. VM은 이 연산을 실행하기 위해서 스택의 최상단에서 두 개의 값을 pop해서, 해당하는 계산을 수행하고, 그 결과 값을 스택에 다시 push한다(피연산자가 암묵적이라는 말은 명령 문법에 명시되지 않았다는 뜻이다. 명령은 항상 두 개의 최상단 스택 값에 적용되도록 설계되기 때문에 따로 지정할 필요가 없다). 나머지 neg와 not 명령은 피연산자가 한 개고 같은 방식으로 동작한다. 그림 7.5에 자세한 내용이 기술되어 있다.

명령	계산	설명	
add	$x + y$	정수 덧셈	(2의 보수법)
sub	$x - y$	정수 뺄셈	(2의 보수법)
neg	$-y$	산술 부정	(2의 보수법)
eq	$x == y$	같음	
gt	$x > y$	~보다 큼	
lt	$x < y$	~보다 작음	
and	x And y	비트 단위 And	
or	x Or y	비트 단위 Or	
not	Not y	비트 단위 Not	

그림 7.5 VM 언어의 산술-논리 명령

7.4 구현

지금까지 설명한 가상 머신은 추상화 개념이다. 이 VM을 실제로 활용하려면 실제 대상 플랫폼에서 구현을 해야 한다. 구현 방법은 몇 가지가 있으며, 그 중 하나인 VM 번역기를 여기서 설명하려 한다. VM 번역기는 VM 명령을 기계어 명령어로 번역하는 프로그램이다. 이런 프로그램을 작성하려면 두 가지 주요 작업을 해야 한다. 먼저 대상 플랫폼에서 스택과 가상 메모리 세그먼트를 어떻게 표현할지 결정해야 한다. 다음으로 VM 명령들을 대상 플랫폼에서 실행할 수 있는 일련의 저수준 명령어로 번역해야 한다.

예를 들어 대상 플랫폼이 일반적인 폰 노이만 기계라고 가정하자. 이 경우에는 RAM에 지정된 메모리 블록을 이용해서 VM의 스택을 표현할 수 있다. 이 RAM 블록의 밑바닥은 고정된 기본 주소가 되고, 최상단은 스택이 늘어나거나 줄어듦에 따라 변할 것이다. 따라서 고정 주소 stackBase가 주어지면, 스택의 최상단 값 바로 뒤의 RAM 항목 주소를 추적하는 스택 포인터stack pointer(이하 SP)라는 변수 하나로 스택을 관리할 수 있게 된다. 따라서 이 시점부터 push x 명령은 RAM[SP] = x와 SP++로, pop x 명령은 SP−와 x = RAM[SP]라는 의사코드로 구현할 수 있게 된다.

대상 플랫폼이 핵 컴퓨터고, 핵 RAM의 주소 256을 스택의 기본 주소로 고정하기로 했다고 가정하자. 이 경우에 VM 번역기는 SP = 256을 구현하는 어셈블리 코드, 즉, @256, D=A, @SP, M=D를 생성하는 것부터 시작할 수 있다. 그 이후로 VM 번역기는 RAM[SP++] = x와 x = RAM[−−SP]를 구현하는 어셈블리 코드를 생성하는 방법으로 각각 push x와 pop x를 처리할 수 있게 된다.

이를 염두에 두고 이제 VM 산술-논리 명령인 add, sub, neg 등을 구현하는 방법을 고려해 보자. 편리하게도 이 모든 명령은 논리가 완전히 똑같다. 즉, 명령의 피연산자를 스택에서 꺼내고(pop), 간단한 계산을 수행한 후에, 그 결과를 스택에 넣는다(push). 따라서 VM의 push와 pop 명령을 구현하는 방법만 파악하면, 산술-논리 명령의 구현은 자연스럽게 따라온다.

7.4.1 핵 플랫폼에서의 표준 VM 매핑, 파트 I

이 장에서는 지금까지 가상 머신을 구현할 대상 플랫폼에 대해 어떠한 가정도 하지 않고, 모든 것을 추상적으로만 설명했다. 가상 머신은 이런 '플랫폼 독립성'이 가장 중요하다. 추상적인 머신을 특정 하드웨어 플랫폼에 종속되지 않게 하려는 이유는, 아직 구현되지 않은 플랫폼을 포함해서 어떤 플랫폼에서도 가상 머신을 실행할 수 있도록 하기 위함이다.

물론 어떤 시점에는 반드시 특정 하드웨어 플랫폼(예를 들어 그림 7.1에서 언급한 대상 플랫폼 중 하나)에 VM 추상화를 구현해야 한다. 어떻게 하는 것이 좋을까? 원칙적으로 VM 추상화를 충실하게 효율적으로 구현하기만 한다면 어떤 방법을 써도 괜찮다. 그렇지만 VM 설계자들은 보통 다양한 하드웨어 플랫폼에서 VM 구현을 위해 **표준 매핑**standard mapping이라는 기본 구현 가이드라인을 제공한다. 이 사실을 고려하여 이 절의 나머지 부분에서는 핵 컴퓨터의 표준 매핑을 정의하고자 한다. 지금부터 'VM 구현'과 'VM 번역기'라는 용어는 같은 의미로 사용된다.

VM 프로그램 VM 프로그램을 완전히 정의하는 것은 다음 장에서 할 것이다. 지금은 VM 프로그램을 *FileName*.vm이라는 텍스트 파일에 저장된 일련의 VM 명령으로 생각하자(파일명의 첫 문자는 대문자여야 하며, 확장자는 vm이어야 한다). VM 번역기는 파일의 각 줄을 읽어서, 줄마다 하나의 VM 명령이라 보고 그 명령을 하나 이상의 핵 언어 명령어로 번역해야 한다. 그리고 출력 결과인 핵 어셈블리 명령어들은 *FileName*.asm이라는 이름의 텍스트 파일에 저장되어야 한다(파일명은 소스 파일과 같고, 확장자는 asm이어야 한다). 이 .asm 파일은 핵 어셈블러에 의해 2진 코드로 번역되거나, 아니면 핵 CPU 에뮬레이터에서 그대로 실행될 때, 원본 VM 프로그램이 의도한 대로 동작해야 한다.

데이터 타입 VM 추상화에는 데이터 타입이 부호 있는 정수 하나뿐이다. 이 데이터 타입은 핵 플랫폼에서 16비트 값을 2의 보수법으로 표현하는 것으로 구현된다. VM 불 값인 *true*와 *false*는 각각 −1과 0으로 표현된다.

RAM 활용 핵의 RAM은 32K개의 16비트 단어들로 구성된다. VM 구현에서는 이 주소의 맨 윗부분을 다음과 같이 활용한다.

RAM 주소	활용
0~15	16개의 가상 레지스터. 아래에 활용 방식이 설명되어 있다.
16~255	정적 변수들
256~2047	스택

핵 기계어 명세(6장)에 따르면 RAM 주소 0에서 4까지는 SP, LCL, ARG, THIS, THAT 기호로 참조될 수 있음을 기억하자. 이 규칙을 어셈블리어에 도입한 이유는, VM을 구현하는 개발자가 더 읽기 쉬운 코드를 작성할 수 있도록 돕기 위함이다. VM에서 이 주소들을 어떻게 활용할지 예상해 보면 다음과 같다.

이름	위치	활용법
SP	RAM[0]	스택 포인터: 최상단 스택 값을 담고 있는 메모리 주소 바로 다음의 메모리 주소
LCL	RAM[1]	local 세그먼트의 기본 주소
ARG	RAM[2]	argument 세그먼트의 기본 주소
THIS	RAM[3]	this 세그먼트의 기본 주소
THAT	RAM[4]	that 세그먼트의 기본주소
TEMP	RAM[5–12]	temp 세그먼트를 저장
R13 R14 R15	RAM[13–15]	VM 번역기가 생성한 어셈블리 코드에서 변수가 필요할 때 이 레지스터들을 사용할 수 있다.

세그먼트의 기본 주소base address란 RAM의 물리적 주소를 뜻한다. 예를 들어 local 세그먼트를 주소 1017부터 시작하는 물리적 RAM 세그먼트에 매핑하고 싶다면, LCL을 1017로 설정하는 핵 코드를 작성하면 된다. RAM에서 가

상 메모리 세그먼트를 어디에 위치시킬지 결정하는 일은 까다로운 문제임을 말해두고자 한다. 예를 들어 어떤 함수가 실행되기 시작할 때마다 우리는 local과 argument 메모리 세그먼트들을 저장할 RAM 공간을 할당해야 한다. 그리고 그 함수가 다른 함수를 호출할 때 이 세그먼트들을 그대로 둔 채로 호출된 함수의 세그먼트들을 표현할 추가적인 RAM 공간을 할당하고, 함수가 호출될 때마다 같은 작업을 해야 한다. 그러면 이 한계가 정해지지 않은 메모리 세그먼트들이, 다른 용도로 예약된 RAM 공간으로 넘치지overflow 않게 하려면 어떻게 해야 할까? 이러한 메모리 관리 문제는 다음 장에서 VM 언어의 함수 호출 및 반환 명령들을 구현할 때 살펴볼 것이다.

지금은 이 메모리 할당 문제를 생각하지 않기로 하겠다. 그래서 SP, ARG, LCL, THIS, THAT이 어떤 적절한 RAM 주소로 이미 초기화되었다고 가정한다. VM에서는 이러한 주소를 절대로 보지 않는다는 사실을 기억하자. 그 대신 VM은 이 주소들을 포인터명 같은 기호를 이용해서 조작한다. 예를 들어 D 레지스터의 값을 스택에 넣으려(push) 한다고 생각해 보자. 이 연산은 RAM[SP++] = D로 구현할 수 있는데, 핵 어셈블리로 표현하자면 @SP, A=M, M=D, @SP, M=M+1이다.

방금 보여 준 어셈블리 코드를 이해하는 데 몇 분 투자해 보기를 바란다. 이해가 가지 않는다면 핵 어셈블리어에서 포인터 조작에 대한 내용을 다시 살펴볼 필요가 있다(4.3절의 예제 3). VM 번역기를 개발하려면 포인터 조작에 대해 잘 알아야 하는데, 각 VM 명령들을 번역할 때 핵 어셈블리어 코드를 생성해야 하기 때문이다.

메모리 세그먼트 매핑

local, argument, this, that 다음 장에서 VM에서 이 세그먼트들을 RAM에 동적으로 매핑하는 방법에 대해서 설명하겠다. 지금은 이 세그먼트의 기본 주소들이 각각 LCL, ARG, THIS, THAT 레지스터에 저장된다는 사실만 알면 된다. 따라서 가상 세그먼트의 i번째 항목에 접근하는 명령("push/pop *segment Name i*" 명령)은 ($base + i$) RAM 주소로 접근하는 어셈블리 코드로 번역되어야 한다(이때 *base*는 LCL, ARG, THIS, THAT 포인터 중 하나다).

pointer 위에서 설명한 가상 세그먼트와 달리 pointer 세그먼트는 정확히 두 개의 값을 가지며, RAM 위치 3과 4에 직접 매핑된다. 이 RAM 위치들은 각각 THIS와 THAT이라는 이름이 붙어있다는 사실을 기억하자. 따라서 pointer 세그먼트는 결과적으로, pointer 0은 THIS, pointer 1은 THAT에 접근하는 것과 같다. 예를 들어, pop pointer 0은 pop한 값을 THIS에 설정하라는 뜻이고, push pointer 1은 THAT의 현재 값을 스택에 push하라는 뜻이다. 이 독특한 의미는 10~11장에서 컴파일러를 만들 때 완벽하게 이해가 될 것이므로 조금 기다려 보자.

temp 이 8단어짜리 세그먼트도 RAM 위치 5~12에 고정적으로 매핑된다. temp *i*에 대한 접근(*i*는 0에서 7 사이 값)은 RAM 위치 5 + *i*에 접근하는 어셈블리 코드로 번역되어야 한다.

constant 이 가상 메모리 세그먼트는 물리적 RAM 공간을 차지하지 않기 때문에 진짜로 '가상'이다. VM은 constant *i*에 대한 접근을 모두 단순히 상수 *i*로 치환한다. 예를 들어 push constant 17이라는 명령은 값 17을 스택에 push하는 어셈블리 코드로 번역되어야 한다.

static 정적 변수는 RAM에서 주소 16에서 255 사이에 매핑된다. VM 번역기는 다음과 같이 자동으로 이 매핑을 구현한다. 즉, Foo.vm 파일에 저장된 VM 프로그램 내에 static *i* 참조가 나타나면 어셈블리 기호 Foo.*i*로 바꾸는 방법이다. 핵 기계어 명세(6장)에 따르면 핵 어셈블러는 이 기호 변수들을 RAM의 주소 16부터 매핑한다. 이 규칙에 따라 VM 프로그램 내의 정적 변수들은 VM 코드에 나타나는 순서대로 주소 16부터 차례대로 매핑된다. 예를 들어 VM 프로그램이 push constant 100, push constant 200, pop static 5, pop static 2라는 코드로 시작한다고 생각해 보자. 위에서 설명한 번역 과정에 따라 static 5와 static 2는 각각 RAM 주소 16과 17에 매핑된다.

이렇게 정적 변수를 구현하는 방법은 왠지 꼼수 같지만 잘 작동한다. 기호 *FileName.i*에는 파일명 접두사가 붙어 있어서 서로 다른 VM 파일들에 있는 정적 변수들이 섞이지 않기 때문이다. 스택은 주소 256에서 시작하기 때문에, 잭 프로그램에서 정적 변수의 수는 255 – 16 + 1 = 240을 넘지 못한다는 점도 기억해 두자.

어셈블리어 기호 앞에서 나왔던 모든 특수 기호들을 종합해 보자. 번역해야 할 VM 프로그램은 Foo.vm이라는 이름의 파일에 저장되어 있다고 가정한다. 핵 플랫폼의 VM 매핑 표준을 준수하는 VM 번역기는 SP, LCL, ARG, THIS, THAT 및 Foo.*i*(*i*는 음이 아닌 정수) 기호를 사용해서 어셈블리 코드를 생성한다. VM 번역기는 임시 저장용 변수들이 필요할 때는, R13, R15, R15 기호를 활용한다.

7.4.2 VM 에뮬레이터

가상 머신을 구현하려면, 스택과 메모리 세그먼트 및 모든 VM 명령들을 고수준 언어로 구현하는 편이 비교적 간단하다. 예를 들어 스택을 stack이라는 이름의 충분히 큰 배열로 표현한다고 가정하면, push와 pop 연산은 각각 stack[SP++] = x와 x = stack[--SP] 같은 고수준 명령문을 이용해서 바로 구현할 수 있다. 가상 메모리 세그먼트들도 배열로 처리 가능하다.

VM 에뮬레이션 프로그램을 멋지게 만들고 싶다면, 그래픽 인터페이스를 도입해서 사용자가 VM 명령을 직접 시험해 보면서 스택과 메모리 세그먼트 상태를 살펴볼 수 있도록 하면 좋을 것이다. Nand to Tetris 소프트웨어 모음에는 자바로 작성된 이런 에뮬레이터가 포함되어 있다(그림 7.6 참고). 이 프로그램을 사용하면 편리하게도 VM 코드를 그대로 불러와서 실행할 수도 있고, VM 명령들이 런타임에 스택 및 메모리 세그먼트 상태를 어떻게 바꾸는지도 눈으로 관찰할 수 있다. 또한 이 에뮬레이터는 스택과 메모리 세그먼트가 RAM에 어떻게 매핑되는지, VM 명령이 실행될 때 RAM 상태가 어떻게 변하는지도 보여 준다. 멋진 프로그램이니 사용해 보자!

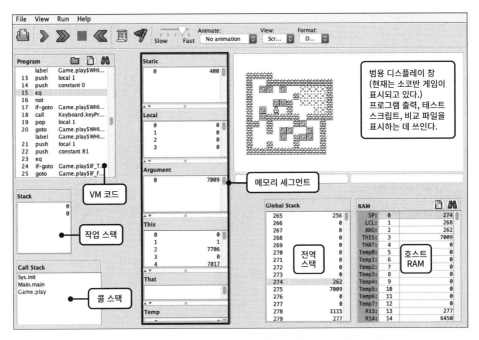

그림 7.6 Nand to Tetris 소프트웨어 모음에 포함된 VM 에뮬레이터

7.4.3 VM 구현 설계 제안

사용법 VM 번역기는 다음과 같이 명령줄 인수를 한 개 받는다.

```
prompt> VMTranslator source
```

여기서 *source*는 *ProgName*.vm 같은 형식의 파일명이다. 파일명에는 파일 경로가 포함될 수도 있다. 파일 경로가 지정되지 않으면 VM 번역기는 현재 폴더에서 동작한다. 파일명의 첫 문자는 반드시 대문자여야 하며, vm 확장자도 필수다. 이 파일에는 하나 이상의 VM 명령이 담겨 있다. 번역기는 이 파일을 입력으로 받아 *ProgName*.asm이라는 출력 파일을 생성하는데, 이 파일에는 VM 명령들을 구현하는 어셈블리 명령어들이 들어간다. 출력 파일 *ProgName*.asm은 입력 파일과 동일한 폴더에 저장된다. 그리고 *ProgName*.asm이라는 파일이 이미 폴더에 존재하면 그 파일을 덮어쓴다.

프로그램 구조

VM 번역기는 세 가지 모듈, 즉 VMTranslator라는 이름의 메인 프로그램, Parser, CodeWriter로 구현하기를 권장한다. Parser의 역할은 각 VM 명령을 이해하고 무엇을 하려는지 파악하는 것이다. CodeWriter는 VM 명령들이 앞에서 이해한 대로 핵 플랫폼 위에서 작동하도록 어셈블리 명령어로 번역하는 일을 한다. VMTranslator는 이 번역 과정을 전체적으로 수행한다.

Parser(파서) 모듈

Parser 모듈은 .vm 파일 파싱(구문 분석)을 처리한다. 이 모듈은 VM 명령을 읽고, 명령을 다양한 구성 성분으로 분석하고, 이 구성 성분에 편리하게 접근할 수 있는 기능을 제공한다. 또한 공백이나 주석은 모두 무시한다. Parser는 8장에서 구현할 분기 및 함수 명령을 포함한 모든 VM 명령을 처리하도록 설계되었다.

루틴	인수	반환	함수
생성자/ 초기자	입력 파일/ 스트림	—	입력 파일/스트림을 열고 파싱할 준비를 한다.
hasMoreLines	—	boolean	입력에 라인이 더 있는가?
advance	—	—	입력에서 다음 명령을 읽고 현재 명령으로 만든다. 이 루틴은 hasMoreLines가 true일 때만 호출되어야 한다. 현재 명령은 초기에는 비어 있다.
commandType	—	C_ARITHMETIC, C_PUSH, C_POP, C_LABEL, C_GOTO, C_IF, C_FUNCTION, C_RETURN, C_CALL (상수)	현재 명령의 타입을 나타내는 상수를 반환한다. 현재 명령이 산술-논리 명령이면 C_ARITHMETIC을 반환한다.
arg1	—	string	현재 명령의 첫 인수를 반환한다. C_ARITHMETIC의 경우에는 명령 그 자체(add, sub 등)가 반환된다. 현재 명령이 C_RETURN이면 호출되어서는 안 된다.
arge2	—	int	현재 명령의 두 번째 인수를 반환한다. 현재 명령이 C_PUSH, C_POP, C_FUNCTION 또는 C_CALL일 때만 호출되어야 한다.

예를 들어 현재 명령이 push local 2라면, arg1()과 arg2()를 호출했을 때 각각 "local"과 2가 반환되어야 한다. 만약 현재 명령이 add라면, arg1()을 호출하면 "add"가 반환되어야 하며, arg2()는 호출하지 않는다.

CodeWriter(코드 작성기) 모듈

CodeWriter 모듈은 파싱된 VM 명령을 핵 어셈블리 코드로 번역한다.

루틴	인수	반환	함수
생성자/초기자	출력 파일/스트림	—	출력 파일/스트림을 열어서 기록할 준비를 한다.
writeArithmetic	command(string)	—	주어진 산술-논리 command를 구현하는 어셈블리 코드를 출력 파일에 기록한다.
writePushPop	command(C_PUSH 또는 C_POP), segment(string), index(int)	—	주어진 push 또는 pop command를 구현하는 어셈블리 코드를 출력 파일에 기록한다.
close	—	—	출력 파일/스트림을 닫는다.

8장에서 이 모듈에 더 많은 루틴을 추가할 예정이다.

예를 들어 writePushPop(C_PUSH, "local", 2)를 호출하면 push local 2라는 VM 명령을 구현하는 어셈블리 명령어들이 생성되어야 한다. 다른 예로, WriteArithmetic("add")를 호출하면, 스택에서 최상단 두 개 항목을 꺼내서 (pop), 두 항목을 더하고, 그 결과를 스택에 넣는(push) 작업을 하는 어셈블리 명령어들이 생성된다.

VMTranslator

이 모듈은 Parser와 CodeWriter를 이용해서 번역 과정을 전체적으로 수행하는 메인 프로그램이다. 메인 프로그램은 입력 소스 파일명(예: *Prog*.vm)을 명령줄 인수로 받는다. 그리고 입력 파일 *Prog*.vm을 파싱하기 위한 Parser 모듈을 생성하고, 번역된 어셈블리 명령어들을 기록할 출력 파일 *Prog*.asm을 만든다. 그런 다음 입력 파일 내 VM 명령들을 하나씩 반복_iterate_하는 루프를 실행한다. 메인 프로그램은 각 명령마다 `Parser`와 `CodeWriter` 모듈을 활용해서 명령의 필드들을 분석_parsing_하고, 그 내용을 바탕으로 어셈블리 명령어들을 생성한다. 생성된 명령어들은 *Prog*.asm 출력 파일에 저장된다.

이 모듈에는 API가 없으니 독자가 생각하는 대로 구현해 보도록 하자.

구현 팁

1. 예를 들어 push local 2라는 VM 명령어를 번역할 때, 먼저 // push local 2 같이 주석을 생성해서 어셈블리 코드 스트림으로 출력해 보라. 이 주석은 생성된 코드를 읽기 편하게 만들어 주고, 번역기를 디버깅할 때도 도움이 될 것이다.

2. VM 명령은 거의 모두 데이터를 스택에서 불러오거나(pop) 스택에 넣는 (push) 작업을 필요로 한다. 따라서 write*Xxx* 루틴들에서는 비슷한 어셈블리 명령어들을 계속해서 출력하게 된다. 코드 반복을 피하기 위해 자주 사용되는 코드 조각들을 생성하는 루틴(도우미 메서드_helper method_라고도 한다)을 따로 만들어서 써보자.

3. 6장에서 설명했듯 기계어 프로그램의 마지막은 무한 루프로 끝내기를 권장한다. 따라서 무한 루프 어셈블리 코드를 생성하는 루틴을 작성하는 걸 고려해 보자. 그리고 VM 명령들을 모두 번역했다면 이 루틴을 마지막으로 한 번 호출하자.

7.5 프로젝트

기본적으로 독자는 VM 명령을 한 번에 하나씩 읽어서 핵 명령어로 번역하는 프로그램을 만들어야 한다. 예를 들어 push local 2라는 VM 명령을 어떻게 처리해야 할까? (팁: 무엇보다도 SP 및 LCL 포인터를 조작하는 핵 어셈블리 명령어들을 몇 가지 작성해야 한다.) 산술-논리 명령 및 push/pop 명령을 구현하는 핵 명령어들을 생각해 내는 것이 이 프로젝트의 핵심이다. 그것이 코드 생성의 전부다.

먼저 이런 어셈블리 코드 조각들을 종이에 써보고 테스트해 보기를 바란다. RAM 세그먼트를 그리고 SP, LCL의 값들을 추적하는 표를 종이에 적은 후에, 이 변수들을 임의의 메모리 주소로 초기화해 보자. 이제 독자 생각에 push local 2를 실행하는 어셈블리 코드를 종이에 쓰면서 추적해 보자. 스택과 local 세그먼트를 (RAM 단위로) 봤을 때 코드가 올바르게 작동하는가? 스택 포인터를 업데이트하는 것을 잊어버리지는 않았나? 같은 방식으로 말이다. 독자가 작성한 어셈블리 코드 조각이 올바르게 작동한다는 확신이 들면, CodeWriter를 이용해서 그 코드를 거의 그대로 생성하면 된다.

VM 번역기는 어셈블리 코드를 생성하므로, 독자는 저수준 핵 프로그래밍을 단련해야 한다. 가장 좋은 방법은 4장의 어셈블리 프로그램 예제와, 프로젝트 4에서 독자가 작성한 프로그램을 복습하는 것이다. 핵 어셈블리어 문서를 참고하고 싶으면 4.2절을 보도록 하자.

목표 VM 언어의 산술-논리 명령과 push/pop 명령을 구현하도록 설계된 기본 VM 번역기를 만든다.

이 버전의 VM 번역기는 VM 소스 코드에 오류가 없다고 가정한다. 오류 검사, 보고 및 처리 기능은 이후 버전의 VM 번역기에 추가할 수는 있지만 프로젝트 7에서는 구현하지 않는다.

자료 필요한 도구는 두 가지다. 하나는 VM 번역기를 구현하는 데 사용할 프로그래밍 언어고, 다른 하나는 nand2tetris/tools 폴더에 있는 CPU 에뮬레이터다. CPU 에뮬레이터를 사용하면 독자가 만든 번역기에서 생성된 어셈블리 코드를 실행하고 테스트해 볼 수 있다. 생성된 코드가 CPU 에뮬레이터에서 올바르게 실행되면, 독자가 만든 VM 번역기가 기대한 대로 작동한다고 생각할 수 있다. 번역기를 부분적으로 테스트해 보는 것이기는 하지만 우리 목적에는 충분할 것이다.

이 프로젝트에 편리하게 쓸 수 있는 도구로는 VM 에뮬레이터도 있으며, nand2tetris/tools 폴더에 있다. 제공된 테스트 프로그램을 실행하고 VM 코드가 어떻게 (시뮬레이션된) 스택과 가상 메모리 세그먼트 상태를 바꾸는지 관찰하는 데 이 프로그램을 활용하는 것이 좋다. 예를 들어 어떤 테스트 프로그램에서 몇 개의 상수를 스택에 넣고(push), local 세그먼트로 그 상수를 꺼내 오는(pop) 상황을 생각해 보자. VM 에뮬레이터에서 이 테스트 프로그램을 실행하면 스택이 어떻게 증가하고 감소하는지 local 세그먼트에 값이 어떻게 채워지는지를 관찰할 수 있다. VM 번역기를 구현하기 전에 어떻게 작동하는지 이해하는 데 도움이 될 것이다.

과제 7.3절의 VM 명세와 7.4.1절의 표준 VM 매핑을 준수하는 VM-to-Hack 번역기를 작성하라. 독자의 VM 번역기는 제공된 VM 테스트 프로그램을 번역해서, 핵 어셈블리어로 된 프로그램을 생성해야 한다. VM 번역기가 생성한 어셈블리 프로그램을 제공된 CPU 에뮬레이터에서 실행하면, 제공된 테스트 스크립트와 비교 파일에서 요구하는 결과가 나와야 한다.

테스트와 구현 단계

5개의 테스트 프로그램을 제공한다. 아래 테스트 프로그램의 순서대로 차근차근 번역기를 개발하고 테스트해 보기를 권장한다. 테스트 프로그램의 요구사항에 따라 개발하다 보면 자연스럽게 번역기의 코드 생성 기능을 구현할 수 있도록 순서가 맞춰져 있을 것이다.

SimpleAdd 이 프로그램은 두 개의 상수를 스택에 넣고(push) 더한다. push constant *i*와 add 명령을 처리할 수 있는지 테스트한다.

StackTest 몇 개의 상수를 스택에 넣고(push) 산술-논리 명령들을 모두 처리할 수 있는지 테스트한다.

BasicTest constant, local, argument, this, that, temp 메모리 세그먼트를 이용해서 push, pop, 산술 명령을 실행한다. 이 메모리 세그먼트들을 처리할 수 있는지 테스트한다(constant는 이미 처리할 수 있다).

PointerTest pointer, this, that 메모리 세그먼트를 이용해서 push, pop, 산술 명령을 실행한다. pointer 세그먼트를 처리할 수 있는지 테스트한다.

StaticTest static 메모리 세그먼트를 이용해서 push, pop, 산술 명령을 실행한다. static 세그먼트를 처리할 수 있는지 테스트한다.

초기화 번역된 VM 프로그램을 실행하려면, 대상 플랫폼에서 실행을 시작하는 시작 코드를 생성된 어셈블리 코드에 집어넣어야 한다. 그리고 이 시작 코드가 실행되기 전에 VM은 스택과 가상 메모리 세그먼트의 시작 주소를 정해진 RAM 위치에 고정시켜야 한다. 시작 코드와 세그먼트 초기화에 대한 내용은 다음 장에서 설명할 것이다. 문제는 이 프로젝트에서 테스트 프로그램을 실행하려면 이러한 초기화가 필요하다는 점이다. 하지만 제공된 테스트 스크립트에서 이 프로젝트에 필요한 모든 초기화를 '수동으로' 처리하기 때문에 독자가 이 문제를 걱정할 필요는 없다.

테스트/디버깅 각각 5개의 테스트 프로그램, 테스트 스크립트, 비교 파일이 제공된다. 테스트 프로그램 *Xxx*.vm마다 다음 단계를 따라하기를 권장한다.

0. 제공된 VM 에뮬레이터에서 *Xxx*VME.tst 스크립트를 사용해서 *Xxx*.vm 테스트 프로그램을 실행한다. 그러면 테스트 프로그램이 의도한 동작 방식

에 익숙해질 것이다. 시뮬레이션된 스택과 가상 세그먼트를 조사하고, 테스트 프로그램이 수행하는 작업을 이해했는지 확인해 본다.

1. 부분적으로 구현된 독자의 번역기로 *Xxx*.vm 파일(테스트 프로그램)을 번역한다. 그 결과로 번역된 핵 어셈블리 코드가 담긴 *Xxx*.asm 텍스트 파일이 생성되어야 한다.

2. 독자의 번역기가 생성한 *Xxx*.asm 파일의 코드를 조사해 보자. 오류가 보이면 번역기를 디버깅하고 수정하자.

3. 제공된 *Xxx*.tst와 *Xxx*.cmp 파일을 이용해서 번역된 *Xxx*.asm 프로그램을 CPU 에뮬레이터에서 실행하고 테스트해 본다. 오류가 발생하면 번역기를 디버깅하고 고치자.

이 프로젝트를 마치면 VM 번역기의 복사본을 꼭 저장해 놓도록 하자. 다음 장에서는 이 프로그램에 더 많은 VM 명령을 처리할 수 있는 기능을 추가하게 될 것이다. 프로젝트 8을 진행하다가 코드가 손상된다면 프로젝트 7에서 백업해 둔 복사본으로 되돌릴 수 있을 것이다.

프로젝트 7의 웹 버전은 *www.nand2tetris.org*에서 찾아볼 수 있다.

7.6 정리

이 장에서는 고수준 언어의 컴파일러 개발을 시작했다. 그리고 최신 소프트웨어 공학 기법에 따라 2단계 컴파일 모델을 택하기로 했다. 10장과 11장에서 다루는 프론트엔드front-end 단계에서는 고수준 코드가 가상 머신에서 실행할 수 있도록 설계된 중간 코드로 번역된다. 이 장과 다음 장에서 다루는 백엔드back-end 단계에서는 중간 코드가 대상 하드웨어 플랫폼의 기계어로 번역된다(그림 7.1 참고).

이 2단계 컴파일 모델은 여러 컴파일러 구현에 직접적 또는 간접적으로 활용되었다. 1970년대 후반 IBM과 애플은 각각 IBM PC와 애플 II라는 매우 경이롭고 선구적인 개인용 컴퓨터를 출시했다. 이 초창기 PC에서 인기를 끌었던 고수준 언어로 파스칼Pascal이 있었다. 하지만 IBM과 애플의 컴퓨터는 프로세서와 기계어, 운영체제가 서로 달랐기 때문에 파스칼 컴파일러도 따로 개발되어야 했다. 또한 IBM과 애플은 경쟁 관계였기 때문에 개발자들이 자신의 소프트웨어를 다른 컴퓨터로 이식하는 것을 돕는 데 관심이 없었다. 그 결과 하나의 파스칼 프로그램을 두 컴퓨터 시스템에서 실행하고 싶으면, 각각 그 시스템에 맞는 2진 코드를 생성하는 컴파일러를 따로 써야 했다. 프로그램을 한 번만 작성하고 모든 시스템에서 실행할 수 있도록 교차 플랫폼 cross-platform을 컴파일하는 더 좋은 방법은 없을까?

그 해결책 중 하나는 p-code라 불리는 초기 가상 머신 프레임워크였다. 기본 아이디어는 파스칼 프로그램을 중간 p-code(VM 언어와 유사하다)로 컴파일한 다음, 이 추상적인 p-code를 IBM PC에서 사용하는 인텔의 x86 명령어 집합으로 번역하는 프로그램 하나와, 애플 컴퓨터에서 사용하는 모토로라의 68000 명령어 집합으로 번역하는 프로그램 하나를 만드는 것이었다. 한편 다른 회사들은 효율적인 p-code를 생성하는 고도로 최적화된 파스칼 컴파일러를 개발했다. 그 결과 초창기 PC 시장에 나온 거의 모든 컴퓨터에서 동일한 파스칼 프로그램을 실행할 수 있었다. 고객이 어떤 컴퓨터를 사용하든지 동일한 p-code 파일을 전달할 수 있었고, 컴파일러를 여러 개 사용할 필요가 없어졌다는 이야기다. 물론 이 방법은 고객의 컴퓨터에 p-code 클라이언트 프로그램(VM 번역기와 역할이 같다)이 설치되어 있다는 것을 전제로 했다. 이를 위해서 p-code 구현은 인터넷에서 자유롭게 배포되었으며 고객들은 자신의 컴퓨터에 해당 프로그램을 다운로드할 수 있었다. 아마도 이때가 역사적으로 교차 플랫폼 고수준 언어의 개념이 그 잠재력을 완전히 발휘하기 시작한 시점이었을 것이다.

1990년대 중반에 인터넷과 모바일 기기의 폭발적인 성장으로, 골치 아픈 교차 플랫폼 호환성 문제가 더 일반화되었다. 썬마이크로시스템즈Sun Microsystems(나중에 오라클이 인수한다)는 이 문제를 해결하기 위해 컴파일된 코드가 인터넷에 연결된 모든 컴퓨터 및 디지털 기기에서 있는 그대로 실행될 수 있도록 하는 프로그래밍 언어를 새로 개발하려 했다. 이 계획으로 탄생한 언어인 자바는 자바 가상 머신Java Virtual Machine 또는 JVM이라 불리는 중간 코드 실행 모델에 기반하고 있다.

JVM은 바이트코드라 불리는 중간 언어(자바 컴파일러의 대상 VM 언어)를 기술한 명세다. 바이트코드로 작성된 파일은 자바 프로그램 코드를 인터넷에서 배포할 때 널리 쓰인다. 이 이동형 프로그램을 실행하려면, 이 프로그램을 다운로드하는 클라이언트 PC나 태블릿, 휴대폰 등에 JREJava Runtime Environments(자바 런타임 환경)이라고 하는 적절한 JVM 구현체가 설치되어 있어야 한다. 이 프로그램들은 다양한 프로세서 및 운영체제에서 널리 사용된다. 오늘날 많은 개인용 컴퓨터와 휴대폰 사용자들은 이 기반 프로그램(JRE)의 존재를 알지도 못한 채로 일상적으로 활용하고 있다.

1980년대 후반에 고안된 파이썬 언어도 2단계 번역 모델을 기반으로 하며, 그 중심에는 파이썬 고유의 바이트코드를 사용하는 PVMPython Virtual Machine이 있다.

2000년대 초반에 마이크로소프트는 .NET 프레임워크를 출시했다. .NET의 핵심은 공용 언어 런타임Common Language Runtime, CLR이라 불리는 가상 머신 프레임워크다. 마이크로소프트의 비전에 따르면, C#이나 C++ 같이 여러 프로그래밍 언어가 CLR에서 실행되는 중간 코드로 번역될 수 있다. 이를 통해 서로 다른 언어로 작성된 코드가 공용 런타임 환경의 소프트웨어 라이브러리를 공유할 수 있게 된다. 물론 C나 C++의 1단계 컴파일러도 최적화되고 작은 코드가 필요한 고성능 응용프로그램에서 여전히 널리 쓰이고 있다.

실제로 이 장에서 그냥 넘어간 문제 중 하나가 효율성 문제다. 이 프로젝트에서 VM 번역기를 개발할 때 생성된 어셈블리 코드가 효율적인지는 확인하지 않았다. 분명 이것은 큰 문제다. VM 번역기는 PC, 태블릿, 휴대폰의 핵심에 들어가는 필수적인 기술이기 때문이다. VM 번역기가 더 작고 효율적인 저수준 코드를 생성한다면, 응용프로그램은 더 적은 하드웨어 자원을 사용하면서 빠르게 실행될 것이다. 따라서 VM 번역기를 최적화하는 것이 최우선 과제다.

일반적으로 VM 번역기에서 최적화할 부분은 매우 많다. 예를 들어 고수준 언어에서 let x = y 같은 할당문은 매우 많이 쓰이고, 컴파일러는 이 명령문을 push local 3과 pop static 1 같은 VM 명령으로 번역할 것이다. 이 VM 명령을 스택을 완전히 우회하는 어셈블리 코드로 영리하게 구현하면 극적인 성능 향상을 가져올 수 있다. 물론 이것은 매우 많은 VM 최적화 방법 중 하나다. 실제로 자바, 파이썬, C#의 VM 구현은 그동안 매우 극적으로 성능이 강화되고 정교해졌다.

끝으로 가상 머신 모델의 잠재력을 최대한 발휘하려면 그 전에 공통 소프트웨어 라이브러리가 핵심이라는 점을 말해두고 싶다. 실제로 자바 가상 머신은 표준 자바 클래스 라이브러리standard Java class library, 마이크로소프트의 .NET 프레임워크는 프레임워크 클래스 라이브러리Framework Class Library와 함께 제공된다. 이러한 방대한 소프트웨어 라이브러리는 메모리 관리, GUI 도구, 문자열 함수, 수학 함수 등 수많은 서비스를 제공하는 일종의 이동형 운영체제라 볼 수 있다. 12장에서 이 확장 기능을 설명하고 만들어 볼 예정이다.

가상 머신 II: 제어
Virtual Machine II: Control

모든 일이 통제되는 것 같다면, 충분히 빨리 가고 있지 않다는 뜻이다.

마리오 안드레티(Mario Andretti, 1940~), 자동차 레이싱 챔피언

7장에서는 가상 머신virtual machine, VM의 개념에 대해 소개했고, 프로젝트 7에서는 핵 플랫폼에서 추상적인 가상 머신과 VM 언어를 구현하기 시작했다. 그리고 구현 과정에서 VM 명령을 핵 어셈블리 코드로 변환하는 프로그램을 개발하게 되었다. 특히 이전 장에서는 VM의 산술 논리 명령과 push/pop 명령을 사용하고 구현하는 방법을 배웠다. 이 장에서는 VM의 분기 명령과 함수 명령을 구현하는 방법을 배운다. 장이 진행됨에 따라 프로젝트 7에서 개발한 기초 번역기를 확장해서 완전한 기능을 갖춘 VM 번역기를 만들 것이다. 이 번역기는 10장과 11장에서 만들 컴파일러의 백엔드 모듈 역할을 할 것이다.

만약 '응용 컴퓨터 과학의 위대한 성과' 대회가 있다면, 스택 처리stack processing가 강력한 결선 진출자일 것이다. 앞 장에서는 기초 스택 연산만으로 산술 및 불 표현식을 계산할 수 있다는 사실을 살펴보았다. 이 장에서는 중첩 함수 호출, 매개변수 전달, 재귀recursion, 다양한 메모리 할당 및 해제 같은 매우 복잡한 작업들을 어떻게 스택 같이 매우 단순한 데이터 구조로 지원할 수 있는지 보여 줄 것이다. 대부분의 프로그래머들은 컴파일러와 운영체제가 어떤 식으로든 이런 기능들을 제공할 거라 생각하면서 기능의 존재를 당연시하곤 한다. 이제 우리는 이 블랙박스를 열어서 이런 기초 프로그래밍 메커니

즘이 실제로 어떻게 구현되는지 살펴볼 것이다.

런타임 시스템 모든 컴퓨터 시스템은 런타임 모델을 정의해야 한다. 이 모델은 프로그램 실행을 시작하는 방법, 프로그램이 종료될 때 컴퓨터가 수행해야 하는 작업, 한 함수에서 다른 함수로 인수를 전달하는 방법, 실행 중인 함수에 메모리 리소스를 할당하는 방법, 더 이상 필요 없는 메모리를 해제하는 방법 등, 어떤 프로그램이 실행되지 않는지를 제외한 나머지 필수적인 질문에 답한다.

Nand to Tetris에서 이러한 문제는 핵 플랫폼 명세의 표준 매핑과 함께 VM 언어 명세로 다룬다. 이 지침에 따라 VM 번역기를 개발하면 최종적으로 실행 가능한 런타임 시스템을 구현하게 된다. 특히 VM 번역기는 VM 명령 (push, pop, add 등)을 어셈블리 명령어로 번역할 뿐 아니라, 프로그램이 실행되는 껍데기 역할을 하는 어셈블리 코드도 생성한다. 위에서 언급한 모든 질문들, 즉 프로그램을 어떻게 실행하는지, 함수의 호출 및 반환을 어떻게 관리하는지 등은 코드를 적절하게 래핑wrapping하는 활성화 어셈블리 코드를 생성하는 것으로 답할 수 있다. 예제를 살펴보자.

8.1 고수준 마법

고수준 언어를 사용하면 고수준 용어로 프로그램을 작성할 수 있다. 예를 들면, $x = -b + \sqrt{b^2 - 4 \cdot a \cdot c}$ 같은 표현식은 실제 수식과 거의 유사한 x = -b + sqrt(power(b, 2) - 4 * a * c)로 쓸 수 있다. +와 - 같은 기본 연산과 sqrt 및 power 같은 함수 사이의 차이점에 주목하자. 전자는 고수준 언어의 기본 문법에 들어 있다. 후자는 기본 언어를 확장한 것이다.

언어를 마음대로 확장할 수 있는 능력은 고수준 언어의 가장 중요한 기능 중 하나다. 물론 누군가가 언젠가는 sqrt 및 power와 같은 함수들을 구현해야 한다. 하지만 추상화 구현은 사용과는 완전히 별개의 문제다. 응용프로그래머는 이러한 함수들이 어떻게든 실행되며, 실행 이후에 어떻게든 다음 연산으로 제어가 넘어올 거라 기대한다. 그리고 분기 명령은 프로그래밍 언어에서 `if !(a == 0){x = (-b + sqrt(power(b, 2) - 4 * a * c))/(2 * a)}` `else{x = -c/b}` 같은 조건식 코드를 추가적으로 표현할 수 있도록 해 준다. 여기서 우리는 또다시 고수준 코드가 고수준 논리(이 경우에는 2차 방정식의 풀이)를 거의 그대로 표현하고 있음을 알 수 있다.

실제로 현대 프로그래밍 언어는 프로그래머 친화적으로, 유용하고 강력한 추상화를 제공한다. 하지만 아무리 고수준의 언어를 쓰더라도 결국에는 기초적인 기계 명령어만 실행하는 어떤 하드웨어 플랫폼에서 그 언어를 구현해야 하는 것이 사실이다. 따라서 무엇보다도 컴파일러 및 VM 설계자는 저수준에서 분기 명령 및 함수 호출-반환 명령을 구현할 방법을 찾아야 한다.

함수는 모듈식 프로그래밍의 가장 기본으로서, 특정 기능을 수행하도록 서로를 호출할 수 있는 독립적인 프로그래밍 단위다. 예를 들어 solve는 sqrt를 호출하고, sqrt는 power를 호출할 수 있다. 이런 호출 시퀀스는 재귀적이거나 필요한 만큼 깊어질 수 있다. 일반적으로 호출 함수(호출자caller)는 호출되는 함수(피호출자callee)에게 인수를 전달하고, 호출되는 함수가 실행을 완료할 때까지 실행을 일시 중단한다. 피호출자는 넘겨받은 인수를 활용하여 무언가를 실행하거나 계산한 다음 호출자에게 값(void일 수도 있음)을 반환한다. 그러면 호출자는 원래대로 돌아가 실행을 재개한다.

일반적으로 한 함수(호출자)가 다른 함수(피호출자)를 호출할 때마다 누군가는 다음과 같은 추가작업overhead을 처리해야 한다.

- 반환 주소를 저장한다. 이 주소는 피호출자가 실행을 완료한 후에 제어를 반환해야 하는 호출자의 코드 내 주소다.
- 호출자의 메모리 자원을 저장한다.
- 피호출자에 필요한 메모리 자원을 할당한다.
- 호출자가 전달한 인수를 피호출자의 코드에서 사용할 수 있도록 만든다.
- 피호출자의 코드 실행을 시작한다.

피호출자가 종료되고 값을 반환할 때, 또 누군가는 다음과 같은 추가 작업을 처리해야 한다.

- 피호출자의 반환 값을 호출자 코드에서 사용할 수 있게 만든다.
- 피호출자가 사용한 메모리 자원을 반납한다.
- 이전에 저장해 둔 호출자의 메모리 자원을 복원한다.
- 이전에 저장한 반환 주소를 되찾는다.
- 반환 주소부터 호출자의 코드 실행을 재개한다.

다행스럽게도 고수준 프로그래머는 이 모든 핵심 작업들에 대해 생각할 필요조차 없다. 컴파일러가 생성한 어셈블리 코드가 이 작업들을 조용히 효율적으로 처리하기 때문이다. 그리고 2단계 컴파일 모델에서 이런 추가작업을 할 책임은 컴파일러의 백엔드에 있으며, 이제 우리가 개발할 VM 번역기가 그 역할을 한다. 따라서 이 장에서는 아마도 프로그래밍 기술에서 가장 중요한 추상화인, 함수 호출-반환function call-and-return에 대한 런타임 프레임워크를 설명할 것이다. 하지만 먼저 분기 명령을 처리하는 더 쉬운 문제부터 시작하려 한다.

8.2 분기

컴퓨터 프로그램의 기본 흐름은 순차적으로, 명령을 하나씩 차례로 실행하는 것이다. 이 순차적 흐름은 루프 내에서 새로운 반복iteration을 시작하는 등 다양한 이유로 다른 곳으로 분기하게 된다. 저수준 프로그래밍에서 분기는 *goto destination* 명령으로 실행된다. 목적지destination 지정에는 여러 가지 형식이 있지만, 가장 기초적인 것은 다음에 실행될 명령어의 실제 메모리 주소다. 여기에 (실제 메모리 주소에 바인딩되는) 기호 레이블을 지정하는 방식으로 살짝 더 추상적인 지정이 가능하다. 이 방식을 쓰려면 프로그래밍 언어에서 코드 내 특정 위치에 기호 레이블을 설정할 수 있는 레이블 지시문을 지원해야 한다. 우리가 만드는 VM 언어에서는 label *symbol*이라는 구문으로 레이블 지시문을 사용할 수 있다.

VM 언어는 두 가지 형태의 분기를 지원한다. 무조건 분기unconditional branching는 goto *symbol* 명령으로 수행되며, 이 명령은 코드에서 label *symbol* 바로 다음의 명령으로 점프해서 그 명령을 실행하라는 뜻이다. 조건부 분기conditional branching는 if-goto *symbol* 명령으로 수행되며, 스택의 최상위 값을 꺼내서(pop), 그 값이 false가 아니면 label *symbol* 명령의 바로 다음의 명령으로 점프해서 그 명령을 실행하고, 맞으면 코드에서 바로 다음 명령을 실행하라는 의미다. 이 규칙은 VM 코드 작성기(예: 컴파일러)가 조건부 goto 명령을 지시하기 전에 먼저 분기 조건을 지정해야 한다는 뜻이다. 우리가 만들 VM 언어에서는 불 표현식을 스택에 넣는 방식으로 조건을 지정한다. 예를 들어 10~11장에서 개발한 컴파일러는 if(n<100) goto LOOP를 push n, push 100, lt, if-goto LOOP로 번역한다.

예제 두 개의 인수 *x*와 *y*를 받고 곱셈 *x · y*를 반환하는 함수를 생각해 보자. 이 연산은 지역 변수 sum에 *x*를 *y*번 반복해서 더하고 sum을 반환하는 방식으로 수행할 수 있다. 그림 8.1에 나온 함수가 이 단순한 곱셈 알고리즘을 구현하는 함수다. 이 예제는 VM의 분기 명령인 goto, if-goto, label을 사용해서 일반적인 루프 논리를 표현하는 방법을 보여 주고 있다.

push i, push y, lt, ng로 구현된 불 조건식 !(i < y)가 if-goto WHILE_END 명령 직전에 스택에 추가(push)되는 방식에 주목하자. 7장에서 우리는 VM 명령으로 어떤 불 표현식이든 표현하고 계산할 수 있음을 살펴보았다. 그림 8.1에서 볼 수 있듯이 if나 while 같은 고수준 제어 구조는 goto와 if-goto 명령만으로 쉽게 구현할 수 있다. 일반적으로 고수준 프로그래밍 언어에서 찾아볼 수 있는 모든 제어 흐름 구조는 (최소한의) VM의 논리 명령과 분기 명령으로 실현할 수 있다.

구현 핵을 포함한 대부분의 저수준 기계어에는 기호 레이블을 선언하고 조건 또는 무조건 'goto label' 작업을 하기 위한 수단이 있다. 따라서 VM 명령을

고수준 코드	VM 코드
```// x*y를 반환한다.\nint mult(int x, int y) {\n int sum = 0;\n int i = 0;\n while (i < y) {\n sum += x;\n i++;\n }\n return sum;\n}```	```// x*y를 반환한다.\nfunction mult(x,y)\n push 0\n pop sum\n push 0\n pop i\nlabel WHILE_LOOP\n push i\n push y\n lt\n neg\n if-goto WHILE_END\n push sum\n push x\n add\n pop sum\n push i\n push 1\n add\n pop i\n goto WHILE_LOOP\nlabel WHILE_END\n push sum\n return```

그림 8.1 분기 명령의 동작(오른쪽의 VM 코드는 가독성을 높이기 위해, 가상 메모리 세그먼트 대신 기호로 된 변수명을 사용한다.)

어셈블리 명령어로 번역하는 프로그램을 기반으로 VM을 구현하면, VM 분기 명령을 구현하는 것도 비교적 간단한 문제가 된다.

운영체제 두 가지 부가적인 설명으로 이 절을 마치고자 한다. 첫째, VM 프로그램은 사람이 작성하지 않고, 컴파일러가 만든다. 그림 8.1의 왼쪽은 소스 코드고, 오른쪽은 VM 코드다. 그리고 10~11장에서 우리는 전자를 후자로 번역하는 컴파일러를 개발할 것이다. 둘째, 그림 8-1에 표시된 mult 구현은 비효율적이다. 이 책의 뒷부분에서 비트 수준에서 작동하는 최적화된 곱셈 및 나눗셈 알고리즘을 설명할 것이다. 이 알고리즘은 12장에서 구축할 운영체제의 함수인 Math.multiply 및 Math.divide 함수들을 구현하는 데 사용된다.

우리가 만들 OS는 잭 언어로 작성되고, 잭 컴파일러를 이용해 VM 언어로 번역된다. 그 결과 `Math.vm`, `Memory.vm`, `String.vm`, `Array.vm`, `Output.vm`, `Screen.vm`, `Keyboard.vm`, `Sys.vm`이라는 총 8개 파일 라이브러리가 생성된다 (OS API는 부록 6에 나와 있다). 각 OS 파일에는 어떤 VM 함수든지 호출해서 활용할 수 있는 유용한 함수들이 담겨 있다. 예를 들어 VM 함수에서 곱셈이나 나눗셈을 할 때마다 `Math.multply`나 `Math.divide` 함수를 호출해 쓴다.

8.3 함수

모든 프로그래밍 언어는 고정된 기본 제공built-in 연산들로 특징지어진다. 또한 고수준 언어들과 저수준 언어 중 일부는 이런 고정된 연산들을 프로그래머가 정의한 연산들로 자유롭게 확장할 수 있는 자유를 제공한다. 이렇게 미리 준비된 연산들은 언어에 따라 서브루틴, 프로시저, 메서드, 함수 같은 이름으로 불린다. 우리의 VM 언어에서는 이 프로그래밍 단위들을 모두 함수function라고 지칭한다.

잘 설계된 언어는 기본 제공되는 내장형 명령과 프로그래머가 정의한 함수가 비슷한 '모습과 느낌look and feel'을 갖는다. 예를 들어 우리의 스택 머신에서 $x + y$를 계산할 때는 push x, push y, add 명령을 한다. 그리고 이렇게 하면 add 구현이 스택에서 두 개의 최상위 값을 꺼내서(pop), 더하고, 그 결과를 스택에 집어넣는(push) 연산을 할 거라 기대한다. 이제 누군가가 x^y를 계산하는 *power* 함수를 작성했다고 생각해 보자. 이 함수를 사용할 때도 push x, push y, call power로 똑같은 루틴을 따른다. 이렇게 일관성 있는 호출 절차 덕에 기초 명령들과 함수 호출이 자연스럽게 구성된다. 예를 들어 $(x + y)^3$이라는 표현식은 push x, push y, add, push 3, call power로 계산할 수 있다.

기초 연산 적용과 함수 호출 사이의 유일한 차이점은, 함수를 호출할 때는 call이라는 키워드가 앞에 온다는 점이다. 나머지는 전부 똑같다. 두 연산 모두 호출자가 인수를 스택에 넣고(push), 피호출자가 그 인수를 활용하고, 반환 값을 스택에 다시 넣는(push) 절차를 거친다. 이 일관성 있는 호출 절차의 우아함을 독자들도 알아봐 주길 바란다.

예제 그림 8.2는 $\sqrt{x^2 + y^2}$ 함수(hypot[1]이라고 한다)를 계산하는 VM 프로그램이다. 이 프로그램은 세 가지 함수로 구성되어 있으며, 런타임에는 다음과 같이 동작한다. 즉, main이 hypot을 호출한 다음, hypot이 mult를 두 번 호출한다. sqrt 함수 호출도 있지만 문제를 단순화하기 위해 여기서는 추적하지 않는다.

그림 8.2의 하단은, 각 함수가 런타임 동안 자신만의 작업 스택과 메모리 세그먼트로 구성된 개별적인 세계를 바라본다는 사실을 설명하고 있다. 이 개별적인 세계들은 두 개의 '웜홀wormhole'로 연결된다. 먼저, 함수에서 call mult를 하면, 호출 전에 스택에 넣은(push) 인수가 어떻게든 피호출자의 argument 세그먼트로 전달되면서 연결된다. 마찬가지로 함수에서 return을 하면, 반환 전에 스택에 넣었던(push) 가장 최근 값이 어떻게든 호출자의 스택에 복사되어 이전에 스택에 넣었던(push) 인수를 대체할 때도 연결된다. 그리고 지금부터 설명할 VM 구현이 이렇게 값을 주고 받는hand-shaking 동작을 수행한다.

구현 컴퓨터 프로그램은 보통 여러 개에서, 어떤 때는 매우 많은 수의 함수로 구성된다. 하지만 런타임 중 특정 시점을 보면 함수들 중 몇 개만 실제로 작업을 수행하고 있다. 이렇게 현재 프로그램 실행에 관련된 모든 함수를 개념적으로 가리키기 위해 우리는 호출 체인calling chain이라는 용어를 사용할 것이다. VM 프로그램이 실행되기 시작하면 호출 체인은 main이라는 하나의 함수로만 구성된다. 어떤 시점에 main은 foo라는 함수를, foo는 bar 같은 또 다른 함수를 호출하게 될 것이다. 그러면 호출 체인은 main → foo → bar가 된다. 호출 체인의 각 함수는 호출한 함수가 반환할 때까지 기다린다. 그러므로 호출 체인에서 실제로 활성화된 함수는 마지막 함수뿐이며, 이 함수는 현재 실행 중인 함수라는 뜻에서 현재 함수current function라 부를 것이다.

함수는 작업을 수행하기 위해 일반적으로 지역local과 인수argument 변수들

---

1 (옮긴이) hypot은 'hypotenues'의 준말로, 직각삼각형의 빗변이라는 뜻이다.

```
0 function main()
// hypot(3,4)를 계산한다.
1    push 3
2    push 4
3    call hypot
4    return

5 function hypot(x,y)
// sqrt(x*x + y*y)를 계산한다.
6    push x
7    push x
8    call mult
9    push y
10   push y
11   call mult
12   add
13   call sqrt
14   return

15 function mult(x,y)
// x*y를 계산한다(그림 8.1과 동일).
16   push 0
17   pop sum
18   push 0
19   pop i
     ...
36   push sum
37   return
```

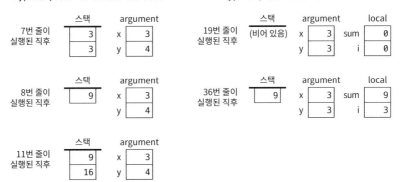

그림 8.2 3개의 함수로 된 프로그램을 실행하는 동안, 스택과 특정 세그먼트 상태의 런타임 스냅샷. 줄 번호는 코드에 포함되지 않으며 단순히 참고용이다.

을 활용한다. 이 변수들은 임시적으로, 이 변수들을 표현하는 메모리 세그먼트는 함수가 실행을 시작할 때 할당되었다가, 함수가 반환할 때 반납되어야 한다. 함수 호출은 한없이 중첩되거나 재귀적일 수 있기 때문에 이 메모리 관리 작업은 복잡한 작업이다. 그리고 런타임 동안 각 함수 호출들은 다른 호출과 독립적으로 실행되어야 하고, 자신만의 스택과 지역 변수 및 인수 변수를 유지 및 관리해야 한다. 이렇게 제한 없는 중첩 구조와 메모리 관리는 어떻게 구현할 수 있을까?

이 관리 작업을 다루기 쉽게 만드는 속성은 호출-반환 논리의 선형적 특성이다. 함수 호출 체인은 재귀적이거나 매우 깊을 수 있지만, 특정 시점에서 보면 체인에서 맨 끝의 함수만 실행되고 있고 그 위의 다른 모든 함수는 반환을 기다리게 된다. 이런 후입선출Last-In-First-Out, LIFO식 처리 모델은 마찬가지로 후입선출 구조인 스택 데이터 구조와 딱 맞아 떨어진다. 자세히 살펴보자.

현재 함수가 foo라고 가정하자. foo는 이미 어떤 값을 작업 스택에 넣고 (push), 메모리 세그먼트의 일부 항목들을 수정했다. 그리고 어떤 시점에 foo가 다른 함수 bar를 호출하려 한다고 생각해 보자. 이 시점부터 bar가 자신의 실행을 종료할 때까지 foo의 실행은 일시 중단되어야 한다. 이때 foo의 작업 스택을 저장하는 것은 문제가 되지 않는다. 스택은 한 방향으로만 늘어나므로, bar의 작업 스택이 이전에 넣은(push) 값들을 덮어쓰지 않기 때문이다. 이렇게 스택 구조의 선형성과 단방향성 특성 덕에 호출자의 작업 스택을 저장하는 것은 '공짜로' 쉽게 할 수 있다. 하지만 foo의 메모리 세그먼트는 어떻게 저장할까? 7장에서 LCL, ARG, THOS, THAT 포인터를 사용해서 현재 함수의 local, argument, this, that 세그먼트의 RAM 시작주소를 참조했음을 떠올려 보자. 이 세그먼트들을 저장하고 싶으면, 포인터를 스택에 넣고(push), 나중에 foo를 재활성화하고 싶을 때 꺼내면(pop) 된다. 지금부터는 함수 상태를 저장하고 복원하는 데 필요한 포인터 값 집합을 통틀어 프레임frame이라는 용어로 표현할 것이다.

단일 함수에서 여러 함수를 쓰는 설정으로 가면 이 단순한 스택이 꽤 엄청난 역할을 하기 시작한다. 구체적으로 말하면, 우리는 작업 스택과 호출 체인의 모든 함수의 프레임을 저장하는 데도 동일한 데이터 구조를 활용한다. 지금부터 이 엄청난 일을 하는 데이터 구조가 마땅히 받아야 할 존경심을 담아서, 전역 스택global stack이라는 이름으로 부르고자 한다. 그림 8.3에 자세한 내용이 나와 있다.

그림 8.3과 같이, VM은 call *functionName* 명령을 처리할 때 호출자의 프레임을 스택에 푸시한다. 이 관리 작업이 끝나면 이제 피호출자의 코드로 점프해서 실행할 준비가 된 것이다. 이 큰 점프는 구현하기 어렵지 않다. 나중에 살펴보겠지만, function *functionName* 명령을 처리할 때는 함수가 시작하는 위치를 표시하는 고유한 기호 레이블을 함수의 이름을 사용해서 만들고, 이 레이블을 어셈블리 코드 흐름 중간에 끼워 넣게 된다. 따라서 'function

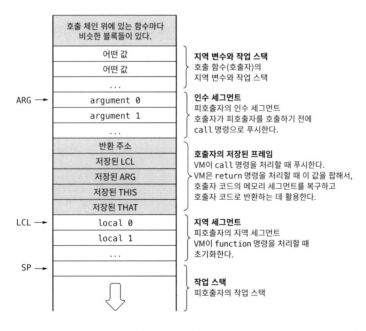

그림 8.3 전역 스택. 피호출자가 실행 중일 때의 모습. 피호출자는 종료되기 전에 반환 주소를 스택에 푸시한다(여기에는 표시되지 않음). VM이 return 명령을 처리할 때, 반환 값은 argument 0에 복사하고, SP를 바로 그 다음 주소를 가리키도록 설정한다. 이렇게 하면 SP의 새로운 값 아래의 전역 스택 영역이 해제된다. 따라서 호출자가 실행을 재개할 때 작업 스택의 최상단에서 반환 값을 볼 수 있게 된다.

functionName' 명령을 처리하면 'goto *functionName*'을 수행하는 어셈블리 코드가 생성된다. 그리고 이 명령이 실행되면 제어가 호출자로 넘어간다.

VM return 명령은 반환 주소를 지정하지 않기 때문에, 피호출자가 종료될 때 호출자로 반환하는 작업은 더 까다롭다. 실제로 호출자의 익명성은 함수 호출의 개념에 내재되어 있다. mult나 sqrt 같은 함수는 어떤 호출자든 호출할 수 있으며, 그 말은 곧 반환 주소가 미리 지정되지 않는다는 뜻이다. 그 대신 return 명령은, 현재 함수를 호출한 call 명령의 바로 다음 명령을 저장하고 있는 메모리 위치로 프로그램 실행을 옮기라는redirect 뜻으로 해석된다.

VM은 (i) 호출자 실행으로 제어를 옮기기 직전에 먼저 반환 주소를 저장하고, (ii) 피호출자가 반환을 한 직후에 그 반환 주소를 찾아서 그리로 점프하는 방식으로 위 절차를 구현한다. 하지만 반환 주소는 어디에 저장해야 할까? 여기서 또 다재 다능한 스택이 구원자로 나선다. VM 번역기의 동작을 상기해 보자면, 한 VM 명령에서 다음 명령으로 진행하면서 어셈블리 코드를 생성했었다. 그래서 VM 코드에서 call foo가 나오면, foo가 종료될 때 어떤 명령이 실행되어야 하는지 정확하게 알 수 있다. 바로 call foo에 해당하는 어셈블리 명령의 바로 다음 어셈블리 명령이 그 명령이기 때문이다. 따라서 VM 번역기가 생성된 어셈블리 코드 중에서 바로 그 위치에 레이블을 설정하고, 이 레이블을 스택에 넣도록 만들 수 있다. 그리고 나중에 VM 코드에서 return 명령을 만나면 전에 스택에 저장해 둔 반환 주소(*returnAddress*라 하자)를 꺼내서(pop), 어셈블리로 goto *returnAddress* 연산을 하면 된다. 이 저 수준의 기법으로 제어를 호출자 코드 내 올바른 위치로 되돌리는 마법을 행할 수 있다.

실행 중인 VM 구현 이제 VM이 함수 호출-반환을 지원하는 방법을 단계별로 알아보자. *n*!을 재귀적으로 계산하는 차례곱factorial 함수 실행을 예로 들어 설명하겠다. 그림 8.4는 factorial(3)을 실행하는 도중의 전역 스택 상태를 프로그램 코드와 같이 보여 주고 있다. 이 계산을 완전히 시뮬레이션하려면 mult 함수의 호출-반환 동작도 포함되어야 하고, 이 런타임 예제에서는 mult 함수가 두 번 호출되게 된다. 즉, 한 번은 factorial(2)가 반환되기 전에, 또 한 번은 factorial(3)이 반환되기 전에 호출된다.

고수준 코드	VM 코드

```
// factorial 함수를 테스트한다.
int main() {
    return factorial(3);
}

// n!을 계산한다.
int factorial(int n) {
    if (n==1)
        return 1;
    else
        return n * factorial(n-1);
}
```

```
// factorial 함수를 테스트한다.
function main
    push 3
    call factorial
    return
// n!을 계산한다.
function factorial(n)
    push n
    push 1
    eq
    if-goto BASE_CASE
} push n
    push n
    push 1
    sub
    call factorial
    call mult
    return
label BASE_CASE
    push 1
    return
```

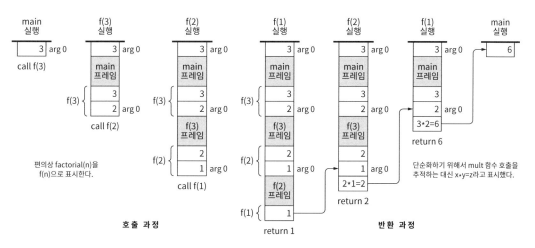

그림 8.4 전역 스택의 몇 가지 스냅샷. main 함수의 실행 도중에 찍힌 스냅샷으로, main 함수는 3!을 계산하는 factorial 함수를 호출하고 있다. 실행 중인 함수는 자신의 작업 스택만 바라볼 수 있으며, 이 작업 스택은 전역 스택의 끝부분에 음영 처리되지 않은 영역으로 표시되어 있다. 그 외 전역 스택에서 음영 처리되지 않은 영역은, 현재 실행 중인 함수가 반환하기를 기다리고 있는, 호출 체인 내의 다른 함수들의 작업 스택을 의미한다. 그림 8.3에 나온 것처럼 프레임은 5개 단어로 구성되므로 음영 처리된 영역이 '크기에 맞게' 그려지지는 않았음에 주의하자.

그림 8.4 하단의 왼쪽 끝과 오른쪽 끝 부분만 집중해서 main을 의인화한 관점으로 보면 다음과 같은 일이 일어난 것이다. "작업 설정을 위해 상수 3을 스택에 넣고(push), factorial을 호출했다(왼쪽 끝 스택 스냅샷을 참고). 이 시점에서 나(main 함수)는 잠든다. 그리고 나중에 어느 시점에 깨어나서 스택에 6이 들어 있음을 알게 되었다(마지막 맨 오른쪽 스택 스냅샷 참고). 어떻게 이런 마법이 일어났는지는 전혀 모르겠지만, 나는 별로 신경 쓰지 않는다. 내가 아는 것은 3!을 계산하도록 설정했고, 요청했던 결과를 정확히 얻었다는 사실이다." 바꿔 말해서 호출자는 call 명령이 불러온 정교한 미니 드라마에 대해서는 전혀 의식하지 못한다.

그림 8.4에서 보는 바와 같이, 이 드라마가 펼쳐지는 무대 뒤는 전역 스택이 담당하고, 쇼의 진행 기획은 VM이 맡는다. 즉, call 작업들은 호출자의 프레임을 스택에 저장하고, 피호출자 실행으로 점프하는 방식으로 구현된다. return 작업들은 (i) 가장 최근에 저장된 프레임을 활용해서 호출자의 코드내 반환 주소를 가져오고 메모리 세그먼트를 복원하고, (ii) 최상위 스택 값(반환 값)을 argument 0과 연결된 스택 위치에 복사하고, (iii) 반환 주소부터 호출자의 코드를 실행하기 위해 점프하는 방식으로 구현된다. 이 모든 작업이 생성된 어셈블리 코드로 구현되어야 한다.

독자들 중에는 왜 이런 세부 사항을 다 살펴봐야 하는지 의아해하는 사람이 있을지도 모르겠다. 이런 내용을 알아야 하는 이유는 적어도 세 가지가 있다. 첫째, VM 번역기를 구현하려면 이 지식이 필요하다. 둘째, 함수 호출-반환 규약을 구현하는 것은 저수준 소프트웨어 공학의 아름다운 사례로, 실제로 작동하는 모습을 즐겁게 감상할 수 있다. 셋째, 가상 머신 내부를 자세히 이해하면 더 나은 고수준 프로그래머가 되는 데 도움이 되기 때문이다. 예를 들어 스택을 고쳐 쓰다 보면 재귀의 장단점에 대한 깊은 이해를 얻을 수 있다. VM은 런타임 동안 재귀 호출이 이뤄질 때마다, 피호출자를 위해 인수, 함수 프레임, 지역 변수, 작업 스택으로 구성된 메모리 블록을 스택에 추가한다. 따라서 재귀를 잘 확인해 보지 않고 사용하면 악명 높은 스택 오버플로

stack overflow 문제가 발생할 수 있다. 이러면 컴파일러 작성자는 효율성을 고려해서, 가능하면 재귀 코드를 순차 코드로 다시 표현하려 한다. 하지만 이 이야기는 11장에서 다룰 것이므로 다른 이야기다.

8.4 VM 명세, 파트 II

지금까지 이 장에서 우리는 정확한 프로그래밍 문법이나 관례를 적용하지 않고, 일반적인 VM 명령들에 대해 소개했다. 이제 VM 분기 명령, VM 함수 명령 및 VM 프로그램의 구조를 공식적으로 정의할 차례다. 이것으로 7장의 'VM 명세, 파트 I'에서 시작한 VM 언어 명세를 완성하게 된다.

보통 VM 프로그램은 사람이 작성하지 않고, 컴파일러가 생성한다는 사실을 다시 말하고자 한다. 따라서 여기에 설명된 명세는 컴파일러 개발자들을 대상으로 한다. 즉, 어떤 고수준 언어에서 VM 코드로 프로그램을 번역해야 하는 컴파일러를 개발한다면, 컴파일러가 생성한 코드는 여기에 설명된 규칙을 준수해야 한다는 뜻이다.

분기 명령

- `label` *label*: 현재 함수 코드의 위치에 레이블을 붙인다. 레이블이 붙은 위치로만 점프가 가능하다. 레이블이 유효한 범위는 레이블이 정의된 함수 내부까지다. *label*은 숫자로 시작하지 않는 문자, 숫자, 밑줄(_), 마침표(.), 콜론(:)으로 구성되는 임의의 문자열이다. `label` 명령은 그 명령을 참조하는 goto 명령 앞이나 뒤, 함수의 어느 곳에나 위치할 수 있다.
- `goto` *label*: 무조건 분기를 해서, 레이블로 표시된 위치부터 실행을 계속한다. goto 명령과 레이블이 지정된 점프 목적지는 같은 함수 내에 있어야 한다.
- `if-goto` *label*: 조건 분기를 한다. 스택의 최상단 값을 팝해서, 그 값이 0이 아니면 레이블로 표시된 위치부터 실행을 계속한다. 만약 그 값이 0이면

바로 다음 명령부터 실행을 계속한다. if-goto 명령과 레이블로 지정된 점프 목적지는 같은 함수 내에 있어야 한다.

함수 명령

- function *functionName nVars*: *functionName*이라는 함수의 시작을 표시한다. 이 명령은 함수에 *nVars*개의 지역 변수가 있음을 알려 준다.
- call *functionName nArgs*: 이름이 정의된 함수를 호출한다. 이 명령은 호출 이전에 스택에 *nArgs*개의 인수가 푸시된다는 것을 알려 준다.
- return: 현재 함수를 호출한 함수의 코드에서, call 명령 바로 다음에 있는 명령으로 실행을 이전한다.

VM 프로그램

VM 프로그램은 잭과 같은 언어로 작성된 고수준 프로그램에서 생성된다. 다음 장에서 살펴보겠지만, 고수준 잭 프로그램은 동일한 폴더에 저장된 하나 이상의 .jack 클래스 파일 모음으로 느슨하게 정의된다. 잭 컴파일러를 해당 폴더에 적용하면, *FileName*.jack 클래스 파일들은 VM 명령들을 담은 *FileName*.vm이라는 파일로 번역된다.

컴파일 이후에 *FileName*.jack 파일 내의 bar라는 이름의 생성자, 함수(정적 메서드), 메서드들은 각각 그에 대응하는 VM 함수로 번역되며, VM 함수의 이름은 *FileName*.bar로 고유하게 식별된다. VM 함수명의 범위는 전역적으로, 프로그램 폴더의 .vm 파일 안의 모든 VM 함수는 서로를 볼 수 있으며, *FileName*.*functionName*이라는 고유한 전체 함수 이름으로 서로를 호출할 수 있다.

프로그램 진입점 어떤 잭 프로그램에서도 반드시 한 파일의 이름은 Main.jack 이어야 하며, 이 파일 내의 함수 하나의 이름은 main이어야 한다. 따라서 컴파일 이후에 VM 프로그램을 구성하는 파일 중 하나는 Main.vm이라는 이름을 갖게 되며, 이 파일에서 VM 함수 하나는 이름이 Main.main이 된다. 그리고 이 함수가 바로 응용프로그램의 진입점이 된다. 이 런타임 규칙은 다음과 같이 구현된다. 즉, VM 프로그램이 실행을 시작할 때, 항상 실행되는 첫 번째 함수는 인수가 없는 Sys.init이라는 VM 함수로, 이 함수는 운영체제의 일부이다. 이 OS 함수는 사용자 프로그램에서 진입점이 되는 함수를 호출하도록 프로그래밍되어 있다. 그리고 잭 프로그램에서 Sys.init은 Main.main을 호출한다.

프로그램 실행 VM 프로그램을 실행하는 방법에는 여러 가지가 있으며, 그중 하나는 7장에서 소개한 VM 에뮬레이터를 사용하는 것이다. VM 에뮬레이터에 하나 이상의 .vm 파일이 포함된 폴더를 로드하면, 에뮬레이터는 이 파일들에 있는 모든 VM 함수를 하나씩 불러온다(VM 함수를 로드하는 순서는 중요하지 않다). 그 결과로 프로그램 폴더의 모든 .vm 파일에 있는 VM 함수들이 하나의 코드 기반code base이 된다. VM 파일의 개념은 로드된 VM 함수(*FileName.functionName*)의 이름에 포함되어 있기는 하지만, 더 이상 실제로 존재하지는 않는다.

자바 프로그램인 Nand to Tetris의 VM 에뮬레이터는, 역시 자바로 구현된 내장형 잭 OS를 지원한다. 에뮬레이터는 call Math.sqrt 같은 OS 함수 호출이 감지되면 다음과 같이 진행한다. 먼저 에뮬레이터가 로드한 VM 코드에서 그에 대응하는 function Math.sqrt 명령을 찾았다면, 그 함수의 VM 코드를 실행한다. 만약 그런 명령을 찾지 못했다면 에뮬레이터는 되돌아가서 Math.sqrt 메서드의 내장형 구현을 사용하도록 설정한다. 이는 독자들이 VM 프로그램을 실행할 때 제공된 VM 에뮬레이터를 사용하는 한, OS 파일들을 독자의 코드에 포함시킬 필요가 없다는 뜻이다. VM 에뮬레이터가 독자의 코드에 있는 모든 OS 호출을 내장형 OS 구현을 활용해서 처리할 것이기 때문이다.

8.5 구현

앞 절에서는 VM 언어 및 프레임워크의 명세를 완성했다. 이 절에서는 완전한 기능의 VM-핵 번역기를 구현하는 문제에 중점을 두려 한다. 8.5.1절에서는 함수 호출-반환 규약을 구현하는 방법을 제시한다. 8.5.2절에서는 핵 플랫폼에서 VM 구현의 표준 매핑을 완성한다. 8.5.3절에서는 프로젝트 7에서 시작한 VM 번역기를 완성하기 위해서 그 설계와 API를 제안한다.

8.5.1 함수 호출과 반환

함수를 호출하고, 함수 호출에서 반환받는 이벤트는, 호출 함수(또는 호출자)의 관점과, 호출되는 함수(또는 피호출자)의 관점 두 가지로 바라볼 수 있다. 호출자와 피호출자 모두 call, function, return 명령의 처리와 관련해서 기대되는 동작과 부여되는 책임이 있다. 그리고 한쪽의 기대를 충족시키는 것은 다른 쪽의 책임이 된다. 또한 VM은 이 규약을 실행하는 데 중요한 역할을 한다. 다음 표에서 VM의 책임은 [+]로 표시했다.

호출자의 관점	피호출자의 관점
• 함수를 호출하기 전에 호출자는 피호출자가 필요한 수(*nArgs*)의 인수를 스택에 푸시해야 한다. • 다음으로 호출자는 다음 명령을 사용해서 피호출자를 불러온다. call *filename.functionName nArgs* • 피호출자가 반환된 후에는, 호출자가 호출 전에 푸시한 인수 값들은 스택에서 사라지고 반환 값(항상 존재한다)이 스택 최상단에 있게 된다. 이 변경을 제외하고는 호출자의 작업 스택은 호출 이전과 완전히 동일하다[+]. • 피호출자가 반환된 후에 호출자의 모든 메모리 세그먼트는, static 세그먼트의 내용이 변경될 수 있고, temp 세그먼트가 정의되지 않는다는 점을 제외하고 호출 전과 완전히 동일하다[+].	• 피호출자가 실행을 시작하기 전에, argument 세그먼트는 호출자가 전달한 인수로 초기화되고, 피호출자의 local 변수 세그먼트가 할당되어 0으로 초기화된다. static 세그먼트는 피호출자가 속한 VM 파일의 static 세그먼트로 설정되며, 작업 스택은 비어 있는 상태다. 메모리 세그먼트 this, that, pointer, temp는 시작 전에는 정의되지 않은 상태다[+]. • 피호출자는 반환되기 전에 반환 값을 스택에 푸시해야 한다.

VM 구현은 그림 8.3에 설명된 전역 스택 구조를 유지 관리하고 조작하는 방식으로 이 규약을 지원한다. 특히 VM 코드의 모든 function, call, return 명령은 다음과 같이 전역 스택을 조작하는 어셈블리 코드를 생성해서 처리한다. 우선 call 함수는 호출자의 프레임을 스택에 저장하고 피호출자 실행으로 점프하는 코드를 생성한다. 다음으로 function 명령은 피호출자의 지역 변수를 초기화하는 코드를 생성한다. 마지막으로 return 명령은 반환 값을 호출자의 작업 스택 최상단에 복사하고, 호출자의 세그먼트 포인터를 복원하고, 반환 주소 다음부터 실행하도록 점프하는 코드를 생성한다. 자세한 내용은 그림 8.5를 참고하자.

VM 명령	VM 번역기가 생성한 어셈블리 (의사)코드	

call f $nArgs$
(함수 f를 호출하고,
호출 이전에 스택에
$nArgs$개의 인수가
푸시되어야 한다고
지정한다.)
	push *returnAddress*
	push LCL
	push ARG
	push THIS
	push THAT
	ARG = SP-5-$nArgs$
	LCL = SP
	goto f
	(*returnAddress*)
		// 레이블을 생성하고 스택에 푸시한다.
		// 호출자의 LCL을 저장
		// 호출자의 ARG를 저장
		// 호출자의 THIS를 저장
		// 호출자의 THAT을 저장
		// ARG 위치를 재설정
		// LCL 위치를 재설정
		// 호출한 함수의 제어를 이동
		// 코드에 반환 주소 레이블을 삽입

function f $nVars$
($nVars$개의 지역
함수가 있는 함수 f를
선언한다.)
	(*f*)
	*nVars*번 반복
	push 0
		// 코드에 함수 진입 레이블을 삽입
		// *nVars* = 지역 변수의 개수
		// 지역 변수를 모두 0으로 초기화

return
(현재 함수를 종료하고
호출자에게 제어를
반환한다.)
	frame = LCL
	retAddr = *(*frame*-5)
	*ARG = pop()
	SP = ARG+1
	THAT = *(*frame*-1)
	THIS = *(*frame*-2)
	ARG = *(*frame*-3)
	LCL = *(*frame*-4)
	goto *retAddr*
		// frame은 임시 변수
		// 반환 주소를 임시 변수에 넣음
		// 호출자를 위해 반환 값 위치를 재설정
		// 호출자의 SP 위치 재설정
		// 호출자의 THAT 복구
		// 호출자의 THIS 복구
		// 호출자의 ARG 복구
		// 호출자의 LCL 복구
		// 반환 주소로 이동

그림 8.5 VM 언어의 함수 명령 구현. 오른쪽에 기술된 모든 동작은 생성된 핵 어셈블리 명령어로 구현된다.

8.5.2 핵 플랫폼에서의 표준 VM 매핑, 파트 II

핵 컴퓨터의 VM 개발자는 여기에 설명된 규칙을 따르는 것이 좋다. 아래 규칙 설명을 마지막으로 7.4.1절의 '핵 플랫폼에서의 표준 VM 매핑, 파트 I' 지침이 완성된다.

스택 핵 플랫폼에서 RAM 위치 0에서 15는 포인터와 가상 레지스터용으로, RAM 위치 16에서 255는 정적 변수용으로 예약되어 있다. 스택은 주소 256 이후로 매핑된다. 이 매핑을 구현하려면 먼저 VM 번역기가 SP를 256으로 설정하는 어셈블리 코드를 생성해야 한다. 그리고 이 시점 이후로 VM 번역기는 VM 소스 코드에서 pop, push, add 같은 명령을 만날 때마다, 필요에 따라 SP가 가리키는 주소를 조작하고 SP를 변경하는 연산을 실행하는 어셈블리 코드를 생성한다. 7장에서 이 동작에 대해 설명했고, 프로젝트 7에서 구현했다.

특수 기호 VM 번역기는 VM 명령을 핵 어셈블리로 번역할 때 두 종류의 기호를 다룬다. 먼저 SP, LCL, ARG 같이 어셈블리 수준의 사전 정의 기호predefined symbol가 있다. 두 번째로 반환 주소와 함수 진입점을 표시하는 기호 레이블을 생성한다. 설명을 위해 파트 II의 도입부에서 살펴본 PointDemo 프로그램을 다시 살펴보자. 이 프로그램은 PointDemo 폴더에 저장된 Main.jack(그림 II.1)과 Point.jack(그림 II.2)이라는 두 개의 잭 클래스 파일로 구성된다. 잭 컴파일러를 PointDemo 폴더에 적용하면, Main.vm과 Point.vm이라는 두 개의 VM 파일이 생성된다. 여기서 첫 번째 파일은 Main.main이라는 VM 함수 하나가 들어 있으며, 두 번째 파일은 Point.new, Point.getx, ⋯, Point.print 같은 VM 함수들이 담겨 있다.

VM 번역기를 이 동일한 폴더에 적용하면, PointDemo.asm이라는 어셈블리 코드 파일이 하나 생성된다. 어셈블리 코드 수준에서 함수 추상화는 더 이상 존재하지 않는다. 그 대신 VM 번역기는 function 명령마다 어셈블리로 진입entry 레이블을 생성한다. 그리고 call 명령마다 (i) goto 어셈블리 명령어를 생성하고, (ii) 반환 주소 레이블을 생성해서 스택에 넣고(push), (iii) 그 레이블을 생성된 코드에 삽입한다. 또한 return 명령마다 스택에서 반환 주소를 꺼내와서(pop), goto 명령어를 생성한다. 예시는 다음과 같다.

VM 코드	생성된 어셈블리 코드
| ```
function Main.main
    ...
    call Point.new
    // 다음 VM 명령
    ...
function Point.new
    ...
    return
``` | ```
(Main.main)
    ...
    goto Point.new
(Main.main$ret0)
    // 다음 VM 명령(어셈블리)
    ...
(Point.new)
    ...
    goto Main.main$ret0
``` |

그림 8.6은 VM 번역기가 처리하고 생성하는 모든 기호들이다.

부트스트랩 코드 핵 플랫폼의 표준 VM 매핑에서는 스택이 RAM 주소 256부터 매핑되고, 실행을 시작하는 첫 번째 VM 함수가 OS 함수인 Sys.init이어야 한다고 규정한다. 핵 플랫폼에서 이 규칙을 어떻게 실현할까? 5장에서 핵 컴퓨터를 만들 때, 우리는 컴퓨터를 재설정(reset)하면 ROM 주소 0에 위치한 명령어를 불러와서(fetch) 실행하도록 부품 배선을 했었다. 따라서 컴퓨터가 부팅될 때 미리 정해진 코드 조각을 실행하도록 만들고 싶다면, 이 코드 조각을 주소 0에서 시작하는 핵 컴퓨터의 명령어 메모리에 넣으면 된다. 아래가 그 코드다.

```
// 부트스트랩(의사(pseudo)) 코드, 기계어로 표현되어야 함.
SP=256
call Sys.init
```

그러면 운영체제의 일부인 Sys.init 함수는 응용프로그램의 main 함수를 호출하고 무한 루프에 들어가게 된다. 그리고 이 작업으로 번역된 VM 프로그램이 실행되기 시작한다. 응용프로그램과 main 함수의 개념이 고수준 언어마다 다름에 유의하자. 잭 언어에서는 Sys.init이 VM 함수 Main.main을 호

기호	사용법
SP	이 사전 정의 기호는 최상위 스택 값을 담고 있는 주소 바로 다음에 오는 RAM 메모리 주소를 가리킨다.
LCL, ARG, THIS, THAT	이 사전 정의 기호들은 각각 현재 실행 중인 VM 함수의 local, argument, this, that 가상 세그먼트의 RAM 시작 주소를 가리킨다.
Xxx.i 기호 (정적 변수를 나타냄)	파일 *Xxx*.vm에 나타나는 static *i*에 대한 참조는 각각 어셈블리 기호 *Xxx.i*로 번역된다. 이어지는 어셈블리 처리 과정에서 핵 어셈블러는 이 기호 변수를 주소 16에서 시작하는 RAM에 할당한다.
functionName$*label* (goto 명령의 목적지)	foo를 *Xxx*.vm 파일 내 어떤 함수라 하자. foo 내의 label bar 명령을 처리할 때마다, 기호 *Xxx*.foo$bar를 생성해서 어셈블리 코드 스트림에 삽입한다. (foo 내의) goto bar와 if-goto bar 명령을 어셈블리로 번역할 때, label *Xxx*.foo$bar가 bar 대신 사용되어야 한다.
functionName (함수 진입점 기호)	파일 *Xxx*.vm 내 function foo 명령을 처리할 때마다, 함수 코드의 진입점을 레이블로 표시하는 기호 *Xxx*.foo를 생성해서 어셈블리 코드 스트림에 삽입한다. 이어지는 어셈블리 처리 과정에서 어셈블러는 이 기호를 함수 코드가 시작하는 실제 주소로 번역한다.
fuctionName$ret.*i* (반환 주소 기호)	foo를 *Xxx*.vm 내 어떤 함수라고 하자. foo의 코드에서 call 명령을 처리할 때마다, 기호 *Xxx*.foo$ret.*i*를 생성해서 어셈블리 코드 스트림에 삽입한다. 여기서 *i*는 증가하는 정수다(foo 내의 call 명령마다 이런 기호가 하나씩 생성된다). 이 기호는 호출자의 코드 내 반환 주소를 표시하는 데 쓰인다. 이어지는 어셈블리 처리 과정에서 어셈블러는 이 기호를 call 명령 바로 뒤 명령의 실제 메모리 주소로 번역한다.
R13~R15	이 사전 정의 기호는 어떤 목적으로든 사용될 수 있다. 예를 들면 VM 번역기가 임시 저장용 저수준 변수가 필요한 어셈블리 코드를 생성할 때 이 R13~R15가 유용할 것이다.

그림 8.6 위에 기술한 명명 규칙은, 여러 .vm 파일과 함수들을 하나의 .asm 파일로 번역할 때, 생성된 어셈블리 기호들이 파일 내에서 중복되지 않도록 설계한 것이다.

출한다는 것이 규칙이다. 이 규칙은 자바와 유사하다. JVM에 주어진 자바 클래스 Foo를 실행하라고 지시하면, JVM은 Foo.main 메서드를 찾아서 실행하기 때문이다. 일반적으로 Sys.init 함수를 다른 방식으로 만들면 언어별 시작 루틴을 구현할 수 있다.

사용법 번역기는 다음과 같이 하나의 명령줄 인수를 받는다.

prompt>VMTranslator *source*

여기서 *source*는 *Xxx*.vm 형식의 파일명(확장자는 필수)이나, 하나 이상의 .vm 파일이 있는 폴더명(이 경우에는 확장자 필요 없음)이다. 파일명/폴더명에는 파일 경로가 포함될 수 있다. 파일 경로가 지정되지 않으면, 번역기는 현재 폴더에서 작동한다. VM 번역기의 출력은 *souce*.asm이라는 이름의 어셈블리 파일 하나다.

　*source*가 폴더명일 경우, 폴더 내 모든 .vm 파일에 있는 모든 함수의 번역이 .asm 파일에 차례로 들어가게 된다. 출력 파일은 입력 파일과 동일한 폴더에 생성된다. 폴더에 이 이름의 파일이 있으면 덮어쓴다.

8.5.3 VM 구현의 설계 제안

프로젝트 7에서 우리는 VMTranslator, Parser, CodeWriter라는 세 모듈을 이용해서 기초 VM 번역기를 구축하는 방법을 제안했다. 이제는 이 기초 번역기를 완전한 기능의 번역기로 확장하는 방법을 설명하고자 한다. 기능 확장은 프로젝트 7에서 이미 구축한 세 개의 모듈에, 아래에 설명하는 기능을 추가하는 방식으로 한다. 새 모듈을 추가로 개발할 필요는 없다.

VMTranslator

번역기의 입력이 Prog.vm 같은 단일 파일인 경우, VMTranslator는 Prog.vm을 파싱하기 위한 Parser와, Prog.asm이라는 이름의 출력 파일을 만들기 시작하는 CodeWriter를 생성한다. 다음으로 VMTranslator는 입력 파일의 각 줄을 진행iterate하면서 Parser를 이용해 VM 명령으로 파싱하고 공백을 제외하는 루프로 들어간다. 그리고 VMTranslator는 파싱된 명령마다 CodeWriter를 사용해서 핵 어셈블리 코드를 생성하고, 생성된 코드를 출력 파일에 기록한다. 이 모든 기능은 이미 프로젝트 7에서 완성했다.

번역기의 입력이 Prog 같은 이름의 폴더인 경우, VMTranslator는 폴더 내의 .vm 파일들을 처리하기 위한 Parser와, 핵 어셈블리 코드를 생성해서 Prog.asm 출력 파일에 기록하는 CodeWriter를 생성한다. VMTranslator가 폴더에서 새로운 .vm 파일 번역을 시작할 때마다, CodeWriter에게 새 파일을 처리 중임을 알려 줘야 한다. 이 정보는 setFileName이라는 이름의 CodeWriter 루틴을 호출하면 알려 줄 수 있으며, 아래에서 설명할 것이다.

Parser

이 모듈은 프로젝트 7에서 개발한 Parser 모듈과 동일하다.

CodeWriter

프로젝트 7에서 개발한 CodeWriter는 VM 산술-논리 명령과 push/pop 명령을 처리하도록 설계된 것이다. 다음은 VM 언어의 모든 명령을 처리하는 완전한 CodeWriter의 API이다.

루틴	인수	반환	함수
생성자/초기자	출력 파일/스트림	—	출력 파일/스트림을 열고 기록할 준비를 한다.
			프로그램 실행을 시작하는 부트스트랩 코드에 해당하는 어셈블리 명령어를 기록한다. 이 코드는 생성된 출력 파일/스트림의 시작 부분에 위치해야 한다.
			추가 설명: 8.6절 끝에 있는 '구현 팁'을 참고하라.
setFileName	filename (string)	—	새로운 VM 파일 번역이 시작했음을 알린다 (VMTranslator가 호출).

writeArithmetic (프로젝트 7에서 개발)	command (string)	—	주어진 산술-논리 command(명령)을 구현하는 어셈블리 코드를 출력 파일에 기록한다.
writePushPop (프로젝트 7에서 개발)	command (C_PUSH 또는 C_POP), segment (string), index(int)	—	주어진 푸시 또는 팝 command(명령)을 구현하는 어셈블리 코드를 출력 파일에 기록한다.
writeLabel	label (string)	—	label 명령을 수행하는 어셈블리 코드를 기록한다.
writeGoto	label (string)	—	goto 명령을 수행하는 어셈블리 코드를 기록한다.
writeIf	label (string)	—	if-goto 명령을 수행하는 어셈블리 코드를 기록한다.
writeFunction	functionName (string) nVars (int)	—	function 명령을 수행하는 어셈블리 코드를 기록한다.
writeCall	functionName (string) nVars (int)	—	call 명령을 수행하는 어셈블리 코드를 기록한다.
writeReturn	—	—	return 명령을 수행하는 어셈블리 코드를 기록한다.
close (프로젝트 7에서 개발)	—	—	출력 파일/스트림을 닫는다.

8.6 프로젝트

프로젝트를 요약하면, 7장에서 개발한 기초 번역기의 기능을 확장해서, 여러 개의 .vm 파일을 처리하고, VM 분기 명령과 VM 함수 명령을 핵 어셈블리 코드로 번역할 수 있도록 해야 한다. VM 번역기는 파싱된 VM 명령마다, 핵 플랫폼에서 그 명령의 의미를 구현하는 어셈블리 코드를 생성해야 한다. 세 개의 분기 명령을 어셈블리로 번역하는 일은 어렵지 않다. 세 개의 함수 명령을 번역하는 일은 좀더 까다로우며, 그림 8.6의 기호들을 이용해서 그림 8.5의 의사코드를 구현해야 한다. 앞 장에서와 같은 제안을 하고자 한다. 먼저 요구되는 어셈블리 코드를 종이에 써 보자. RAM과 전역 스택 그림을 그리고, 스택 포인터와 관련 메모리 세그먼트 포인터를 추적하면서, 독자가 종이에 쓴 어셈블리 코드가 call, function, return 명령 처리와 관련된 저수준 동작을 잘 구현하는지 확인해 보자.

목표 7장에서 만든 기초 VM 번역기를 확장해서, VM 언어로 된 다중 파일 프로그램을 처리할 수 있는 완전한 기능의 VM 번역기를 만든다.

이 버전의 VM 번역기는 VM 소스 코드에 오류가 없다고 가정한다. 오류 검사, 보고 및 처리는 다음 버전의 VM 번역기에 추가될 수 있지만, 프로젝트 8에서는 아니다.

과제 '_VM 명세, 파트 II_'(8.4절)와 '핵 플랫폼에서의 표준 VM 매핑, 파트 II'(8.5.2절)에 따라 VM-핵 번역기의 구성을 완료한다. 독자가 만든 번역기를 사용해서, 제공된 VM 테스트 프로그램을 번역하고 핵 어셈블리어로 된 프로그램을 생성하자. 테스트 스크립트와 함께 제공된 CPU 에뮬레이터에서, 독자의 번역기가 생성한 어셈블리 프로그램을 실행하면 비교 파일에서 요구하는 결과가 나와야 한다.

자료 VM 번역기를 구현할 프로그래밍 언어와, Nand to Tetris 소프트웨어 모음에 있는 CPU 에뮬레이터라는 두 가지 도구가 필요하다. CPU 에뮬레이터를 사용해서 번역기가 생성한 어셈블리 코드를 실행하고 테스트한다. 생성된 코드가 올바르게 실행되면 VM 번역기가 기대한 대로 작동한다고 가정한다. 번역기를 부분적으로 테스트하는 것이지만 우리의 목적에는 충분하다.

이 프로젝트에서 유용한 다른 도구는 VM 에뮬레이터다. 이 프로그램을 사용해서 제공된 테스트 VM 프로그램을 실행하고, VM 코드가 시뮬레이션된 스택 및 가상 메모리 세그먼트의 상태에 어떤 영향을 미치는지 관찰하자. 이렇게 하면 VM 번역기가 어셈블리에서 최종적으로 실현하는 동작을 이해하는 데 도움이 될 것이다.

완전한 기능의 VM 번역기는 프로젝트 7에서 만든 VM 번역기를 확장해서 구현된 것이므로, 앞에서 만든 VM 번역기의 소스 코드도 필요할 것이다.

테스트 및 구현 단계

두 단계로 나눠서 VM 번역기를 구현하기를 권장한다. 먼저 분기 명령을 구현하고, 다음으로 함수 명령을 구현하자. 이렇게 하면 제공된 테스트 프로그램을 이용해서 단계적으로 구현 내용을 단위 테스트할 수 있다.

label, if, if-goto 명령 처리의 테스트

- BasicLoop: $1 + 2 + \cdots + \text{argument}[0]$을 계산하고, 그 결과를 스택에 푸시(push)한다. VM 번역기가 label 및 if-goto 명령을 처리하는 방식을 테스트한다.
- FibonacciSeries: 피보나치 수열의 첫 n개 숫자를 계산하고 메모리에 저장한다. label, goto, if-goto 명령 처리에 대한 더 엄격한 테스트다.

call, function, return 명령 처리의 테스트

프로젝트 7과 달리 이제 VM 번역기가 다중 파일 프로그램을 처리해야 한다. 규칙에 따라 VM 프로그램에서 가장 먼저 실행하는 함수는 Sys.init이라는 점을 떠올리자. 보통 Sys.init은 프로그램의 Main.main 함수를 호출하도록 프로그래밍된다. 하지만 여기서는 프로젝트 목적에 따라 Sys.init가 다양한 테스트를 수행하도록 설정하고자 한다.

- SimpleFunction: 간단한 계산을 하고 그 결과를 반환한다. 그래서 VM 번역기가 function 및 return 명령을 처리하는 방식을 테스트한다. 이 테스트는 함수 하나로 구성된 파일 하나를 처리하므로 Sys.init 테스트 함수는 필요하지 않다.
- FibonacciElement: 이 테스트 프로그램은 두 개의 파일로 구성된다. Main.vm에는 피보나치 수열의 n번째 숫자를 재귀적으로 반환하는 Fibonacci 함수 하나가 들어 있고, Sys.vm에는 $n = 4$일 때의 Main.fibonacci를 호출하고 무한 루프로 들어가는 Sys.init 함수가 하나 포함되어 있다(VM 번역기가 Sys.init을 호출하는 부트스트랩 코드를 생성한다는 사실을 기억하자). 이 설정으로 VM 번역기의 다중 .vm 파일 처리, VM 함수 호출-반환 명

령, 부트스트랩 코드, 그 외 대부분의 VM 명령 수행을 철저하게 테스트할 수 있다. 테스트 프로그램은 두 개의 .vm 파일로 구성되므로, 전체 폴더를 번역해서 FibonacciElement.asm 파일 하나를 생성해야 한다.

- StaticsTest: 이 테스트 프로그램은 세 개의 파일로 구성된다. Class1.vm 과 Class2.vm은 여러 정적 변수의 값을 설정하고 가져오는 함수들이 담겨 있다. Sys.vm에는 이러한 함수를 호출하는 Sys.init 함수 하나가 들어 있다. 테스트 프로그램은 여러 .vm 파일로 구성되어 있으므로 전체 폴더를 번역해서 StaticsTest.asm 파일 하나를 생성해야 한다.

구현 팁

프로젝트 8은 프로젝트 7에서 개발한 기초 VM 번역기를 확장하는 프로젝트 이므로, (아직 백업을 하지 않았다면) 프로젝트 7의 소스 코드의 백업 복사본 을 만들어 두는 것이 좋다.

VM 명령인 label, goto, if-goto의 논리를 구현하는 데 필요한 어셈블리 코드를 파악하는 것부터 시작하자. 다음으로 CodeWriter의 writeLabel, writeGoto, writeIf 메서드를 구현한다. 기능이 추가된 VM 번역기로 Basic Loop.vm 및 FibonacciSeries.vm 프로그램을 번역해서 잘 동작하는지 테스트 해 보자.

부트스트랩 코드 번역된 VM 프로그램이 실행을 시작하려면, VM에게 대상 플랫폼에서 프로그램을 실행하도록 명령하는 시작startup 코드가 그 프로그램에 포함되어야 한다. 또한 VM 코드가 제대로 작동하려면, VM이 스택의 기본 주소와 가상 세그먼트를 RAM 내의 올바른 위치에 저장해야 한다. 이 프로젝트 의 첫 세 테스트 프로그램(BasicLoop, FibonacciSeries, SimpleFunction)에는 시작 코드가 아직 구현되지 않았다고 가정하므로, 수동으로 필요한 초기화를 수행하는 테스트 프로그램이 포함되어 있다. 이 말은 곧 개발과정에서 독자 가 시작 코드에 대해 걱정할 필요가 없다는 뜻이다. 마지막 두 테스트 프로그램(FibonacciElement와 StaticsTest)은 시작 코드가 이미 VM 구현에 포함되어 있다고 가정한다.

이 사실을 바탕으로, CodeWriter의 생성자는 두 단계로 개발되어야 한다. 첫 번째 버전의 생성자는 부트스트랩 코드를 생성하지 말아야 한다(즉, API 정의의 생성자 부분에서, "프로그램 실행을 시작하는 부트스트랩 코드에…" 라는 말로 시작하는 설명을 무시해야 한다). 독자가 만든 이 버전의 번역기를 사용해서 BasicLoop, FibonacciSeries, SimpleFunction 프로그램을 단위 테스트하자. 두 번째이자 최종 버전의 CodeWriter 생성자는 API에 지정된 대로 부트스트랩 코드를 생성해야 한다. 이 버전은 FibonacciElement와 StaticsTest를 단위 테스트하는 데 사용되어야 한다.

제공된 테스트 프로그램은 독자가 구현하는 VM의 각 단계별로 특정 기능을 테스트하도록 주의 깊게 계획된 것이다. 따라서 제안된 순서대로 VM 번역기를 구현하고, 단계별로 적절한 테스트 프로그램을 이용해서 테스트하는 것이 좋다. 앞 단계를 뛰어 넘어 나중 단계부터 구현하면 테스트 프로그램이 실패할 수 있다.

프로젝트 8의 웹 버전은 *www.nand2tetris.org*에서 찾아볼 수 있다.

8.7 정리

분기 및 함수 호출의 개념은 모든 고수준 언어의 기본적 개념이다. 이 말은 곧 고수준 언어에서 2진 코드로 번역하는 과정 어딘가에서, 누군가가 이 개념 구현과 관련된 복잡한 관리 작업들을 처리해야 한다는 뜻이다. 자바, C#, 파이썬, 잭에서는 가상 머신에서 이 작업을 맡는다. 그리고 이 장에서 살펴보았듯, VM 아키텍처가 스택 기반이면 이 작업을 훌륭하게 처리할 수 있다.

스택 기반 VM 모델의 표현력을 이해하려면, 이 장에서 제시한 프로그램들을 다시 살펴보자. 예를 들어 그림 8.1과 8.4는 고수준 프로그램과 그 VM 번역 프로그램이다. 각각 줄 수를 세어보면 고수준 코드 한 줄당 평균적으로

약 네 줄의 컴파일된 VM 코드가 생성됨을 알 수 있다. 잭 프로그램을 VM 코드로 컴파일할 때도 이 1:4 번역 비율이 상당히 일관되게 나타난다. 컴파일 기법에 대해 잘 알지 못하더라도, 컴파일러가 생성하는 VM 코드의 간결함과 가독성을 알아볼 수 있을 것이다. 예를 들어, 컴파일러를 만들 때 볼 수 있듯 let y=Math.sqrt(x) 같은 고수준 명령문은 push x, call Math.sqrt, pop y로 번역된다. 그리고 2단계 컴파일러는 나머지 번역 처리를 VM 구현에 맡기기 때문에 아주 약간의 작업만 하고 넘어갈 수 있다. VM 중간 계층의 이점을 누리지 않고 let y=Math.sqrt(x) 같은 고수준 명령문을 핵 코드로 곧바로 번역해야 한다면, 결과로 나오는 코드는 훨씬 덜 우아하고, 더 암호 같을 것이다.

그리고 그 말은 곧 더 효율적이라는 뜻도 된다. VM 코드는 기계어로 구현되어야 한다는 사실을 잊지 말자(그리고 프로젝트 7과 8이 모두 그에 대한 내용이다). 일반적으로 2단계 번역 과정에서 생성된 최종 기계어 코드는, 직접 번역해서 생성한 코드보다 더 길고 비효율적이다. 그러면 무엇이 더 바람직할까? 최종적으로 1,000개의 기계 명령어를 생성하는 2단계 자바 프로그램일까, 아니면 논리는 동일하지만 700개의 명령어를 생성하는 1단계 C++ 프로그램일까? 적절한 답은 프로그래밍 언어마다 장단점이 있으며, 응용프로그램마다 동작 요구사항이 다르다는 것이다.

2계층 모델의 가장 큰 장점 중 하나는, 중간 VM 코드(예: 자바의 바이트코드bytecode)를 관리할 수 있다는 점이다. 예를 들어 악성 코드 포함 여부를 테스트하는 프로그램이나, 비즈니스 절차 모델링을 위해 코드를 모니터링하는 프로그램 등으로 관리하는 것을 생각할 수 있다. 보통 대부분의 응용 사례에서 코드가 관리된다는 장점은, VM 계층으로 인해 발생하는 성능 저하 단점을 덮을 수 있다. 그러나 운영체제나 임베디드 응용프로그램과 같은 고성능 프로그램의 경우에는, 보통 C/C++를 이용해서 기계어로 직접 컴파일한 엄격하고 효율적인 코드가 필요하다.

컴파일러 작성자가 명시적인 중간 VM 언어를 사용해서 얻을 수 있는 명백한 장점은, 컴파일러 작성 및 유지 관리 작업을 단순화할 수 있다는 점이다. 예를 들어 이 장에서 구현된 VM이 함수 호출-반환 규약의 저수준 처리를 담당하기 때문에 컴파일러는 그 중요한 작업에서 자유로워질 수 있다. 보통 중간 VM 계층 덕에, 고수준에서 저수준으로 변환하는 컴파일러를 구현한다는 어려운 작업을 훨씬 더 간단한 두 개의 과제로 나눌 수 있다. 즉, 고수준에서 VM으로 변환하는 컴파일러와, VM에서 저수준으로 번역하는 번역기 구현이다. 이 중 컴파일러 백엔드back end라고도 불리는 후자의 번역기는 프로젝트 7과 8에서 이미 개발되었기 때문에, 컴파일러 작성 과제의 절반은 이미 달성되었다고 봐도 된다. 나머지 절반(컴파일 프론트엔드 개발)은 10장과 11장에서 다룰 것이다.

추상화와 구현을 분리하는 장점에 대해 전반적으로 살펴보며 이 장을 마무리하고자 한다. 추상화와 구현의 분리는 Nand to Tetris에서 반복해서 언급하는 주제이자, 컴파일 과제의 맥락을 훨씬 뛰어넘어서 일반적인 시스템을 구현할 때의 핵심 원칙이기도 하다. VM 함수가 push argument 2, pop local 1 등의 명령을 사용해서 메모리 세그먼트에 접근할 때, 이 값들이 런타임에 어떻게 표현되고, 저장되고, 복원되는지 전혀 알지 못한다는 점을 기억하자. VM이 이 모든 귀찮은 작업을 처리한다. 이렇게 추상화와 구현이 완전히 분리되었다는 이야기는, 컴파일러 개발자가 어떻게 생성된 VM 코드가 실행되는지 신경 쓸 필요가 없다는 뜻이다. 곧 알게 되겠지만 컴파일러 개발자는 그것 말고도 신경 쓸 일이 충분히 많다.

그러니 힘내자! 여러분은 고수준, 객체 기반, 자바 유사 프로그래밍 언어를 위한 2단계 컴파일러를 완성하는 과정의 중간에 있다. 다음 장에서는 이 프로그래밍 언어에 대해 설명할 것이다. 그리고 이 설명은 10장과 11장에서의 컴파일러 구축을 위한 준비 단계가 될 것이다. 이 터널 끝에서는 테트리스 블록이 떨어지는 것을 볼 수 있을 것이다.

고수준 언어

High-Level Language

> 고결한 생각은 고상한 언어로 표현해야 한다.
>
> 아리스토파네스(Aristophanes, 기원전 427~386)

지금까지 이 책에서 설명한 어셈블리어와 VM 언어는 저수준 언어로, 애플리케이션 개발이 아니라 기계를 제어하기 위한 언어다. 이 장에서는 프로그래머가 고수준 프로그램을 작성할 수 있도록 설계된 잭Jack이라는 고수준 언어를 설명한다. 잭은 간단한 객체 기반 언어다. 잭 언어는 기본적으로 자바 및 C++와 같은 주류 언어와 비슷한 기능과 특징을 가지나, 문법은 더 단순하고 상속을 지원하지 않는다. 잭은 단순하기는 하지만 여러 가지 응용프로그램을 만들 수 있는 범용 언어다. 테트리스, 스네이크, 퐁, 스페이스 인베이더 같은 고전적 게임을 잭 언어로도 충분히 만들 수 있다.

잭을 소개하면서 컴퓨터를 만드는 우리의 여정이 후반부로 접어든다. 10장과 11장에서는 잭 프로그램을 VM 코드로 번역하는 컴파일러를 만들고, 12장에서는 잭/핵 플랫폼을 위한 간단한 운영체제를 개발할 예정이다. 여기까지 하면 컴퓨터가 완성된다. 먼저 이 장을 시작하기 전에 독자를 잭 프로그래머로 만드는 게 목표가 아님을 짚고 넘어가겠다. 잭 언어는 Nand to Tetris 밖에서 중요하게 쓰일 언어도 아니다. 우리는 잭을 10~12장에서 컴파일러와 운영체제를 개발할 때 지지대 역할을 하는 언어로 바라볼 것이다.

여러분이 최신 객체 지향 프로그래밍 언어를 다뤄 본 적이 있다면 잭도 곧

바로 친숙하게 느낄 것이다. 따라서 이 장은 몇 가지 대표적인 잭 프로그램 예제들로 시작한다. 이 프로그램들은 nand2tetris/tools에 있는 잭 컴파일러로 컴파일할 수 있다. 컴파일러가 생성한 VM 코드는 제공되는 VM 에뮬레이터를 포함해서 모든 VM 구현에서 그대로 실행할 수 있다. 아니면 7~8장에서 만든 VM 번역기를 사용해서 컴파일된 VM 코드를 기계어로 번역할 수도 있다. 결과로 나오는 어셈블리 코드는 제공된 CPU 에뮬레이터에서 실행하거나, 2진 코드로 더 번역해서 1~5장에서 만든 하드웨어 플랫폼에서 실행이 가능하다.

잭은 단순한 언어고, 그 단순함에는 이유가 있다. 첫째로 약 한 시간 정도면 잭 언어를 배울 수(또 잊어버릴 수) 있다. 둘째로 잭 언어는 일반적인 컴파일 기법에 맞도록 주의 깊게 설계된 언어라는 점이다. 따라서 10장과 11장에서 비교적 쉽게 잭 컴파일러를 작성해 볼 수 있다. 바꿔 말하면, 자바나 C# 같은 현대 언어의 소프트웨어적 기초를 이해하기 쉽도록 잭을 의도적으로 단순한 구조로 설계했다는 뜻이다. 이런 언어들의 컴파일러와 런타임 환경을 따로 떼어놓기보다는, 직접 컴파일러와 런타임 환경을 만들어 보면서 그 구성의 기본이 되는 주요 개념들을 살펴보는 게 이해하는 데 더 도움이 된다. 그 작업은 이 책의 마지막 세 장에 걸쳐 하게 될 것이다. 지금은 잭을 상자에서 꺼내 보자.

9.1 예제

잭은 대부분 설명이 따로 필요 없는 언어다. 따라서 언어 명세는 다음 절로 미루고 예제부터 살펴보자. 첫 예제는 늘 보게 되는 Hello World 프로그램이다. 두 번째 예제로는 절차적 프로그래밍과 배열 처리를 살펴본다. 세 번째 예제에서는 잭 언어에서 추상 데이터 타입을 구현하는 방법을 알아본다. 마지막 예제에서는 잭 언어의 객체 처리 기능을 활용해서 연결 리스트를 구현한다.

예제 전체에 걸쳐서 다양한 객체 지향 관용구들과 일반적으로 사용되는 데이터 구조들을 간략하게 설명할 것이다. 우리는 독자들이 이런 주제들에 기본적인 지식이 있다고 가정한다. 그렇지 않더라도 읽다 보면 어떻게든 이해할 수 있을 것이다.

예제 1: Hello World 그림 9.1의 프로그램은 잭의 기본 특징을 몇 가지 보여 준다. 컴파일된 잭 프로그램이 실행될 때는 항상 Main.main 함수에서 시작한다. 따라서 잭 프로그램에는 Main이라는 클래스가 적어도 하나 있어야 하며, 이 클래스에는 Main.main이라는 함수도 하나 있어야 한다. 이 규칙이 그림 9.1에 설명되어 있다.

```
/** "Hello World"를 출력함. 파일명: Main.jack */
class Main {
   function void main() {
      do Output.printString("Hello World");
      do Output.println();  // 새로운 라인
      return;               // return 명령문은 필수다.
   }
}
```

그림 9.1 잭 언어로 작성된 Hello World

잭에는 표준 클래스 라이브러리standard class library가 있으며, 부록 6에 전체 API가 수록되어 있다. 이 라이브러리는 잭 OS라고도 하며, 수학 함수, 문자열 처리, 메모리 관리, 그래픽, 입/출력 함수 같은 다양한 기능들로 기본 언어를 확장하는 역할을 한다. Hello World 프로그램에서는 그중에 두 개의 OS 함수가 출력에 사용되었다. 이 프로그램은 잭에서 지원하는 주석 형식들도 보여 주고 있다.

예제 2: 절차적 프로그래밍과 배열 처리 잭에는 할당 및 반복을 처리하기 위한 전형적인 명령문들이 있다. 그림 9.2는 이런 명령문들을 활용한 배열 처리 프로그램이다.

```
/** 정수 열을 입력하고 그 평균을 계산한다. */
class Main {
    function void main() {
        var Array a;     // 잭 배열은 타입이 없다.
        var int length;
        var int i, sum;
        let i = 0;
        let sum = 0;
        let length = Keyboard.readInt("How many numbers? ");
        let a = Array.new(length);  // 배열을 구성한다.
        while (i < length) {
            let a[i] = Keyboard.readInt("Enter a number: ");
            let sum = sum + a[i];
            let i = i + 1;
        }
        do Output.printString("The average is: ");
        do Output.printInt(sum / length);
        do Output.println();
        return;
    }
}
```

그림 9.2 일반적인 절차형 프로그래밍과 간단한 배열 처리. OS 클래스 Array, Keyboard,
Output의 기능을 활용하고 있다.

대부분의 고수준 프로그래밍 언어는 배열 선언을 기본 문법으로 제공한다. 잭에서는 기능 확장용 OS에 포함된 Array 클래스의 인스턴스로 배열을 처리하기로 결정했다. 잭 컴파일러의 구성을 단순화하자는 실용적 이유로 이 방식을 택했다.

예제 3: 추상 데이터 타입 모든 프로그래밍 언어는 기본 데이터 타입을 정해 놓는데, 잭은 그중 세 가지 타입, 즉 int, char, boolean을 지원한다. 필요하다면 프로그래머가 직접 추상 데이터 타입을 나타내는 새로운 클래스를 만들어서 기본 데이터 타입을 확장할 수도 있다. 예를 들어 정밀도를 잃지 않고 2/3나 314159/100000 같은 유리수를 처리하는 기능을 잭에 넣고 싶다고 해 보자. 이럴 땐 x/y 같은 형태(x, y는 정수)의 분수 객체를 생성하고 조작할 수 있는 개별 클래스를 잭에 만들어 넣으면 된다. 그러면 유리수를 표현하거나 조작해야 하는 잭 프로그램이라면 무엇이든 이 분수 추상화를 활용할 수 있다. 이제 Fraction 클래스를 어떻게 활용하고 개발할 수 있을지 설명하려 한다.

이 예제는 잭 언어에서 일반적인 다중 클래스, 객체 기반 프로그래밍에 대한 예다.

클래스 사용하기 그림 9.3a는 분수 추상화에 있을 법한 기능들을 정의한 클래스 뼈대(메서드 선언들)이다. 이런 명세는 응용프로그램 인터페이스Application Program Interface 또는 줄여서 API라고 부른다. 그림 하단의 클라이언트 코드는 이 API를 어떻게 사용해서 분수 객체를 생성하고 조작하는지 보여 주고 있다.

그림 9.3a에는 소프트웨어 공학에서 중요한 원리가 담겨 있다. 즉, (Fraction 같은) 추상화를 이용하는 사람은 그 구현에 대해 아무것도 알 필요가 없다는 것이다. 사용자는 API라는 클래스 인터페이스만 알면 된다. API는 클래스가 제공하는 함수와 그 함수의 사용법 정보를 담고 있다. 그 정보가 클라이언트(사용자) 입장에서 알아야 할 모든 정보다.

```
/** Fraction 타입과 관련 연산들(클래스 뼈대) */
class Fraction {
    /** x와 y로부터 (약분된) 분수를 생성한다. */
    constructor Fraction new(int x, int y)
    /** 이 분수의 분자를 반환한다. */
    method int getNumerator()
    /** 이 분수의 분모를 반환한다. */
    method int getDenominator()
    /** 이 분수와 다른 분수의 합을 반환한다. */
    method Fraction plus(Fraction other)
    /** 이 분수를 x/y 형태로 출력한다. */
    method void print()
    /** 이 분수를 없앤다. */
    method void dispose() {
    // 그 외 분수 관련 메서드:
    // minus, times, div, invert 등
}
```

```
// 2/3와 1/5의 합을 계산하고 출력한다.
class Main {
    function void main() {
        // 3개의 분수 변수(Fraction 객체를
        // 가리키는 포인터)를 생성한다.
        var Fraction a, b, c;
        let a = Fraction.new(4,6);  // a = 2/3
        let b = Fraction.new(1,5);  // b = 1/5

        // 두 개의 분수를 더하고 그 결과를 출력한다.
        let c = a.plus(b);  // c = a + b
        do c.print();       // "13/15"를 출력해야 함
        return;
    }
}
```

그림 9.3a Fraction API(상단)와 그 API를 활용해서 Fraction 객체를 생성하고 조작하는 잭 클래스 예시

클래스 구현하기 지금까지는 Fraction 클래스를 블랙박스 추상화로 사용되는 클라이언트 관점으로만 보았다. 그림 9.3b는 이 추상화를 구현하는 방법 예시 중 하나다.

```
/** Fraction 타입과 관련 연산들 */
class Fraction {
    // 각 Fraction 객체는 분자와 분모를 가진다.
    field int numerator, denominator;
    /** x와 y에서 (약분된) 분수를 생성한다 */
    constructor Fraction new(int x, int y) {
        let numerator = x;
        let denominator = y;
        do reduce();  // 이 분수를 약분한다.
        return this;  // 새로운 객체의 참조를 반환한다.
    }
    // 이 분수를 약분한다.
    method void reduce() {
        var int g;
        let g = Fraction.gcd(numerator,
                             denominator);
        if (g > 1) {
            let numerator = numerator / g;
            let denominator = denominator / g;
        }
        return;
    }
    // 주어진 두 정수의 최대공약수를 계산한다.
    function int gcd(int a, int b) {
        // 유클리드 알고리즘을 적용한다.
        var int r;
        while (~(b = 0)) {
            let r = a - (b * (a / b)); // r = 나머지
            let a = b;
            let b = r;
        }
        return a;
    }
    // Fraction 클래스 선언이 오른쪽 위에 이어짐
```

```
/** 접근자 */
method int getNumerator() {
    return numerator;
}
method int getDenominator() {
    return denominator;
}
/** 이 분수와 다른 분수의 합을 반환한다. */
method Fraction plus(Fraction other) {
    var int sum;
    let sum = (numerator *
                other.getDenominator())+
               (other.getNumerator() *
                denominator);
    return Fraction.new(sum, denominator *
                other.getDenominator());
}
/** 이 분수를 x/y 형식으로 출력한다. */
method void print() {
    do Output.printInt(numerator);
    do Output.printString("/");
    do Output.printInt(denominator);
    return;
}
/** 이 분수를 삭제한다. */
method void dispose() {
    // 이 객체가 점유하던 메모리를 해제한다.
    do Memory.deAlloc(this);
    return;
}
// 그 외 분수 관련 메서드:
// minus, times, div, invert 등
} // Fraction 클래스 선언 끝
```

그림 9.3b Fraction 추상화의 잭 언어 구현

Fraction 클래스 구현을 보면 잭 언어에서 객체 기반 프로그래밍의 핵심 요소 몇 가지가 나와 있다. 필드field는 객체 속성을 정의한다(멤버 변수member variable라고도 한다). 생성자constructor는 새 객체를 생성하는 서브루틴이고, 메서드method는 현재 객체(this 키워드로 참조된다) 위에서 동작하는 서브루틴이다. 함수function는 특정 객체 없이 동작하는 클래스 수준의 서브루틴(정적 메서드static method라고도 한다)이다. 또한 Fraction 클래스 구현에는 잭 언어에서 사용 가능한 모든 타입의 명령문들(let, do, if, while, return)이 있다. 물론 여기에 나온 Fraction 클래스는 상상 가능한 모든 프로그래밍 목표에 따라 잭에서 생성 가능한 수많은 클래스 중 한 예일 뿐이다.

예제 4: 연결 리스트 구현 리스트 데이터 구조는 값 뒤에 리스트가 오는 방식으로 재귀적으로 정의된다. null 값은 나쁜 정의이긴 하지만 역시 리스트로 간주된다. 그림 9.4는 정수들의 리스트를 잭에서 구현하는 한 가지 예다. 이 예제는 컴퓨터 과학에서 널리 사용되는 주요 데이터 구조를 잭으로 어떻게 구현할 수 있는지 보여 준다.

```
/** 정수들의 리스트 */
class List {
    field int data;    // 리스트는 int 값 하나와
    field List next;   // 그 뒤에 따라오는
                       // 리스트로 구성된다.
    /* 머리(head)는 car이고
       꼬리(tail)는 cdr인 리스트를 생성한다. */
    // 이 식별자들은 Lisp 프로그래밍 언어에서
    // 따온 것이다.
    constructor List new(int car, List cdr) {
        let data = car;
        let next = cdr;
        return this;
    }
    /* 접근자 */
    method int getData() { return data; }
    method List getNext() { return next; }
    /* 이 리스트의 원소들을 출력한다. */
    method void print() {
        // 이 리스트의 첫 원소를 가리키는 포인터를 초기화한다.
        var List current;
        let current = this;
        // 리스트 원소들을 반복(iterate)한다.
        while (~(current = null)) {
            do Output.printInt(current.getData());
            do Output.printChar(32); // Prints a space
            let current = current.getNext();
        }
        return;
    }
// List 클래스 선언이 오른쪽 위에 이어짐
```

```
    /* 이 리스트를 삭제한다. */
    method void dispose() {
        // 이 리스트의 꼬리를 재귀적으로 지운다.
        if (~(next = null)) {
            do next.dispose();
        }
        // 이 객체가 저장된 메모리를 해제(free)하는
        // OS 루틴을 사용한다.
        do Memory.deAlloc(this);
        return;
    }
    // 추가적인 리스트 관련 메서드는 여기에 온다.
} // List 클래스 선언 끝
```

```
// 클라이언트 코드 예시:
// list(2,3,5)를 생성하고, 출력하고, 삭제한다.
// 이때 list(2,3,5)는 list(2,(3,(5,null)))를
// 줄여 쓴 것이다.
// (이 코드는 어떤 잭 클래스에서도 쓰일 수 있다.)
...
var List v;
let v = List.new(5,null);
let v = List.new(2,List.new(3,v));
do v.print();      // 2 3 5를 출력한다.
do v.dispose();    // 리스트를 삭제한다.
...
```

그림 9.4 잭에서 연결 리스트 구현(왼쪽과 오른쪽 위)과 사용 예(오른쪽 아래)

운영체제 잭 프로그램은 잭 OS를 폭넓게 활용한다(잭 OS는 12장에서 개발할 것이다). 하지만 지금은 OS 서비스의 구현 방식은 신경 쓰지 말고 잭 프로그램이 그 기능을 추상적으로 활용한다고만 생각하면 된다. 잭 프로그램은 외부 코드를 불러올(include나 import) 필요 없이 OS 서비스를 곧바로 활용할 수 있다.

OS는 8개의 클래스로 구성되어 있으며, 그림 9.5에는 요약 정보가 있고, 부록 6에는 문서화되어 있다.

OS 클래스	서비스(기능)
Math	일반적인 수학 연산 max(int,int), sqrt(int), ⋯
String	문자열 표현과 관련 연산 length(), charAt(int), ⋯
Array	배열 표현과 관련 연산 new(int), dispose()
Output	스크린에 텍스트를 출력하는 기능 printString(String), printInt(int), println(), ⋯
Screen	스크린에 그래픽을 출력하는 기능 drawPixel(int,int), drawLine(int,int,int,int), ⋯
Keyboard	키보드에서 입력을 받는 기능 readLine(String), readInt(String), ⋯
Memory	주 RAM에 접근하는 기능 peek(int), poke(int,int), alloc(int), deAlloc(Array)
Sys	실행 관련 기능: halt(), wait(int), ⋯

그림 9.5 OS 서비스(요약). 완전한 OS API는 부록 6에 있다.

9.2 잭 언어 명세

이 절은 한 번 읽고 나서 나중에 필요할 때 기술적 내용을 참고하는 용도로 쓸 수도 있다.

9.2.1 구문 요소

잭 프로그램은 임의의 수의 공백 및 주석으로 구분되는 토큰들의 시퀀스 sequence다. 토큰은 그림 9.6에 나온 기호, 예약어, 상수, 식별자 중 하나다.

공백 및 주석	공백 문자, 줄바꿈 문자, 주석은 무시된다.
	다음 주석 형식이 지원된다.
	
	`// 라인 끝까지 주석`
	`/* 닫을 때까지 주석 */`
	`/** API 문서 주석 */`	

기호	() 산술 표현식을 묶거나 (서브루틴 호출에서) 인수 리스트 및 (서브루틴 선언에서) 매개 변수 리스트를 감싸는 데 사용됨 [] 배열 인덱스에 사용됨 {} 프로그램 단위 및 명령문들을 묶는 데 사용됨 , 변수 리스트 구분자 ; 명령문 종료 표시 = 할당 및 비교 연산자 . 클래스 멤버 표시 + - * / & | ~ < > 연산자	

예약어	`class`, `constructor`, `method`, `function`
	`int`, `boolean`, `char`, `void`
	`var`, `static`, `field`
	`let`, `do`, `if`, `else`, `while`, `return`
	`true`, `false`, `null`
	`this`
		프로그램 구성요소
		기본 타입
		변수 선언
		명령문
		상수 값
		오브젝트 참조

상수	• 정수형(integer) 상수는 0에서 32767 사이 값이다. 음수 정수는 상수가 아니며 정수형 상 수에 단항 마이너스 연산자를 붙인 표현식이다. 결과 값의 유효한 범위는 −32768에서 32767이다(전자는 −32767 − 1이라는 표현식으로 얻을 수 있다). • 문자열(string) 상수는 따옴표(") 두 개로 둘러싸여 있으며, 줄바꿈(newline)이나 따옴표 를 제외한 모든 문자들을 포함할 수 있다. 줄바꿈과 따옴표 문자들은 `String.newLine()` 및 `String.doublQuote()`라는 OS 함수로 지원된다. • 불(boolean) 상수는 `true`와 `false`다. • `null` 상수는 널 참조를 나타낸다.	
식별자	식별자는 영문자(A~Z, a~z), 숫자(0~9)와 '_'로 이루어진 임의 길이의 문자열이다. 맨 앞 문 자는 영문자나 '_'이 되어야 한다. 잭 언어는 대소문자 구분을 한다. x와 X는 별개의 식별자로 간주된다.	

그림 9.6 잭 언어의 구문 요소들

9.2.2 프로그램 구조

잭 프로그램은 동일한 폴더에 저장된 하나 이상의 클래스들의 모음이다. 그 중에 클래스 하나는 이름이 Main이어야 하며, 이 클래스에는 main이라는 함수가 있어야 한다. 컴파일된 잭 프로그램을 실행할 때는 항상 Main.main 함수에서 시작한다.

잭의 기본 프로그래밍 단위는 클래스다. 클래스 *Xxx*는 *Xxx*.jack이라는 개별 파일에 저장되며, 각각 별도로 컴파일된다. 규칙에 따라 클래스 이름은 대문자로 시작한다. 파일명은 대소문자를 포함해서 클래스명과 같아야 한다. 클래스 선언은 다음과 같은 구조다.

```
Class name {
    필드 변수 선언들        // 서브루틴 선언보다 앞에 와야 함.
    정적 변수 선언들        // 서브루틴 선언보다 앞에 와야 함.
    서브루틴 선언들         // 생성자, 메서드, 함수 선언. 순서는 상관없음.
}
```

각 클래스 선언은 전역적으로 클래스에 접근할 수 있는 name(클래스명)을 정의한다. 다음으로 0개 이상의 필드 선언과, 0개 이상의 정적 변수 선언이 순서대로 이어진다. 그 다음에는 하나 이상의 서브루틴 선언이 따라오며, 각각 메서드, 함수, 생성자 중에 하나를 정의한다.

메서드는 현재 객체 위에서 동작한다. 함수는 특정 객체와 연관이 없는 클래스 수준의 정적 메서드다. 생성자는 그 클래스 타입의 새로운 객체를 생성하고 반환한다. 서브루틴 선언 구조는 다음과 같다.

```
subroutine type name (매개변수 리스트) {
    지역 변수 선언들
    명령문들
}
```

여기서 *subroutine*(서브루틴)은 constructor(생성자), method(메서드), function(함수) 중 하나다. 각 서브루틴에는 접근할 때 사용하는 *name*(서브루틴 이름)과, 서브루틴이 반환하는 값의 데이터 타입을 지정하는 *type*(타입)이 있다. 서브루틴이 아무런 값을 반환하지 않으면 타입은 void로 선언된다. 매개변수 리스트는 쉼표로 구분되는 〈타입 식별자〉 쌍의 리스트다. 예를 들면 (int x, Boolean sign, Fraction g) 같은 형식이다.

서브루틴이 메서드나 함수인 경우, 반환 타입은 언어에서 지원하는 기본 데이터 타입(int, char, boolean)이나, 표준 클래스 라이브러리가 제공하는 클래스 타입(String, Array), 또는 프로그램 내에 구현된 클래스 타입(예: Fraction, List) 중 하나가 될 수 있다. 서브루틴이 생성자라면 이름은 무엇이든 가능하지만, 타입은 서브루틴이 속한 클래스명이어야 한다. 클래스는 0, 1개, 또는 그 이상의 생성자를 가질 수 있다. 규칙에 따라 생성자 중 하나의 이름은 new가 된다.

인터페이스 명세에 따라 서브루틴 선언에는 0개 이상의 지역 변수 선언(var 명령문)이 있으며, 그 다음으로 하나 이상의 명령문들이 따라온다. 각 서브루틴은 return expression(표현식)으로 끝나야 한다. 반환할 것이 없는 void 서브루틴일 경우에는 return 명령문으로 서브루틴을 마친다(return 명령문은 return void의 준말로 볼 수 있으며, 여기서 void는 '아무것도 없음'을 뜻하는 상수다). 생성자는 return this로 끝나야 한다. 이 명령문은 새로 생성된 객체의 메모리 주소인 this를 반환한다(자바 생성자도 내부적으로 동일한 작업을 한다).

9.2.3 데이터 타입

변수의 데이터 타입은 기본 타입(int, char, Boolean)이나 *ClassName*이 될 수 있으며, 여기서 *ClassName*은 String, Array, 또는 프로그램 폴더에 있는 클래스명 중 하나다.

기본 타입 잭은 세 개의 기본 데이터 타입을 지원한다.

- int: 2의 보수법으로 표기한 16비트 정수
- char: 음수가 아닌 16비트 정수
- boolean: true 또는 false

세 가지 기본 데이터 유형인 int, char, boolean은 모두 내부적으로 16비트 값으로 표현된다. 잭 언어는 약타입weakly-typed 언어[1]로, 모든 변수는 타입 변환casting 없이 다른 타입의 변수에 할당될 수 있다.

배열 배열은 OS 클래스인 Array로 선언된다. 배열 원소는 전형적인 arr[i] 표기법으로 접근 가능하며, 첫 번째 원소의 인덱스는 0이다. 다차원 배열은 '배열의 배열'로 만들 수 있다. 배열 원소는 타입이 따로 지정되지 않기 때문에, 서로 다른 타입의 원소가 동일한 배열에 있을 수 있다. 배열을 선언하면 참조만 생성되며, Array.new(*arryLength*) 생성자를 호출해야 배열이 실제로 생성된다. 그림 9.2의 예제가 배열을 활용하고 있다.

객체 타입 적어도 하나의 메서드를 갖는 잭 클래스는 객체 유형으로 정의된다. 일반적인 객체 지향 프로그래밍에서처럼 객체 생성은 2단계로 이루어진다. 아래가 그 예이다.

```
// 이 클라이언트 코드 예제는 여기에 없는 Car와 Employee 클래스를 사용한다.
// Car 클래스에는 두 개의 필드 model(String 타입)과
// licensePlate(String 타입)가 있다.
// Employee 클래스에는 두 개의 필드 name(String 타입)과 car(Car 타입)가 있다.
...
// 하나의 Car 객체와 두 개의 Employee 객체를 선언한다(세 개의 포인터 변수).
var Car c;
var Employee emp1, emp2;
...
// 새로운 car를 생성한다.
let c = Car.new("Aston Martin","007");  // c를 새로운 car 데이터를 포함한
                                        // 메모리 블록의 시작 주소로 설정한다.
// 새로운 employee를 생성하고, car를 할당한다.
let emp1 = Employee.new("Bond",c);
...
```

---

[1] (옮긴이) 변수 값의 타입을 바꿀 수 있는 언어를 뜻한다. 강타입(strongly-typed) 언어는 변수 값 타입을 바꿀 수 없으며, 컴파일하거나 실행할 때 변수 타입이 선언된 타입과 다르면 에러가 발생된다.

```
// Bond의 별칭을 생성한다.
let emp2 = emp1;  // 참조(주소)만 복사되고, 새로운 객체가 생성되지는 않는다.
// 이제 동일한 객체를 참조하는 두 개의 Employee 포인터가 생겼다.
```

문자열 문자열은 OS 클래스인 String의 인스턴스이고, String은 char 값들의 배열로 구현되어 있다. 잭 컴파일러는 "foo"라는 구문을 인식하고 String 객체로 취급한다. String 객체의 내용은 charAt(*index*)나, String 클래스 API(부록 6 참고)에 문서화된 다른 메서드로 접근할 수 있다. 아래에 예제가 있다.

```
var String s;  // 객체 변수
var char c;    // 기본 변수
...
let s = "Hello World";  // s를 "Hello World" String 객체로 설정한다.
let c = s.charAt(6);     // c를 'W'의 정수 문자 코드인 87로 설정한다.
```

let s = "Hello World" 명령문은 let s = String.new(11) 다음에 do s.append Char(72), …, do s.appendChar(100)과 같이 메서드 호출을 11번 이어서 한 것과 동일하다(여기서 appendChar의 인수는 해당 문자의 정수 코드). 사실 이 방법이 정확히 컴파일러가 let s = "Hello World"를 번역하는 방법이다. 잭 언어는 'H' 같은 단일 문자 관용구는 지원하지 않는다. 문자 하나를 표현하려면 정수 문자 코드를 쓰거나 charAt 메서드를 호출해야만 한다. 잭의 문자 집합은 부록 5에 문서화되어 있다.

타입 변환 잭은 약타입 언어다. 잭 언어 명세에는 한 타입의 변수를 다른 타입의 변수에 할당했을 때 어떤 일이 발생하는지 정의해 놓지 않았다. 이런 타입 변환 연산을 허용할지, 그 연산을 어떻게 처리할지는 잭 컴파일러마다 다를 수 있다. 우리는 타입 문제를 무시하는 최소 버전으로 잭 컴파일러를 만들 수 있도록 일부러 명세를 구체적으로 쓰지 않았다. 그렇지만 잭 컴파일러는 모두 다음과 같은 할당을 지원하고 자동으로 수행해야 한다.

- 잭 문자 집합 명세(부록 5)에 따라, 문자 값을 정수 변수에 할당하거나 그 반대도 가능해야 한다. 예시:

```
var char c;
let c = 33;   // 'A'

// 위와 동일함.
var String s;
let s = "A";
let c = s.charAt(0);
```

- (모든 객체 타입의) 참조 변수에 정수를 할당할 수 있으며, 이 경우에 정수는 메모리 주소로 해석된다. 예시:

```
var Array arr;        // 포인터 변수를 생성한다.
let arr = 5000;       // arr에 5000을 설정한다.
let arr[100] = 17;    // 메모리 주소 5100의 값에 17을 설정한다.
```

- 객체 변수는 Array 변수에 할당될 수 있으며, 그 반대도 가능해야 한다. 이를 통해 객체 필드를 배열 원소처럼 접근할 수 있으며, 그 반대도 마찬가지다. 예시:

```
// 배열 [2,5]를 생성한다.
var Array arr;
let arr = Array.new(2);
let arr[0] = 2;
let arr[1] = 5;

// Fraction(분수) 2/5를 생성한다.
var Fraction x;
let x = arr;   // x를 배열 [2,5]를 나타내는 메모리 블록의
               // 시작 주소로 설정한다.

do Output.printInt(x.getNumerator())   // "2"를 출력한다.
do x.print()                           // "2/5"를 출력한다.
```

9.2.4 변수

잭은 네 종류의 변수를 지원한다. 정적 변수static variable는 클래스 수준에서 정의되며, 모든 클래스 서브루틴에서 그 변수에 접근 가능하다. 필드 변수field variable도 클래스 수준에서 정의되며, 클래스의 개별 객체의 속성을 표현하는데 사용되고, 모든 클래스 생성자와 메서드에서 그 변수에 접근 가능하다. 지역 변수local variable는 지역적 계산을 위한 서브루틴에서 사용되며, 매개 변수 parameter variable는 호출자가 서브루틴에 전달하는 인수argument를 나타낸다. 지역 변수 및 매개 변수는 서브루틴이 실행되기 직전에 생성되며, 서브루틴이 결과를 반환하면 재활용된다. 그림 9.7에 자세한 내용이 나와 있다. 변수의 범위scope란 프로그램 내에서 해당 변수가 인식되는 영역을 뜻한다.

변수 종류	설명	선언되는 곳	범위
정적 변수 (클래스 변수)	static *type varName*1, *varName*2, …; static(정적) 변수는 한 복사본만 존재하며, 이 복사본은 클래스의 모든 서브루틴들이 공유한다(자바에서 private static 변수와 같음).	클래스 선언	변수가 선언된 클래스 내
필드 변수	field *type varName*1, *varName*2, …; 클래스의 모든 객체 인스턴스들은 필드 변수들의 개별적인 복사본을 가진다(자바에서 멤버 변수와 같음).	클래스 선언	변수가 선언된 클래스 내
지역 변수	var *type varName*1, *varName*2, …; 서브루틴이 실행을 시작할 때 생성되며 서브루틴이 반환되면 소멸한다.	서브루틴 선언	변수가 선언된 서브루틴 내
매개 변수	서브루틴에 전달된 인수를 나타낸다. 서브루틴 호출자가 값을 초기화한 지역 변수처럼 취급된다.	서브루틴 선언	변수가 선언된 서브루틴 내

그림 9.7 잭 언어의 변수 종류들. 위 표에서 서브루틴은 함수, 메서드, 생성자를 뜻한다.

변수 초기화 정적 변수는 기본적으로 초기화되지 않으며, 사용하기 전에 초기화하는 코드를 작성하는 것은 프로그래머의 몫이다. 필드 변수도 초기화되지 않으며, 클래스 생성자(들)이 초기화한다. 지역 변수 또한 초기화되지 않으며 프로그래머가 초기화해 줘야 한다. 매개 변수는 호출자가 건네준 인수의 값으로 초기화된다.

변수 영역 정적 변수와 필드 변수는 정의된 클래스 밖에서 직접 접근이 불가능하다. 클래스 설계자가 준비한 접근자와 변경자 메서드를 통해서만 접근이 가능하다.

9.2.5 명령문

잭 언어는 그림 9.8과 같이 다섯 개의 명령문을 지원한다.

명령문	문법	설명
let	let *varName* = *expression*; 또는 let *varName*[*expression*1] = 　　*varName* *expression*2;	할당 연산. 변수 종류는 정적 변수, 지역 변수, 필드 변수, 매개 변수가 될 수 있다.

if	if (*expression*) {
	　　*statements*1;
	} else {
	　　*statements*2;
	}
		전형적인 *if* 문과 선택적인 *else* 절
		*statements*가 단일 명령문이라도 중괄호는 필수다.

while	while (*expression*) {
	　　statements;
	}
		전형적인 *while* 문
		*statements*가 단일 명령문이더라도 중괄호는 필수다.

do	do *function-or-method-call*;	반환 값은 무시하고 함수나 메서드를 호출할 때 사용된다.
return	return *expression*; 또는 return;	서브루틴에서 값을 반환받을 때 사용한다. 두 번째 형식은 void 서브루틴에서 사용되어야 한다. 생성자는 this 값을 반환해야 한다.

그림 9.8 잭 언어의 명령문들

9.2.6 표현식

잭 표현식은 다음 중 하나다.

- 상수
- 범위 내의 변수명. 변수는 정적 변수, 필드 변수, 지역 변수, 매개 변수일 수 있다.
- 현재 객체를 나타내는 this 키워드(함수 안에서는 사용 불가능)
- *arr*[*expression*] 구문을 사용하는 배열 원소. 여기서 *arr*은 범위 내 Array 타입의 변수명
- void가 아닌 타입을 반환하는 서브루틴 호출
- 단항 연산자 - 또는 ~ 중 하나가 앞에 붙는 표현식
    - *- expression*: 산술 부정
    - *~ expression*: 논리 부정(정수의 경우 비트 단위)
- *expression op expression* 형식의 표현식. 여기서 *op*는 다음의 2항 연산자 중 하나다.
    - + - * /: 정수 산술 연산자
    - & | : And와 Or 논리 연산자(정수의 경우 비트 단위)
    - 〈 〉 =: 비교 연산자
- (*expression*) : 괄호 안 표현식

연산자 우선순위 및 평가 순서 잭 언어에서는 괄호 안 표현식이 먼저 평가된다는 점을 제외하고, 연산자 우선순위는 정의하지 않는다. 따라서 2 + (3 * 4)는 14로 평가되는 것이 보장되지만, 2 + 3 * 4 같은 표현식의 값은 예측 불가능하다. Nand to Tetris에서 제공하는 잭 컴파일러(그리고 10~11장에서 개발할 컴파일러)는 표현식을 왼쪽에서 오른쪽으로 평가하므로, 2 + 3 * 4 표현식은 20으로 평가된다. 다시 한 번 말하지만, 대수적으로 올바른 결과를 얻으려면 2 + (3 * 4)를 써야 한다.

연산자 우선순위를 적용하기 위해 괄호를 꼭 써야 한다는 점에서 잭 표현식은 조금 번거로울 수 있다. 하지만 공식적인 연산자 우선순위를 일부러 뺀 이유는 잭 컴파일러 구현을 좀더 간단하게 만들기 위해서다. 물론 독자가 원한다면 연산자 우선순위를 언어 명세에 추가한 버전의 컴파일러를 만들어도 된다.

9.2.7 서브루틴 호출

서브루틴 호출은 일반적인 구문 $subroutineName$ (exp_1, exp_2, $\cdots$, exp_n)을 사용해서 메서드, 함수, 생성자를 불러와 그에 따른 기능을 수행한다(이때 인수 exp들은 표현식이다). 인수들의 개수와 타입은 서브루틴 선언에서 정의한 매개 변수들의 개수와 타입과 맞아야 한다. 그리고 인수가 하나도 없더라도 괄호는 꼭 써 줘야 한다.

다음의 구문 규칙에 따라, 서브루틴이 정의된 클래스나 그 외 클래스에서도 서브루틴을 호출할 수 있다.

함수 호출/ 생성자 호출:

- $className.functionName$ (exp_1, exp_2, $\cdots$, exp_n)
- $className.constructorName$($exp_1$, exp_2, $\cdots$, exp_n)

함수/생성자가 호출자와 동일한 클래스에 있더라도 $className$은 항상 지정되어야 한다.

메서드 호출:

- $varName.methodName$ (exp_1, exp_2, $\cdots$, exp_n)
  $varName$에서 참조하는 객체에 메서드를 적용한다.
- $methodName$ (exp_1, exp_2, $\cdots$, exp_n)
  현재 객체에 메서드를 적용한다.
  this.$methodName$ (exp_1, exp_2, $\cdots$, exp_n)와 동일하다.

다음은 서브루틴 호출 예제다.

```
class Foo {
    ...
    method void f() {
        var Bar b;  // Bar 클래스 타입의 지역 변수를 선언
        var int i;  // int 기본 타입의 지역 변수를 선언
        ...
        do Foo.g()  // 현재 클래스의 함수 g를 호출한다.
        do Bar.h()  // Bar 클래스의 함수 h를 호출한다.
        do m()      // this 객체에서 현재 클래스의 메서드 m을 호출한다.
        do b.q()    // b 객체에서 Bar 클래스의 메서드 q를 호출한다.
        let i = w(b.s(), Foo.t())  // this 객체에서 메서드 w를 호출한다.
                                   // b 객체에서 Bar 클래스의 메서드 s를 호출한다.
                                   // Foo 클래스의 함수 또는 생성자 t를 호출한다.
    }
}
```

9.2.8 객체 생성과 삭제

객체 생성은 2단계로 이루어진다. 먼저 참조 변수(객체를 가리키는 포인터)가 선언된다. 객체 생성을 (필요에 의해) 완료하려면 프로그램에서 객체의 클래스 생성자를 호출해야 한다. 따라서 타입을 구현한 클래스(예: Fraction)에는 적어도 생성자가 하나 있어야 한다. 생성자 이름은 무엇이든 써도 되지만, 규칙에 따라 생성자 중 하나는 이름을 new로 한다.

객체는 let $varName = className.constructorName(exp_1, exp_2, \cdots, exp_n)$라는 관용구를 이용해서 생성되고 변수에 할당된다. 예를 들면 let c = Circle.new(x,y,50) 같은 식이다. 생성자는 일반적으로 호출자가 전달한 인수의 값으로 새로운 객체의 필드 변수를 초기화하는 코드를 포함하게 된다.

프로그램에서 어떤 객체가 더 이상 필요가 없어지면, 객체가 점유하는 메모리를 해제함으로써 삭제할 수 있다. 예를 들어 OS 함수인 Memory.deAlloc(object) 함수를 호출해서 객체의 메모리 할당을 해제할 수 있다. 잭 언어에는 가비지 콜렉션garbage collection 기능이 없으므로, 객체를 나타내는 클래스마다 이런 메모리 해제 과정을 적절히 캡슐화하는 dispose() 메서드를 두는 것

이 좋다. 그림 9.3과 9.4에 그 예시가 있다. 잭 프로그래밍을 할 때 객체가 더 이상 필요 없어지면 메모리 누수를 방지하기 위해 삭제하는 것이 좋다.

9.3 잭 응용프로그램 만들기

잭은 다양한 하드웨어 플랫폼 위에서 구현될 수 있는 범용 언어다. Nand to Tetris에서는 핵 플랫폼 위의 잭 컴파일러를 개발하므로, 핵의 맥락에서 잭 응용프로그램을 이야기하는 게 자연스러울 것이다.

예제 그림 9.9는 네 가지 잭 예제 프로그램의 스크린샷이다. 보통 잭/핵 플랫폼은 퐁, 스네이크, 테트리스 및 그와 유사한 간단한 고전 게임에 적합하다. **projects/09/Square** 폴더에는 사용자가 4개의 키보드 화살표 키를 이용해서 스크린 위의 사각형 이미지를 움직여 볼 수 있는 간단한 대화형 프로그램의 전체 잭 코드가 들어 있다.

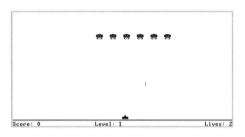
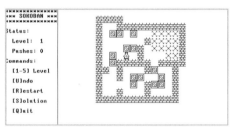
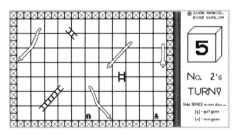
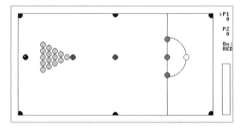

그림 9.9 핵 컴퓨터에서 실행되는 잭 응용프로그램의 스크린샷

잭 소스 코드를 살펴보면서 이 프로그램을 실행시켜 보면 잭 언어로 대화형 그래픽 응용프로그램을 작성하는 방법을 배우기 좋을 것이다. 이 장의 뒷부분에서는 제공된 도구를 활용해서 잭 프로그램을 컴파일하고 실행하는 방법을 설명할 것이다.

응용프로그램 설계 및 구현 잭 같이 성능이 제한된 하드웨어 플랫폼에서 소프트웨어를 개발하려면 늘 주의 깊게 계획을 세워야 한다. 먼저 설계자는 하드웨어의 물리적 한계를 고려해서 프로그램을 설계해야 한다. 예를 들면 컴퓨터 스크린 크기에 따라 프로그램이 처리 가능한 그래픽 이미지의 크기가 제한된다. 마찬가지로 언어의 입력/출력 명령 범위와 플랫폼의 실행 속도를 고려해서 할 수 있는 일과 없는 일에 대한 기대치를 현실적으로 파악해야 한다.

보통 설계 과정은 원하는 프로그램의 작동 방식을 개념적으로 기술하는데서 시작한다. 그래픽 대화형 프로그램의 경우에는 손으로 그려본 스크린모습 같은 형태가 될 수도 있을 것이다. 다음으로 프로그램의 객체 기반 아키텍처를 설계하게 된다. 이 단계에서는 클래스, 필드, 서브루틴을 정의하게 된다. 예를 들어 사각형 객체를 생성해서 사용자가 키보드의 화살표 키를 이용해서 스크린 위에서 그 사각형을 움직이도록 하는 프로그램의 경우에, 움직임 연산을 처리하는 moveRight, moveLeft, moveUp, moveDown 메서드와, 사각형을 생성하는 생성자 서브루틴, 그리고 객체를 삭제하는 소멸자 서브루틴으로 이루어진 Square 클래스를 설계하는 것이 합리적일 것이다. 또한 여기에 덧붙여 사용자 상호작용을 수행하는 SquareGame 클래스와, 프로그램을 시작하는 Main 클래스를 만들면 좋을 것이다. 이 클래스들의 API를 주의 깊게 정의하고 나면, 프로그램의 구현, 컴파일, 테스트를 진행할 수 있다.

잭 프로그램 컴파일과 실행 프로그램을 구성하는 모든 .jack 파일은 동일한 폴더에 있어야 한다. 잭 컴파일러를 프로그램 폴더에 적용하면, .jack 소스 파일들이 각각 그에 대응하는 .vm 파일로 번역되어서 동일 폴더에 저장된다.

컴파일된 잭 프로그램을 가장 간단하게 실행하거나 디버그하려면 VM 에뮬레이터에서 프로그램 폴더를 불러오면 된다. 에뮬레이터는 폴더의 모든 .vm 파일에 있는 모든 VM 함수들을 차례대로 불러올 것이다. 그러면 VM 에뮬레이터의 코드 창에 VM 함수들이 filename.functionName이라는 이름으로 (아마도 길게) 나열될 것이다. 프로그래밍을 실행하라고 지시하면 에뮬레이터는 OS의 Sys.init 함수부터 실행을 시작하고, 이 함수는 잭 프로그램의 Main.main 함수를 호출할 것이다. 아니면 (프로젝트 7~8에서 만들었던) VM 번역기를 사용해서, 컴파일된 VM 코드와 tools/OS/*.vm에 위치한 OS 파일 8개를 하나의 .asm 핵 기계어 파일로 번역하는 방법이 있다. 이렇게 번역된 어셈블리 코드는 제공된 CPU 에뮬레이터에서 실행할 수 있다. 또는 (프로젝트 6에서 만들었던) 어셈블러를 사용해서, .asm 파일을 .hack 2진 파일로 번역할 수도 있다. 그 다음에 (프로젝트 1~5에서 만들었던) 핵 컴퓨터 칩을 하드웨어 시뮬레이터에 로드하거나, 내장된 Computer 칩을 사용해서, 2진 코드를 ROM 칩에 불러오고 실행하면 된다.

운영체제 잭 프로그램은 운영체제라고도 부르는 표준 클래스 라이브러리를 폭넓게 활용한다. 프로젝트 12에서는 (유닉스를 C로 작성했듯) 잭 언어로 OS 클래스 라이브러리를 개발하고 잭 컴파일러로 그 라이브러리를 컴파일한다. 컴파일을 하면 OS 구현이 포함된 8개의 .vm 파일이 생성된다. 이 8개의 .vm 파일을 프로그램 폴더에 넣으면, 모두가 같은 코드 베이스를 공유하므로 컴파일된 VM 코드에서 모든 OS 함수에 접근할 수 있게 된다.

하지만 현재로서는 OS 구현은 신경 쓸 필요가 없다. 제공된 VM 에뮬레이터는 자바로 작성되었고 잭 OS의 자바 구현을 내장하고 있다. 에뮬레이터에 로드된 VM 코드가 OS 함수(예: Math.sqrt)를 호출하면 다음 두 가지 중 하나가 실현된다. OS 함수가 불러온 코드 베이스에 존재하면 VM 에뮬레이터는 다른 VM 함수와 똑같이 그 함수를 실행한다. OS 함수가 불러온 코드 베이스에 없다면, 에뮬레이터는 내장된 함수 구현을 실행한다.

9.4 프로젝트

다른 프로젝트와 달리 이 프로젝트는 소프트웨어 모듈의 하드웨어를 만들 필요가 없다. 그 대신 원하는 응용프로그램을 골라, 핵 플랫폼의 잭 언어를 사용해 그 프로그램을 만들어야 한다.

목표 프로젝트 10~11에서 잭 컴파일러를 만들고, 프로젝트 12에서 잭으로 운영체제를 작성하기 위해 잭 언어에 익숙해지는 것이 이 프로젝트의 '숨겨진 주제'다.

과제 간단한 컴퓨터 게임이나 대화형 프로그램 같은 응용프로그램을 생각하자. 그리고 그 프로그램을 설계하고 만들어 보자.

자료 독자가 만든 프로그램을 .vm 파일들로 번역하려면 tools/JackCompiler가, 컴파일된 코드를 실행하고 테스트하려면 tools/VMEmulator가 필요하다.

잭 프로그램을 컴파일하고 실행하기

0. 독자의 프로그램을 위한 폴더를 만든다. 이 폴더를 '프로그램 폴더'라 부르자.
1. 하나 이상의 잭 클래스로 이루어진 잭 프로그램을 작성한다. 이때 잭 클래스마다 별도의 ClassName.jack 텍스트 파일에 저장한다. 이 .jack 파일을 모두 프로그램 폴더에 넣는다.
2. 제공된 잭 컴파일러를 사용해서 프로그램 폴더를 컴파일한다. 그러면 폴더 내의 모든 .jack 클래스들이 .vm 파일로 번역될 것이다. 컴파일 오류가 발생하면 프로그램을 디버그하고 오류 메시지가 발생하지 않을 때까지 다시 컴파일한다.
3. 이 시점에서 프로그램 폴더에는 컴파일된 .vm 파일과 .jack 소스 파일이 있어야 한다. 컴파일된 프로그램을 테스트하기 위해 VM 에뮬레이터에서

프로그램 폴더를 불러오고, 불러온 코드를 실행하자. 런타임 오류가 발생하거나 프로그램이 의도하지 않게 동작하는 경우에 관련 파일을 수정하고 단계 2로 돌아간다.

프로그램 예제 nand2tetris/project/09 폴더에는 클래스 3개로 구성된 완전한 대화형 잭 프로그램(Square)의 소스 코드가 들어 있다. 그리고 이 장에서 언급한 잭 프로그램들의 소스 코드도 같이 들어 있다.

비트맵 편집기 빠른 속도의 그래픽 처리가 필요하다면 핵심적인 그래픽 요소를 스프라이트sprite[2]로 만들어 두는 것이 가장 좋다. 예를 들어 그림 9.9의 소코반Sokoban 게임의 출력은 여러 개의 반복되는 스프라이트로 구현된 것이다. 이런 스프라이트를 만들고 스크린 메모리 맵에 직접 기록하려면(OS Screen 클래스는 너무 느릴 수 있다), proejcts/09/BitmapEditor 도구가 쓸모 있을 것이다.

프로젝트 9의 웹 버전은 *www.nand2tetris.org*에서 찾아볼 수 있다.

9.5 정리

잭은 '객체 기반' 언어로, 객체와 클래스는 지원하지만 상속은 지원하지 않는다. 이런 점에 있어 잭 언어는 파스칼이나 C와 같은 절차형 언어와, 자바나 C++ 같은 객체 지향 언어 사이 어딘가에 위치한다. 잭은 분명 이런 산업용 프로그래밍 언어들보단 더 '투박'하다. 하지만 기본적인 구문과 의미론은 현대 언어와 크게 다르지 않다.

잭 언어의 몇몇 기능은 부족한 점이 많다. 예를 들어 기본 타입 체계가 상

---

2 컴퓨터 스크린에 표시하기 위해 미리 만들어 둔 2차원 비트맵 그래픽 데이터를 뜻한다. 주로 고전 게임에서 스프라이트를 많이 활용한다.

당히 기초적이다. 게다가 잭은 약타입 언어이므로, 할당과 연산에서 타입 일치 여부가 엄격하게 강제되지 않는다. 독자들 중 누군가는 잭 구문에 do와 let 같은 비효율적 키워드가 포함된 이유나, 모든 서브루틴이 return 문으로 끝나야 하는 이유, 연산자 우선순위를 두지 않는 이유에 대해 궁금할 것이다. 그 외에도 불만 사항이 더 있을지도 모르겠다.

사실 이렇게 투박하게 잭 언어를 설계한 이유는 단 하나다. 바로 다음 두 장에서 잭 컴파일러를 최대한 단순하게 개발할 수 있게 하기 위함이다. 예를 들어 (어떤 언어로 작성되었든) 명령문을 파싱할 때, 명령문의 첫 번째 토큰이 명령문의 종류를 알려 주는 토큰이라면 코드를 처리하기 훨씬 더 쉬워진다. 잭의 할당문 앞에 do와 let 키워드를 쓰는 이유가 바로 이것 때문이다. 따라서 응용프로그램을 작성할 때는 귀찮겠지만, 다음 두 장에서 잭 컴파일러를 직접 만들 때는 잭의 설계가 단순하다는 점이 꽤 고맙게 느껴질 것이다.

대부분의 현대 언어들은 표준 라이브러리와 함께 배포되며, 잭도 표준 클래스를 지원한다. 이 클래스들은 이식 가능하고 언어 지향적인 운영체제라고 생각할 수 있다. 수많은 클래스로 구성된 상용 언어의 표준 라이브러리와 달리 잭 OS는 최소한의 기능만 제공하지만, 그래도 간단한 대화형 응용프로그램을 개발하기에는 충분한 기능을 제공한다.

물론 잭 OS 기능을 확장해서 멀티 스레딩으로 동시성 기능을 제공하거나, 영구 저장 장치를 지원하는 파일 시스템, 통신을 위한 소켓 같은 기능을 제공하면 좋을 것이다. OS에 이 기능들을 추가할 수는 있지만 독자들은 아마 여기서 프로그래밍 기술을 연마하고 싶지는 않을 것이다. 사실 우리는 잭이 Nand to Tetris를 넘어 독자들이 평소에 쓰는 언어가 되기를 바라지는 않는다. 따라서 잭/핵 플랫폼을 주어진 환경으로 보고 최대한 활용하는 것이 가장 좋다. 그리고 이것이 바로 프로그래머가 제한된 환경에서 작동하는 임베디드 기기나 전용 프로세서용 소프트웨어를 개발할 때 하는 일이기도 하다. 전문가들은 플랫폼의 제약을 문제로 보기보다는 창의성을 발휘한 기회로 보곤 한다. 프로젝트 9에서 독자들도 그러기를 기대한다.

컴파일러 I: 구문 분석
Compiler I: Syntax Analysis

생각을 정리하고 표현하지 않으면 언어를 다듬을 수 없으며,

언어가 비추지 않으면 생각을 빛나게 할 수 없다.

키케로(Cicero, 기원전 106~43)

앞 장에서는 문법이 자바와 닮은 간단한 객체 기반 프로그래밍 언어인 잭을 소개했다. 이 장에서는 잭 언어의 컴파일러를 만들어 볼 것이다. 컴파일러는 원본 언어에서 대상 언어로 프로그램을 번역하는 프로그램이다. 컴파일 compilation로 알려진 이 번역 과정은 개념적으로 둘로 나뉜다. 먼저 소스 프로그램의 구문syntax을 이해하고, 그 구문을 통해 프로그램의 의미semantics를 찾는 과정이다. 예를 들어 프로그램 코드를 분석parsing해서 배열을 선언하거나 객체를 조작하려 한다는 사실을 파악했다고 하자. 코드의 의미를 파악하고 나면 대상 언어의 구문을 이용해 코드를 다시 표현할 수 있다. 첫 번째 과정은 보통 구문 분석syntax analysis이라 부르며, 이 장에서 설명할 내용이다. 두 번째 과정인 코드 생성code generation은 11장에서 다룬다.

어떻게 컴파일러가 프로그램을 '이해'한다고 말할 수 있을까? 긍정적으로 생각하면 컴파일러가 생성한 코드가 의도대로 동작한다면 컴파일러가 프로그램을 제대로 이해한다고 볼 수 있다. 하지만 이 장에서는 컴파일러의 코드 생성 기능 없이 구문 분석기syntax analyzer 모듈만 만들 예정이다. 따라서 구문 분석기만 따로 단위 테스트하려면, 분석기가 소스 프로그램을 '이해'한다는

사실을 입증할 방법을 찾아야 한다. 우리가 생각해 낸 방법은 구문 분석기가 소스 코드의 구문 구조를 반영하는 XML 마크업 파일을 출력하도록 하는 것이다. 그래서 출력된 XML 파일을 살펴보고 입력 프로그램이 올바르게 분석되었는지 확인해 보는 방법이다.

밑바닥부터 컴파일러를 만들어 가면서 우리는 몇 가지 기초적인 컴퓨터 과학 주제들을 접하게 될 것이다. 컴파일러를 만드는 작업에는 언어 번역과 파싱 기법, 트리 및 해시 테이블hash table 같은 고전적 데이터 구조를 사용하는 방법, 그리고 재귀적 컴파일 알고리즘을 적용하는 방법에 대한 이해가 필요하다. 이런 이유로 컴파일러를 만들기는 쉽지 않다. 하지만 컴파일러를 개발하는 전체 과정을 두 개의 프로젝트(7, 8장도 포함시키면 4개 프로젝트)로 쪼개서 각 부분을 모듈로 구현하고 단위 테스트를 하는 방식을 따르면 혼자서도 도전해 볼 만한 문제로 바뀐다.

왜 이렇게 힘들게 컴파일러를 만들어 봐야 할까? 먼저 성취감을 느낄 수 있다는 점 외에도 컴파일러 내부 원리를 이해하면 훨씬 더 수준 높은 프로그래머가 될 수 있다는 장점이 있다. 나아가 컴퓨터 그래픽, 통신 및 네트워크, 생물정보학, 기계 학습, 데이터 과학, 블록 체인 기술에 이르기까지 다양한 분야에서도 프로그래밍 언어를 기술하는 규칙이나 문법이 똑같이 활용된다는 점도 있다. 또한 지능형 챗봇, 로봇 개인 비서, 언어 번역기 등의 여러 인공지능 응용프로그램의 기반 기술로 활발하게 연구되는 자연어 처리natural language processing 분야에서도 텍스트를 분석하고 의미를 합성하는 일을 한다. 따라서 대부분의 프로그래머들이 컴파일러를 직접 개발하진 않더라도, 어떤 복잡하고 다양한 구조의 텍스트나 데이터들을 분석하고 처리하는 일을 하게 될 가능성이 크다. 이런 작업들은 이 장에서 설명하는 알고리즘과 기법들을 활용하면 효율적이고 우아하게 처리할 수 있다.

이 장은 구문 분석기를 만드는 데 필요한 최소한의 개념들로서, 어휘 분석 lexical analysis, 문맥 자유 문법context-free grammar, 파스 트리parse tree 및 재귀 하향 파싱 알고리즘recursive descent parsing algorithm들을 살펴보는 '배경' 절로 시작한다.

그 다음은 잭 언어 문법과 잭 분석기가 생성하는 출력을 정의하는 '명세' 절로 이어진다. '구현' 절에서는 잭 분석기의 API와 함께 잭 분석기를 구성하기 위한 소프트웨어 아키텍처를 소개한다. 앞 장과 마찬가지로 '프로젝트' 절에서는 구문 분석기를 단계적으로 만드는 방법과 테스트 프로그램들을 설명한다. 다음 장에서 이 구문 분석기는 본격적인 컴파일러로 확장될 것이다.

10.1 배경

컴파일은 구문 분석syntax analysis과 코드 생성code generation이라는 두 단계로 구성된다. 구문 분석 단계는 대개 두 세부 단계로 더 나뉘어진다. 하나는 입력 문자들을 토큰token이라는 언어의 기본 요소들로 분류하는 토큰화tokenizing 단계고, 또 하나는 토큰들을 의미가 있고 구조화된 명령문들로 분석하는 파싱parsing(또는 구문 분석이라 한다) 단계다.

토큰화 및 파싱 작업은 번역의 결과가 되는 대상 언어와는 완전히 독립적이다. 이 장에서 코드 생성은 다루지 않으므로, 우리는 구문 분석기가 입력 프로그램을 분석한 구조를 XML 파일 형식으로 출력하도록 했다. 이렇게 하는 데는 두 가지 장점이 있다. 먼저 XML 파일로 출력하면 구문 분석기가 소스 프로그램을 제대로 분석했는지 쉽게 확인할 수 있다. 두 번째로 XML 파일을 명시적으로 출력하도록 하면 나중에 구문 분석기를 완전한 기능을 하는 컴파일러로 만들기 용이해진다. 실제로 다음 장에서는 그림 10.1과 같이

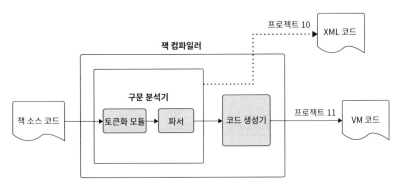

그림 10.1 잭 컴파일러의 단계적 개발 계획

XML 코드를 출력하는 구문 분석기를 확장해서 실행 가능한 VM 코드를 생성하는 본격적인 컴파일러를 완성할 것이다.

이 장에서는 컴파일러에서 '프로그램의 구조를 해석하는' 역할을 맡는 구문 분석기에만 초점을 맞춘다. 이 개념은 설명이 좀 필요하다. 사람은 컴퓨터 프로그램의 소스 코드를 읽으면 곧바로 프로그램의 구조를 파악할 수 있다. 사람은 언어의 문법을 마음 속으로 이해하기 때문에 가능한 일이다. 특히 사람은 어떤 프로그램 구조가 유효한지 아닌지를 알아차릴 수 있다. 이 문법적 통찰력 덕분에 클래스와 메서드가 어디서 시작하고 끝나는지, 무엇이 선언문이고, 명령문이고, 표현식인지, 그리고 그것들이 어떻게 구성되었는지 등을 인지할 수 있다. 사람은 이런 중첩된nested 언어 구조를 인식하기 위해, 이 구조들을 언어의 문법이 허용하는 텍스트 패턴들에 단계적으로 연결해 나간다.

구문 분석기도 마찬가지로 문법, 즉 프로그래밍 언어 구문을 정의하는 규칙들에 따라 구조를 쌓아 올리는 방식으로 구현할 수 있다. 주어진 프로그램을 이해(파싱parsing)한다는 것은 프로그램의 텍스트와 문법 규칙 사이에 정확한 대응 관계를 결정한다는 뜻이 된다. 그러려면 먼저 프로그램의 텍스트를 토큰들로 구성된 리스트로 재구성해야 한다. 이제부터 그 내용에 대해 설명할 것이다.

10.1.1 어휘 분석

프로그래밍 언어의 명세에는 언어가 인식하는 토큰token 또는 단어의 유형이 명시된다. 잭 언어에서 토큰은 다섯 가지 유형, 즉 키워드(예: class, while), 기호(예: +, <), 정수형 상수(예: 17, 314), 문자열 상수(예: "FAQ", "Frequently Asked Questions"), 그리고 식별자(변수, 클래스, 서브루틴의 이름을 뜻하는 텍스트 레이블)로 분류된다. 이런 유형으로 정의되는 토큰들을 모아서 언어의 어휘lexicon라 부른다.

가장 단순한 형태의 컴퓨터 프로그램은 텍스트 파일에 저장된 문자열이다. 프로그램 구문 분석의 첫 단계는 공백이나 주석은 무시하고, 문자들을 언어 어휘로서 정의된 토큰들로 분류하는 것이다. 이 단계는 어휘 분석lexical analysis, 스캐닝scanning, 또는 토큰화tokenizing로 불리며, 모두 같은 것을 뜻한다.

일단 프로그램이 토큰화되면, 문자가 아닌 토큰들이 기본 단위가 된다. 따라서 컴파일러의 주요 입력도 일련의 토큰들이 된다.

그림 10.2는 잭 언어의 어휘들과 일반적인 코드 조각의 토큰화를 보여 주고 있다. 이 버전의 토큰화 모듈은 토큰뿐 아니라 어휘 분류도 같이 출력하고 있다.

토큰화는 간단하면서도 중요한 작업이다. 언어의 어휘가 정해졌을 때, 주어진 문자 스트림을 토큰 스트림으로 바꾸는 프로그램을 작성하는 것은 어렵지 않다. 이 기능은 구문 분석기를 개발하기 위한 첫 번째 디딤돌이다.

Prog.jack (문자열 스트림)

```
...
if (x < 0) {
    // handles the sign
    let sign = "negative";
}
...
```

토큰화

출력(토큰 스트림)

```
...
<keyword>     if        </keyword>
<symbol>      (         </symbol>
<identifier>  x         </identifier>
<symbol>      <         </symbol>
<intConst>    0         </intConst>
<symbol>      )         </symbol>
<symbol>      {         </symbol>
<keyword>     let       </keyword>
<identifier>  sign      </identifier>
<symbol>      =         </symbol>
<stringConst> negative  </stringConst>
<symbol>      ;         </symbol>
<symbol>      }         </symbol>
...
```

키워드: 'class' | 'constructor' | 'function' | 'method' | 'field' | 'static' | 'var' | 'int' | 'char' | 'boolean' | 'void' | 'true' | false' | 'null' | 'this' | 'let' | 'do' | 'if' | 'else' | 'while' | 'return'

기호: '{' | '}' | '(' | ')' | '[' | ']' | '.' | ',' | ';' | '+' | '-' | '*' | '/' | '&' | '|' | '<' | '>' | '=' | '~'

정수형 상수: 0···32767 사이의 10진수 정수

문자열 상수: '"' 따옴표와 개행 문자를 제외한 문자열 '"'

식별자: 숫자로 시작하지 않으면서, 영문자, 숫자, 밑줄('_')로 구성된 문자열

그림 10.2 잭 어휘 정의와 입력 예시에 대한 어휘 분석

10.1.2 문법

토큰 또는 단어 스트림으로 주어지는 텍스트를 처리하는 기능을 개발하고 나면 그 단어를 유효한 문장들로 묶어 볼 수 있다. 예를 들어 "Bob got the job"이라는 말을 들으면 납득이 가지만, "Got job the Bob"이나 "Job Bob the got"

이라는 말은 이상하게 들린다. 사람의 두뇌는 영문법에 따라 단어를 적절한 패턴에 맞게 연결하도록 학습해 왔기 때문에 이런 분석 작업을 무의식적으로 할 수 있다. 그리고 프로그래밍 언어의 문법은 자연어의 문법보다 훨씬 간단하다. 그림 10.3에 그 예가 있다.

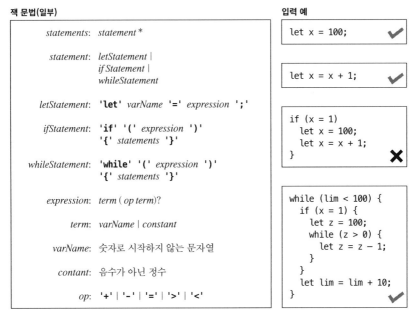

잭 문법(일부)

statements:	*statement* *
statement:	*letStatement* |
	ifStatement |
	whileStatement
letStatement:	**'let'** *varName* **'='** *expression* **';'**
ifStatement:	**'if'** **'('** *expression* **')'**
	'{' *statements* **'}'**
whileStatement:	**'while'** **'('** *expression* **')'**
	'{' *statements* **'}'**
expression:	*term* (*op term*)?
term:	*varName* | *constant*
varName:	숫자로 시작하지 않는 문자열
contant:	음수가 아닌 정수
op:	**'+'** | **'-'** | **'='** | **'>'** | **'<'**

입력 예

```
let x = 100;          ✔
```

```
let x = x + 1;        ✔
```

```
if (x = 1)
  let x = 100;
  let x = x + 1;
}                     ✘
```

```
while (lim < 100) {
  if (x = 1) {
    let z = 100;
    while (z > 0) {
      let z = z − 1;
    }
  }
  let lim = lim + 10;
}                     ✔
```

그림 10.3 잭 언어 문법의 일부와 문법에 맞거나 맞지 않는 잭 코드 조각들

문법은 메타 언어meta-language로 작성된다. 메타 언어란 언어를 기술하는 언어다. 컴파일 이론은 문법, 언어, 메타 언어를 정의하고 그 관계를 추론하는 형식주의formalism들로 가득한 이론이다. 이 형식주의 중 일부는 정말로 괴로울 정도로 이론적 형식에 치중한다. 그래서 Nand to Tetris에서는 문제를 간단히 하기 위해서 문법을 단순히 규칙의 집합으로 바라본다. 그리고 그 규칙들은 왼편과 오른편으로 구성된다. 왼편에서는 규칙의 이름을 정의하며, 규칙 이름은 언어의 일부는 아니다. 규칙 이름은 문법을 기술하는 사람이 정한 것이기 때문에 크게 중요하지는 않다. 예를 들어 문법에서 한 규칙 이름을 다른

이름으로 바꿔도, 그 문법은 똑같이 유효하다(다만 이해하기 어려워질 수는 있다).

규칙의 오른편은 그 규칙이 정의하는 언어 패턴을 나타낸다. 이 패턴은 왼쪽부터 오른쪽의 순서로 세 가지 기초 요소로 구성되는데, 각각 단말terminal, 비단말non-terminal, 한정자qualifier다. 여기서 단말은 토큰들이고, 비단말은 다른 규칙의 이름들이며, 한정자는 |, *, ?, (,)의 다섯 가지 기호를 뜻한다. 'if' 같은 단말 요소는 굵은 글꼴로 표시되고 작은따옴표 안에 묶여 있다. *expression* 표현식 같은 비단말 요소는 기울임꼴로 표시된다. 한정자는 일반 글꼴이다. 예를 들어 *ifStatement*: **'if'** **'('** *expression* **')'** **'{'** *statements* **'}'**이라는 규칙이 있다면, **if**라는 토큰으로 시작해서 **(** 토큰이 이어지고, 그 다음에 유효한 표현식 *expression*이 오고(문법에 정의됨), 그 뒤로 **)** 토큰과 **{** 토큰, 그 다음은 유효한 명령문들인 *statements*(문법에 정의됨)이 오고, 마지막으로 **}**으로 끝나야 유효하다는 뜻이다.

패턴을 파싱하는 방법이 두 가지 이상인 경우에는, 한정자 |를 써서 가능한 방법을 모두 나열한다. 예를 들어 *statement*: *letStatement* | *ifStatement* | *whileStatement*라는 규칙은 *statement*가 *letStatement*, *ifStatement*, *whileStatement* 중 하나라는 뜻이다.

한정자 *는 '0, 1 또는 그 이상'을 나타내는 데 사용된다. 예를 들어 *statements*: *statement**라는 규칙은 *statements*가 0, 1 또는 그 이상의 *statement* 명령문 인스턴스를 의미한다는 뜻이다. 비슷한 맥락으로 한정자 ?는 '0 또는 한 번'을 뜻한다. 예를 들어 *expression*: *term*(*op term*)?이라는 규칙은, *expression* 표현식은 일단 *term*으로 시작하고 그 다음에 *op term*이 올 수도 안 올 수도 있다는 뜻이다. 이 말은 곧 x가 *expression* 표현식이라면, x + 17,5 * 7과 x<y도 마찬가지로 표현식이 된다는 의미다. 한정자 (와)는 문법 요소들을 묶는 데 쓰인다. 예를 들어 앞 규칙에서 (*op term*)은 *op* 다음의 *term*을 묶어서 하나의 문법적 요소로 생각해야 한다는 뜻이다.

10.1.3 파싱

문법은 본질적으로 재귀적이다. "Bob got the job that Alice offered(밥은 앨리스가 제안한 일자리를 얻었다)."가 문법적으로 유효한 문장인 것처럼 if(x<0){if(y>0){…}}도 유효하다. 이 표현식이 문법적으로 맞다는 걸 어떻게 알 수 있을까? 첫 번째 토큰을 보고 if 패턴이라는 사실을 알게 되면, *ifStatement*: 'if' '(' *expression* ')' '{' *statements* '}' 규칙을 보면 된다. 이 규칙은 if 토큰 다음에 (토큰, *expression* 표현식,) 토큰이 이어져야 한다고 규정하고 있다. 그리고 실제로 (x<0)이라는 입력 요소가 그 규칙을 만족하고 있음을 알 수 있다. 규칙을 계속 살펴보면 그 다음으로 { 토큰, *statements*, } 토큰이 와야 한다. *statements*는 0개 또는 그 이상의 *statement* 인스턴스로 정의되며, *statement*는 *letStatement*, *ifStatement*, *whileStatement* 중 하나다. 중괄호 내부의 입력 요소는 *ifStatement*인 if(y>0){…}이므로 이 조건을 만족한다.

프로그래밍 언어의 문법을 바탕으로 우리는 주어진 입력이 문법에 적합한지 부적합한지 여부를 모호함 없이 확인할 수 있다.[1] 파서는 이 파싱 작업을 통해 주어진 입력과 문법 규칙으로 허용되는 구문 패턴 사이에 정확한 대응관계도 부가적으로 생성한다. 이 대응관계는 그림 10.4a와 같은 파스 트리 parse tree 또는 유도 트리derivation tree라는 데이터 구조로 표현된다. 파서는 이러한 트리를 구성할 수 있으면 입력을 유효한 출력으로 바꿀 수 있다. 그렇지 않으면 입력에 구문 오류가 있다고 보고하게 된다.

파스 트리를 텍스트로 어떻게 표현할 수 있을까? Nand to Tetris에서는 트리 구조를 반영하는 마크업 형식의 XML 파일을 파서의 출력이 되도록 했다. 그래서 XML 출력 파일을 살펴보면 파서가 입력을 올바르게 파싱하고 있는지 확인할 수 있다. 그림 10.4b에 그 예가 있다.

---

1 그리고 여기에 프로그래밍 언어와 자연어 사이에 결정적인 차이가 있다. 자연어에서는 "Whoever saves one life, saves the world entire(누구든지 하나의 생명을 구하는 사람은, 세계 전부를 구하는 것이다)." 같은 말을 할 수 있다. 하지만 영어에서 명사 뒤에 형용사가 오는 것은 문법적으로 틀리다. 그럼에도 이 말은 완전히 맞는 것처럼 보인다. 프로그래밍 언어와 달리 자연어는 글쓴이가 의도한 바가 명확하다면 문법 규칙을 깨는 시적 허용이 가능하다. 이 표현의 자유 덕택에 자연어는 한없이 풍부해질 수 있다.

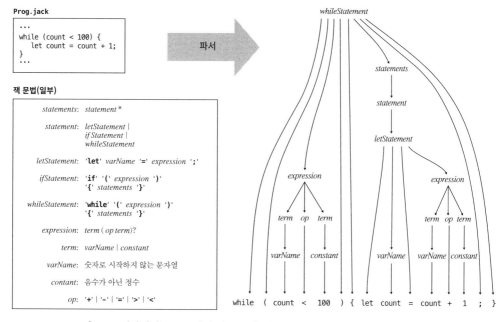

Prog.jack

```
...
while (count < 100) {
    let count = count + 1;
}
...
```

파서

잭 문법(일부)

statements:	*statement* *
statement:	*letStatement* |
	if Statement |
	whileStatement
letStatement:	'**let**' *varName* '**=**' *expression* '**;**'
ifStatement:	'**if**' '**(**' *expression* '**)**'
	'**{**' *statements* '**}**'
whileStatement:	'**while**' '**(**' *expression* '**)**'
	'**{**' *statements* '**}**'
expression:	*term* (*op term*)?
term:	*varName* | *constant*
varName:	숫자로 시작하지 않는 문자열
contant:	음수가 아닌 정수
op:	'**+**' | '**-**' | '**=**' | '**>**' | '**<**'

그림 10.4a 일반적인 코드 조각의 파스 트리. 파싱 과정은 문법 규칙에 따라 진행된다.

Prog.xml

```
...
<whileStatement>
   <keyword> while </keyword>
   <symbol> ( </symbol>
   <expression>
      <term> <varName> count </varName> </term>
      <op> <symbol> < </symbol> </op>
      <term> <constant> 100 </constant> </term>
   </expression>
   <symbol> ) </symbol>
   <symbol> { </symbol>
   <statements>
      <statement> <letStatement>
         <keyword> let </keyword>
         <varName> count </varName>
         <symbol> = </symbol>
         <expression>
            <term> <varName> count </varName> </term>
            <op> <symbol> + </symbol> </op>
            <term> <constant> 1 </constant> </term>
         </expression>
         <symbol> ; </symbol>
      </letStatement> </statement>
   </statements>
   <symbol> } </symbol>
</whileStatement>
...
```

그림 10.4b XML 형식의 파스 트리

10.1.4 파서

파서parser는 주어진 문법에 따라 동작하는 모듈이다. 파서는 토큰을 순서대로 입력받아 그에 대응하는 파스 트리를 생성하는 역할을 한다. 우리가 만들 파서의 경우에 입력은 잭 문법에 따라 작성되어야 하며, 출력은 XML 형식이 된다. 하지만 이제부터 설명할 파싱 기법은 다른 모든 프로그래밍 언어 및 구조화된 파일 형식을 처리하는 데도 쓰일 수 있다.

파스 트리를 구성하는 알고리즘은 몇 가지가 있다. 그중에 재귀 하향 파싱recursive descent parsing이라고도 하는 하향식 접근법에서는 언어 문법에 허용된 중첩 구조를 이용해서 토큰화된 입력을 재귀적으로 분석parse한다. 이러한 알고리즘은 다음과 같이 구현할 수 있다. 즉, 문법에 나오는 규칙마다, 파서 프로그램에 그 규칙에 따라 입력을 분석하는 루틴을 추가하는 방식이다. 예를 들어 그림 10.3에 표시된 문법은 compileStatement, compileStatements, compileLet, compileIf, ⋯, compileExpression 등의 루틴들로 구현할 수 있을 것이다. 다음 장에서 이 논리들을 완전한 컴파일러 기능으로 확장할 계획이기 때문에 'parse(분석)' 대신에 'compile(컴파일)'을 이름 앞에 붙였다.

각 compile*xxx* 루틴의 파싱 논리는 *xxx* 규칙의 오른편에 정의된 구문 패턴을 따라야 한다. 예를 들어, *whileStatement*: 'while' '(' *expression* ')' '{' *statements* '}' 규칙을 생각해 보자. 이 규칙은 compileWhile이라는 파싱 루틴으로 구현될 예정이다. 이 루틴은 'while' '(' *expression* ')' '{' *statements* '}' 패턴으로 정의된 유도derivation 논리를 왼쪽에서 오른쪽 방향으로 구현해야 한다. 아래에 이 논리를 구현하는 한 가지 방법이 의사코드로 표시되어 있다.

```
// 이 루틴은 whileStatement를 구현한다:
// 'while' '('expression')' '{'statements'}'
// 현재 토큰이 'while'일 때 호출되어야 한다.
compileWhile():
    print("<whileStatement>")
    process("while")
    process("(")
    compileExpression()
    process(")")
```

```
// 현재 토큰을 처리하고,
// 다음 토큰을 얻기 위해
// 코드를 진행하는 도우미 루틴
process(str):
    if (currentToken == str)
        printXMLToken(str)
    else
        print("syntax error")
```

```
process("{")                                  // 다음 토큰을 얻는다.
compileStatements()                           currentToken =
process("}")                                      tokenizer.advance()
print("</whileStatement>")
```

이 파싱 프로세스는 while 명령문에서 *expression*과 *statements* 부분이 완전히
분석될 때까지 계속된다. 물론 *statements* 부분에는 그 하위에 while 명령문
이 포함될 수 있으며, 이때 파싱 과정은 재귀적으로 반복된다.

　방금 전 예시는 유도 논리가 직선적이기 때문에 상대적으로 간단하게 구
현하고 있다. 일반적인 문법 규칙은 더 복잡할 수 있다. 예를 들어 잭 언어에
서 클래스 static 변수와 인스턴스 field 변수를 정의하는 다음의 규칙을 고
려해 보자.

classVarDec: (**'static'** | **'field'**) *type varName* (',' *varName*)* ';'

　　　　　　(*type*과 *varName*은 잭 문법 어딘가에 정의되어 있다.)

예시:　　　　`static int count;`

　　　　　　`static char a, b, c;`

　　　　　　`field boolean sign;`

　　　　　　`field int up, down, left, right;`

이 규칙은 직선적인 방법으로는 파싱하기 어려운 두 가지 문제가 있다. 첫 번
째 문제는 맨 앞 토큰으로 static이나 field가 둘 다 가능하다는 점이다. 두
번째 문제는 여러 개의 변수 선언이 허용된다는 점이다. 두 문제를 해결하기
위해서 compileClassVarDec 루틴은 (i) 도우미 루틴을 호출하지 않고 첫 번째
토큰(static 또는 field)을 직접 처리하고 (ii) 입력에 포함된 모든 변수 선언
들을 처리하는 루프를 사용한다. 일반적으로 문법 규칙에 따라 약간씩 다르
게 파싱을 구현해야 한다. 그러면서 동시에 모든 규칙은 다음과 같은 과제를
수행해야 한다. 즉, 모든 compile*xxx* 루틴은 입력을 가져와서 *xxx*를 구성하는
모든 토큰을 처리하고, 이 토큰들 다음으로 토큰화 모듈을 진행시키고, *xxx*의

파스 트리를 출력해야 한다.

재귀적 파싱 알고리즘은 단순하면서도 우아하다. 언어가 단순한 경우에 하나의 토큰만 미리 볼 수 있으면 다음에 불러올 파싱 규칙을 알 수 있다. 예를 들어 현재 토큰이 let이면 규칙이 *letStatement*이고, 현대 토큰이 while이면 *whileStatement*인 것을 알 수 있는 식이다. 실제로 그림 10.3의 간단한 문법에서는 토큰을 하나 미리 내다보는 것만으로 다음에 적용할 규칙을 모호함 없이 결정할 수 있다. 이러한 언어적 특성이 있는 문법을 *LL*(1)이라 한다. 이런 문법은 역추적을 하지 않아도 재귀 하향 알고리즘으로 간단하고 우아하게 처리할 수 있다.

*LL*이라는 용어는 문법이 입력을 왼쪽에서 오른쪽으로 파싱하면서, 입력의 좌측 유도leftmost derivation를 수행한다는 점에서 앞의 두 영문자를 따온 것이다. (1)이라는 매개 변수는, 1개의 토큰만 미리 알 수 있으면 다음에 불러올 파싱 규칙을 모두 알 수 있음을 뜻한다. 만약 1개의 토큰만으로는 어떤 규칙을 결정할지 충분하지 않으면, 하나의 토큰을 더 미리 볼 수 있다. 이렇게 2개의 토큰을 미리 봐서 모호성이 해소되면 그 파서는 *LL*(2)라고 부른다. 그렇지 않다면 토큰을 또 하나 미리 볼 수 있고 파서는 *LL*(3)이 되는 식이다. 확실히 미리 살펴봐야 하는 토큰 수가 점점 더 많아지면 상황이 복잡해지고 파서도 더 정교해질 수밖에 없다.

이제 지금부터 설명할 완전한 잭 언어 문법은, 쉽게 처리할 수 있는 한 가지 예외를 제외하고는 *LL*(1)이다. 따라서 잭 언어는 프로젝트 10의 핵심인 재귀 하향 파서로 구현하기 알맞다.

10.2 명세

이 절은 두 부분으로 나뉜다. 첫 부분에서는 잭 언어의 문법을 정의한다. 다음으로는 이 문법에 따라 프로그램을 분석하는 구문 분석기를 정의한다.

10.2.1 잭 언어 문법

9장에서 나온 잭 언어의 기능적 명세는 잭 프로그래머를 대상으로 제시했었다. 지금은 잭 컴파일러 개발자를 대상으로 잭 언어의 공식 명세를 제시하려한다. 잭 언어의 명세(또는 문법)는 다음의 표기법을 따른다.

'xxx':   글자 그대로 언어 토큰들을 뜻한다.

xxx: 단말terminal과 비단말non-terminal 요소의 이름을 뜻한다.

( ):   무언가를 묶는 데 사용된다.

x | *y:*   *x* 또는 *y*

x y: *x* 다음에 *y*가 온다.

x ?:   *x*가 0번 또는 1번 나타난다.

x *:   *x*가 0번 또는 그 이상 나타난다.

그림 10.5는 위 표기법을 바탕으로 기술한 완전한 잭 문법이다.

10.2.2 잭 언어 구문 분석기

구문 분석기는 토큰화와 파싱을 모두 수행하는 프로그램이다. Nand to Tetris에서 구문 분석기의 주요 목적은 잭 프로그램을 분석해서 잭 문법에 따른 구문 구조를 이해하는 것이다. 구문 분석기가 '이해한다'는 것은, 파싱 과정의 각 시점에서 현재 처리하는 프로그램 요소의 구조적 ID, 즉 표현식, 명령문, 변수명 등을 파악한다는 뜻이다. 구문 분석기는 이 구조적 지식을 완전히 재귀적 관점에서 처리해야 한다. 그렇지 않으면 컴파일 과정의 최종 목표인 코드 생성 단계로 넘어갈 수 없다.

사용법 구문 분석기는 다음과 같이 하나의 명령 줄 인수를 받는다.

```
prompt>JackAnalyzer source
```

어휘 요소:	잭 언어는 다섯 종류의 단말 요소(토큰)가 있다.
keyword(키워드):	**'class'** | **'constructor'** | **'function'** | **'method'** | **'field'** | **'static'** | **'var'** | **'int'** | **'char'** | **'boolean'** | **'void'** | **'true'** | **'false'** | **'null'** | **'this'** | **'let'** | **'do'** | **'if'** | **'else'** | **'while'** | **'return'**
symbol(기호):	**'{'** | **'}'** | **'('** | **')'** | **'['** | **']'** | **'.'** | **','** | **';'** | **'+'** | **'-'** | **'*'** | **'/'** | **'&'** | **'|'** | **'<'** | **'>'** | **'='** | **'~'**
integerConstant(정수형 상수):	0…32767의 십진수 숫자
StringConstant(문자열 상수):	**'"'** 따옴표와 줄바꿈 문자를 제외한 문자열 **'"'**
identifier(식별자):	숫자로 시작하지 않는 영문자, 숫자, 밑줄('_')로 이루어진 문자열

프로그램 구조:	잭 프로그램은 클래스로 이루어져 있으며, 클래스들은 각각 다른 파일에 저장된다. 컴파일 단위는 클래스 하나다. 클래스는 다음과 같은 토큰의 나열이다.
class:	**'class'** *className* **'{'** *classVarDec** *subroutineDec** **'}'**
classVarDec:	(**'static'** | **'field'**) *type varName* (**','** *varName*) * **';'**
type:	**'int'** | **'char'** | **'boolean'** | *className*
subroutineDec:	(**'constructor'** | **'function'** | **'method'**) (**'void'** | *type*) *subroutineName* **'('** *parameterList* **')'** *subroutineBody*
parameterList:	((*type varName*) (**','** *type varName*) *) ?
subroutineBody:	**'{'** *varDec** *statements* **'}'**
varDec:	**'var'** *type varName* (**','** *varName*) * **';'**
className:	*identifier*
subroutineName:	*identifier*
varName:	*identifier*

명령문:	
statements:	*statement* *
statement:	*letStatement* | *ifStatement* | *whileStatement* | *doStatement* | *returnStatement*
	'let' *varName* (**'['** *expression* **']'**)? **'='** *expression* **';'**
letStatement:	**'if'** **'('** *expression* **')'** **'{'** *statements* **'}'** (**'else'** **'{'** *statements* **'}'**) ?
ifStatement:	**'while'** **'('** *expression* **')'** **'{'** *statements* **'}'**
whileStatement:	**'do'** *subroutineCall* **';'**
doStatement:	**'return'** *expression* ? **';'**
returnStatement:	

표현식:	
expression:	*term* (*op term*) *
term:	*integerConstant* | *stringConstant* | *keywordConstant* | *varName* | *varName* **'['** *expression* **']'** | **'('** *expression* **')'** | (*unaryOp term*) | *subroutineCall*
subroutineCall:	*subroutineName* **'('** *expressionList* **')'** | (*className* | *varName*) **'.'** *subroutineName* **'('** *expressionList* **')'**
expressionList:	(*expression* (**','** *expression*) *)?
op:	**'+'** | **'-'** | **'*'** | **'/'** | **'&'** | **'|'** | **'<'** | **'>'** | **'='**
unaryOp:	**'-'** | **'~'**
keywordConstant:	**'true'** | **'false'** | **'null'** | **'this'**

그림 10.5 잭 문법

여기서 *source*는 *Xxx*.jack 형식의 파일명(확장자는 필수)이나 하나 이상의 .jack 파일이 포함된 폴더명(이 경우에는 확장자가 없음)이 될 수 있다. 파일명/폴더명에는 파일 경로가 들어갈 수 있다. 경로를 지정하지 않으면 분석기는 현재 폴더에서 작업을 진행한다. 파서는 각 *Xxx*.jack 파일마다 *Xxx*.xml 출력 파일을 만들고 파싱된 결과를 그 파일 안에 저장한다. 출력 파일은 입력과 동일한 폴더에 생성된다. 폴더에 동일한 이름의 파일이 있으면 그 위에 덮어쓴다.

입력 *Xxx*.jack 파일은 문자 스트림이다. 파일이 유효한 프로그램일 경우, 잭 어휘에 지정된 대로 유효한 토큰의 스트림으로 토큰화될 수 있다. 토큰은 임의의 수의 공백 문자, 줄바꿈 문자 및 주석으로 분리될 수 있으며, 이 분리 문자들은 무시된다. 주석은 세 가지 형식이 가능하다. /* 닫을 때까지 주석 영역 */, /** 닫을 때까지 API 주석 */, 그리고 // 줄 끝날 때까지 주석이다.

출력 구문 분석기는 다음과 같이 입력 파일을 XML로 기술한 데이터를 출력한다. 먼저 입력에서 *xxx* 타입의 각 단말 요소(토큰)들이 나올 때마다 구문 분석기는 <*xxx*> *token* </*xxx*>라는 마크업을 출력하며, 여기서 *xxx* 태그는 잭 언어에서 인식하는 다섯 가지 토큰 타입인 keyword, symbol, integerConstant, stringConstant, identifier 중 하나다. 또한 구문 분석기는 비단말 언어 요소 *xxx*가 나올 때마다 다음과 같은 의사코드로 해당 요소를 처리한다.

```
print("<xxx>")
    xxx 요소의 본문을 처리하는 재귀적 코드
print("</xxx>")
```

여기서 *xxx*는 다음 태그 중 하나여야 한다: class, classVarDec, statements, subroutineDec, parameterList, subroutineBody, varDec, letStatement, ifStatement, whileStatement, doStatement, returnStatement, expression, term, expressionList.

문제를 단순화하기 위해서 잭 문법 규칙 중에 *type*, *className*, *varName*, *subroutineName*, *statement*, *subroutineCall*은 XML 출력에서는 명시적으로 다루지 않는다. 여기에 대해서는 다음 절에서 컴파일 엔진 아키텍처를 이야기하면서 더 자세히 설명할 것이다.

10.3 구현

앞 절에서는 구문 분석기의 구현에 대해서는 깊게 생각하지 않고, 구문 분석기가 무엇을 해야 하는지 정의했다. 이 절에서는 그런 구문 분석기를 어떻게 만들지 기술할 것이다. 우리가 제안하는 구현 방법에 따르면 세 가지 모듈이 필요하다.

- JackAnalyzer: 다른 모듈을 설정하고 불러오는 메인 프로그램
- JackTokenizer: 토큰화 모듈
- CompilationEngine: 재귀 하향식 파서

다음 장에서는 이 소프트웨어 아키텍처에, 언어의 의미론을 처리하는 두 개의 모듈, 즉 기호 테이블symbol table과 VM 코드 생성기VM code writer를 추가할 것이다. 이로서 완전한 기능을 하는 잭 언어 컴파일러가 완성된다. 이 프로젝트에서 파싱 과정을 진행하는 메인 모듈이 다음 장에서 전체 컴파일 과정도 관리하게 되므로, 메인 모듈의 이름을 CompilationEngine이라고 붙였다.

JackTokenizer 모듈

이 모듈은 입력 스트림의 모든 주석과 공백을 제거하고, 한 번에 하나의 토큰에 접근할 수 있도록 만들어 준다. 또한 잭 문법에 정의된 대로 토큰의 타입을 분석해서 제공해 준다.

루틴	인수	반환	함수
생성자/ 초기자	입력 파일/ 스트림	—	.jack 파일/스트림을 열어서 토큰화할 준비를 한다.
hasMoreTokens	—	boolean	입력에 더 많은 토큰이 있는가?
advance	—	—	입력에서 다음 토큰을 얻어오고 그 토큰을 현재 토큰으로 만든다. 이 메서드는 hasMoreTokens가 true일 때만 호출되어야 한다. 초기에는 현재 토큰은 존재하지 않는다.
tokenType	—	KEYWORD, SYMBOL, IDENTIFIER, INT_CONST, STRING_CONST	현재 토큰의 타입을 상수값으로 반환한다.
keyWord	—	CLASS, METHOD, FUNCTION, CONSTRUCTOR, INT, BOOLEAN, CHAR, VOID, VAR, STATIC, FIELD, LET, DO, IF, ELSE, WHILE, RETURN, TRUE, FALSE, NULL, THIS	현재 토큰의 키워드를 상수값으로 반환한다. 이 메서드는 tokenType이 KEYWORD일 때만 호출되어야 한다.
symbol	—	char	현재 토큰의 문자를 반환한다. tokenType이 SYMBOL일 때만 호출되어야 한다.
identifier	—	string	현재 토큰의 문자열을 반환한다. tokenType이 IDENTIFIER일 때만 호출되어야 한다.
intVal	—	int	현재 토큰의 정수값을 반환한다. tokenType이 INT_CONST일 때만 호출되어야 한다.
stringVal	—	string	현재 토큰의 문자열에서 앞뒤 따옴표는 제외하고 반환한다. tokenType이 STRING_CONST일 때만 호출되어야 한다.

CompilationEngine 모듈

CompilationEngine(컴파일 엔진) 모듈은 이 장에서 설명하는 구문 분석기와, 다음 장에서 설명할 완성 버전 컴파일러의 기초가 되는 모듈이다. 구문 분석기에서 컴파일 엔진은 입력 소스 코드를 XML 태그로 구조화된 표현으로 출력한다. 컴파일러에서 컴파일 엔진은 XML 대신 실행 가능한 VM 코드를 생성한다. 두 버전 모두 아래에 제시된 파싱 논리와 API를 똑같이 사용한다.

컴파일 엔진은 JackTokenizer 모듈에서 입력을 받아 출력 파일에 출력을 저장한다. 출력은 각각 특정 잭 언어 구조 *xxx*를 컴파일하는 compile*xxx* 루틴들이 생성한다. 이러한 compile*xxx* 루틴들은 입력을 가져와서, *xxx*를 구성하는 모든 토큰을 처리한 후에, 처리한 토큰 바로 다음 토큰으로 토큰화 모듈을 진행시키고, *xxx*의 파싱 결과를 출력하는 방식으로 동작한다는 규칙을 따른다. 규칙상, 모든 compile*xxx* 루틴은 현재 토큰이 *xxx*일 때만 호출된다.

대응되는 compile*xxx* 루틴이 없는 문법 규칙들 *type*, *className*, *subrotineName*, *varName*, *statement*, *subroutineCall*. 이 규칙들은 잭 문법을 더 구조화하기 위해서 도입되었다. 결과적으로 이러한 규칙의 파싱 논리는 해당 규칙을 참조하는 루틴에서 더 잘 처리할 수 있다. 예를 들어 compileType 루틴을 구현하는 대신에, 어떤 *xxx* 규칙에서 *type*이 나올 때마다 가능한 타입들을 compile*xxx* 루틴에서 직접 파싱하는 편이 더 좋다.

토큰 미리보기 잭 언어는 거의 *LL*(1) 언어다. 즉, CompilationEngine 루틴이 다음에 호출할 것을 결정하려면 현재 토큰만 알면 된다. 유일한 예외는 *term*을 파싱할 때로, *expression*을 파싱할 때만 생기는 문제다. 설명을 위해 y+arr[5]-p.get(row)*count()-Math.sqrt(dist)/2이라는 유효한 표현식을 생각해 보자. 이 표현식은 여섯 개의 항목으로 구성되어 있다. 즉, 변수 y, 배열 원소 arr[5], p 객체에서의 메서드 호출 p.get(row), this 객체에서의 count() 호출, 함수(정적 메서드) 호출 Math.sqrt(dist), 그리고 상수 2이다.

이 표현식을 파싱하고 나서 현재 토큰이 y, arr, p, count, Math 식별자 중하나라고 가정하자. 이 경우에 각각 그 *indentifier*(식별자)로 시작하는 *term*이 있다는 것은 알지만, 다음에 이어져야 할 파싱 과정이 무엇인지는 알 수가 없다. 안 좋은 소식이지만, 다음 토큰을 하나만 미리보기 해도 이 딜레마를 해결할 수 있다는 점은 좋은 소식이다.

루틴	인수	반환	함수
생성자/ 초기자	입력 파일/ 스트림 출력 파일/ 스트림	—	주어진 입출력에 대해 새로운 컴파일 엔진을 생성한다. (JackAnalyzer 모듈이) 다음에 호출될 루틴은 compileClass여야 한다.
compileClass	—	—	완전한 클래스 하나를 컴파일한다.
compileClassVarDec	—	—	정적 변수 선언이나 필드 선언을 컴파일한다.
compileSubroutine	—	—	완전한 메서드, 함수, 또는 생성자를 컴파일한다.
compileParameterList	—	—	매개 변수 리스트(빈 값도 가능하다)를 컴파일한다. 괄호 (와)로 감싼 토큰들은 처리하지 않는다.
compileSubroutineBody	—	—	서브루틴의 내용을 컴파일한다.
compileVarDec	—	—	var 선언을 컴파일한다.
compileStatements	—	—	명령문 시퀀스를 컴파일한다. 중괄호 {와 }로 감싼 토큰들은 처리하지 않는다.
compileLet	—	—	let 명령문을 컴파일한다.
compileIf	—	—	if 명령문을 컴파일한다. else 절이 뒤에 따라올 수 있다.
compileWhile	—	—	while 명령문을 컴파일한다.
compileDo	—	—	do 명령문을 컴파일한다.
compileReturn	—	—	return 명령문을 컴파일한다.
compileExpression	—	—	표현식 하나를 컴파일한다.
compileTerm	—	—	*term*을 컴파일한다. 현재 토큰이 *identifier*(식별자) 라면 이 루틴은 해당 토큰을 *variable*(변수), *array element*(배열 원소), 또는 *subroutine call*(서브루틴 호출)로 분석해야 한다. 미리보기 토큰 하나는 [, (또는 .가 될 수 있으며, 이 정보만 알아도 충분히 위 세 가지 경우를 구분할 수 있다. 그 외 다른 토큰은 이 항목(term)의 일부가 아니므로 더 이상 진행해서는 안 된다.
compileExpressionList	—	int	쉼표로 구분된 표현식 리스트(빈 값도 가능하다)를 컴파일한다. 리스트 내의 표현식 수를 반환한다.

CompileEngine에서 이렇게 예외적으로 미리보기를 해야 하는 경우는 두 번 있다. 하나는 *term*을 파싱할 때로, *expression*을 파싱할 때만 이런 경우가 생기며, 또 하나는 *subroutineCall*을 파싱할 때다. 지금 잭 문법을 살펴보면 *subroutineCall*이 두 군데에서만 나타남을 알 수 있다. 즉, do *subrotineCall* 명령문에서, 그리고 *term* 규칙에서다.

이를 염두에 두고, do *subrotineCall* 명령문은 마치 do 표현식인 것처럼 파싱하기를 권장한다. 이 방법은 예외적인 미리보기 코드를 두 번 작성할 필요가 없기 때문에 실용적이다. 또한 이 방식은 *subroutineCall*의 파싱이 compile Term 루틴에서 직접 처리됨을 뜻한다. 요약하면 예외적인 미리보기 코드는 compileTerm 루틴에만 한 번 넣고, compileSubroutineCall 루틴을 만들 필요성은 없어진 셈이다.

compileExpressionList 루틴 이 루틴은 리스트 내의 표현식 수를 반환한다. 반환 값은 VM 코드를 생성하는 데 필요하며, 프로젝트 11에서 컴파일러를 완성할 때 이 값을 어떻게 쓰는지 알게 될 것이다. 이 프로젝트에서는 VM 코드를 생성하지 않는다. 따라서 반환된 값은 사용되지 않으며, compileExpressionList를 호출하는 루틴에서는 반환 값을 무시한다.

JackAnalyzer 모듈

이 모듈은 JackTokenizer와 CompileEngine의 기능을 활용하여 전체 구문 분석 과정을 진행하는 메인 프로그램이다. *Xxx*.jack 소스 파일마다 분석기 모듈은 다음의 작업을 한다.

1. *Xxx*.jack 입력 파일에서 JackTokenizer를 생성한다.
2. *Xxx*.xml이라는 이름의 출력 파일을 생성한다.
3. JackTokenizer와 CompilationEngine을 활용해서 입력 파일을 파싱하고 파싱된 코드를 출력 파일에 기록한다.

이 모듈은 API를 제공하지 않으며, 독자가 적절하다고 생각하는 방식으로 구현하기를 권장한다. .jack 파일을 컴파일할 때 가장 먼저 호출되어야 할 루틴은 compileClass임을 잊지 말자.

10.4 프로젝트

목표 잭 문법에 따라 잭 프로그램을 파싱하는 구문 분석기를 만든다. 구문 분석기의 출력은 10.2.2절에 정의된 대로 XML 형식으로 기록되어야 한다.

현 버전의 구문 분석기는 잭 소스 코드에 오류가 없다고 가정한다. 오류 검사, 보고 및 처리는 이후 버전에 추가할 수 있겠지만 프로젝트 10에서는 다루지 않는다.

자료 이 프로젝트의 주요 도구는 구문 분석기를 구현할 때 사용할 프로그래밍 언어다. 또한 제공된 TextComparer 유틸리티도 필요할 것이다. 이 프로그램은 파일들의 공백은 무시하면서 내용을 비교해 주는 프로그램이다. 이 프로그램을 이용하면 독자가 만든 분석기에서 생성된 출력 파일과, 책에서 제공하는 비교 파일을 쉽게 비교할 수 있다. XML 뷰어를 이용해서 이 파일들을 조사해 볼 수도 있다. 일반적인 웹 브라우저만 있으면 '파일 열기' 기능을 통해 XML 파일의 내용을 쉽게 살펴볼 수 있을 것이다.

과제 잭 언어의 구문 분석기를 작성하고, 제공된 테스트 파일로 테스트해 보자. 독자가 만든 분석기가 생성한 XML 파일은, 공백을 제외하면 제공된 비교 파일과 동일해야 한다.

테스트 파일 테스트 목적으로 몇 개의 .jack 파일을 제공하고 있다. projects/10/Square 프로그램은 클래스가 3개로, 키보드의 화살표 키를 사용해서 스크린의 검은색 사각형을 움직여 볼 수 있는 프로그램이다. projects/10/

ArrayTest 프로그램은 클래스 1개로 되어 있으며, 사용자가 입력한 정수열의 평균을 계산한다. 두 프로그램 모두 9장에서 소개되었으니 익숙할 것이다. 하지만 잭 언어의 모든 면에서 구문 분석기를 완전히 테스트하기 위해, 코드의 기능은 그대로 둔 채 소스 코드를 일부 변경했다. 예를 들어 projects/10/Square/Main.jack에 정적 변수와, 절대 사용되거나 호출되지 않는 more라는 이름의 함수를 추가했다. 이 변경을 통해 구문 분석기가 원본 Square 및 ArrayTest 파일에 없었던 정적 변수, else, 단항 연산자unary operator 같은 언어 요소를 잘 처리하는지 테스트해 볼 수 있다.

개발 계획 다음의 4단계를 따라 구문 분석기를 개발하고 단위 테스트해 보기를 권장한다.

- 먼저 잭 토큰화 모듈을 작성하고 테스트한다.
- 다음으로 표현식과 배열 기반 명령문을 제외한 다른 모든 잭 언어 기능을 처리하는 기초 컴파일 엔진을 작성하고 테스트한다.
- 다음으로 표현식을 처리할 수 있도록 컴파일 엔진을 확장한다.
- 마지막으로 배열 기반 명령문을 처리할 수 있도록 컴파일 엔진을 확장한다.

각 단계마다 단위 테스트를 위해 .jack 입력 파일과 .xml 비교 파일을 제공하며, 이제 그 설명으로 넘어가겠다.

10.4.1 토큰화 모듈

10.3절에 정의된 JackTokenizer 모듈을 구현한다. 다음과 같은 JackAnalyzer 기본 버전을 구현하고 테스트해 본다. 구문 분석기는 메인 프로그램으로서, JackAnalyzer *source* 명령을 통해 불러오게 되며, 여기서 *source*는 *Xxx*.jack 형식의 파일명(확장자 필수) 또는 폴더명(이 경우에는 확장자가 없음)이다. 폴더명일 경우 해당명에는 하나 이상의 .jack 파일이나 그 외 다른 파일들도

있을 수 있다. 파일명/폴더명에는 파일 경로도 포함 가능하다. 경로를 지정하지 않으면 현재 폴더에서 작업이 이루어진다.

분석기는 각 파일을 개별적으로 처리한다. 특히 분석기는 각 *Xxx*.jack 파일마다 입력을 처리하기 위한 JackTokenizer와 출력을 기록하기 위한 출력 파일을 생성한다. 이 첫 버전의 분석기에서 출력 파일명은 *Xxx*T.xml이다(여기서 T는 토큰화된 출력tokenized output을 뜻한다). 그 다음 분석기는 JackTokenizer 메서드를 사용해서, 입력 파일의 모든 토큰을 한 번에 한 토큰씩 advance(진행)하면서 처리하는 루프에 들어간다. 각각의 토큰은 〈*token Type*〉 token 〈/*tokenType*〉 같이 한 줄씩 출력되어야 하며, 여기서 *tokenType*은 다섯 가지 토큰 타입 중 하나를 가리키는 XML 태그다. 아래에 그 예가 있다.

입력 (예: **Prog.jack**)	JackAnalyzer 출력(예: **ProgT.xml**)

`...`
`// 주석 및 공백은 무시된다.`
`if (x < 0) {`
`   let quit = "yes";`
`}`
`...`
	`<tokens>`
	`  ...`
	`  <keyword> if </keyword>`
	`  <symbol> ( </symbol>`
	`  <identifier> x </identifier>`
	`  <symbol> &lt; </symbol>`
	`  <integerConstant> 0 </integerConstant>`
	`  <symbol> ) </symbol>`
	`  <symbol> { </symbol>`
	`  <keyword> let </keyword>`
	`  <identifier> quit </identifier>`
	`  <symbol> = </symbol>`
	`  <stringConstant> yes </stringConstant>`
	`  <symbol> ; </symbol>`
	`  <symbol> } </symbol>`
	`  ...`
	`</tokens>`

프로그램은 문자열 상수의 경우에 큰따옴표를 무시한다. 이는 설계상 의도한 바다.

생성된 출력은 XML 규칙에 따라 두 가지 간단한 세부 조건을 지켜야 한다. 첫째는 전체 XML 파일 내용을 시작 및 종료 태그로 감싸야 한다는 것으로, <tokens>와 </tokens> 태그로 감싸면 된다. 둘째로 잭 언어에서 사용되는 네 가지 기호(<, >, ", &)는 XML 마크업에서도 사용되므로, XML 파일의 데이터로 써서는 안 된다. 따라서 XML 규칙에 따라 분석기는 이 기호들을 각각 <, >, ", &로 바꿔서 표현한다. 예를 들어 파서가 기호 <를 만나면 <symbol> < </symbol>이라는 라인을 출력하게 된다. 이 표현은 제어 시퀀스escape sequence라고 하며, XML 뷰어에서는 우리가 의도했던 대로 <symbol><</symbol> 같은 식으로 표시된다.

테스트 지침

- 독자가 만든 JackAnalyzer를 제공된 .jack 파일 중 하나에 적용해 보고, 올바르게 작동하는지 확인하는 것부터 시작한다.
- 다음으로 JackAnalyzer를 Main.jack, Square.jack, SquareGame.jack 파일이 있는 Square 폴더와, Main.jack 파일이 있는 TestArray 폴더에 적용한다.
- 제공된 TextComparer 유틸리티를 이용해서 JackAnalyzer가 생성한 출력 파일과 제공된 .xml 비교 파일을 비교한다. 예를 들어 생성된 SquareT.xml 파일을 제공된 비교 파일 SquareT.xml과 비교한다.
- 생성된 파일과 비교 파일은 이름이 같으므로 별도의 폴더에 두기를 권장한다.

10.4.2 컴파일 엔진

다음 버전의 구문 분석기는 표현식과 배열 기반 명령을 제외한 모든 잭 언어 요소를 파싱할 수 있어야 한다. 이를 위해 10.3절에서 정의된 Compilation Engine 모듈에서 표현식과 배열을 처리하는 루틴만 제외하고 구현한다. 독자가 구현한 잭 분석기로 다음과 같이 테스트해 보자.

분석기는 *Xxx*.jack 파일마다 입력을 처리하기 위해 JackTokenizer와, 출력을 기록하기 위해 *Xxx*.xml이라는 출력 파일을 생성한다. 그 다음으로 분석기는 CompilationEngine에서 compileClass 루틴을 호출한다. 이 시점부터 CompilationEngine 루틴은 서로를 재귀적으로 호출해서 그림 10.4b와 유사한 XML 출력을 내보낸다.

독자가 만든 이 버전의 JackAnalyzer를 ExpressionlessSquare 폴더에 적용해서 단위 테스트를 해 보자. 이 폴더에는 Square.jack, SquareGame.jack, Main.jack 파일의 다른 버전이 저장되어 있으며, 원본 코드의 표현식들이 각각 하나의 식별자(범위 내 변수명)로 대체된 것이다. 예를 들면 다음과 같다.

Square 폴더:

```
// Square.jack
...
method void incSize() {
   if (((y + size) < 254) & ((x + size) <510))
      do erase();
      let size = size + 2;
      do draw();
   }
   return;
}
...
```

ExpressionlessSquare 폴더:

```
// Square.jack
...
method void incSize() {
   if (x) {
      do erase();
      let size = size;
      do draw();
   }
   return;
}
...
```

표현식을 변수로 바꾸었기 때문에 위 코드는 무의미한 코드다. 하지만 프로젝트 10에서 프로그램의 의미는 따지지 않기 때문에 괜찮다. 이 무의미한 코드는 문법적으로는 정확하기 때문에 파서를 테스트하는 데는 아무 문제가 없다. 원본 파일과 표현식이 없는 파일은 이름은 같지만 서로 다른 폴더에 위치해 있다.

제공된 TextComparer 유틸리티를 사용해서 JackAnalyzer에서 생성된 출력 파일을 제공된 .xml 비교 파일과 비교해 보자.

다음으로 CompileEngine 루틴에 표현식을 처리하는 기능을 추가하고 JackAnalyzer를 Square 폴더에 적용해서 테스트한다. 마지막으로 배열을 처리하는 기능을 추가하고 JackAnalyzer를 ArrayTest 폴더에 적용해서 테스트하는 것으로 프로젝트를 마친다.

프로젝트 10의 웹 버전은 *www.nand2tetris.org*에서 찾아볼 수 있다.

10.5 정리

컴퓨터 프로그램의 구조를 파스 트리와 XML 파일로 기술하면 편리하기는 하지만, 컴파일러가 그런 데이터 구조를 명시적으로 갖고 있을 필요는 없다. 예를 들어 이 장에서 나온 파싱 알고리즘은 입력을 읽으면서 분석하고, 전체 입력 프로그램을 메모리에 저장하지는 않는다. 파싱 방법에는 기본적으로 두 종류의 전략이 있다. 하향식bottom-up 전략이 더 간단한 전략으로, 이 장에서 설명한 전략이 여기에 속한다. 상향식top-down 전략은 더 발전된 파싱 알고리즘으로, 더 자세한 컴파일 이론이 필요하기 때문에 여기서 설명하지는 않았다.

게다가 이 장에서는 컴파일 과목에서 일반적으로 가르치는 형식 언어 이론을 다루지는 않았다. 그렇게 할 수 있었던 이유는 재귀적 하향 기법으로 쉽게 컴파일 가능하도록 잭 언어의 구문을 매우 간단하게 만들었기 때문이다. 예를 들면 잭 문법에서는 보통 표현식을 계산할 때 따지게 되는 연산자 우선순위(예를 들어 덧셈보다 곱셈을 먼저 계산하는 규칙)를 정의하지 않았다. 따라서 하향식 파싱 기법보다 기능은 더 강력하지만 더 복잡한 파싱 알고리즘을 쓰지 않아도 되었다.

프로그래머라면 모두가 컴파일러에서 흔히 볼 수 있는 컴파일 오류를 고치는 경험을 해 보았을 것이다. 오류 진단 및 보고는 어려운 문제다. 오류가 발생한 후에 그 효과는 여러 줄의 코드에 걸쳐 발견되는 경우가 많다. 따라서 오류 메시지는 때로는 암호 같고 불친절하다. 사실 컴파일러를 크게 다르게 만드는 요소 중 하나가 바로 오류를 진단하고 디버깅에 도움을 주는 기능이다. 이를 위해 컴파일러는 파스 트리의 일부분을 메모리에 저장하고, 오류가 발생한 지점을 찾아내기 위해 트리에 주석을 달고, 필요하면 진단 프로세스를 역추적하기도 한다. Nand to Tetris에서는 컴파일러가 다루는 소스 파일에 오류가 없다고 가정하기 때문에 이런 확장 기능 구현은 건너뛰고 있다.

마지막으로 구문 분석기는 독립적인 프로그램이 아니며, 밑바닥부터 구현하는 경우는 드물다는 점을 말해 둬야겠다. 실제로 프로그래머들은 보통 LEX(어휘 분석LEXical analysis 용도)와 YACCYet Another Compiler Compiler(또 다른 컴파일러 컴파일러) 같은 컴파일러 생성기compiler generator 도구들을 이용해서 토큰화 모듈이나 파서를 만든다. 이 도구들은 문맥 자유 문법을 입력받아 그 문법으로 작성된 프로그램을 토큰화하고 파싱하는 구문 분석 코드를 출력한다. 그리고 컴파일러 작성자가 필요하다면 특정한 목적에 맞춰 생성된 코드를 수정할 수 있다. 이 책은 '직접 해 보는' 정신을 따르므로, 이런 블랙박스 도구를 사용하는 대신에 컴파일러를 밑바닥부터 만들어 보는 방법을 택했다.

컴파일러 II: 코드 생성
Compiler II: Code Generation

나는 문제를 풀 때 아름다움에 대해 전혀 생각하지 않는다.
하지만 끝내고 나서 해결책이 아름답지 않다면 잘못되었다는 사실을 안다.

R. 버크민스터 풀러(1895~1993)

프로그래머들은 대부분 컴파일러의 존재를 당연시한다. 하지만 잠깐 멈춰 생각해 보면, 고수준 프로그램을 2진 코드로 번역하는 일이 거의 마법과 같이 느껴질 것이다. Nand to Tetris에서 우리는 네 개 장(7~11장)을 할애해서 이 마법의 신비를 풀려 한다. 우리가 택한 방법론은 단순하면서 현대적인 객체 기반 언어인, 잭의 컴파일러를 직접 개발해 보는 것이다. 잭 컴파일러는 자바나 C#과 마찬가지로 두 계층으로 나뉜다. 그 두 계층 중 하나는 VM 명령을 기계어로 번역하는 가상 머신 백엔드고, 또 하나는 잭 프로그램을 VM 코드로 번역하는 프론트엔드 컴파일러다. 컴파일러 구축은 어려운 일이므로 두 모듈, 즉 10장에서 개발한 구문 분석기syntax analyzer와 이 장의 주제인 코드 생성기code generator로 개념적으로 나눠서 접근할 것이다.

앞 장에서 구문 분석기는 고수준 프로그램을 기본 구문 요소들로 파싱하는 기능을 개발하고 시연할 목적으로 구현되었다. 이 장에서는 이 구문 분석기를 발전시켜, 파싱된 구문 요소들을 (7~8장에서 설명한) 가상 머신에서 실행되는 VM 명령들로 변환하는 컴파일러로 완성할 예정이다. 우리는 이 모듈 분석-합성 접근 방식을 통해 잘 설계된 컴파일러의 구조를 살펴볼 수 있다.

또한 텍스트를 한 언어에서 다른 언어로 번역하는 핵심 내용을 알아볼 것이다. 그 핵심 내용은 첫째로는 시작 언어의 문법syntax을 이용해 원본 텍스트를 분석하고, 텍스트에 내재된 의미semantics, 즉 텍스트가 말하고자 하는 내용을 파악하는 것이다. 두 번째는 그 분석된 의미를 목적 언어의 문법을 활용해서 다시 표현하는 것이다. 이 장에서 시작 언어와 목적 언어는 각각 잭과 VM 언어다.

현대의 고수준 프로그래밍 언어는 기능이 풍부하고 강력하다. 우리는 현대 프로그래밍 언어를 통해 객체나 함수와 같은 정교한 개념을 정의하고 활용할 수 있으며, 우아한 명령문으로 알고리즘을 표현하고, 한없이 복잡한 데이터 구조를 만들 수 있다. 반면 이 프로그램들이 최종적으로 실행되는 하드웨어 플랫폼은 기능이 간소하고 제한적이다. 보통 하드웨어 플랫폼은 데이터 저장을 위한 레지스터들과 데이터 처리를 위한 기초 명령어 정도만 제공한다. 따라서 고수준에서 저수준 프로그램으로 번역하는 일은 도전적인 과제다. 대상 플랫폼이 있는 그대로의 하드웨어가 아니라 가상 머신이라면 VM 명령어가 기계 명령어만큼 기초적이지는 않기 때문에 번역 작업이 약간은 더 쉽겠지만, 고수준 언어와 가상 머신의 표현력에 상당한 차이가 있으므로 여전히 어려운 문제다.

이 장은 코드 생성code generation을 6개의 세부 절로 나누어 설명하는 것부터 시작한다. 먼저 컴파일러가 기호 테이블symbol table을 사용해서 기호 변수를 가상 메모리 세그먼트에 매핑하는 방법을 설명한다. 그 다음으로 표현식expression과 문자열을 컴파일하는 알고리즘을 소개한다. 그 다음 let, if, while, do, return 같은 명령문statement을 컴파일하는 기법을 이야기한다. 이렇게 변수, 표현식, 명령문의 컴파일은 단순하고, 절차적이고, C와 유사한 언어의 컴파일러를 만드는 기초를 구성하게 된다. 그리고 11.1절의 나머지 부분에서는 앞의 내용을 바탕으로 객체object와 배열array의 컴파일을 설명한다.

11.2절(명세)은 VM 플랫폼과 언어에 잭 프로그램을 매핑하는 방법을 안내하고, 11.3절(구현)은 컴파일러 완성을 위한 소프트웨어 아키텍처와 API

를 제시한다. 다른 장과 마찬가지로 이 장은 컴파일러 완성을 위한 단계별 가이드 및 테스트 프로그램을 제공하는 '프로젝트' 절과, 이 장에서 다루지 않은 다양한 내용을 설명하는 '정리' 절로 끝난다.

그래서 독자들은 무엇을 얻을 수 있을까? 많은 전문가가 컴퓨터가 어떻게 동작하는지 이해하고 싶어 하지만, 소매를 걷어 부치고 밑바닥부터 컴파일러를 직접 만들어 보는 사람은 드물다. 이런 경험을 하려면 보통 대학교에서 한 학기 선택 과목을 듣는 정도의 노력을 들여야 해서 부담스럽기 때문이다. Nand to Tetris는 이런 경험의 핵심 요소들을 4개의 장과 프로젝트로 압축했으며, 이 장이 그 절정을 이루는 마지막 장이다. 이 과정에서 일반적인 컴파일러 구성의 핵심 알고리즘, 데이터 구조, 프로그래밍 기법들을 알아볼 것이다. 이렇게 기발한 아이디어와 기술이 실제로 작동하는 것을 보면, 원시적인 스위치 기기들을 거의 마법 같은 무언가로 바꾸는 인간의 창의력에 다시 한 번 놀라게 된다.

11.1 코드 생성

고수준 프로그래머는 변수, 표현식, 명령문, 서브루틴, 객체 및 배열 같은 추상적인 구성 블록들을 가지고 작업한다. 그리고 이 추상적인 구성 블록은 프로그래머가 프로그램으로 하려는 일을 기술하는 데 사용된다. 컴파일러의 역할은 이 의미 체계를 대상 컴퓨터가 이해할 수 있는 언어로 번역하는 것이다.

여기서 대상 컴퓨터는 7~8장에서 설명한 가상 머신이다. 따라서 우리는 표현식, 명령문, 서브루틴과, 변수, 객체 및 배열의 처리를 스택 기반 VM 명령들로 번역해서 대상 가상 머신에서 원하는 의미대로 실행하는 방법을 파악해야 한다. 프로젝트 7~8에서 VM 프로그램을 기계어로 번역하는 골치 아픈 일은 이미 해결했기 때문에, 그 부분은 더 이상 걱정할 필요가 없다. 2-단계 컴파일 모델과 모듈식 설계 덕분이다.

이 장 전반에 걸쳐, 앞에서 설명했던 Point 클래스의 여러 부분들을 컴파일하는 예제를 보여 줄 예정이다. 그림 11.1에 이 클래스 선언이 다시 나와 있는데, 여기에 잭 언어의 거의 대부분의 기능이 담겨 있다. 이 잭 코드를 빠르게 훑어보면서 Point 클래스의 함수들이 어떤 것이 있는지 기억을 되살려 보면 좋을 것이다. 그러면 이제 이 고수준 함수들과 그 외 유사한 객체 기반 프로그램을 VM 코드로 체계적으로 환원해 나가는 빛나는 여정을 탐구할 준비가 되었다.

```
/** 2차원 점을 표현한다.
   파일명: Point.jack */
class Point {
   // 이 점의 좌표:
   field int x, y
   // 지금까지 생성된 Point 객체의 수:
   static int pointCount;
   /** 2차원 점을 생성하고,
      주어진 좌표로 초기화한다. */
   constructor Point new(int ax, int ay) {
      let x = ax;
      let y = ay;
      let pointCount = pointCount + 1;
      return this;
   }
   /** 이 점의 x 좌표를 반환한다. */
   method int getx() { return x; }
   /** 이 점의 y 좌표를 반환한다. */
   method int gety() { return y; }
   /** 지금까지 생성된 Point 수를 반환한다. */
   function int getPointCount() {
      return pointCount;
   }
   // 오른쪽 위로 클래스 선언이 이어짐
```

```
   /** 이 점과 다른 점을 더한 점을 반환한다. */
   method Point plus(Point other) {
      return Point.new(x + other.getx(),
                       y + other.gety());
   }
   /** 이 점과 다른 점 사이 유클리드 거리를 반환한다. */
   method int distance(Point other) {
      var int dx, dy;
      let dx =x − other.getx();
      let dy =y − other.gety();
      return Math.sqrt((dx*dx) + (dy*dy));
   }
   /** 이 점을 "(x,y)" 형식으로 출력한다. */
   method void print() {
      do Output.printString("(");
      do Output.printInt(x);
      do Output.printString(",");
      do Output.printInt(y);
      do Output.printString(")");
      return;
   }
} // Point 클래스 선언 끝
```

그림 11.1 Point 클래스. 이 클래스는 기초 타입 및 객체 타입을 반환하는 서브루틴과 void 서브루틴에 더하여, 가능한 모든 변수 종류(field, static, local, argument)와 서브루틴 종류(constructor, method, function)를 활용하고 있다. 또한 현재 객체(this)와 다른 객체에서의 함수 호출, 생성자 호출, 메서드 호출을 보여 주고 있다.

11.1.1 변수 처리

컴파일러의 기본 과제 중 하나는 원본 고수준 프로그램에 선언된 변수를 대상 플랫폼의 RAM에 매핑하는 것이다. 예를 들어 자바를 생각해 보자. 자바에서 int 변수는 32비트 값을, long 변수는 64비트 값을 표현한다. RAM의 폭이 32비트라고 하면, 컴파일러는 int와 long 변수를 각각 하나의 메모리 단어와 두 개의 연속된 메모리 단어에 매핑한다. Nand to Tetris에서는 매핑이 복잡하지 않다. 잭의 모든 기본 타입(int, char, Boolean)의 폭이 16비트이고, 핵의 RAM 주소와 단어들도 마찬가지기 때문이다. 따라서 16비트 주소 값을 담는 포인터 변수를 포함한 잭의 모든 변수는 메모리에서 정확히 하나의 단어로 매핑될 수 있다.

컴파일러가 해결해야 하는 두 번째 문제는 변수들이 종류에 따라 생애 주기가 다르다는 점이다. 클래스 수준의 정적static 변수는 클래스 내의 모든 서브루틴이 전역적으로 공유한다. 따라서 정적 변수의 복사본은 프로그램의 실행시간 내내 유지되어야 한다. 반면 인스턴스 수준의 필드field 변수는 다르게 취급된다. 즉, 객체들(클래스의 인스턴스)이 각각 필드 변수 집합을 따로 가지고 있어야 하며, 객체가 더 이상 필요 없어질 경우 그 메모리도 해제되어야 한다. 서브루틴 수준의 지역local 및 인수argument 변수는 서브루틴이 실행을 시작할 때마다 생성되고, 서브루틴이 종료되면 해제되어야 한다.

메모리 매핑 작업이 쉽지 않다는 것은 나쁜 소식이다. 좋은 소식은 이 모든 어려움을 이미 처리했다는 것이다. 2단계 컴파일러 아키텍처에서는 변수들의 메모리 할당과 해제를 VM에 위임했었다. 이제 우리는 잭의 정적 변수는 static 0, static 1, static 2, ⋯, 필드 변수는 this 0, this 1, ⋯, 지역 변수는 local 0, local 1, ⋯, 인수 변수는 argument 0, argument 1, ⋯에 매핑하기만 하면 된다. 그리고 가상 메모리 세그먼트를 RAM에 매핑하는 후속 작업과, 런타임에 복잡한 수명 주기를 관리하는 일은 VM 구현에서 전부 처리한다.

이 기능을 쉽게 구현할 수 없었음을 기억하자. 우리는 함수 호출-반환 규약을 구현하면서, 부가적으로 가상 메모리 세그먼트를 RAM에 동적으로 매핑하는 어셈블리 코드를 생성하는 일을 했어야 했다. 그리고 이제 그 노력의 결실을 얻게 되었다. 컴파일러에서는 고수준 변수를 가상 메모리 세그먼트에 매핑하기만 하면 된다. 이후에 RAM에서 이 세그먼트들을 관리하는 복잡한 작업들은 VM이 처리할 것이다. 이것이 VM을 컴파일러의 백엔드라고도 부르는 이유다.

요약하면, 2단계 컴파일 모델에서 변수 처리는 고수준 변수를 가상 메모리 세그먼트로 매핑하고, 이 매핑을 코드 생성 과정 중에 적재적소에 사용하는 문제로 바뀔 수 있다. 이 작업은 기호 테이블symbol table이라는 고전적인 추상화 개념을 이용해서 쉽게 관리할 수 있다.

기호 테이블 컴파일러는 let y = foo(x) 같은 고수준 명령문에서 변수를 발견할 때마다 그 변수가 무엇을 나타내는지 알아야 한다. x는 정적 변수, 객체의 필드, 지역 변수, 또는 서브루틴의 인수 중 무엇일까? 이 변수의 타입은 integer, boolean, char, 또는 클래스 타입 중에 어떤 것일까? 코드 생성을 하기 위해서 변수 x가 소스 코드에서 나타날 때마다 이 질문들에 답해야 한다. 물론 변수 y의 경우도 똑같게 처리되어야 한다.

기호 테이블을 이용하면 이런 변수 속성을 편하게 관리할 수 있다. 소스 코드에서 정적 변수, 필드 변수, 지역 변수 또는 인수 변수가 선언되면, 컴파일러는 static, this, local, 또는 argument VM 세그먼트에서 사용 가능한 다음 항목에 그 변수를 할당하고, 기호 테이블에 해당 매핑 관계를 기록한다. 그리고 컴파일러는 코드의 다른 곳에서 변수를 발견하면 기호 테이블에서 변수의 이름을 찾아보고, 속성 정보를 꺼내서 코드 생성에 활용한다.

고수준 언어는 별도의 이름 공간name space을 둘 수 있다는 점이 중요한 기능 중 하나다. 그래서 고수준 프로그램에서는 다른 영역에서 다른 대상을 동일한 식별자로 표기할 수 있다. 별도의 이름 공간을 두려면 프로그램 내에서 식별자마다 인식이 가능한 범위scope가 연관되어야 한다. 잭에서 정적 변수와 필드 변수의 범위는 그 변수가 선언된 클래스 내이며, 지역 변수와 인수 변수의 범위는 역시 그 변수가 선언된 서브루틴 내이다. 잭 컴파일러는 그림 11.2와 같이 두 개의 기호 테이블을 따로 관리하면서 범위 추상화를 구현한다.

```
class Point {
    field int x, y;
    static int pointCount;
    ...
    method int distance(Point other) {
        var int dx, dy;
        let dx = x - other.getx();
        let dy = y - other.gety();
        return Math.sqrt((dx*dx) + (dy*dy));
    }
    ...
}
```

이름	타입	종류	#
x	int	field	0
y	int	field	1
pointCount	int	static	0

클래스 수준 기호 테이블

이름	타입	종류	#
this	Point	arg	0
other	Point	arg	1
dx	int	var	0
dy	int	var	1

서브루틴 수준 기호 테이블

그림 11.2 기호 테이블 예시. 서브루틴 수준 테이블에서 this 행은 이 장의 뒷부분에서 설명한다.

범위는 중첩될 수 있으며, 바깥쪽 범위에서 안쪽 범위로는 접근하지 못한다. 예를 들어 잭 컴파일러가 x + 17이라는 표현식을 발견하면 x가 서브루틴 수준의 변수(지역 또는 인수)인지 먼저 검사한다. 이 검사에 실패하면, 컴파일러는 x가 정적 변수나 필드 변수인지 확인한다. 어떤 언어는 중첩된 범위의 깊이를 한없이 깊게 할 수 있어서, 변수가 선언된 모든 코드 블록에서 그 변수를 지역 변수가 되도록 할 수 있다. 컴파일러는 기호 테이블로 된 연결 리스트를 만들고, 각 기호 테이블이 리스트의 다음 테이블 내에서 중첩된 범위가 되도록 하는 방식으로 무제한 중첩을 지원한다. 컴파일러가 현재 범위와 관련된 테이블에서 그 변수를 찾는 데 실패하면, 리스트의 다음 테이블에서 변수를 찾아보는 식으로 안쪽 범위에서 바깥쪽 범위로 찾아 나간다. 리스트 내에 변수가 없으면 컴파일러는 '선언되지 않은 변수undeclared variable' 오류를 발생시킨다.

잭 언어에는 두 가지 범위 수준만 존재한다. 즉, 현재 컴파일되는 서브루틴과, 서브루틴이 선언된 클래스다. 따라서 컴파일러는 두 개의 기호 테이블만 관리하면 된다.

변수 선언 처리 잭 컴파일러는 클래스 선언을 컴파일하기 시작할 때, 클래스 수준의 기호 테이블과 서브루틴 수준의 기호 테이블을 생성한다. 컴파일러가 정적 변수나 필드 변수 선언을 파싱할 때는 클래스 수준의 기호 테이블에 새로운 행을 추가한다. 이 행에는 변수의 이름, 타입(integer, Boolean, char, 클래스명), 종류(static, field) 및 그 종류의 인덱스 정보가 담긴다.

잭 컴파일러는 서브루틴(생성자, 메서드, 함수) 선언을 컴파일하기 시작하면서 서브루틴 수준의 기호 테이블을 재설정한다. 컴파일하는 서브루틴이 메서드라면, 컴파일러는 <this, *className*, arg, 0>이라는 행을 서브루틴 수준의 기호 테이블에 추가한다(이 초기화 내용은 11.1.5.2절에 자세히 설명되어 있으며, 그 전까지는 신경 쓰지 않아도 된다). 컴파일러가 지역 변수 또는 인수 변수 선언을 파싱할 경우에는, 변수명, 타입(integer, boolean, char, 또는 클래스명), 종류(var 또는 arg), 그 종류의 인덱스 정보를 담은 새로운 행을 서브루틴 수준의 기호 테이블에 추가한다. 변수 종류(var 또는 arg)별 인덱스는 0에서 시작하고, 같은 종류의 새로운 변수가 테이블에 추가될 때마다 1씩 증가된다.

명령문에서 변수 처리 컴파일러는 명령문 내에서 변수를 만나면 서브루틴 수준 기호 테이블에서 해당 변수명을 찾아본다. 만약 변수를 찾을 수 없으면 컴파일러는 클래스 수준 기호 테이블에서 다시 그 변수를 찾는다. 그래서 변수가 발견되면 컴파일러는 명령문의 번역을 완성할 수 있다. 예를 들어 기호 테이블이 그림 11.2와 같을 때, let y = y + dy라는 고수준 명령문을 컴파일한다고 생각해 보자. 컴파일러는 이 명령문을 push this 1, push local 1, add, pop this 1이라는 VM 명령들로 번역할 것이다. 여기서 컴파일러가 표현식 및 let 명령문을 처리하는 방법을 알고 있다고 가정한다. 이 방법은 다음 두 절에서 다룰 주제다.

11.1.2 표현식 컴파일하기

x + y - 7 같은 간단한 표현식의 컴파일부터 생각해 보자. 여기서 '간단한 표현식'이란 (항목)(연산자)(항목)(연산자)(항목)… 같은 형식이고, 각 항목

term은 변수나 상수이며, 연산자operator는 +, −, *, / 중 하나인 경우를 말한다.

잭에서는 대부분의 고수준 언어와 마찬가지로 중위infix 표기법을 써서 표현식을 작성한다. 즉, x와 y의 덧셈을 x + y라고 쓰는 식이다. 반면 우리가 컴파일할 목적 언어는 후위postfix 표기법이다. 즉, 동일한 덧셈 연산이 스택 기반 VM 코드로는 push x, push y, add로 표현된다. 10장에서는 XML 태그를 이용해서 중위 표기법 소스 코드를 출력하는 알고리즘을 소개했다. 이 알고리즘의 파싱 논리는 여전히 같지만, 이제 후위 표기법 명령들이 생성되도록 알고리즘 출력 부분을 수정해야 한다. 그림 11.3이 이 둘의 차이를 보여 주고 있다.

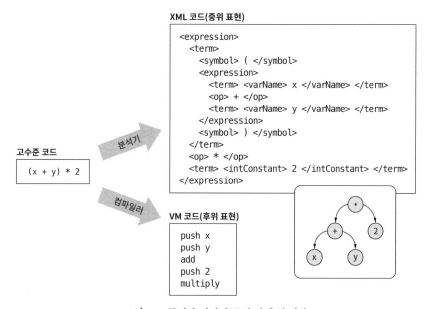

그림 11.3 동일한 의미의 중위 및 후위 변환

요약하면, 우리는 중위 표현식을 파싱해서, 스택 머신에서 동일한 기능을 하는 후위 표현식 코드를 출력하는 알고리즘을 만들어야 한다. 그림 11.4는 그런 알고리즘의 예다. 이 알고리즘은 입력된 표현식을 왼쪽에서 오른쪽으로 처리하면서 그에 따른 VM 코드를 생성한다. 이 알고리즘은 편리하게도 단항

연산자와 함수 호출도 처리한다.

codeWrite 알고리즘(그림 11.4의 오른편)이 생성한 스택 기반 VM 코드를 실행하면, 표현식의 모든 항목을 다 계산하고 표현식의 값을 스택 맨 위에 넣고 나서 실행이 끝나게 된다. 표현식을 컴파일한 코드에서 정확히 기대되는 바대로다.

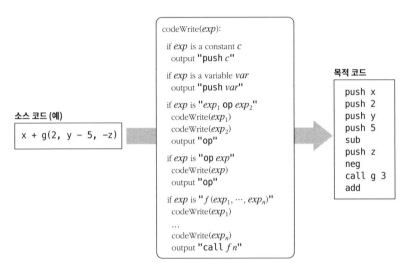

그림 11.4 표현식을 위한 VM 생성 코드 및 컴파일 예시. 이 알고리즘은 입력되는 표현식이 유효하다고 가정한다. 출력한 기호 변수를 그에 해당하는 기호 테이블의 매핑으로 바꾸도록 최종적으로 이 알고리즘을 구현해야 한다.

지금까지 비교적 간단한 표현식을 다뤘다. 그림 11.5에 잭 표현식에 대한 완전한 문법 정의와, 이 정의에 맞는 실제 표현식 예제 몇 가지를 표시했다.

잭 표현식의 컴파일은 compileExpression이라는 이름의 루틴에서 처리된다. 이 루틴을 개발하는 사람은 그림 11.4에서 제시된 알고리즘을 확장해서, 그림 11.5에 정의된 다양한 사례들을 다룰 수 있도록 만들어야 한다. 이 장의 뒷부분에서 이 구현에 대해 더 이야기할 예정이다.

정의(잭 문법을 따름):

$$
\begin{aligned}
\textit{expression}:&\quad \textit{term (op term) *}\\[4pt]
\textit{term}:&\quad \textit{integerConstant} \mid \textit{stringConstant} \mid \textit{keywordConstant} \mid \textit{varName} \mid\\
&\quad \textit{varName} \ \texttt{'['} \ \textit{expression} \ \texttt{']'} \mid \texttt{'} \ \texttt{('} \ \textit{expression} \ \texttt{')'} \mid \textit{(unaryOp term)} \mid\\
&\quad \textit{subroutineCall}\\[4pt]
\textit{subroutineCall}:&\quad \textit{subroutineName} \ \texttt{'('} \ \textit{expressionList} \ \texttt{')'} \mid\\
&\quad \textit{(className} \mid \textit{varName)} \ \texttt{'.'} \ \textit{subroutineName} \ \texttt{'('} \ \textit{expressionList} \ \texttt{')'}\\[4pt]
\textit{expressionList}:&\quad \textit{(expression} \ \texttt{(',' } \textit{expression)} \ \texttt{*)} \ \texttt{?}\\[4pt]
\textit{op}:&\quad \texttt{'+'} \mid \texttt{'-'} \mid \texttt{'*'} \mid \texttt{'/'} \mid \texttt{'\&'} \mid \texttt{'|'} \mid \texttt{'<'} \mid \texttt{'>'} \mid \texttt{'='}\\[4pt]
\textit{unaryOp}:&\quad \texttt{'-'} \mid \texttt{'\~{}'}\\[4pt]
\textit{keywordConstant}:&\quad \texttt{'true'} \mid \texttt{'false'} \mid \texttt{'null'} \mid \texttt{'this'}
\end{aligned}
$$

integerConstant, *stringConstant*, *keywordConstant* 및 다른 요소들의 정의는 완전한 버전의 잭 문법(그림 10.6)에 나와 있으며, 따로 설명이 필요 없다.

예제:

```
5
x
x + 5
(-b + Math.sqrt(b*b - (4 * a * c))) / (2 * a)
arr[i] + foo(x)
foo(Math.abs(arr[x + foo(5)]))
```

그림 11.5 잭 언어의 표현식들

11.1.3 문자열 컴파일하기

문자열(문자들의 나열)은 컴퓨터 프로그램에서 널리 활용된다. 일반적으로 객체지향 언어들은 문자열을 String이라는 이름의 클래스 인스턴스로 처리한다(잭의 String 클래스는 잭 OS의 일부분으로 부록 6에 문서화되어 있다). 고수준 명령문이나 표현식에서 문자열 상수가 나올 때마다 컴파일러는 String 생성자를 호출해서 새로운 String 객체를 생성하고 반환하는 코드를 생성한다. 다음으로 컴파일러는 새 객체를 문자열의 문자들로 초기화한다. 이 초기화 과정은 문자열 상수의 문자마다 String 메서드인 appendChar를 연달아 호출하는 방식으로 이루어진다.

문자열 상수를 이렇게 구현하면 메모리 누수로 인해 메모리 낭비가 될 수 있다. `Output.printString("Loading…please wait")` 명령문을 예를 들어 생각해 보자. 고수준 프로그래머가 원한 것은 메시지를 화면에 출력하는 것뿐이지, 아마도 컴파일러가 새로운 객체를 만드는지는 별로 개의치 않았을 것이다. 그리고 프로그램이 종료될 때까지 그 객체가 메모리에 남는다는 사실에 놀랄지도 모르겠다. 하지만 실제로 일어나는 일은, 새로운 `String` 객체가 생성되고 이 객체는 뒤에 숨어서 아무것도 하지 않는다는 것이다.

자바, C#, 파이썬은 더 이상 필요 없는 객체(기술적으로는 해당 객체를 참조하는 변수가 없는 객체)의 메모리를 회수하는 런타임 가비지 콜렉션garbage collection 프로세스를 두고 있다. 일반적으로 현대적 언어는 문자열 객체의 효율적 활용을 위해 다양한 최적화와 특화된 문자열 클래스를 활용한다. 잭 OS는 하나의 `String` 클래스만 지원하며, 문자열과 관련된 최적화는 하지 않는다.

운영체제 서비스 문자열 처리를 설명할 때 컴파일러가 필요에 따라 OS 서비스를 활용할 수 있음을 처음 언급했다. 실제로 잭 컴파일러 개발자는 OS API(부록 6)에 수록된 모든 생성자, 메서드 및 함수를 컴파일된 VM 함수로 활용할 수 있다. 기술적으로 풀어서 설명하면, 이 VM 함수 중에 어떤 것이든 컴파일러가 생성한 코드에서 호출할 수 있다는 뜻이다. 이 구성은 12장에서 OS를 잭으로 구현하고 VM 코드로 컴파일하면서 완성될 것이다.

11.1.4 명령문 컴파일하기

잭 프로그래밍 언어에는 5가지 명령문, 즉 let, do, return, if, while이 있다. 이제 잭 컴파일러에서 이 명령문들의 의도대로 동작하는 VM 코드를 생성하는 방법을 알아보자.

return 명령문 컴파일: 표현식 컴파일 방법을 알고 있으면 return *expression* 컴파일은 간단하다. 먼저 `compileExpression` 루틴을 호출해서, 표현식의 값을 계산해서 스택에 넣는 VM 코드를 생성한다. 다음으로 return VM 명령을 생성한다.

let 명령문 컴파일: 여기서는 let *varName* = *expression* 형식의 명령문 처리를 설명한다. 파싱은 왼쪽에서 오른쪽으로 진행되므로 *varName*을 기억하는 것부터 시작한다. 다음으로 compileExpression을 호출해서, 표현식의 값을 스택에 넣는다. 마지막으로 pop *varName* VM 명령을 생성한다. 여기서 *varName*은 실제로 기호 테이블에서 *varName*에 매핑되는 것이 된다(예: local 3, static 1 등).

let *varName*[*expression*1] = *expression*2 형식의 명령문을 컴파일하는 방법은, 이 장의 뒷부분에 나오는 배열 처리에 대한 절에서 이야기할 것이다.

do 명령문 컴파일: 여기서는 do *className*.*functionName*(exp_1, exp_2, ···, exp_n) 형식의 함수 호출 컴파일에 대해 설명한다. do는 서브루틴의 반환 값은 무시하고 서브루틴의 기능만 호출하기 위한 명령문이다. 10장에서는 이런 명령문들의 구문이 do *expression*인 것처럼 컴파일하라고 했었다. 여기서 그 내용이 다시 나왔다. do *className*.*functionName*(···) 명령문을 컴파일하려면 compileExpression을 호출하고, pop temp 0 명령으로 최상위 스택 항목(표현식의 값)을 제거하면 된다.

do *varName*.*methodName*(···)과 do *methodName*(···) 형식의 메서드 호출 컴파일은 이 장의 뒷부분에 나오는 메서드 호출 컴파일에 대한 절에서 설명할 것이다.

if와 while 명령문 컴파일: 고수준 프로그래밍 언어는 if, while, for, switch 같은 다양한 제어 흐름 명령문을 지원하며, 잭은 그중에서 if와 while을 지원한다. 반면 저수준 어셈블리 및 VM 언어는 조건 goto와 무조건 goto라는 두 가지 기본 분기를 이용해서 실행 흐름을 제어한다. 따라서 컴파일러 개발자는 goto 기본 분기만 이용해서 고수준 제어 흐름 명령문을 표현해야 한다는 문

제를 풀어야 한다. 그림 11.6에서 이 문제를 체계적으로 다루는 방법을 보여
주고 있다.

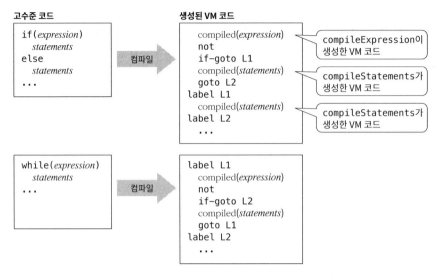

고수준 코드

```
if(expression)
    statements
else
    statements
...
```

컴파일

생성된 VM 코드

```
compiled(expression)
not
if-goto L1
compiled(statements)
goto L2
label L1
compiled(statements)
label L2
...
```

> compileExpression이
> 생성한 VM 코드

> compileStatements가
> 생성한 VM 코드

> compileStatements가
> 생성한 VM 코드

```
while(expression)
    statements
...
```

컴파일

```
label L1
compiled(expression)
not
if-goto L2
compiled(statements)
goto L1
label L2
...
```

그림 11.6 if와 while 명령문의 컴파일. L1과 L2 레이블은 컴파일러가 생성한다.

컴파일러는 if 키워드를 만났을 때 if (*expression*) {*statements*} else
{*statements*} 형식의 패턴을 파싱해야 한다는 사실을 미리 알고 있다. 따라
서 컴파일러는 compileExpression을 호출해서, 표현식의 값을 계산하고 스
택에 푸시하는 VM 명령을 생성하는 것부터 시작한다. 그리고 컴파일러
는 표현식 값의 부정을 구하는 not VM 명령을 생성한다. 다음으로 컴파일
러는 L1 같은 레이블을 만들어서 if-goto L1이라는 VM 명령을 생성하고,
complieStatements를 호출한다. 이 루틴은 *statement*(명령문); *statement*; ..
statement; 같은 형식의 명령문들을 컴파일하며, 여기서 *statement*는 let, do,
return, if 또는 while 중 하나다. 그 결과로 나오는 VM 코드는 그림 11.6에
'compiled(*statements*)'라고 개념적으로 표시되어 있다. 나머지 컴파일 전략
은 따로 설명이 필요 없다.

고수준 프로그램에는 보통 여러 if 및 while 인스턴스가 포함된다. 이 복
잡한 구조를 다루기 위해 컴파일러는 전역적으로 유일한 레이블(예: 증가하

는 카운터 값을 접미사로 하는 레이블)을 만든다. 또한 제어 흐름 명령문은 중첩되는 경우가 많다(예: while 안에 while이 있고 그 안에 if가 있는 경우 등). compileStatements 루틴이 본질적으로 재귀적이기 때문에 이런 중첩은 자연스럽게 처리된다.

11.1.5 객체 처리

이 장에서 지금까지 우리는 변수, 표현식, 문자열, 명령문을 컴파일하는 기법을 알아보았다. 이 기법들은 C와 유사한 절차적 언어의 컴파일러를 만드는 데 필요한 대부분의 기술들이다. 그러나 Nand to Tetris에서는 자바와 비슷한 객체 기반 언어의 컴파일러를 만든다는 더 높은 목표를 세웠다. 이를 염두에 두고 객체를 처리하는 방법을 알아보자.

객체 지향 언어는 객체object라는 집합적인 추상 개념을 선언하고 다룰 수 있는 수단을 지원한다. 각 객체들은 실제로 정적, 필드, 지역, 인수 변수로 참조되는 메모리 블록으로 구현된다. 객체 변수object variable 또는 포인터pointer라고도 하는 참조 변수는 메모리 블록의 시작 주소를 담고 있다. 운영체제는 힙heap이라 불리는 RAM의 논리적 영역을 관리하는 방식으로 이 객체 모델을 구현한다. 힙은 새로운 객체를 표현하기 위해 메모리 블록을 만들어 내는 메모리 풀로 활용된다. 객체가 더 이상 필요 없어지면 그 메모리 블록은 해제되어 힙으로 다시 재활용된다. 컴파일러는 뒤에서 살펴볼 OS 함수들을 호출해서 이런 메모리 관리 작업을 준비한다.

프로그램 실행 중 어떤 시점에 수많은 객체가 힙에 올라가 있을 수 있다. p라는 객체에 foo라는 메서드를 적용하는 경우를 생각해 보자. 객체 지향 언어에서는 p.foo() 같은 메서드 호출로 이 작업이 이루어진다. 호출자에서 피호출자로 관심을 옮겨보면, 다른 메서드와 마찬가지로 foo는 현재 객체 또는 this라는 표시자placeholder 위에서 동작하도록 설계되어 있다. 구체적으로 말하면, foo의 코드 안의 VM 명령들은 this 0, this 1, this 2 같은 참조를 만들고, 이 참조들은 foo가 호출된 객체 p의 필드에 영향을 미치게 된다. 여기서 의문이 생긴다. this 세그먼트를 어떻게 p와 정렬alignment할까?

7~8장에서 구축한 가상 머신에는 RAM 주소 3-4에 직접 매핑되는, THIS와 THAT이라는 pointer 세그먼트로 이 주소 정렬을 구현하는 메커니즘이 있다. VM 명세에 따르면 THIS 포인터(pointer 0으로 참조됨)는 this 메모리 세그먼트의 시작 주소를 저장하도록 되어 있다. 따라서 this 세그먼트를 객체 p와 정렬하려면 p의 값(주소)을 스택에 넣고(push), pointer 0으로 꺼내면(pop) 된다. 이와 비슷한 초기화 기법은 생성자와 메서드 컴파일에서 눈에 띄게 자주 사용하며, 이제 그 내용을 설명할 차례다.

11.1.5.1 생성자 컴파일하기

객체 지향 언어에서 객체는 생성자constructor라고 하는 서브루틴으로 생성된다. 이 절에서는 호출자caller 관점에서 생성자 호출(예: 자바의 new 연산자)을 컴파일하는 방법과, 피호출자callee로서 생성자 자신의 코드를 컴파일하는 방법을 설명한다.

생성자 호출 컴파일 객체 생성은 보통 2단계 작업으로 이루어진다. 먼저 var Point p 같이 어떤 클래스 타입의 변수를 선언한다. 그리고 나중 단계에서 let p = Point.new(2,3)과 같이 클래스 생성자를 호출해서 그 객체를 인스턴스화한다. 또는 사용하는 언어에 따라 하나의 고수준 명령문으로 선언과 객체 생성을 동시에 할 수도 있다. 하지만 이 경우에도 뒷 단에서는 선언 다음에 생성이라는 두 단계로 나눠서 처리한다.

let p = Point.new(2,3) 명령문을 자세히 살펴보자. 이 추상화 명령문은 'Point.new 생성자가 새로운 Point 인스턴스를 나타내는 두 단어짜리 메모리 블록을 할당하도록 하고, 이 블록의 두 단어를 2와 3으로 초기화하고, p가 이 블록의 시작 주소를 참조하도록 하라'는 뜻이다. 이 의미에는 두 가지 가정이 전제되어 있다. 첫째는 생성자가 필요한 크기의 메모리 블록을 할당하는 방법을 알고 있다는 것이다. 두 번째는 생성자 서브루틴이 실행을 종료하면, 할당된 메모리 블록의 시작 주소를 호출자에게 반환한다는 것이다. 그림 11.7이 이 추상화 개념이 구현되는 방식을 보여 주고 있다.

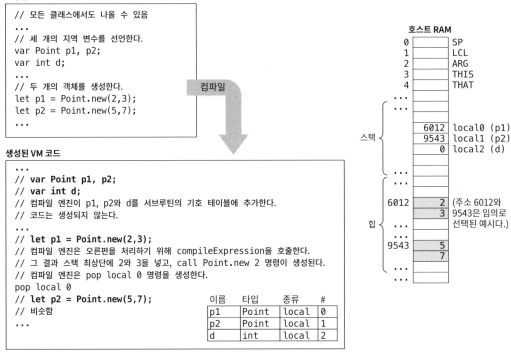

그림 11.7 호출자 관점에서 객체 생성. 이 예시에서 호출자는 두 개의 객체 변수를 선언하고 클래스 생성자를 호출해서 그 두 개의 객체를 생성한다. 생성자는 마법을 부려서 두 개의 객체를 표현하는 메모리 블록을 할당한다. 그 다음 호출 코드는 두 개의 객체 변수가 이 메모리 블록을 참조하도록 만든다.

그림 11.7에서 세 가지를 관찰할 수 있다. 먼저 `let p = Point.new(2,3)` 및 `let p = Point.new(5,7)`과 같은 명령문을 컴파일할 때 특별한 점은 없다는 것이다. 우리는 이미 `let` 명령문과 서브루틴 호출을 컴파일하는 방법을 이야 기했다. 이 호출에서 특별한 점은 어떻게든 두 개의 객체가 생성될 거라는 마 법 같은 가정이다. 이 마법을 구현하는 것은 전적으로 피호출자(생성자)의 컴파일에 맡겨진다. 그리고 이 마법의 결과로 생성자는 그림 11.7의 RAM 다 이어그램에서 보이는 것처럼 두 개의 객체를 생성한다. 그리고 이 사실은 두 번째 관찰로 이어진다. 즉, 실제 주소 6012와 9543은 관련이 없고, 고수준 코 드와 컴파일된 VM 코드는 객체가 메모리에서 어디에 저장되는지 알지 못하

며, 이 객체들의 참조는 고수준 코드에서 p1과 p2, 컴파일된 코드에서 local 0과 local 1처럼 기호로만 표현된다는 점이다(추가적으로 언급하면, 이렇게 해야 프로그램이 재배치 가능해지고 더 안전해진다). 세 번째 관찰은 생성된 VM 코드가 실행될 때까지는 실제로 아무 일도 일어나지 않는다는 점이다. 컴파일 시간compile-time에 기호 테이블이 업데이트되고, 저수준 코드가 생성된 후에 그걸로 끝이다. 객체는 런타임run-time, 즉 컴파일된 코드가 실행될 때만 생성되고 변수에 바인딩된다.

생성자 컴파일 지금까지 우리는 생성자가 어떻게든 객체를 생성한다고 가정하면서, 생성자를 블랙박스로 취급했다. 그림 11.8은 이 마법을 풀어낸 것이다. 그림을 살펴보기 전에 생성자는 무엇보다 서브루틴이라는 점을 기억하자. 생성자는 인수 변수와 지역 변수, 명령문으로 된 본문을 가질 수 있으며, 컴파일러도 생성자를 그렇게 취급한다. 생성자 컴파일에서 특별한 점은, 컴

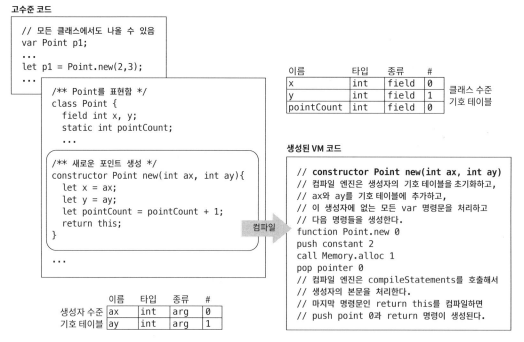

그림 11.8 객체 생성: 생성자의 관점

파일러가 생성자를 일반적인 서브루틴으로 취급하면서도, (i) 새로운 객체를 생성하고, (ii) 그 새로운 객체를 현재 객체(this), 즉 생성자 코드가 동작하는 객체로 만드는 코드도 생성해야 한다는 점이다.

새 객체를 생성하려면, 그 객체의 데이터를 담을 만큼 충분히 큰 여분의 RAM 블록을 찾고, 그 블록을 사용 중이라고 표시해야 한다. 부록 6의 OS API에 따르면 Memory.alloc(*size*) 라는 OS 함수가 주어진 *size*(크기, 16비트 단어의 수)의 사용 가능한 RAM 블록을 찾고 그 블록의 시작 주소를 반환하는 일을 한다.

Memory.alloc과 그 자매 함수인 Memory.deAlloc은 RAM 자원을 효율적으로 할당하고 해제하는 알고리즘을 활용한다. 이 알고리즘은 12장에서 운영체제를 구축할 때 설명하고 구현해 볼 것이다. 지금은 컴파일러가 alloc(생성자에서)과 deAlloc(소멸자에서)을 활용하는 저수준 코드를 생성한다고 알고 있으면 된다.

Memory.alloc을 호출하기 전에 컴파일러는 필요한 메모리 블록의 크기를 결정한다. 이 크기는 클래스 수준 기호 테이블에서 쉽게 계산된다. 예를 들어, Point 클래스의 기호 테이블에는 각 Point 객체마다 두 개의 int 값(*x* 및 *y* 좌표)을 갖도록 정의되어 있다. 따라서 컴파일러는 push constant 2와 call Memory.alloc 1 명령을 생성해서 Memory.alloc(2) 함수 호출을 구현한다. 그러면 OS 함수 alloc은 크기가 2인 사용 가능한 RAM 블록을 찾고 그 시작 주소를 스택에 푸시한다(VM에서 값을 반환하는 것과 같다). 다음으로 생성되는 VM 명령문 pop point 0은, THIS를 alloc이 반환한 시작 주소로 설정한다. 이 시점부터 생성자의 this 세그먼트는 새로 생성된 객체를 표현하기 위해 할당된 RAM 블록과 정렬된다.

this 세그먼트가 제대로 정렬되고 나면 코드 생성을 쉽게 진행할 수 있다. 예를 들어 let x = ax 명령문을 처리하기 위해 compileLet 루틴이 호출되었고, 이 루틴이 기호 테이블을 검색해서 x가 this 0, ax가 argument 0인 것을 확인했다고 하자. 그러면 compileLet은 push argument 0 다음에 pop this 0 명령을 생성한다. 후자의 명령은 point 0(실제로는 THIS)을 alloc이 반환한 시작 주소로 설정했을 때 그랬던 것처럼, this 세그먼트가 새 객체의 시작 주소와 적절하게 정렬되어 있다는 가정에 기반한다. 이 일회성 초기화로 모든 후속 push / pop this *i* 명령은 RAM(더 정확하게는 힙) 내에서 올바른 대상에 도달할 수 있게 된다. 이 규칙의 아름다움을 독자들도 놓치지 않길 바란다.

잭 언어 명세에 따르면 모든 생성자는 return this 명령문으로 끝나야 한다. 이 규칙에 따라 컴파일러는 생성자를 컴파일할 때 마지막에 push pointer 0과 return을 붙이게 된다. 자바 같은 일부 언어에서는 생성자가 명시적으로 return this 명령문으로 끝날 필요가 없다. 그럼에도 자바 생성자는 객체를 생성하고 그 핸들을 호출자에게 반환하도록 되어 있기 때문에, 컴파일된 생성자 코드는 VM 레벨에서 완전히 똑같은 동작을 수행한다.

방금 설명했던 저수준에서 일어나는 정교한 드라마는 호출자 측의 명령문 let *varName-className.constructorName*(⋯)으로 시작된 것이다. 이제 생성자가 종료될 때, 설계에 따라 varName이 최종적으로 새 객체의 시작 주소를 저장하게 됨을 볼 수 있다. '설계에 따라'라는 표현에는 고수준 객체 생성 구문에 따라서, 컴파일러, 운영체제, VM 번역, 어셈블러가 이 추상화 구문을 구현하기 위해 열심히 작업을 한다는 뜻이 담겨 있다. 그 결과로 고수준 프로그래머는 객체 생성에 관한 복잡한 세부 사항에서 벗어나 쉽고 투명한 방식으로 객체를 생성할 수 있다.

11.1.5.2 메서드 컴파일하기

생성자 때와 마찬가지로 메서드 호출을 컴파일하는 방법과, 메서드 자체를 컴파일하는 방법을 설명한다.

메서드 호출 컴파일 평면 위의 두 점 p1과 p2 사이 유클리드 거리를 계산한다고 가정해 보자. C 스타일의 절차적 프로그래밍에서는 distance(p1, p2) 같은 함수 호출로 이 계산을 구현할 수 있다(여기서 p1과 p2는 복합 데이터 타입이다). 그러나 객체 지향 프로그래밍에서 p1과 p2는 어떤 Point 클래스의 인스턴스로 구현되며, p1.distance(p2) 같은 메서드 호출로 동일한 계산이 수행된다. 함수와 다르게 메서드는 주어진 객체에서만 동작하는 서브루틴으로, 이 객체를 지정하는 것은 호출자의 책임이다(distance 메서드가 다른 Point 객체를 인수로 받는다는 사실은 우연의 일치다. 일반적으로 메서드는 항상 객체 위에서 연산되도록 설계되며, 메서드는 어떤 타입이든 0, 1, 또는 그 이상의 인수를 가질 수 있다).

distance는 주어진 한 점에서 다른 점까지 거리를 계산하는 절차procedure이고, p1은 그 절차가 실행되는 데이터라 설명할 수 있다. 또한 distance(p1,p2)와 p1.distance(p2)라는 두 관용구는 동일한 값을 계산하고 반환하도록 설계되었다. 하지만 C-스타일 구문은 distance에 초점을 두지만, 객체 지향 구문은 문자 그대로 객체가 먼저 온다. 이것이 C 유사 언어는 절차적procedural 언어로, 객체 지향 언어는 데이터 기반data-driven 언어로 불리는 이유다. 무엇보다도 객체 지향 프로그래밍 스타일은 객체가 자신을 처리하는 방법을 알고 있다는 가정을 바탕으로 한다. 그 예로 Point 객체는 자신과 다른 Point 객체 사이의 거리를 계산하는 방법을 알고 있다. 다르게 표현하면, distance 연산은 Point의 정의에 캡슐화encapsulated되어 있다.

이 모든 멋진 추상화 개념을 지구로 가져올 책임이 있는 주체는, 늘 그렇듯 열심히 일하는 컴파일러다. 컴파일 대상 VM 언어에는 객체나 메서드에 대한 개념이 없기 때문에, 컴파일러는 p1.distance(p2) 같은 객체 지향 메서드 호출을 distance(p1,p2) 같은 절차적 호출인 것처럼 처리한다. 구체적으로 표현하자면 컴파일러는 p1.distance(p2)를 push p1, push p2, call distance로 번역한다. 이제 일반화를 해 보자. 잭 언어는 두 종류의 메서드 호출을 지원한다.

```
// varName이 참조하는 객체에 메서드를 적용한다.
varName.methodName(exp1, exp2, ···, expn)
```

```
// 현재 객체에 메서드를 적용한다.
methodName(exp1, exp2, ···, expn)   // this.methodName(exp1, exp2, ···, expn)와
                                      동일하다.
```

메서드 호출 *varName.methodName*(exp_1, exp_2, $\cdots$, exp_n)을 컴파일하려면 먼저 push *varName* 명령을 생성하는 것부터 시작한다. 여기서 *varName*은 심볼 테이블에서 *varName*에 매핑되는 항목을 뜻한다. 메서드 호출에서 *varName*이 언급되지 않으면, this의 기호 테이블 매핑을 푸시한다. 다음으로 compileExpressionList를 호출한다. 이 루틴은 괄호 안의 각 표현식에 대해 한 번씩, compileExpression을 총 *n*번 호출한다. 마지막으로 call *className.methodName* $n+1$ 명령을 생성하는데, 여기서 $n+1$은 그만한 수의 인수가 스택에 푸시됨을 뜻한다. 인수가 없이 메서드를 호출하는 특수한 경우는 call *className.methodName* 1로 번역한다. *className*은 *varName* 식별자의 기호 테이블 타입임에 주목하자. 예제는 그림 11.9를 참고하자.

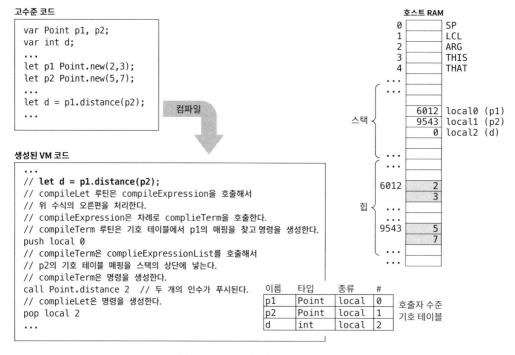

그림 11.9 메서드 호출 컴파일: 호출자의 관점

메서드 컴파일 지금까지 우리는 호출자 관점에서 distance 메서드를 추상적으로 논의했다. 이 메서드가 자바에서는 어떻게 구현될지 생각해 보자.

```
/** Point 클래스 메서드: Point와 other 사이의 거리를 반환한다. */
int distance(Point other) {
    int dx, dy;
    dx = x - other.x;
    dy = y - other.x;
    return Math.sqrt((dx*dx) + (dy*dy));
}
```

다른 방법과 마찬가지로 distance는 현재 객체에서 동작하도록 설계되었으며, 현재 객체는 자바에서(그리고 잭에서도) 내장형 식별자 this로 표현된다. 그러나 위의 예에서 알 수 있듯이 this를 언급하지 않고도 전체 메서드를 작성할 수 있다. 자바 컴파일러가 친절하게도 dx=x-other.x 같은 명령문을 dx=this.x-other.x인 것처럼 처리하기 때문이다. 이 관례는 고수준 코드를 좀더 읽기 편하고 작성하기 쉽게 만들어 준다.

그러나 잭 언어에서는 *object.field* 같은 관용구가 지원되지 않는다는 점에 유의하자. 따라서 현재 객체가 아닌 객체의 필드는 접근자accessor 및 변경자mutator 메서드로만 조작할 수 있다. 예를 들어 x-other.x와 같은 표현식은 잭에서 x-other.getx()로 구현된다(여기서 getx는 Point 클래스의 접근자 메서드다).

그렇다면 잭 컴파일러는 x-other.getx()와 같은 표현식을 어떻게 처리할까? 자바 컴파일러와 마찬가지로 잭 컴파일러는 x를 기호 테이블에서 찾고, 현재 객체에서 첫 번째 필드를 나타내는 것을 찾는다. 하지만 정말 많은 객체들 중에 어떤 객체가 현재 객체를 나타낼까? 사실 메서드 호출 규칙에 따르면 메서드 호출자가 전달한 첫 번째 인수여야 한다. 따라서 피호출자 관점에서 현재 객체는 시작 주소가 argument 0의 값인 객체가 된다. 간단히 말해서, 이것은 자바, 파이썬, 그리고 (물론) 잭 같은 언어에서 '객체에 메서드를 적용하라'는 일반적인 추상화 개념을 가능하게 하는 저수준 컴파일 기법이다. 그림 11.10에 자세한 내용이 설명되어 있다.

예제는 그림 11.10의 왼쪽 상단에서 시작하며, 호출자 코드가 p1.distance
(p2) 메서드 호출을 만드는 모습을 보여 주고 있다. 관심을 피호출자의 컴파
일된 버전으로 돌려서, 코드가 push argument 0과 pop point 0으로 시작하
고 있음을 확인하자. 이 명령들은 메서드의 THIS 포인터를 argument 0의 값
으로 설정하며, 메서드 호출 규칙에 따라 이 값에는 메서드가 호출된 객체의
시작 주소가 담겨 있다. 따라서 이 시점부터 메서드의 this 세그먼트는 대상
객체의 시작 주소로 적절하게 정렬되며, 모든 push/pop this *i* 명령들도 적
절하게 정렬되게 만든다. 예를 들면 x-other.getx() 표현식은 push this 0,
push argument 1, call Point.getx 1, sub으로 컴파일된다. THIS를 호출된
객체의 시작 주소로 설정하는 것으로 컴파일된 메서드 코드를 시작했기 때문

고수준 코드

```
// 모든 클래스에서 나타날 수 있음
...
let d = p1.distance(p2);
...
```

```
/** Point 표현 */
class Point {
  field int x, y;
  static int pointCount;
  ...

  /** 다른 점과의 거리 */
  method int distance(Point other) {
    var int dx, dy;
    let dx = x - other.getx();
    let dy = y - other.gety();
    return Math.sqrt((dx*dx) + (dy*dy));
  }
}
...
  // getx와 gety를 포함한 더 많은 메서드
  ...
}
```

컴파일 →

이름	타입	종류	#
x	int	field	0
y	int	field	1
pointCount	int	static	0

Point 클래스의 기호 테이블

생성된 VM 코드

```
...
// method int distance(Point other)
// compileSubroutine 루틴은
// 메서드의 기호 테이블을 재설정하고,
// 기호 테이블에 기호 this를 추가한다.
// 다음으로 compileParameterList를 호출하고
// 그 루틴은 기호 other를 기호 테이블에 추가한다.

// var int dx, dy;
// 기호 dx와 dy가 기호 테이블에 추가된다.
// 다음으로 compileSubroutine은
// 다음 명령을 생성한다.
function Point.distance 2
push argument 0
pop pointer 0
// 그 다음 compileStatements가 호출되어서
// 메서드 본문의 컴파일을 처리한다.
...
```

이름	타입	종류	#
this	Point	arg	0
that	Point	arg	1
dx	int	var	0
dy	int	var	1

distance 메서드의 기호 테이블

그림 11.10 메서드 컴파일: 피호출자의 관점

에, this 0(및 모든 this i 참조)이 올바른 객체의 올바른 필드에 접근하는 것이 보장된다.

11.1.6 배열 컴파일하기

배열은 객체와 유사하다. 잭에서 배열은 Array 클래스의 인스턴스로 구현되며, 이 클래스는 운영체제에 포함되어 있다. 따라서 배열과 객체는 정확히 똑같은 방식으로 선언되고, 구현되고, 저장된다. 사실 배열이 곧 객체이며, 배열 요소들을 let arr[3] = 17과 같이 인덱스로 접근할 수 있다는 점만 다르다. 이 유용한 추상화 구현을 담당하는 것은 컴파일러로, 지금부터 설명할 예정이다.

포인터 표기법으로 arr[i]를 *(arr+i), 즉 메모리 주소 arr+i로 쓸 수 있음을 관찰하자. 이 관찰은 let x = arr[i]와 같은 명령문을 컴파일하는 데 핵심적인 통찰이 된다. arr[i]의 물리적 주소를 계산하려면 push arr, push i, add를 실행하면 되고 그 결과로 대상 주소가 스택에 푸시된다. 다음으로 pop point 1을 실행한다. VM 명세에 따르면 이 작업은 대상 주소를 메서드의 THAT 포인터(RAM[4])에 저장하며, 이는 가상 세그먼트 that의 기본 주소를 대상 주소와 정렬하는 효과가 있다. 따라서 이제 push that 0과 pop x를 실행해서 let x = arr[i]의 저수준 번역을 완료할 수 있을 것이다. 자세한 내용은 그림 11.11을 참고하자.

이 멋진 컴파일 전략에는 단 하나의 문제가 있다. 바로 동작하지 않는다는 점이다. 더 정확하게는 let a = b[j] 같은 명령문에서는 작동하지만, let a[i] = b[j]와 같이 할당 명령문 왼편에도 인덱스가 있는 경우에는 실패한다. 그림 11.12를 보자.

좋은 소식은 결함이 있는 이 컴파일 전략을 쉽게 수정해서, let arr[*expression*1] = *expression*2 같은 경우 모두를 올바르게 컴파일되도록 만들 수 있다는 점이다. 앞에서와 마찬가지로 push arr 명령을 생성하는 데서 시작해서, compileExpression을 호출하고, add 명령을 생성한다. 이 절차를 통

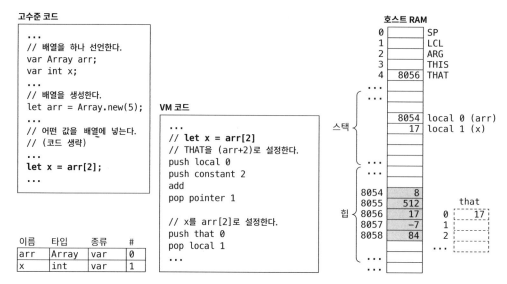

그림 11.11 VM 명령을 활용한 배열 접근

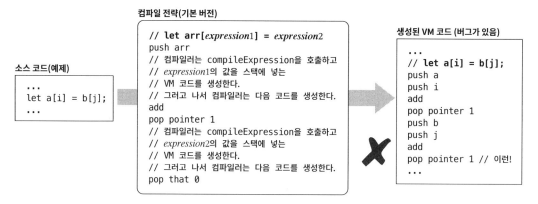

그림 11.12 배열의 기본적인 컴파일 전략과 그 전략이 생성하는 버그 예시. 이 특별한 예시에서 point 1에 저장된 값은 덮어써지고, a[i]의 주소는 잃어버리게 된다.

해 대상 주소 (arr+*expression*1)이 스택의 상단에 들어가게 된다. 다음으로 compileExpression을 호출해서, 최종적으로 스택의 최상단에 *expression*2의 값을 넣는다. 그리고 이 시점에서 pop temp 0을 이용해서 그 값을 저장한다. 이 연산은 부가적으로 (arr+*expression*1)을 스택의 최상위 항목으로 만든다.

따라서 이제 pop pointer 1, push temp 0, pop that 0을 할 수 있다. compile Expression 루틴의 재귀적 성질에다가 원래 컴파일 전략을 살짝 수정함으로써, 이제 let arr[*expression*1] = *expression*2 형식의 명령문이 아무리 재귀적으로 복잡하게 표현되더라도 처리할 수 있다. 즉, 예를 들면 let a[b[i]+a[j+b[a[3]]]]=b[b[j]+2] 같은 명령문도 처리 가능하다.

마지막으로 잭 배열 컴파일을 상대적으로 간단하게 만드는 요소가 몇 가지 있다. 첫째로 잭 배열은 타입이 지정되지 않으며, 제한 없이 16비트 값을 저장하도록 만들어져 있다. 두 번째로 잭에서 모든 기초 데이터 타입은 폭이 16비트고, 그 주소들의 폭도 모두 16비트며, RAM의 단어 폭도 그렇다. 강타입strongly-typed 프로그래밍 언어와, 이렇게 일대일 대응을 보장할 수 없는 언어에서 배열을 컴파일하려면 더 많은 작업이 필요하다.

11.2 명세

지금까지 설명한 컴파일 문제와 해법은 모든 객체 기반 프로그래밍 언어의 컴파일에도 적용되도록 일반화할 수 있다. 이제 일반적인 이야기에서 구체적인 이야기로 넘어가 보자. 지금부터 이 장의 끝까지는 잭 컴파일러에 대해 설명한다. 잭 컴파일러는 잭 프로그램을 입력으로 받아 실행 가능한 VM 코드를 출력하는 프로그램이다. 이 VM 코드는 7~8장에서 정의했던 가상 머신 위에서 프로그램의 의도를 실현한다.

사용법 컴파일러는 다음과 같이 하나의 명령줄 인수를 받는다.

prompt> JackCompiler *source*

여기서 *source*는 *Xxx*.jack 형식의 파일명(확장자는 필수)이나, 하나 이상의 .jack 파일이 있는 폴더명(이 경우에는 확장자는 없음). 파일명/폴더명에는 파일 경로가 포함될 수 있다. 파일 경로가 지정되지 않으면 컴파일러는 현재 폴더에서 동작한다. 각 *Xxx*.jack 파일마다 컴파일러는 출력 파일 *Xxx*.vm을 생성하고 VM 코드를 그 파일에 기록한다. 출력 파일은 입력 파일과 동일한 위치의 폴더에 생성된다. 그리고 폴더에 같은 이름의 파일이 있으면 그 위에 덮어쓴다.

11.3 구현

이제 10장에서 구축한 구문 분석기를 완전한 기능의 잭 컴파일러로 확장하기 위한 가이드, 구현 팁, API를 제안하려 한다.

11.3.1 가상 머신에서 표준 매핑

잭 컴파일러는 다양한 대상 플랫폼에서 개발될 수 있다. 이 절은 7~8장에서 정의한 가상 머신 같은 특정한 플랫폼에서 잭 언어 구성을 다양하게 매핑하는 방법에 대한 가이드다.

파일과 함수 이름 규칙

- 잭 클래스 파일 *Xxx*.jack은 *Xxx*.vm이라는 이름의 VM 클래스 파일로 컴파일된다.
- *Xxx*.jack 파일에 있는 잭 서브루틴 *yyy*는, *Xxx*.*yyy*라는 이름의 VM 함수로 컴파일된다.

변수 매핑

- 클래스 선언에서 첫 번째, 두 번째, 세 번째, …로 선언된 정적 변수는 가상 세그먼트 항목 static 0, static 1, static 2, …로 매핑된다.
- 클래스 선언에서 첫 번째, 두 번째, 세 번째, …로 선언된 필드 변수는 가상 세그먼트 항목 this 0, this 1, this 2, …로 매핑된다.
- 서브루틴의 var 명령문에서 첫 번째, 두 번째, 세 번째, …로 선언된 지역 변수는 가상 세그먼트 항목 local 0, local 1, local 2, …로 매핑된다.
- 함수 또는 생성자(하지만 메서드는 아닌)의 매개 변수 리스트에서 첫 번째,

두 번째, 세 번째, …로 선언된 인수 변수는 가상 세그먼트 항목 argument 0, argument 1, argument 2, …로 매핑된다.

- 메서드의 매개 변수 리스트에서 첫 번째, 두 번째, 세 번째, …로 선언된 인수 변수는 가상 세그먼트 항목 argument 1, argument 2, argument 3, …로 매핑된다.

객체 필드 매핑

가상 세그먼트 this를 메서드 호출자가 넘겨준 객체와 정렬하려면, push argument 0, pop point 0 VM 명령을 사용한다.

배열 원소 매핑

고수준 참조 arr[*expression*]은 pointer 1을 (arr+*expression*)으로 설정하고 that 0으로 접근하는 식으로 컴파일된다.

상수 매핑

- 잭 상수 null 및 false의 참조는 push constant 0으로 컴파일된다.
- 잭 상수 true의 참조는 push contant 1, neg으로 컴파일된다. 이 명령들은 값 –1을 스택에 푸시한다.
- 잭 상수 this의 참조는 push point 0으로 컴파일된다. 이 명령은 현재 객체의 시작 주소를 스택에 푸시한다.

11.3.2 구현 가이드

이 장에서 우리는 여러 가지 개념적 컴파일 예제들을 보았다. 이제 이 컴파일 기법들을 공식적으로 간결하게 요약하려 한다.

식별자 처리

변수명 지정에 활용되는 식별자는 기호 테이블로 처리된다. 유효한 잭 코드를 컴파일하는 동안 기호 테이블에서 찾을 수 없는 식별자는 서브루틴 이름이나 클래스 이름 중 하나로 간주한다. 잭 구문 규칙으로 이 두 사례를 충분히 구분 가능한 데다가, 잭 컴파일러는 '링크link'를 하지 않으므로 기호 테이블에 이 식별자들을 둘 필요가 없다.

표현식 컴파일

compileExpression 루틴은 *term op term op term*… 명령어 시퀀스를 입력으로 처리해야 한다. 이를 위해 compileExpression에서 잭 문법(그림 11.5)에 정의된 모든 텀term들을 처리할 수 있도록 codeWriter 알고리즘(그림 11.4)을 확장 구현해야 한다. 실제로 문법 규칙을 살펴보면 표현식을 컴파일하는 대부분의 작업이 기본 텀을 컴파일하는 작업임을 알 수 있다. 서브루틴 호출의 컴파일을 텀의 컴파일로 직접 처리하도록 권장하고 있으므로 특히 더 그렇다 (10.3절의 compilationEngine API에 따른 구현 참고 사항).

표현식 문법과 그에 대응되는 compileExpression 루틴은 본질적으로 재귀적이다. 예를 들어 compileExpression이 왼쪽 괄호를 감지하면, 이 루틴은 내부 표현식을 처리하도록 compileExpression을 재귀적으로 호출하게 된다. 이 재귀적으로 내려가는 호출 방식으로 인해 안쪽 표현식이 먼저 평가된다. 잭 언어는 이 우선순위를 제외한 다른 연산자 우선순위는 지원하지 않는다. 연산자 우선순위를 처리하는 것이 물론 가능하기는 하지만, Nand to Tetris에서는 연산자 우선순위를 잭 언어의 필수 기능이 아니라 선택적인 확장 기능으로 보고 있다.

표현식 x * y는 push x, push y, call Math.multiply 2로 컴파일된다. 표현식 x/y는 push x, push y, call Math.divide 2로 컴파일된다. Math 클래스는 OS의 일부로, 부록 6에 문서화되어 있다. 이 클래스는 12장에서 개발할 것이다.

문자열 컴파일

각 문자열 상수 '*ccc…c*'는 (i) 문자열 길이를 스택에 푸시하고 String.new 생성자를 호출하고, (ii) *c*의 문자 코드(잭 문자 집합은 부록 5에 문서화되어 있음)를 스택에 푸시하고, String 메서드인 appendChar를 문자열 내 문자 *c*마다 한 번씩 호출하는 방식으로 처리한다. 부록 6의 String 클래스 API에 문서화된 대로 new 생성자와 appendChar 메서드는 둘 다 문자열을 반환 값으로 반환한다(즉, 문자열 객체를 스택에 푸시한다). 이렇게 하면 appendChar가 호출될 때마다 문자열을 다시 푸시할 필요가 없기 때문에 컴파일이 단순해진다.

함수 호출 및 생성자 호출 컴파일

인수가 *n*개인 함수 호출이나 생성자 호출을 컴파일한 버전은 (i) compile Expression을 *n*번 호출하는 compileExpressionList를 호출하고, (ii) 호출 전에 *n*개의 인수가 스택에 푸시되었다는 정보와 함께 호출되도록 해야 한다.

메서드 호출 컴파일

인수가 *n*개인 메서드 호출을 컴파일한 버전은 (i) 메서드가 호출된 객체의 참조를 푸시하고, (ii) compileExpression을 *n*번 호출하는 compileExpression List를 호출하고, (iii) 호출 전에 *n* + 1개의 인수가 푸시되었다는 정보와 함께 호출되도록 해야 한다.

do 명령문 컴파일

do *subroutineCall* 명령문을 do *expression* 명령문인 것처럼 컴파일한 다음 pop temp 0을 사용해서 스택 최상위 값을 꺼내는 방법을 권장한다.

클래스 컴파일

클래스 컴파일을 시작할 때 컴파일러는 컴파일러 수준의 기호 테이블을 생성하고, 이 테이블에 클래스 선언에서 나오는 모든 필드 및 정적 변수를 추가한다. 컴파일러는 또한 빈 서브루틴 수준의 기호 테이블을 생성한다. 코드는 생성되지 않는다.

서브루틴 컴파일

- 서브루틴(생성자, 함수, 메서드) 컴파일을 시작할 때 컴파일러는 서브루틴 수준의 기호 테이블을 초기화한다. 서브루틴이 메서드라면 컴파일러는 기호 테이블에 <this, *className*, arg, 0> 매핑을 추가한다.
- 다음으로 컴파일러는 서브루틴의 매개 변수 리스트에 선언된 모든 매개 변수(있는 경우)를 기호 테이블에 추가한다. 그 다음 컴파일러는 모든 서브루틴의 지역 변수를 기호 테이블에 추가하는 방식으로 모든 var 선언(있는 경우)을 처리한다.
- 이 단계에서 컴파일러는 function *className.subroutineName nVars* 명령으로 시작하는 코드를 생성한다. 여기서 *nVars*는 서브루틴 내 지역 변수의 수이다.
- 서브루틴이 메서드라면, 컴파일러는 push argument 0, pop point 0 코드를 생성한다. 이 명령 시퀀스는 가상 메모리 세그먼트 this를 메서드가 호출된 객체의 시작 주소로 정렬한다.

생성자 컴파일

- 먼저 컴파일러는 이전 절에서 설명한 모든 작업을 수행하고, function *className.constructorName nVars* 명령을 생성한다.
- 다음으로 컴파일러는 push constant *nFields*, call Memory.alloc 1, pop pointer 0 코드를 생성한다. 여기서 *nFields*는 컴파일된 클래스 내의 필드 수이다. 이 결과 *nFields*개의 16비트 단어로 된 메모리 블록이 할당되고, 가상 메모리 세그먼트 this와 새롭게 할당된 블록의 시작 주소가 정렬된다.
- 생성자 컴파일은 push pointer 0, return 코드로 끝난다. 이 코드 시퀀스는 생성자가 만든 새 객체의 시작 주소를 호출자에게 반환한다.

void 메서드 및 void 함수 컴파일

모든 VM 함수는 반환하기 전에 스택에 값을 푸시해야 한다. void 메서드나 함수를 컴파일할 때 규칙은 push constant 0, return으로 코드를 끝맺는 것이다.

배열 컴파일

let arr[*expression*1] = *expression*2 형식의 명령문은 11.1.6절 끝에서 설명한 기법을 사용하여 컴파일된다. (구현 팁: 배열을 처리할 때 인덱스가 0보다 큰 that 항목을 사용할 필요는 전혀 없다.)

운영체제

Math.sqrt((dx * dx)+(dy * dy))라는 고수준 표현식을 생각해 보자. 컴파일러는 이 표현식을 push *dx*, push *dx*, call Math.multiply 2, push *dy*, push *dy*, call Math.multiply 2, add, call Math.sqrt 1이라는 VM 명령들로 컴파일한다. 여기서 *dx*와 *dy*는 *dx*, *dy*의 기호 테이블 매핑이다. 이 예제는 컴파일하는 동안 운영체제 서비스가 작동하는 두 가지 방식을 보여 준다. 첫 번째는 x * y와 같은 고수준 표현식을 Math.multiply 같은 OS 서브루틴 호출 코드를 생성하는 것으로 컴파일하는 방식이다. 두 번째는 잭 표현식에 Math.sqrt(x) 같이 OS 루틴을 호출하는 고수준 표현이 있을 때, 컴파일러가 VM 접미사 구문을 활용해서 정확히 똑같이 호출하는 VM 코드를 생성하는 방식이다.

OS에는 부록 6에 문서화된 8개의 클래스가 있다. Nand to Tetris는 이 OS를 두 가지 다른 방식으로 구현한 버전(네이티브native 및 에뮬레이션emulated)을 제공한다.

네이티브 OS 구현

프로젝트 12에서는 잭으로 OS 클래스 라이브러리를 개발하고, 잭 컴파일러를 이용해서 컴파일할 것이다. 컴파일하고 나면 8개의 .vm 파일이 생성되며, 이 파일들이 네이티브 OS 구현을 구성하게 된다. 잭 프로그램을 컴파일해서 생긴 .vm 파일들이 저장된 폴더와 같은 폴더에 이 8개의 .vm 파일을 넣어 두면, 모든 OS 함수와 컴파일된 VM 코드가 동일한 코드 기반에 있기 때문에 VM 코드에서 OS 함수들에 접근할 수 있게 된다.

에뮬레이션 OS 구현

제공된 VM 에뮬레이터는 잭 OS을 자바 기반으로 구현한 자바 프로그램이다. 에뮬레이터에 로드된 VM 코드가 OS 함수를 호출할 때마다 에뮬레이터는 로드된 코드 기반에서 해당 이름의 VM 함수가 존재하는지 확인한다. 그래서 존재하면 그 VM 함수를 실행한다. 만약 그런 함수가 없다면 해당 OS 함수의 내장형 구현을 호출한다. 핵심은 다음과 같다. 만약 프로젝트 11에서와 같이, VM 에뮬레이터를 이용해서 독자가 만든 컴파일러가 생성한 VM 코드를 실행한다면 OS 구성에 대해서는 신경 쓸 필요가 없다. 에뮬레이터가 모든 OS 호출을 처리할 것이기 때문이다.

11.3.3 소프트웨어 구조

10장에서 설명한 구문 분석기를 바탕으로 컴파일러 구조를 제안한다. 특히 다음과 같은 모듈을 사용해서 구문 분석기를 완전한 기능의 컴파일러로 조금씩 개선해 나가기를 권장한다.

- JackCompiler: 메인 프로그램. 다른 모듈을 설정하고 불러옴.
- JackTokenizer: 잭 언어의 토큰화 모듈
- SymbolTable: 잭 코드에서 발견되는 모든 변수를 추적함
- VMWriter: VM 코드를 작성
- CompilationEngine: 재귀 하향식 컴파일 엔진

JackCompiler

이 모듈은 전체 컴파일 과정을 진행한다. *Xxx*.jack 형식의 파일명이나, 그런 파일이 하나 이상 담긴 폴더명을 받아 동작한다. *Xxx*.jack 소스 파일마다 프로그램은 다음 작업을 수행한다.

1. *Xxx*.jack 입력 파일에서 JackTokenizer를 생성한다.
2. *Xxx*.vm이라는 이름의 출력 파일을 생성한다.

3. CompilationEngine, SymbolTable, VMWriter를 이용해서 입력 파일을 파싱하고, 번역된 VM 코드를 출력 파일에 기록한다.

이 모듈의 API는 제공하지 않으므로, 독자가 보기에 적절한 방식으로 구현해 보기를 바란다. .jack 파일을 컴파일할 때 compileClass 루틴을 처음으로 호출해야 한다는 사실을 잊지 말자.

JackTokenizer
이 모듈은 프로젝트 10에서 만든 토큰화 모듈과 동일하다. 10.3절의 API를 참고하자.

SymbolTable
이 모듈은 기호의 이름, 타입, 종류 및 각 종류별 인덱스를 담고 있는 기호 테이블을 생성, 기록, 활용하는 기능을 제공한다. 그림 11.2에 그 예시가 나와 있다.

루틴	인수	반환	함수
생성자/초기자	—	—	새로운 기호 테이블을 생성한다.
reset	—	—	기호 테이블을 비우고 4개의 인덱스를 0으로 재설정한다. 서브루틴 선언을 컴파일하기 시작할 때 호출해야 한다.
define	name(string) type(string) kind(STATIC, FIELD, ARG, 또는 VAR)	—	주어진 name(이름), type(타입), kind(종류)의 새 변수를 정의(테이블에 추가)한다. 변수에 해당 kind의 인덱스 값을 할당하고, 인덱스에 1을 더한다.
varCount	kind(SATIC, FIELD, ARG, 또는 VAR)	int	테이블에서 이미 정의된, 특정 kind의 변수 개수를 반환한다.
kindOf	name(string)	(STATIC, FIELD, ARG, VAR, NONE)	해당 이름 식별자의 kind를 반환한다. 그런 식별자가 없다면 NONE을 반환한다.
typeOf	name(string)	string	해당 이름 변수의 type을 반환한다.
indexOf	name(string)	int	해당 이름 변수의 index를 반환한다.

(구현 팁: 잭 클래스 파일을 컴파일하는 동안 컴파일러는 두 개의 `SymbolTable` 인스턴스를 활용한다.)

VMWriter

이 모듈은 VM 명령들을 출력 파일에 기록하기 위한 간단한 루틴들을 제공한다.

루틴	인수	반환	함수
생성자/초기자	출력 파일/스트림	—	새로운 .vm 출력 파일/스트림을 생성하고, 기록할 준비를 한다.
writePush	segment(CONSTANT, ARGUMENT, LOCAL, STATIC, THIS, THAT, POINTER, TEMP) index(int)	—	VM push 명령을 기록한다.
writePop	segment(ARGUMENT, LOCAL, STATIC, THIS, THAT, POINTER, TEMP) index(int)	—	VM pop 명령을 기록한다.
writeArithmetic	command(ADD, SUB, NEG, EQ, GT, LT, AND, OR, NOT)	—	VM 산술 논리 명령을 기록한다.
writeLabel	label(string)	—	VM label 명령을 기록한다.
writeGoto	label(string)	—	VM goto 명령을 기록한다.
writeIf	label(string)	—	VM if-goto 명령을 기록한다.
writeCall	name(string) nArgs(int)	—	VM call 명령을 기록한다.
writeFunction	name(string) nVars(int)	—	VM function 명령을 기록한다.
writeReturn	—	—	VM return 명령을 기록한다.
close	—	—	출력 파일/스트림을 닫는다.

CompilationEngine

이 모듈은 컴파일 과정을 실행한다. CompilationEngine API는 10장에서 설명한 API와 거의 동일하지만, 편의를 위해서 여기에 다시 표시했다.

CompilationEngine은 JackTokenizer에서 입력을 받고, VMWriter를 활용해서 (프로젝트 10에서 만들었던 XML 대신) VM 코드 출력을 기록한다. 출력은 각각 특정 잭 언어의 *xxx* 구성을 컴파일하도록 설계된 일련의 compile*xxx* 루틴들이 생성한다(예를 들어 compileWhile은 while 명령문을 구현하는 VM 코드를 생성한다). 이 루틴들 사이의 규칙은 다음과 같다. 각 compile*xxx* 루틴은 입력을 받아서 *xxx*를 구성하는 모든 토큰을 처리하고, 토큰화 모듈을 이 토큰들 다음으로 진행시키고, *xxx*가 의도한 VM 코드를 출력한다. 만약 *xxx*가 표현식의 일부라서 값이 있는 경우에는, 출력된 VM 코드가 이 값을 계산해서 스택의 최상단에 넣어야 한다. compile*xxx* 루틴들은 현재 토큰이 *xxx*일 때만 호출될 수 있다는 것이 규칙이다. 유효한 .jack 파일의 첫 번째 토큰은 class 키워드여야 하므로, compileClass 루틴을 호출하는 것부터 컴파일 과정이 시작된다.

루틴	인수	반환	함수
생성자/초기자	입력 파일/스트림 출력 파일/스트림	—	주어진 입출력에 대해 새로운 컴파일 엔진을 생성한다. 다음에 호출될 루틴은 compileClass여야 한다.
compileClass	—	—	완전한 클래스 하나를 컴파일한다.
compileClassVarDec	—	—	정적 변수 선언이나 필드 선언을 컴파일한다.
compileSubroutine	—	—	완전한 메서드, 함수, 또는 생성자를 컴파일한다.
compileParameterList	—	—	매개 변수 리스트(빈 값도 가능하다)를 컴파일한다. 괄호 (와)로 감싼 토큰들은 처리하지 않는다.
compileSubroutineBody	—	—	서브루틴 내용을 컴파일한다.
compileVarDec	—	—	var 선언을 컴파일한다.
compileStatements	—	—	명령문 시퀀스를 컴파일한다. 중괄호 {와 }로 감싼 토큰들을 처리하지 않는다.
compileLet	—	—	let 명령문을 컴파일한다.

compileIf	—	—	if 명령문을 컴파일한다. else 절이 뒤에 따라올 수 있다.
compileWhile	—	—	while 명령문을 컴파일한다.
compileDo	—	—	do 명령문을 컴파일한다.
compileReturn	—	—	return 명령문을 컴파일한다.
compileExpression	—	—	표현식 하나를 컴파일한다.
compileTerm	—	—	*term*을 컴파일한다. 현재 토큰이 *identifier*(식별자)라면 이 루틴은 해당 토큰을 *variable*(변수), *array element*(배열 원소), 또는 *subroutine call*(서브루틴 호출)로 분석해야 한다. 미리보기 토큰 하나는 [, (또는 .가 될 수 있으며, 이 정보만 알아도 충분히 위 세 가지 경우를 구분할 수 있다. 그 외 다른 토큰은 이 항목(term)의 일부가 아니므로 더 이상 진행해서는 안 된다.
compileExpressionList	—	int	쉼표로 구분된 표현식 리스트(빈 값도 가능하다)를 컴파일한다. 리스트 내의 표현식 수를 반환한다.

(참고: 다음 잭 문법 규칙들에는 CompilationEngine에서 대응하는 *compilexxx* 루틴이 없다: *type*, *className*, *subroutineName*, *varName*, *statement*, *subroutineCall*.)

이 규칙들의 파싱 논리는 해당 규칙을 참조하는 규칙을 구현하는 루틴에서 처리해야 한다. 잭 언어 문법은 10.2.1절에 나와 있다.

미리보기 토큰 미리보기 토큰이 필요한 이유와, 이 토큰을 처리하는 방법에 대한 제안은 10.3절의 CompilationEngine API 바로 다음에 논의했다.

11.4 프로젝트

목표 10장에서 구축한 구문 분석기를 완전한 기능의 잭 컴파일러로 확장한다. 다음에 설명된 모든 테스트 프로그램에 컴파일러를 적용해 보자. 번역된 프로그램을 실행하고, 문서에 기술된 대로 작동하는지 확인한다.

이 버전의 컴파일러는 잭 소스 코드에 오류가 없다고 가정한다. 오류 검사, 보고 및 처리 기능은 나중 버전의 컴파일러에 추가할 수 있겠지만, 프로젝트 11에서는 다루지 않는다.

자료 주로 필요한 도구는 컴파일러를 구현할 프로그래밍 언어다. 또한 컴파일러에서 생성된 VM 코드를 테스트하려면 제공된 에뮬레이터가 필요하다. 컴파일러는 프로젝트 10에서 만든 구문 분석기를 확장해서 구현하므로, 구문 분석기의 소스 코드도 필요하다.

구현 단계

프로젝트 10에서 구축한 구문 분석기를 수정해서 최종 컴파일러로 만들기를 제안한다. 구체적으로 설명하면 수동적인 XML을 출력하는 루틴을, 실행 가능한 VM 코드를 생성하는 루틴으로 점진적으로 교체해 나가는 것이다. 이 작업은 두 개의 주요 개발 단계로 나눌 수 있다.

(단계 0: 프로젝트 10에서 개발한 구문 분석기 코드를 백업하자.)

단계 1: 기호 테이블 컴파일러의 SymbolTable 모듈 구축부터 시작한다. 그리고 프로젝트 10에서 만든 구문 분석기를 이 모듈을 활용해서 다음과 같이 확장한다. 지금은 구문 분석기가 소스 코드에서 식별자(예: foo)를 발견할 때마다 XML 형식의 라인 `<identifier> foo </identifier>`를 출력하도록 되어 있을 것이다. 이제는 그 대신에 식별자마다 다음의 정보를 담은 출력을 내도록 구문 분석기를 확장한다.

- *name*(이름)
- *category*(분류): field, static, var, arg, class, subroutine
- *index*(인덱스): 식별자 분류가 field, static, var, arg인 경우, 기호 테이블이 그 식별자에 할당한 인덱스
- *usage*(활용법): 식별자가 현재 선언 중인지(예: static/field/var 잭 변수 선언에 그 식별자가 있는지) 또는 사용 중인지를 나타냄(예: 잭 표현식에 그 식별자가 나타나는지)

독자가 선택한 마크업 태그를 이용해서 구문 분석기가 이 정보를 XML에 포함시켜 출력하도록 만들자.

확장한 구문 분석기를 프로젝트 10에서 제공된 테스트 프로그램에 적용해서, 방금 설명한 새로운 `SymbolTable` 모듈과 새로운 기능을 테스트한다. 확장한 구문 분석기가 위에서 설명한 정보들을 올바르게 출력한다면, 잭 프로그램의 의미를 완전히 이해하는 기능을 개발했다는 뜻이다. 이 단계부터 완전한 기능의 컴파일러 개발로 전환해서, XML 출력 대신 VM 코드 생성을 할 수 있다. 이 작업도 다음에 설명하는 대로 단계적으로 수행한다.

(단계 1.5: 확장한 구문 분석기 코드를 백업하자.)

단계 2: 코드 생성　잭 컴파일러의 코드 생성 기능을 단계적으로 단위 테스트할 수 있는 6개의 프로그램이 제공된다. 테스트 프로그램이 주어진 순서대로 컴파일러를 개발하고 테스트해 보는 것이 좋다. 이렇게 하면 각 테스트 프로그램의 요구사항 가이드에 따라 합리적인 단계를 거쳐 컴파일러의 코드 생성 기능을 개발할 수 있다.

보통 어떤 고수준 프로그램을 컴파일한 후에 문제에 봉착하면, 그 프로그램이 잘못되었다는 결론을 내리게 된다. 이 프로젝트에서는 완전히 거꾸로 생각하면 된다. 제공된 테스트 프로그램은 모두 오류가 없다. 따라서 컴파일 과정에서 어떤 오류가 발생하면, 프로그램이 아니라 컴파일러를 고쳐야 한다는 뜻이 된다. 테스트 프로그램마다 다음 절차를 밟기를 권장한다.

1. 개발 중인 컴파일러를 사용해서 프로그램 폴더를 컴파일한다. 이 작업으로 지정된 폴더의 `.jack` 소스 파일마다 하나의 `.vm` 파일이 생성되어야 한다.
2. 생성된 VM 파일을 검사한다. 눈에 보이는 문제가 있으면, 컴파일러를 수정하고 1단계로 돌아간다. 제공된 모든 테스트 프로그램에는 오류가 없음을 기억하자.
3. VM 에뮬레이터에 프로그램 폴더를 로드하고, 로드된 코드를 실행한다.

제공된 6개의 테스트 프로그램 각각에는 구체적인 실행 가이드가 있다. 컴파일된 프로그램(번역된 VM 코드)을 이 가이드에 따라 테스트한다.

4. 프로그램이 예기치 않게 작동하거나, VM 에뮬레이터에 오류 메시지가 표시된다면, 컴파일러를 수정하고 1단계로 돌아간다.

테스트 프로그램

Seven 정수 상수, do 명령문, return 명령문으로 된 산술 표현식이 있는 간단한 프로그램을 컴파일러가 어떻게 처리하는지 테스트한다. 구체적으로 설명하면 이 프로그램은 1 + (2 * 3) 표현식을 계산하고, 그 값을 스크린 왼쪽 상단에 표시한다. 컴파일러가 프로그램을 올바르게 번역했는지 테스트하려면, VM 에뮬레이터에서 번역된 코드를 실행하고 7이 올바르게 표시되는지 확인한다.

ConvertToBin 컴파일러가 잭 언어의 모든 절차적 요소, 즉 (배열이나 메서드 호출을 제외한) 표현식, 함수, if, while, do, let, return 같은 명령문을 어떻게 처리하는지 테스트한다. 이 프로그램은 메서드, 생성자, 배열, 문자열, 정적 변수, 필드 변수는 테스트하지 않는다. 이 프로그램은 RAM[8000]에서 16비트 10진수 값을 가져와 2진수로 변환하고, 개별 비트들을 RAM[8001···8016]에 저장한다(각 주소에는 0 또는 1이 저장된다). 프로그램은 변환을 하기 전에 RAM[8001···8016]을 −1로 초기화한다. 컴파일러가 프로그램을 올바르게 번역했는지 테스트하려면, 번역된 코드를 VM 에뮬레이터에 로드하고 다음과 같이 진행한다.

- RAM[8000]에 어떤 10진수 값을 입력한다(에뮬레이터 GUI를 통해 대화식으로 입력한다).
- 프로그램을 몇 초 동안 실행한 다음 중지한다.
- 메모리 위치 RAM[8001···8016]에 비트가 제대로 들어가 있고, 그중 하나라도 −1은 아닌지 (눈으로) 확인한다.

Square 컴파일러가 잭 언어의 객체 기반 기능(생성자, 메서드, 필드, 메서드 호출을 포함한 표현식)을 어떻게 처리하는지 테스트한다. 정적 변수 처리는 테스트하지 않는다. 이 다중 클래스 프로그램은 키보드의 화살표 키 4개를 이용해 스크린에서 작은 검은 사각형을 움직일 수 있는 간단한 대화식 게임을 준비한다.

사각형을 움직이는 도중에 z 키와 x 키를 눌러서 사각형 크기를 늘이거나 줄일 수 있다. 게임을 중단하려면 q 키를 누르면 된다. 컴파일러가 프로그램을 올바르게 번역했는지 테스트하려면, VM 에뮬레이터에서 번역된 코드를 실행하고 게임이 예상대로 작동하는지 확인한다.

Average 컴파일러가 배열과 문자열을 어떻게 처리하는지 테스트한다. 이 테스트는 사용자가 제공한 정수열의 평균을 계산하는 방식으로 진행된다. 컴파일러가 프로그램을 올바르게 번역했는지 테스트하려면, VM 에뮬레이터에서 번역된 코드를 실행하고 스크린에 표시된 지침을 따르도록 하자.

Pong 컴파일러가 객체 및 정적 변수 처리를 포함한 객체 기반 응용프로그램을 어떻게 처리하는지 완전히 테스트한다. 고전적인 퐁Pong 게임에서 공은 무작위로 움직이며 화면 가장자리에서 튕겨져 나온다. 사용자는 키보드의 왼쪽 및 오른쪽 화살표 키를 눌러서 움직일 수 있는 작은 막대기로 공을 쳐낸다. 공이 막대기에 맞을 때마다 사용자는 점수를 올리고, 막대 크기가 조금 줄어들어서 게임이 점점 더 어려워진다. 사용자가 공을 놓쳐서 바닥에 닿으면 게임이 끝난다. 컴파일러가 이 프로그램을 올바르게 번역했는지 테스트하려면, VM 에뮬레이터에서 번역된 코드를 실행하고 게임을 플레이하자. 스크린에 점수를 표시하는 기능을 테스트하려면 점수를 조금 따야 할 것이다.

ComplexArrays 컴파일러가 복잡한 배열 참조 및 표현식을 어떻게 처리하는지 테스트한다. 이를 위해 프로그램은 배열을 이용한 5개의 복잡한 계산을 수행한다. 프로그램은 이 계산마다 기대 결과를 컴파일된 프로그램이 계산한 결과와 같이 스크린에 표시한다. 컴파일러가 프로그램을 올바르게 번역했는지 테스트하려면, VM 에뮬레이터에서 번역된 코드를 실행하고, 기대 결과와 실제 결과가 동일한지 확인한다.

프로젝트 11의 웹 버전은 *www.nand2tetris.org*에서 찾아볼 수 있다.

11.5 정리

잭은 객체 기반 범용 프로그래밍 언어다. 잭 언어는 비교적 단순하게 설계되었다. 이 단순함 덕분에 우리는 몇 가지 까다로운 컴파일 문제를 피할 수 있었다. 예를 들어 잭은 타입이 있는 언어로 보이지만, 실제로는 거의 그렇지 않다. 잭의 데이터 타입(int, char, boolean)은 모두 16비트 폭이기 때문에, 잭 컴파일러가 거의 모든 타입 정보를 무시해도 된다. 특히 잭 컴파일러는 표현식을 컴파일하고 평가할 때 그 타입을 결정할 필요가 없다. 유일한 예외는 x.m() 형식의 메서드 호출을 컴파일할 때로, 이때는 x의 클래스 타입을 결정해야 한다. 잭 언어 타입에서 단순한 측면 또 하나는 배열 원소에 타입이 지정되지 않는다는 점이다.

잭과 달리 대부분의 프로그래밍 언어는 풍부한 타입 체계를 지원하며, 이를 위해 컴파일러는 추가적인 작업을 해야 한다. 즉, 서로 다른 타입의 변수마다 다른 양의 메모리를 할당해야 하고, 한 타입에서 다른 타입으로 변환하는 명시적, 내재적 형변환casting 연산을 지원해야 하며, x + y 같은 단순한 표현식도 x와 y의 타입에 따라 컴파일 방식이 크게 달라지는 등 신경 쓸 일이 많아진다.

잭 언어의 단순화 중에 또 중요한 사실은 상속inheritance을 지원하지 않는다는 점이다. 상속을 지원하는 언어에서 x.m() 같은 메서드 호출 처리는 객체 x가 어떤 클래스에 속하는지에 따라 달라지며, 이는 런타임 도중에만 결정된다. 따라서 상속 기능이 있는 객체 지향 언어의 컴파일러는 일단 모든 메서드를 가상으로 취급하고, 메서드가 적용되는 객체의 런타임 타입에 따라 클래스 소속을 확인해야 한다. 잭 언어는 상속을 지원하지 않기 때문에 모든 메서드 호출이 컴파일 시간 동안 정적으로 컴파일될 수 있다.

잭이 지원하지 않지만 객체 지향 언어에서 일반적인 기능 중 또 하나는 private과 public 클래스 멤버를 구분하는 기능이다. 잭에서 모든 정적 변수와 필드 변수는 private(그 변수가 선언된 클래스 내에서만 인식됨)이고, 모든 서브루틴은 public(모든 클래스에서 호출 가능)이다.

실질적인 타입, 상속, public 필드가 없기 때문에 클래스를 정말로 독립적으로 컴파일할 수 있다. 즉, 잭 클래스는 다른 클래스의 코드에 접근하지 않아도 컴파일된다. 다른 클래스의 필드들은 직접 참조되지 않으며, 다른 클래스 메서드와의 연결link은 모두 이름을 통해서만 '지연되어late' 이루어진다.

잭 언어의 다른 단순화 요소들은 크게 중요하지는 않으며 약간의 노력으로도 바꿀 수 있다. 예를 들어 for나 switch 명령문을 지원하도록 언어를 쉽게 확장해 볼 수 있을 것이다. 마찬가지로 잭 언어에서 지원하지 않는 char 타입 변수를 만들어서, 'c' 같은 문자 상수를 할당할 수 있게 만들 수도 있을 것이다.

마지막으로 여기서 소개된 코드 생성 전략에는 최적화가 고려되지 않았다는 점을 언급하고자 한다. C++ 같은 고수준 명령문을 생각해 보자. 단순한 컴파일러는 이 명령문을 push c, push 1, add, pop c라는 저수준 VM 연산들로 번역할 것이다. 다음으로 VM 번역기는 이 VM 명령들을 몇 개의 기계 수준 명령어로 바꿔서 상당한 양의 코드를 생성하게 된다. 하지만 최적화된 컴파일러는 간단한 증분임을 알아차리고, 두 개의 기계 명령어 @c와 M=M+1로 번역할 것이다. 물론 이것은 산업 레벨의 컴파일러에서 기대되는 기법의 한 가지 예일 뿐이다. 일반적으로 컴파일러 개발자는 생성된 코드가 시간과 공간 측면에서 효율적이도록 수많은 아이디어를 적용하는 노력을 기울인다.

Nand to Tetris에서는 운영체제를 제외하고는 효율성이 크게 문제가 되지는 않는다. 잭 OS는 효율적인 알고리즘과 최적화된 데이터 구조를 기반으로 개발되며, 다음 장에서 이 내용을 자세히 설명할 것이다.

운영체제
Operating System

아무런 생각 없이 할 수 있는 일의 개수를 늘림으로써 문명은 발전한다.

알프레드 노스 화이트헤드(Alfred North Whitehead)
《수학 개론(Introduction to Mathematics)》(1911)에서

1~6장에서 우리는 범용 하드웨어 아키텍처를 설명하고 만들어 보았다. 7~11장에서는 하드웨어를 활용하는 소프트웨어 계층을 개발하고, 현대적인 객체 지향 언어를 완성했다. 이 하드웨어 플랫폼에는 자체적인 컴파일러를 갖춘 다른 고수준 프로그래밍 언어를 정의하고 구현할 수도 있다.

이 퍼즐에서 빠진 마지막 조각은 운영체제operating system, OS다. OS는 컴퓨터 하드웨어와 소프트웨어 시스템 사이에 간극을 줄여서 프로그래머와 사용자들이 컴퓨터를 전반적으로 좀더 쉽게 다룰 수 있도록 설계된 것이다. 예를 들어 Hello World 텍스트를 컴퓨터 스크린에 표시하려면 특정 스크린 위치에 수백 개의 픽셀을 그려야 한다. 이 하드웨어 명세에 따라 정해진 RAM 주소에 비트를 끄거나 켜는 코드를 입력하면 이 작업을 수행할 수 있다. 하지만 분명 고수준 프로그래머에게는 이보다 더 나은 인터페이스가 필요하다. 고수준 프로그래머들은 print("Hello World")와 같은 명령만 입력하면 자세한 과정은 알아서 처리되길 바란다. 바로 이 지점에서 운영체제가 등장하게 된다.

이 장 전반에 걸쳐 운영체제라는 용어는 다소 느슨하게 사용된다. 사실 우리가 만들 OS는 아주 최소화된 버전으로, (i) 하드웨어에 종속된 저수준 서비

스를 프로그래머에게 친숙한 소프트웨어 서비스로 캡슐화하고, (ii) 고수준 언어를 확장해서 일반적으로 자주 쓰이는 함수와 추상 데이터 타입을 지원하는 것을 목표로 삼는다. 이러한 의미에서 운영체제와 표준 클래스 라이브러리 사이의 경계선은 그다지 뚜렷하지 않다. 실제로 현대 프로그래밍 언어들은 표준 클래스 라이브러리에서 그래픽 기능, 메모리 관리, 멀티태스킹 같이 매우 다양한 운영체제 확장 기능을 지원하고 있다. 잭 OS도 이 모델을 따라 지원 클래스들을 탑재하고 있으며, 잭 서브루틴 호출을 통해 관련 기능을 제공한다. 전체 OS API는 부록 6에 수록되어 있다.

고수준 프로그래머는 OS가 잘 설계된 인터페이스를 통해 매우 복잡한 하드웨어 세부사항은 감추고 소프트웨어 기능만 제공하기를 기대한다. 그렇게 하려면 OS 코드는 하드웨어에 가까이 붙어서 메모리 조작 및 입력/출력을 수행하고, 하드웨어 기기를 직접 제어해야 한다. 게다가 OS는 컴퓨터에서 실행되는 모든 프로그램을 지원해야 하기 때문에 효율도 매우 좋아야 한다. 예를 들어 응용프로그램은 늘 객체와 배열을 생성하고 삭제한다. 따라서 생성과 삭제를 빠르고 경제적으로 할 필요가 있다. OS 서비스의 시간 및 공간 효율성이 확보될수록 그 기능을 활용하는 응용프로그램의 성능도 극적으로 올라간다.

운영체제는 보통 고수준 언어로 작성되어 바이너리(2진) 형식으로 컴파일된다. 우리가 만들 OS도 예외는 아니다. 유닉스가 C로 작성되었던 것처럼 우리 OS도 잭 언어로 작성된다. 잭 언어도 C 언어와 마찬가지로 필요할 때 하드웨어에 직접 접근할 수 있도록 충분히 '낮은 수준'으로 설계되었다.

이 장의 '배경' 절은 상대적으로 길며, 운영체제를 구현하는 데 일반적으로 사용되는 핵심 알고리즘을 설명한다. 여기에는 수학 연산, 문자열 조작, 메모리 관리, 텍스트 및 그래픽 출력 처리, 키보드 입력 처리가 포함된다. 이 알고리즘을 소개한 후에 '명세' 절에서는 잭 OS를 설명하고, '구현' 절에서는 앞에서 소개한 알고리즘을 이용해 OS를 구현하는 방법을 설명할 것이다. 앞에서와 마찬가지로 '프로젝트' 절에서는 전체 OS를 단계적으로 구현하고 단위별로 테스트하는 데 필요한 지침들과 자료들을 설명한다.

이 장에서는 시스템 소프트웨어 공학과 컴퓨터 과학이라는 두 가지 관점에서 핵심적인 내용을 다루고 있다. 하나의 관점으로는 낮은 수준의 시스템 서비스를 개발하기 위한 프로그래밍 기법과, OS 서비스를 통합하고 간소화하기 위한 '대규모 프로그래밍' 기술에 대해 배운다. 그리고 다른 관점으로는 우아하고 매우 효율적인 알고리즘들에 대해 배우며, 그 하나 하나가 컴퓨터 과학의 보석들이다.

12.1 배경

컴퓨터는 일반적으로 키보드, 스크린, 마우스, 대용량 저장 장치, 네트워크 인터페이스 카드, 마이크, 스피커와 같이 다양한 입력/출력I/O 장치에 연결된다. 이 I/O 장치들은 전기적, 기계적, 물리적 특성이 제각각이라, 데이터를 읽고 쓰는 데 여러 가지 세부적인 기술들이 활용된다. 고수준 언어는 이러한 세부적 기술을 추상화해서 프로그래머가 let n = Keyboard.readInt("Enter a number:") 같은 고수준 연산으로 장치들을 다룰 수 있게 해 준다. 이 단순해 보이는 데이터 입력 작업을 구현하는 작업들에 대해 알아보자.

먼저 Enter a number: 프롬프트를 표시한다. 그래서 String 객체를 생성하고 'E', 'n', 't', … 등의 char 값 배열로 초기화해야 한다. 다음으로 이 문자열을 스크린에 한 번에 한 문자씩 렌더링하면서, 다음 문자가 물리적으로 표시되어야 하는 커서 위치를 업데이트한다. Enter a number: 프롬프트를 표시한 후에는 사용자가 키보드에서 특정 키(아마도 숫자 키)를 누를 때까지 기다리는 루프를 준비해야 한다. 이를 위해서는 (i) 키 입력을 감지하고, (ii) 하나의 문자 입력을 받고, (iii) 이 문자를 문자열에 추가하고, (iv) 문자열을 정수 값으로 변환하는 방법을 알아야 한다.

지금까지 설명한 내용이 독자들에게 어렵게 들린다면, 실제로 매우 많은 내용을 바닥 아래 감추고 그나마 쉽게 설명한 거라는 점을 알아야 한다. 예를 들어 '문자열 객체를 생성', '문자를 스크린에 표시', '다중 문자를 입력받음'이 정확히 무엇을 의미할까?

'문자열 객체를 생성'부터 시작해 보자. 문자열 객체는 허공에서 갑자기 완전한 형태로 짠 하고 나타나는 것은 아니다. 객체를 생성할 때마다 RAM에서 객체를 표현할 가용 공간을 찾고, 이 공간을 사용 중으로 표시한 후에, 그 객체가 더 이상 필요하지 않을 때 잊지 않고 해제해야 한다. '문자를 표시'하는 추상화로 넘어가 보면, 실제로 우리는 문자를 표시하지는 못한다는 점을 알아야 한다. 실제로 표시할 수 있는 것은 하나 하나의 픽셀밖에 없다. 따라서 문자의 글꼴이 무엇인지 알아내고, 그 글꼴 이미지의 비트들이 스크린 메모리 맵 내에서 어디에 위치하는지 계산하고, 이 비트들을 위치에 맞게 켜거나 꺼야 한다. 마지막으로 '다중 문자 입력'을 위해서는, 키보드 입력을 기다리고 있다가 사용자가 문자를 입력할 때마다 하나로 합치거나, 백스페이스로 문자를 삭제하고 다시 입력할 수 있도록 하는 루프를 설정해야 한다. 또한 시각적인 피드백을 위해 이 하나 하나의 입력을 스크린에 바로 표시해 주는 작업도 당연히 필요할 것이다.

무대 뒤에서 이런 정교한 작업을 처리하는 주체가 바로 운영체제다. 명령문 let n = Keyboard.readInt("Enter a number:")를 실행하면 메모리 할당, 입력 작업, 출력 작업, 문자열 처리와 같은 다양한 작업을 담당하는 OS 함수들이 여러 개 호출된다. 컴파일러는 앞장에서처럼 컴파일된 코드에 OS 함수 호출을 삽입하는 방식으로 OS 서비스를 추상적으로 활용한다. 이 장에서는 이러한 기능이 실제로 어떻게 구현되는지 살펴본다. 물론 지금까지 언급한 기능들은 OS가 책임져야 할 기능의 일부분일 뿐이다. 예를 들면 수학 연산, 그래픽 출력 등 일반적으로 필요한 서비스는 언급하지 않았다. 다행히 잘 작성된 OS는 이렇게 다양하고 겉보기에 별 관련이 없어 보이는 작업들을 멋진 알고리즘과 데이터 구조를 활용해서 우아하고 효율적으로 통합할 수 있다. 이 내용이 이 장의 전부다.

12.1.1 수학 연산

덧셈, 뺄셈, 곱셈, 나눗셈의 네 가지 산술 연산은 거의 모든 컴퓨터의 핵심 연산이다. 이 산술 연산을 활용하는 표현식이 들어간 루프가 백만 번 실행되기도 하므로, 이 연산들은 효율적으로 구현해야 한다.

보통 덧셈은 ALU에서 하드웨어적으로 구현되고, 뺄셈은 2의 보수법으로 쉽게 처리된다. 다른 산술 연산들은 비용/성능을 고려해서 하드웨어나 소프트웨어로 처리 가능하다. 이제 곱셈, 나눗셈 및 제곱근을 계산하는 효율적인 알고리즘을 살펴보자. 이 알고리즘들은 소프트웨어나 하드웨어 어느 쪽으로도 구현 가능하다.

효율성 우선

수학 알고리즘은 n비트 값으로 계산되며, 피연산자의 데이터 타입에 따라 n은 보통 16, 32 또는 64비트가 된다. 보통 우리는 실행시간이 단어 크기 n의 다항식 함수가 되는 알고리즘을 찾는다. 실행시간이 n비트 숫자의 값에 따라 달라지는 알고리즘들은 쓰기가 불가능한데, 이 값들이 n의 지수 함수가 되기 때문이다. 예를 들어 곱셈 연산인 $x \times y$를 for i = 1···y{sum = sum + x}와 같이 반복 덧셈 알고리즘으로 단순하게 구현한다고 해 보자. 만약 y가 64비트라면 9,000,000,000,000,000,000보다 큰 값이 될 수 있으므로 위 루프가 끝나려면 수십 억 년이 걸린다는 문제가 생긴다.

반면 다음에 설명할 곱셈, 나눗셈, 제곱근 알고리즘의 실행시간은 2^n 정도 크기가 되는 n비트 값이 아니라, 비트 수 n에 비례한다. 산술 연산들의 계산 효율은 이 정도가 최대다.

알고리즘의 실행시간은 '빅 오Big O' 표기법인 $O(n)$으로 표기하며, '자릿수가 n'이라는 뜻이다. 이 장에서 설명하는 모든 산술 알고리즘의 실행시간은 $O(n)$으로, 여기서 n은 입력의 비트 폭이다.

곱셈

초등학교에서 배웠던 표준 곱셈 방법을 생각해 보자. 356 곱하기 73을 계산하려면 먼저 두 숫자를 오른쪽 정렬로 위 아래로 나란히 쓴다. 그리고 356에 3을 곱한다. 다음으로 356을 왼쪽으로 한 칸 옮기고 3560에 7을 곱한다(356에 70을 곱한 것과 같다). 마지막으로 각 열의 값을 더해서 결과를 구한다. 이 과정은 356 × 73 = 356 × 70 + 356 × 3이라는 관찰을 바탕으로 한다. 이와 똑같은 과정을 2진수에 대해서 해 본 예시가 그림 12.1에 있다.

$$
\begin{array}{rl}
x = 27 = & \ldots\,0\,0\,0\,0\,\mathbf{1}\,\mathbf{1}\,0\,\mathbf{1}\,\mathbf{1} \\
y = 9 = & \ldots\,0\,0\,0\,0\,0\,\mathbf{1}\,0\,0\,\mathbf{1} \quad \text{y의 } i\text{번째 비트} \\
\hline
& \ldots\,0\,0\,0\,0\,1\,1\,0\,1\,1 \quad 1 \\
& \ldots\,0\,0\,0\,1\,1\,0\,1\,1\,0 \quad 0 \\
& \ldots\,0\,0\,1\,1\,0\,1\,1\,0\,0 \quad 0 \\
& \ldots\,0\,1\,1\,0\,1\,1\,0\,0\,0 \quad 1 \\
\hline
x*y = 243 = & \ldots\,0\,1\,1\,1\,1\,0\,0\,1\,1 \quad \text{합}
\end{array}
$$

```
// x * y를 반환한다(x, y ≥ 0).
multiply(x, y):
    sum = 0
    shifted = x
    for i = 0 ⋯ n − 1 do
        if ((i-th bit of y) == 1)
            sum = sum + shiftedx
        shiftedx = 2 * shiftedx
    return sum
```

그림 12.1 곱셈 알고리즘

표기법에 대한 언급 이 장의 알고리즘은 이해하기 쉬운 의사코드 구문으로 쓴다. 여기서 코드 블록은 들여쓰기로 표기하므로 중괄호나 begin/end 같은 키워드는 쓰지 않는다. 예를 들어 그림 12.1에서 $sum = sum + shiftedx$는 `if` 문에 속하는 명령문이며, $shiftedx = 2 * shiftedx$는 `for` 문 블록의 마지막 명령문이다.

그림 12.1의 왼쪽에 나와 있는 곱셈 과정을 살펴보자. 먼저 y의 각 i번째 비트마다 x를 i번 왼쪽으로 이동shift한다(x에 2^i를 곱하는 것과 동일). 다음으로 y의 i번째 비트를 살펴보고 1이면 이동된 x를 누적 합에 더하고, 0이면 아무것도 하지 않는다. 오른쪽 코드는 이 곱셈 과정을 표현한 것이다. $shiftedx$의 비트 표현을 왼쪽으로 한 칸 이동시키거나 $shiftedx$를 자기 자신에 더하면 $2 * shiftedx$를 효율적으로 얻을 수 있음에 주목하자. 두 연산 모두 기초적인 하드웨어 연산으로 구현할 수 있다.

실행시간 곱셈 알고리즘은 n번 반복을 수행한다(여기서 n은 입력 y의 비트 폭이다). 알고리즘은 반복할 때마다 몇 가지 덧셈 및 비교 연산을 한다. 알고리즘의 총 실행시간은 $a + b \cdot n$으로, 여기서 a는 몇 가지 변수를 초기화하는 데 걸리는 시간이고, b는 몇 가지 덧셈 및 비교 작업을 수행하는 데 걸리는 시간이다. 공식적으로 표현하면 입력의 비트 폭이 n일 때, 알고리즘의 실행시간은 $O(n)$이 된다.

다시 말하면, 이 $x \times y$ 알고리즘의 실행시간은 x, y 입력 값이 아니라 입력의 비트 폭에 따라 달라진다. 컴퓨터에서 비트 폭은 일반적으로 입력의 데이터 타입에 따라 16(short), 32(int), 64(long) 같이 고정된 작은 상수 값이다. 핵 플랫폼에서는 모든 데이터 타입의 비트 폭은 16이다. 곱셈 알고리즘이 반복될 때마다 10개의 핵 기계 명령어가 실행된다고 가정한다면, 입력의 크기와 관계없이 한 번의 곱셈 연산마다 최대 160 클록 주기가 필요하게 된다. 반대로 실행시간이 비트 폭이 아니라 입력의 값에 비례하는 알고리즘이라면 $10 \cdot 2^{16} = 655{,}360$ 클록 주기가 소요된다.

나눗셈

두 개의 n비트 숫자의 나눗셈 x/y를 계산하는 단순한 방법은 나머지가 y보다 작아질 때까지 x에서 y를 뺀 횟수를 세는 것이다. 이 알고리즘의 실행시간은 나뉘는 수 x의 값에 비례하므로 비트의 수 n의 지수 함수가 되어서 사용할 수가 없다.

이 알고리즘의 속도를 올리려면 매 반복마다 x에서 y의 큰 덩어리를 빼는 방법을 시도해 볼 수 있다. 175를 3으로 나눈다고 해 보자. 그러면 $x = (90, 80, 70, \cdots, 20, 10)$ 중에서 $3 \cdot x \leq 175$를 만족하는 가장 큰 수는 무엇일까? 그 답은 50이다. 따라서 175에서 50×3을 빼면 단순한 방법에 비해 50번의 반복을 덜어 낼 수 있다. 이렇게 하면 나머지는 $175 - 3 \cdot 50 = 25$가 된다. 계속해서 $x = (9, 8, 7, \cdots, 2, 1)$에서 $3 \cdot x \leq 25$를 만족하는 가장 큰 수는 무엇일까? 답은 8이므로 3을 8번 더 뺄 수 있고 지금까지의 나눗셈 답은 $50 + 8 = 58$이 된다. 이제 나머지는 $25 - 3 \cdot 8 = 1$이고 나누는 수 3보다 작으므로, 알고리즘을 멈추고 $175/3 = 58$이고 나머지는 1이라고 답을 낼 수 있다.

이 기법을 긴 나눗셈[1]이라고 하며 어린 학생들이 학교에서 어렵게 배우는 것 중 하나다. 이 알고리즘의 2진수 버전은 10 대신 2의 거듭제곱을 이용해서 뺀다는 점을 제외하고는 똑같다. 이 알고리즘은 n이 나누는 수의 자릿수라고 할 때 n번 반복되며, 각 반복마다 몇 번의 곱셈(실제로는 시프트), 비교 연산, 뺄셈이 수행된다. 그래서 우리는 실행시간이 x, y의 값에 의존하지 않는 x/y 알고리즘도 하나 찾았다. 이 알고리즘의 실행시간은 n이 입력의 비트 폭일 때 $O(n)$이다.

앞의 곱셈 알고리즘과 마찬가지로 이 알고리즘은 구현이 어렵지 않다. 독자들의 흥미를 위해 이 알고리즘과 효율은 같지만 더 우아하고 구현이 쉬운 나눗셈 알고리즘을 그림 12.2에 제시했다.

```
// x/y 나눗셈의 정수 결과를 반환한다.
// 이때 x ≥ 0이고 y > 0이다.
divide(x, y):
    if (y > x) return 0
    q = divide (x, 2 * y)
    if ((x - 2 * q * y) < y)
        return 2 * q
    else
        return 2 * q + 1
```

그림 12.2 나눗셈 알고리즘

예를 들어 480을 17로 나눈다고 했을 때, 그림 12.2의 알고리즘은 $480/17 = 2 \cdot (240/17) = 2 \cdot (2 \cdot (120/17)) = 2 \cdot (2 \cdot (2 \cdot (60/17))) = \cdots$이라는 관찰을 바탕으로 한다. 이 재귀의 깊이는 x에 도달하기 전에 y에 2를 곱할 수 있는 횟수로 제한된다. 그리고 이 횟수는 많아야 x를 나타내는 데 필요한 비트 수만 필요하다. 따라서 이 알고리즘의 실행시간은 n이 입력의 비트 폭이라고 하면 $O(n)$이다.

---

1 (옮긴이) 장제법(長除法)이라고도 한다.

이 알고리즘의 한 가지 문제점은 각 곱셈 연산마다 $O(n)$ 연산이 필요하다는 점이다. 하지만 알고리즘의 논리를 잘 살펴보면 $(2 * q * y)$ 표현식의 값을 곱셈 없이 계산할 수 있음을 알 수 있다. 이 곱셈 값은 바로 전 재귀 단계에서 덧셈으로 구할 수 있다.

제곱근

제곱근은 뉴턴-랩슨Newton-Raphson 방법이나 테일러 급수 전개Taylor series expansion 같이 효율적인 계산 방법이 여러 가지 있다. 하지만 우리에게는 더 간단한 알고리즘이면 충분하다. 제곱근 함수 $y = \sqrt{x}$ 에는 편리한 속성이 두 가지 있다. 첫째는 단조 증가함수라는 점이다. 둘째는 이 역함수 $x = y^2$을 계산하는 방법(곱셈)을 우리가 이미 알고 있다는 점이다. 이 두 속성을 종합하면 제곱근을 계산하는 데 2진 탐색만 있으면 된다는 결론이 된다. 그림 12.3에 이에 대해 자세한 설명이 나와 있다.

n이 x의 비트 수라고 할 때, 이 알고리즘이 2진 탐색에서 수행하는 반복 횟수는 $n/2$로 제한되기 때문에 실행시간은 $O(n)$이다.

```
// y = √x 의 정수부를 계산한다.
// 계산 전략: y² ≤ x < (y + 1)²인 정수 y를
// 0 ··· 2^(n/2) − 1 범위 내에서 2진 탐색으로 찾는다(0 ≤ x < 2ⁿ)
sqrt(x):
    y = 0
    for j = (n/2 − 1) ··· 0 do
        if (y + 2^j)² ≤ x then y = y + 2^j
    return y
```

그림 12.3 제곱근 알고리즘

이 절에서는 곱셈, 나눗셈, 제곱근에 대한 수학 알고리즘을 살펴보았다. 이 알고리즘들의 실행시간은 n이 입력의 비트 폭이라 할 때 $O(n)$이다. 또한 컴퓨터에서 n이 16, 32, 64 같은 작은 상수라는 점도 알아보았다. 따라서 모든 덧셈, 뺄셈, 곱셈, 나눗셈 연산은 입력의 크기에 영향을 받지 않고 예측 가능한 시간 내에 빠르게 수행될 수 있다.

12.1.2 문자열

기초 데이터 타입 외에도 대부분의 프로그래밍 언어에서는 "Loading game
···"이나 "QUIT" 같은 문자열을 표현하는 string 타입을 지원한다. 일반적으
로 문자열 추상화는 언어에서 지원하는 표준 클래스 라이브러리에서 String
클래스로 제공된다. 잭에서도 같은 방법을 따랐다.

잭 프로그램에서 나오는 모든 문자열 상수는 String 객체로 구현되었다.
String 클래스 API는 부록 6에 문서화되어 있으며, 문자열에 문자 추가, 마지
막 문자 삭제 등 다양한 문자열 처리 메서드를 포함하고 있다. 이 장의 뒷부
분에서 설명하겠지만 이런 기능들은 구현하기 어렵지 않다. String 메서드
중에는 정수 값을 문자열로 변환하거나 숫자로 된 문자열을 정수 값으로 바
꾸는 메서드처럼 더 도전적인 것도 있다. 이제 이 연산에 대한 알고리즘을 알
아보자.

숫자의 문자열 표현 컴퓨터는 숫자를 내부적으로 2진 코드로 표현한다. 그러나
사람은 10진수 표기법으로 숫자를 다루는 데 익숙하다. 따라서 사람이 숫자
를 읽거나 입력해야 할 때는(그리고 그럴 때만) 10진수 표기법으로 변환해야
한다. 즉, 이 숫자들은 키보드 같은 입력 장치에서 감지되거나 스크린 같은
출력 장치에 표시될 때 0에서 9까지 숫자 중 하나를 나타내는 문자열로 형변
환cast된다. 이 문자들의 예는 다음과 같다.

문자:	'0'	'1'	'2'	'3'	'4'	'5'	'6'	'7'	'8'	'9'
문자 코드:	48	49	50	51	52	53	53	55	56	57

(완전한 잭 문자 집합은 부록 5에 수록되어 있다). 숫자 문자를 정수로, 정수
를 숫자 문자로 변환하는 것은 쉽다. 문자 c가 $48 \leq c \leq 57$일 때 그 정수 값은
$c - 48$이 된다. 반대로 $0 \leq x \leq 9$일 때 정수 x의 문자 코드는 $x + 48$이다.

숫자 하나짜리 문자를 처리하는 방법을 알면, 어떤 정수를 문자열로 바꾸

거나, 어떤 숫자 문자열을 해당하는 정수로 바꾸는 알고리즘을 개발할 수 있다. 이 변환 알고리즘은 반복이나 재귀 논리로 구현할 수 있으며, 그림 12.4에 두 방법이 다 나와 있다.

그림 12.4로부터 n이 입력의 숫자 개수라고 할 때 int2String 및 string2Int의 실행시간이 $O(n)$임은 쉽게 유추할 수 있다.

int to string

```
// 음수가 아닌 정수의 문자열 표현을 반환한다.
int2String(val):
    lastDigit = val % 10
    c = character representing lastDigit
    if (val < 10)
        return c (as a string)
    else
        return int2String(val / 10).appendChar(c)
```

string to int:

```
// 숫자 문자열의 정수 값을 반환한다.
// str[0]은 최상위 숫자를 나타낸다고 가정한다.
string2Int(str):
    val = 0
    for (i = 0 ⋯ str.length()) do
        d = integer value of str.charAt(i)
        val = val * 10 + d
    return val
```

그림 12.4 문자열-정수 변환(appendChar, length, charAt은 String 클래스의 메서드들이다.)

12.1.3 메모리 관리

프로그램이 새로운 배열이나 객체를 생성할 때마다 그 배열과 객체를 나타내기 위해 특정 크기의 메모리 블록이 할당되어야 한다. 그리고 그 배열이나 객체가 더 이상 필요가 없어지면 RAM 공간이 재활용을 위해 반납되어야 한다. 이 세부 작업은 alloc과 deAlloc이라는 두 개의 OS 함수가 맡는다. 이 함수들은 컴파일러에서 생성자 및 소멸자를 처리할 때 저수준 코드에 포함되거나, 아니면 고수준 프로그래머가 필요할 때 직접 호출하기도 한다.

배열과 객체를 나타내는 메모리 블록은 힙heap이라 불리는 RAM 지정 영역에서 만들어지고 반납된다. 이 메모리 자원 관리는 운영체제가 맡는다. OS는 실행되면 heapBase라는 포인터를 RAM에서 힙의 시작 주소로 초기화한다(잭에서 힙은 스택의 끝에서 시작하며 heapBase=2048이다). 힙 관리 알고리즘으로 기초적인 버전과 개선된 버전 두 가지를 여기서 소개한다.

기초 메모리 할당 알고리즘 이 알고리즘이 다루는 데이터 구조는 free라 불리는 포인터 하나로, 아직 할당되지 않은 힙 세그먼트의 시작 주소를 가리킨다. 그림 12.5a에 자세한 설명이 나와 있다.

```
init():
   free = heapBase

// size개의 단어들에 해당하는 메모리 블록을 할당한다.
alloc(size):
   block = free
   free = free + size
   return block

// 주어진 object의 메모리 공간을 해제한다.
deAlloc(object):
   do nothing
```

그림 12.5a 메모리 할당 알고리즘(기초 버전)

기초적인 힙 관리 방식은 메모리 공간을 회수하지 않기 때문에 확실히 낭비가 심하다. 하지만 응용프로그램이 작은 객체나 배열 몇 개만 쓰고 문자열을 너무 많이 사용하지만 않는다면 큰 문제는 없다.

개선된 메모리 할당 알고리즘 이 알고리즘은 사용 가능한 메모리 세그먼트들의 연결 리스트인 freeList를 관리한다(그림 12.5b 참고). 리스트의 각 세그먼트마다 관리용 필드가 두 개씩 있다. 하나는 세그먼트의 길이고, 다른 하나는 리스트 내에서 다음 세그먼트를 가리키는 포인터다.

　어떤 주어진 크기의 메모리 블록을 할당하라는 요청을 받으면 이 알고리즘은 freeList에서 적당한 세그먼트를 찾아야 한다. 세그먼트를 찾는 데는 두 가지 전략heuristic이 있다. **최적적합**best-fit 전략은 요청받은 크기를 담을 정도로 충분히 긴 세그먼트 중에 가장 짧은 것을 고르는 방법이다. 반면 최초적합first-fit 전략은 충분히 긴 세그먼트 중 첫 번째를 고르는 방법이다. 일단 적당한 세그먼트를 찾으면 요청된 메모리 블록이 만들어진다(반환될 블록의 시작 바로 전 위치인 block[−1]은 블록 길이를 저장하는 용도로 예약되며, 메모

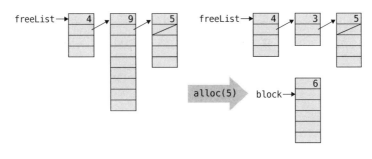

```
init():
    freeList = heapBase
    freeList.size = heapSize
    freeList.next = 0

// size 개수의 단어만큼 메모리 공간을 할당한다.
alloc(size):
    최적적합이나 최초적합 전략으로 freeList를 탐색해서
        segment.size ≥ size + 2인 세그먼트를 구한다.
    만약 그런 세그먼트를 못 찾으면, 실패 값을 반환한다.
        (또는 조각모음을 시도한다.)
    block = 찾은 공간의 시작 주소
    이 할당을 처리하도록 freeList와 block의 필드를 업데이트한다.
    return block

// 주어진 object의 메모리 공간을 해제한다.
deAlloc(object):
    object를 freeList의 끝에 추가한다.
```

그림 12.5b 메모리 할당 알고리즘(개선된 버전)

리 해제 때 사용된다).

다음으로 이 세그먼트의 길이는 할당 후 남은 부분의 길이를 반영해서
freeList에서 업데이트된다.

다음으로 이 세그먼트에서 할당 후 남은 부분의 길이를 반영해서 freeList
에 업데이트된다. 만약 세그먼트에 메모리가 남아 있지 않거나, 남은 부분이
실제로 너무 작다면 전체 세그먼트가 freeList에서 제거된다.

사용되지 않는 객체의 메모리 블록을 회수하라는 요청을 받으면, 알고리
즘은 해제된 블록을 freeList의 맨 끝에 추가한다.

그림 12.5b와 같은 동적 메모리 할당 알고리즘은 블록 파편화 문제를 일으킬 수 있다. 따라서 메모리에서 물리적으로 연속되지만 freeList에서는 논리적으로 분리된 세그먼트를 합쳐주는, 조각모음defragmentation 연산을 고려해야 한다. 조각모음 연산은 객체가 해제될 때나 alloc()이 요청한 크기에 맞는 블록을 못 찾았을 때, 또는 임의의 조건에 따라 주기적으로 수행된다.

피크(peek)와 포크(poke) 자원 할당과 관련이 없는 두 가지 간단한 OS 함수로 메모리 관리에 대한 논의를 마무리짓자. Memory.peek(*addr*)은 RAM 주소 *addr*의 값을 반환하고 Memory.poke(*addr*, *value*)는 RAM 주소 *addr*의 단어를 *value*로 설정한다. 이 함수들은 지금부터 논의할 그래픽 루틴을 포함해서 메모리를 조작하는 OS 서비스에서 다양한 역할을 한다.

12.1.4 그래픽 출력

최신 컴퓨터는 최적화된 그래픽 드라이버와 전용 그래픽 처리 장치Graphical Processing Unit, GPU를 사용해서 고해상도 컬러 스크린에서 애니메이션 및 동영상과 같은 그래픽 출력을 렌더링한다. Nand to Tetris에서는 이렇게 복잡한 기능은 추상화하고 기본적인 그래픽 그리기 알고리즘과 기법에만 중점을 둔다.

우리는 컴퓨터가 행과 열의 격자로 배열된 물리적 흑백 스크린에 연결되어 있고, 행과 열의 교차점에 픽셀이 있다고 가정한다. 규칙에 따라 열은 왼쪽에서 오른쪽으로, 행은 위에서 아래로 번호가 매겨진다. 따라서 맨 왼쪽 상단 픽셀의 좌표는 (0, 0)이다.

스크린은 메모리 맵memory map을 통해 컴퓨터 시스템과 연결되는데, 이 메모리 맵은 픽셀당 1비트씩 할당된 전용 RAM 영역이다. 컴퓨터 외부의 프로세스가 1초당 여러 번 이 메모리 맵에 따라 스크린을 새로 고침 한다. 컴퓨터의 연산을 시뮬레이션하는 프로그램은 이 새로 고침 과정을 에뮬레이션해야 한다.

스크린에서 가능한 가장 기본적인 연산은 (*x*, *y*) 좌표에 픽셀을 하나 그리는 것이다. 이 연산은 메모리 맵에서 해당 비트를 켜거나 끄는 방식으로 수행된다. 선 그리기나 원 그리기 같은 연산은 이 기본 연산을 바탕으로 이루어진다. 그래픽 패키지는 검은색 또는 흰색으로 설정되는 현재 색상을 관리한다. 모든 그리기 연산은 현재 색상을 사용한다.

픽셀 그리기(drawPixel) 스크린 좌표 (x, y)에 픽셀을 그리는 것은 메모리 맵에서 픽셀에 대응하는 비트를 찾고 현재 색상으로 설정하는 방식으로 이루어진다. RAM은 n비트 장치이므로 이 연산은 n비트 값을 읽거나 쓰는 작업이 필요하다. 그림 12.6을 참고하자.

```
// 픽셀 (x, y)를 현재 색상으로 설정한다.
drawPixel(x, y):
    x와 y를 이용해서 픽셀이 표현되는 RAM 주소를 계산한다;
    Memory.peek를 이용해서 이 주소의 16비트 값을 얻는다;
    비트 단위 연산을 이용해서 픽셀에 해당하는 비트만 현재 색상으로 설정한다;
    Memory.poke를 이용해서 수정된 16비트 값을 RAM 주소에 '되돌려' 쓴다.
```

그림 12.6 픽셀 하나 그리기

핵 스크린의 메모리 맵 인터페이스는 5.2.4절에 정의되어 있다. drawPixel 알고리즘을 구현하려면 이 매핑을 활용해야 한다.

선 그리기(drawLine) 픽셀들로 이루어진 격자 위의 두 '점' 사이에 연속적인 '선'을 그리라는 요청을 받았을 때, 우리가 할 수 있는 최선은 두 점을 잇는 가상의 선을 따라 픽셀들을 그려서 선을 근사하는 것이다. 선을 그릴 때 사용하는 '펜'은 위, 아래, 왼쪽, 오른쪽의 네 방향으로만 움직일 수 있다. 따라서 그려진 선은 울퉁불퉁할 수밖에 없으며 선이 깔끔하게 보이려면 최대한 작은 픽셀로 된 고해상도 스크린을 쓰는 수밖에 없다. 하지만 사람의 눈도 일종의 기계로서, 망막에 있는 수용체 세포의 수와 종류에 따라 구분 가능한 이미지의 세밀함에도 한계가 있다. 따라서 스크린의 해상도가 높으면 인간의 뇌는 픽셀로 된 선도 부드럽게 인식하게 된다. 실제로는 울퉁불퉁하지만 말이다.

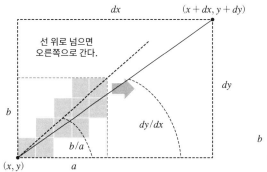
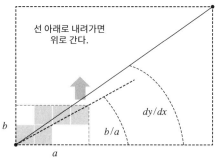

```
// 두 점 사이에 선을 그린다.
drawLine(x1, y1, x2, y2):
    x에 x1을, y에 y1을 설정하고, dx와 dy를 계산한다.
    // a와 b는 이제까지 얼마나 오른쪽, 위로 왔는지를
    // 추적하는 변수다.
    a = 0, b = 0
    while ((a ≤ dx) and (b ≤ dy))
        drawPixel(x + a, y + b)
        // 오른쪽이나 위로 간다:
        if(b/a > dy/dx)   { a=a+1 }
        else              { b=b+1 }
```

```
// 두 점 사이에 선을 그린다(개선된 버전).
drawLine(x1, y1, x2, y2):
    x에 x1을, y에 y1을 설정하고, dx와 dy를 계산한다.
    // a와 b는 이제까지 얼마나 오른쪽, 위로 왔는지를
    // 추적하는 변수다.
    a = 0, b = 0
    diff = 0
    while ((a ≤ dx) and (b ≤ dy))
        drawPixel(x + a, y + b)
        // 오른쪽이나 위로 간다:
        if (diff ≤ 0)   { a=a+1, diff = diff + dy }
        else            { b=b+1, diff = diff − dx }
```

> 덧셈과
> 뺄셈 연산만
> 쓰인다.

그림 12.7 선 그리기 알고리즘: 기본 버전(왼쪽 아래)과 개선된 버전(오른쪽 아래)

($x1$, $y1$)에서 ($x2$, $y2$)까지 선을 그릴 때는 먼저 ($x1$, $y1$)에 픽셀을 그리고 ($x2$, $y2$)에 도착할 때까지 지그재그로 픽셀을 그려 나간다. 그림 12.7을 참고하자.

이 알고리즘에서 루프 반복마다 나눗셈 연산을 두 번 하는 것은 효율적이지도 정확하지도 않다. 여기서 $b/a > dy/dx$를 동일한 조건인 $a \cdot dy < b \cdot dx$로 바꾸면 정수 곱셈만 필요하므로 개선이 가능하다. 그리고 이 조건을 잘 살펴보면 곱셈 없이도 조건 검사가 됨을 알 수 있다.

그림 12.7의 개선된 알고리즘을 보면 a나 b가 증가할 때마다 ($a \cdot dy < b \cdot dx$) 값을 업데이트하는 변수를 두어서 계산을 효율적으로 하고 있다.

이 선 그리기 알고리즘의 실행시간은 $O(n)$이다(여기서 n은 선을 따라 그려진 픽셀 수다). 이 알고리즘에서는 덧셈과 뺄셈 연산만 사용하므로 소프트웨어나 하드웨어에서 둘 다 효율적으로 구현이 가능하다.

원 그리기(drawCircle) 그림 12.8은 이미 구현한 곱셈, 제곱근 및 선 그리기 루틴을 활용한 알고리즘이다.

이 알고리즘은 $y - r$에서 $y + r$까지 행마다 하나씩 (그림 12.8의 선 ab 같은) 여러 개의 수평선으로 원을 그리는 방식이다. 원의 북쪽에서 남쪽으로 이어지는 축을 따라 모든 행에 선을 그리면 안이 완전히 채워진 원이 된다. 이 알고리즘을 살짝 고치면 원의 테두리만 그릴 수 있다.

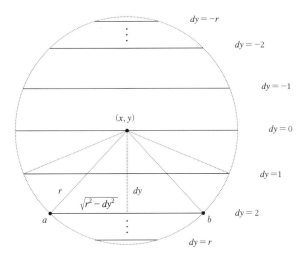

$$\text{point } a = (x - \sqrt{r^2 - dy^2}, y + dy) \qquad \text{point } b = (x + \sqrt{r^2 - dy^2}, y + dy)$$

```
// 반지름이 r이고 중심점이 (x, y)이면서 안이 채워진 원을 그린다.
drawCircle(x, y, r):
    for each dy = -r to r do:
        drawLine((x - √(r² - dy²), y + dy), (x + √(r² - dy²), y + dy))
```

그림 12.8 원 그리기 알고리즘

12.1.5 문자 출력

문자를 표시하는 기능을 구현하려면 먼저 물리적인 픽셀 기반 스크린을 논리적인 문자 기반의 스크린으로 바꾸어서, 문자를 표현하는 고정된 비트맵 이미지를 렌더링하기 좋게 만들어야 한다. 예를 들어 256행 × 512열의 픽셀로된 스크린을 생각해 보자. 문자 하나를 그리는 데 11행 × 8열 픽셀 격자를 사용한다면, 64개의 문자로 된 23개의 라인을 스크린에 표시할 수 있으며 나머지 3개 행이 사용되지 않고 남는다.

글꼴 컴퓨터에서 사용하는 문자 집합은 출력 가능한 것과 출력 불가능한 것으로 나뉜다. 우리는 부족한 예술적 능력을 최대한 짜내서 핵 문자 집합(부록 5 참고)에서 출력 가능한 문자들마다 11행 × 8열로 된 비트맵 이미지를 만들어 놓았다. 이 이미지들을 모아서 글꼴font이라 부른다. 그림 12.9는 대문자 N이 우리가 만든 글꼴로 어떻게 렌더링되는지 보여 준다. 문자 사이에는 간격이 있어야 하기 때문에 적어도 같은 행의 다음 문자 전에 1픽셀, 인접한 행 사이에 1픽셀을 두었다(정확한 간격은 글자 크기나 모양에 따라 다르다). 핵의 글꼴은 핵 문자 집합에서 출력 가능한 문자마다 이런 비트맵 이미지 하나씩, 총 95개의 이미지로 구성되어 있다.

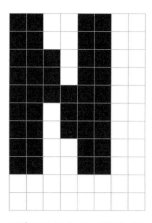

그림 12.9 글자 N의 비트맵 예시

글꼴 디자인은 아주 오래되었지만 여전히 활발한 예술 분야다. 가장 오래된 글꼴은 글쓰기 기술만큼 오래되었으며 현재도 글꼴 디자이너들이 예술적 표현이나 기술적, 기능적 목표를 위해 계속 새로운 글꼴들을 창조하고 있다. 이 책에서는 작은 스크린에 적절한 수의 문자를 표시하기 위해 검소하게 11×8 픽셀만 활용하기로 했다. 그 때문에 글꼴이 예쁘게 디자인되지는 못했지만 우리 목적에는 잘 맞는다.

커서 문자는 보통 줄 끝까지 왼쪽에서 오른쪽으로 차례대로 표시된다. 예를 들어 print("a") 다음에 print("b")가 오는 프로그램을 생각해 보자(두 명령문이 나란히 있지 않을 수도 있다). 이 프로그램은 스크린에 ab를 표시하라는 뜻이다. 문자 표시 모듈은 이렇게 문자를 이어서 쓰기 위해 스크린에서 다음 문자가 그려질 위치를 기억하는 전역 커서cursor를 관리한다. 커서 정보는 열과 행 번호(cursor.col과 cursor.row)로 구성된다. 그리고 문자 하나가 표시되면 cursor.col++가 실행된다. 행의 끝에서는 cursor.row++와 cursor.col=0이 실행된다. 스크린 맨 밑에 도달하면 다음에 무엇을 해야 할지 궁금할 것이다. 이때는 스크린을 스크롤하거나 내용을 다 지우고 커서를 (0,0)으로 설정하는 방법이 있다.

지금까지 스크린에 문자들을 표시하는 방식을 설명했다. 다른 종류의 데이터를 표시할 때도 문자열은 문자 하나씩 표시하고 숫자는 먼저 문자열로 바꾼 후에 표시하는 기본적인 방식을 자연스럽게 따르면 된다.

12.1.6 키보드 입력

키보드에서 입력을 감지하는 것은 보기보다 더 복잡하다. 예를 들어 let name = Keyboard.readLine("enter your name:")이라는 명령문을 생각해 보자. readLine 함수는 정의상 인간 사용자라는 예측할 수 없는 요소와 상호작용을 해야 한다. 이 함수는 사용자가 키보드에서 키를 몇 개 누르다가 마지막에 ENTER 키를 입력할 때까지 종료되지 않는다. 문제는 사용자가 키보드 키를 눌렀다 떼는 시간은 예측불허로 달라지고, 중간에 잠깐 키보드 입력을 쉴 수도 있다는 점이다. 또한 사용자는 자주 백스페이스를 눌러서 문자를 삭제하고 다시 입력한다. readLine 함수는 이런 모든 불규칙성을 처리할 수 있어야 한다.

이 절에서는 (i) 현재 키보드에서 눌린 키 감지, (ii) 문자 하나 입력 받기, (iii) 여러 문자 입력 받기라는 세 가지 추상화 단계로 나눠서 키보드 입력 처리를 설명하고자 한다.

키보드 입력 감지(keyPressed) 현재 눌린 키를 감지하는 연산은 하드웨어의 키보드 인터페이스에 따라 달라진다. 핵 컴퓨터에서 키보드는 KBD라는 이름의 포인터가 가리키는 16비트 메모리 레지스터를 끊임없이 새로 고침 하는 방식으로 작동한다. 그 규칙은 다음과 같다. 현재 키보드에서 키 하나가 눌리면, 포인터 주소의 값이 키의 문자 코드가 되고(핵 문자 집합은 부록 5에 나와 있다) 눌리지 않았을 때는 0이 된다. 그림 12.10에 표시된 keyPressed 함수를 구현할 때 이 규칙이 활용되었다.

키보드 입력 감지

```
// 키보드에서 현재 눌린 키의
// 문자 코드를 반환한다.
// 키가 눌리지 않았을 때는
// 0을 반환한다.
keyPressed():
// Memory.peek를 사용한다.
```

문자 입력 받기

```
// 키를 하나 눌렀다가 뗄 때까지 기다리고
// 스크린에 눌린 문자를 표시하고
// 커서를 진행한 후에
// 문자 코드를 반환한다.
readChar():
  커서를 표시한다.
  // 키가 하나 눌릴 때까지 기다린다.
  while (keyPressed() == 0)
    do nothing
  C = 현재 눌린 키의 코드
  // 키를 뗄 때까지 기다린다.
  while (keyPressed() ≠ 0)
    do nothing
  현재 커서 위치에 c를 표시한다.
  커서를 진행한다.
  return c
```

문자열 입력 받기

```
// message를 스크린에 표시하고
// ((newLine 문자를 입력 받을 때까지)
// 키보드에서 다음 라인을 입력 받고
// 그 값을 문자열로 반환한다.
readLine(message):
  message를 표시한다.
  str = 빈 문자열
  반복
    c = readChar()
    if(c == newline):
      newLine을 표시한다.
      return str
    else if(c == backSpace):
      str에서 마지막 문자를 제거한다.
      커서를 뒤로 이동시킨다.
    else
      str.appendChar(c)
  return str
```

그림 12.10 키보드에서 입력 처리하기

문자 하나 읽기(readChar) 사용자가 키를 누르고 뗄 때까지 걸린 시간은 예측할 수 없다. 따라서 이 불확실성을 없애는 코드를 작성해야 한다. 또한 사용자가 키보드 키를 눌렀을 때 어떤 키가 눌렸는지 사용자에게 피드백도 주려고 한다(사람들이 당연하게 생각하는 기능일 것이다). 보통 우리는 스크린에서 다음 입력이 진행될 위치에 커서가 표시되고, 어떤 키가 입력이 되면 그 입력 문자의 비트맵이 커서 위치에 나타날 거라 생각한다. 이런 동작들이 모두 readChar 함수에 구현된다.

문자열 읽기(readLine) 사용자가 입력한 여러 개의 문자는 ENTER 키를 눌러서 newline 문자가 입력되면 끝나는 것으로 간주된다. ENTER 키가 눌릴 때까지 사용자는 백스페이스를 눌러서 이전에 입력한 문자를 삭제하고 다시 입력할 수 있어야 한다. 이 모든 동작은 readLine 함수에 들어간다.

이전과 마찬가지로 입력 처리는 단계적인 추상화를 바탕으로 이루어진다. 즉, 고수준 프로그램이 readLine을 호출하면 내부에서 readChar, keyPressed, Memory.peek, 하드웨어 추상화가 단계적으로 활용되는 방식이다.

12.2 잭 OS 명세

앞 절에서는 고전적인 운영체제 작업에 대한 알고리즘을 여러 가지 소개했다. 이 절에서는 잭 OS라는 운영체제를 구체적으로 정의하고자 한다. 잭 운영체제는 다음 8개 클래스로 구성된다.

- Math: 기본 수학 연산들을 제공한다.
- String: String 타입을 구현한다.
- Array: Array 타입을 구현한다.
- Memory: 메모리 연산들을 처리한다.
- Screen: 스크린에서 그래픽 출력을 처리한다.

- Output: 스크린에서 텍스트 출력을 처리한다.
- Keyboard: 키보드 입력을 처리한다.
- Sys: 실행 관련 서비스를 제공한다.

전체 OS API는 부록 6에 나와 있다. 이 API는 OS 명세로 볼 수 있다. 다음 절에서는 앞 절에서 설명한 알고리즘을 이용해서 이 API를 구현하는 방법을 알아본다.

12.3 구현

각 OS 클래스는 서브루틴(생성자, 함수, 메서드)의 모음이다. 대부분의 OS 서브루틴들은 구현하기 쉬워서 여기서 설명하지는 않겠다. 그 외 OS 서브루틴들은 12.2절에 소개된 알고리즘을 바탕으로 한다. 지금부터 소개할 몇 가지 팁과 가이드를 보면 서브루틴 구현에 도움이 될 것이다.

init 함수들 일부 OS 클래스들은 서브루틴 구현을 지원하는 데이터 구조들을 사용한다. 이 데이터 구조는 그런 *OSClass*마다 클래스 수준에서 정적으로 선언되고, 관례상 *OSClass*.init이라는 함수에서 초기화된다. init 함수는 내부적으로만 쓰이며 OS API에는 문서화되지 않는다.

Math

multiply 곱셈 알고리즘(그림 12.1 참고)에서 반복 i마다, 두 번째 곱해지는 값의 i번째 비트가 추출된다. 우리는 이 연산을 정수 x의 i번째 비트가 1이면 true, 아니면 false를 반환하는 도우미 함수 bit(x,i)를 이용해서 캡슐화하기를 권장한다. bit(x,i) 함수는 시프트 연산을 이용하면 쉽게 구현 가능하다. 문제는 잭이 시프트 연산을 지원하지 않는다는 점이다. 따라서 그 대신에 길이가 16인 고정 정적 배열(예: twoToThe)을 정의하고, 각 원소 i를 2^i로 설정하는 방법을 쓰면 편리하다. 이 배열은 bit(x,i)를 구현하는 데 활용될 수 있다. twoToThe 배열은 Math.init 함수로 만들 수 있다.

divide 그림 12.1과 12.2에 소개된 곱셈 및 나눗셈 알고리즘은 음이 아닌 정수를 대상으로 연산하도록 설계되어 있다. 부호 있는 숫자는 그 절댓값에 알고리즘을 적용하고, 반환 값의 부호를 적절하게 설정하면 처리할 수 있다. 곱셈 알고리즘의 경우에는 고민할 필요가 없다. 곱해지는 값이 2의 보수법으로 주어지기 때문에 곱셈 결과는 정확할 것이다.

나눗셈 알고리즘에서는 $y > x$가 될 때까지 y에 2의 인수를 곱한다. 따라서 y가 오버플로될 수 있다. 오버플로는 y가 음수가 되는 시점을 검사하면 알 수 있다.

sqrt 제곱근 알고리즘(그림 12.3)에서 $(y + 2^j)^2$가 오버플로되어서 비정상적으로 결과가 음수가 될 수 있다. 이 문제는 알고리즘의 if 논리를 다음과 같이 효율적으로 바꾸면 해결할 수 있다: if $(y + 2^j)^2 \leq x$ and $(y + 2^j)^2 > 0$ then $y = y + 2^j$.

String

잭 프로그램에서 나오는 모든 문자열 상수는 String 클래스의 객체로 구현되며, String 클래스의 API는 부록 6에 문서화되어 있다. 구체적으로 각 문자열은 char 값의 배열로 구성된 객체로 구현되며, maxLength 속성은 문자열의 최대 길이를, length 속성은 문자열의 실제 길이를 나타낸다.

예를 들어 let str = "scooby"라는 명령문을 생각해 보자. 컴파일러는 이 명령문을 처리할 때, String 생성자를 호출해서 maxLength = 6, length = 6인 char 배열을 하나 만든다. 나중에 String 메서드인 str.eraseLastChar()가 호출되면, 배열의 length는 5가 되고 문자열은 "scoob"이 된다. 일반적으로 length를 넘어서는 배열 원소는 문자열의 일부로 생각하지 않는다.

길이가 maxLength인 문자열에 문자를 하나 추가하면 어떻게 될까? 이 문제는 OS 명세에 정의되어 있지 않다. 따라서 String 클래스가 적절하게 배열의 크기를 바꿀 수도, 아닐 수도 있다. 이 문제는 OS를 구현할 때 여러분의 재량에 맡긴다.

intValue, setInt 이 서브루틴들은 그림 12.4에 나온 알고리즘으로 구현 가능하다. 두 알고리즘 모두 음수를 처리하지 않고 있으므로, 구현할 때 따로 처리해야 한다.

newline, backspace, doubleQuote 부록 5를 보면 이 문자들의 코드는 128, 129, 34이다.

나머지 String 메서드는 char 배열과 String 객체의 length 필드를 통해 간단하게 구현할 수 있다.

Array

new 이 서브루틴은 이름과 달리 생성자가 아니라 함수다. 따라서 이 함수를 구현할 때는 OS 함수인 Memory.alloc을 명시적으로 호출해서 새로운 배열을 위한 메모리 공간을 할당해야 한다.

dispose 이 void 메서드는 do arr.dispose() 같은 명령문에 의해 호출된다. dispose 구현에서는 OS 함수 Memory.deAlloc을 호출해서 배열을 해제한다.

Memory

peek, poke 이 함수들은 기본 메모리에 직접 접근하는 기능을 제공한다. 잭 고수준 언어에서 어떻게 이 저수준 접근을 할 수 있을까? 사실 잭 언어에는 프로그래머들이 컴퓨터 메모리를 완전히 제어할 수 있게 해 주는 일종의 트랩도어trapdoor[2]가 있다. 그래서 평범한 잭 프로그래밍으로 Memory.peek와 Memory.poke를 구현 가능하다.

이 기법은 참조 변수(포인터)를 비정상적으로 사용하는 방법이다. 잭 언어는 약타입 언어로, 프로그래머들이 참조 변수에 상수를 할당하는 일을 금지하지 않는다. 그리고 이 할당된 상수는 절대 메모리 주소처럼 쓸 수 있다. 참조 변수가 배열이라면 이 기법을 통해 RAM의 모든 단어에 인덱스를 통해 직접 접근할 수 있다. 그림 12.11을 살펴보자.

```
// 잭에서의 RAM 프록시(proxy)를 생성한다.
var Array memory;
let memory = 0;  // 문제 없음···
...
// 주소 i의 RAM 값을 가져온다.
let x = memory[i];
...
// 주소 i의 RAM 값을 설정한다.
let memory[i] = 17;
...
```

그림 12.11 잭에서 RAM을 완전히 제어할 수 있는 트랩도어

그림 12.11의 맨 앞 두 라인 코드를 보면, memory 배열의 시작 주소가 RAM의 첫 번째 주소를 가리킨다(주소 0). 그래서 배열 원소 memory[i]를 조작하기만 하면 RAM의 주소 i에 있는 값을 설정하거나 가져올 수 있다. 이렇게 하면 우리가 의도한 대로 컴파일러가 주소 $0 + i$에 있는 RAM을 조작하게 된다.

잭 배열은 컴파일 시점이 아니라 런타임에 배열의 new 함수가 호출될 때 힙에 그 공간이 할당된다. new가 함수가 아니라 생성자였다면 컴파일러와 OS는 우리가 제어할 수 없는 RAM의 주소에 새 배열을 할당했을 것이다. 이 방법은 배열 변수를 사용할 때 적절하게 초기화하지 않았기 때문에 가능한 것이며, 고전적인 해킹 방법들과 비슷한 방법이다.

memory 배열은 클래스 수준에서 선언하고 Memory.init 함수로 초기화할

---

2 (옮긴이) 시스템의 보안을 우회하는 비밀 통로로, 시스템에 편리하게 접근할 수 있도록 일부러 만든 것. 백도어(backdoor)라고도 한다.

수 있다. 이 해킹 기법이 있으면 Memory.peek와 Memory.poke 구현은 간단해진다.

alloc, deAlloc 이 함수들은 그림 12.5a나 그림 12.5b의 알고리즘 중 하나로 구현 가능하다. Memory.deAlloc을 구현하기 위해 최적적합이나 최초적합 방법을 쓸 수 있다.

핵 플랫폼의 표준 VM 매핑(7.4.1절 참고)은 스택$_{stack}$을 RAM 주소 256부터 2047까지 매핑해 놓았다. 따라서 힙$_{heap}$은 주소 2048부터 시작한다.

Memory 클래스는 freeList 연결 리스트를 구현하기 위해 그림 12.12와 같이 freeList라는 정적 변수를 정의하고 유지 관리한다. freeList는 heapBase (2048)의 값으로 초기화되지만, 몇 가지 alloc과 deAlloc 연산을 통해 free List가 다른 메모리 주소가 될 수도 있다.

그림 12.12와 같이 freeList 연결 리스트를 RAM에서 직접 관리하도록 잭코드를 작성하는 것이 효율적이다. 연결 리스트는 Memory.init 함수로 초기화할 수 있다.

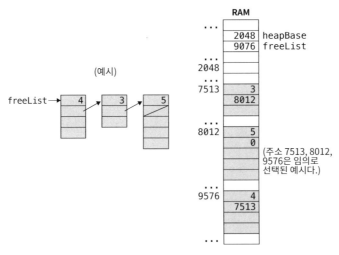

그림 12.12 동적 메모리 할당을 지원하는 연결 리스트의 논리적 모양(왼쪽)과 실제 구현(오른쪽)

Screen

Screen 클래스는 클래스 내 모든 그리기 함수에서 사용하는 현재 색상을 유지 관리한다. 현재 색상은 정적 불 타입 변수로 표현된다.

drawPixel Memory.peek와 Memory.poke로 스크린에 픽셀을 그릴 수 있다. 핵 플랫폼에서 스크린 메모리 맵은, 행 row와 열 $col(0 \le col \le 511, 0 \le row \le 255)$에 위치한 픽셀이 메모리 위치 $16384 + row \cdot 32 + col/16$의 $col \% 16$비트에 매핑되는 것으로 정의된다. 픽셀 하나를 그리려면 해당 단어의 비트 하나(해당 비트만)를 변경하면 된다.

drawLine 그림 12.7의 알고리즘은 오버플로가 날 가능성이 있다. 개선된 버전의 알고리즘에서는 오버플로 문제가 사라진다.

네 방향으로 확장되는 선을 그리려면 알고리즘을 일반화해야 한다. 스크린 원점(좌표 (0, 0))이 왼쪽 상단 모서리에 있음을 기억하자. 따라서 알고리즘에 나온 일부 방향과 플러스/마이너스 연산은 drawLine을 구현할 때 수정되어야 한다.

직선을 그리는 경우, 즉 $dx = 0$이나 $dy = 0$인 경우는 이 알고리즘으로 처리하지 않아야 한다. 그 대신 별도로 최적화된 구현을 하는 것이 좋다.

drawCircle 그림 12.8의 알고리즘은 오버플로가 날 가능성이 있다. 원 반지름을 최대 181로 제한하는 것이 합리적이다.

Output

Output 클래스는 문자를 표시하기 위한 함수 라이브러리다. 이 클래스는 각각 64개 문자(인덱스는 왼쪽에서 오른쪽으로 0⋯63)가 들어가는 23개 행(인덱스는 위에서 아래로 0⋯22)으로 구성된 스크린을 가정한다. 스크린에서 왼쪽 상단 문자 위치의 인덱스는 (0, 0)이다. 커서는 안이 채워진 작은 사각형으로 표시되며, 다음 문자가 표시될 위치를 가리킨다. 각 문자는 높이 11픽셀, 너비 8픽셀(문자 간격과 줄 간격 포함)의 사각형 이미지로 스크린에서 렌더링된다. 모든 문자 이미지를 모아 놓은 것을 글꼴font이라 한다.

글꼴 구현 핵 문자 집합(부록 5)을 위한 글꼴을 디자인하고 구현하는 일은 예술적 판단과 기계적인 작업을 병행하는 고된 작업이었다. 그 결과로 출력 가능한 문자를 표현하는 95개의 사각형 비트맵 이미지로 구성된 글꼴을 만들었다.

글꼴은 보통 문자 그리기 패키지가 필요할 때 불러와서 사용할 수 있도록 외부 파일에 저장된다. Nand to Tetris에서는 글꼴이 OS `Output` 클래스에 내장되어 있다. 우리는 출력 가능한 문자마다 그에 대응하는 비트맵을 저장하는 배열을 정의했다. 이 배열은 각각 8픽셀로 된 행에 대응하는 11개의 원소로 구성된다. 각 배열의 j번째 원소의 값은 문자 비트맵의 j번째 행에서 나타나는 8픽셀을 2진 표현으로 코딩하는 정수 값으로 설정되어 있다. 또한 크기가 127인 정적 배열도 정의했는데, 이 배열의 인덱스 값 32…126은 핵 문자 집합에서 출력 가능한 문자들에 대응한다(0…31 항목은 사용하지 않는다). 그런 다음 배열의 원소 i를 각각 문자 코드가 i인 문자의 비트맵 이미지를 표현하는 11개 원소 배열로 설정한다(고된 작업이라는 말을 했던가?).

프로젝트 12의 자료에 위에서 설명한 모든 구현 작업에 대한 잭 코드가 담긴 `Output` 클래스의 뼈대가 있다. 주어진 코드에는 연습 삼아 남겨둔 한 개의 문자를 제외하고 총 96자 글꼴이 구현되어 있다. 이 코드는 `Output.init` 함수로 활성화할 수 있으며, 이 함수는 커서도 초기화할 수 있다.

printChar 커서 위치에 문자를 표시하고 커서를 한 열 전진시킨다. 위치 (row, col)에 문자를 표시하기 위해서, $11 \cdot row$에서 $11 \cdot row + 10$, $8 \cdot col$에서 $8 \cdot col + 7$까지의 픽셀 상자에 문자 비트맵을 쓴다(이때 $0 \leq row \leq 22$, $0 \leq col \leq 63$).

printString 일련의 printChar 호출로 구현 가능하다.

printInt 정수를 문자열로 변환한 후에 그 문자열을 출력해서 구현 가능하다.

Keyboard

핵 컴퓨터 메모리 구성(5.2.6절 참고)에서는 주소 24576에 위치한 16비트 메모리 레지스터 하나로 키보드 메모리 맵을 정의했다.

keyPressed Memory.peek()로 쉽게 구현 가능하다.

readChar, readString 그림 12.10의 알고리즘으로 구현 가능하다.

readInt String 메서드를 이용해서 문자열을 읽고 int 값으로 변환하는 방식으로 구현 가능하다.

Sys

wait 이 함수는 주어진 밀리초만큼 기다렸다가 반환하는 함수다. 종료 전에 대략 수밀리초 동안 실행되는 루프를 작성해서 구현할 수 있다. CPU마다 이 상수는 다르기 때문에 1밀리초 대기하게 하려면 컴퓨터 시간을 측정해 봐야 한다. 따라서 독자가 만든 Sys.wait() 함수는 다른 컴퓨터에는 이식할 수 없다. 하드웨어 사양에 따라 상수를 다양하게 설정하는 함수를 따로 정의해서 이식 가능하게 만들 수는 있지만, Nand to Tetris에서는 이 작업이 굳이 필요하지는 않다.

halt 무한 루프로 진입하는 것으로 구현 가능하다.

init 잭 언어 명세(9.2.2절 참고)에 따르면 잭 프로그램은 하나 이상의 클래스 모음이다. 그중에 한 클래스명은 Main이어야 하고, 이 클래스에는 main이라는 함수가 반드시 있어야 한다. 프로그램 실행을 시작하려면 Main.main 함수가 호출되어야 한다.

운영체제는 컴파일된 잭 클래스들의 모음이기도 하다. 우리는 컴퓨터가 부팅되면 운영체제 실행을 시작하고, 운영체제가 메인 프로그램을 구동하도록 만들 예정이다. 이 명령 순서는 다음과 같이 구현된다. 핵 플랫폼의 표준 VM 매핑(8.5.2절)에 따르면, VM 번역기는 OS 함수인 `Sys.init`을 호출하는 (기계어로 작성된) 부트스트랩 코드를 생성한다. 이 부트스트랩 코드는 주소 0에서 시작하는 ROM에 저장된다. 컴퓨터가 리셋되면 프로그램 카운터는 0으로 맞춰지고, 부트스트랩 코드가 실행되기 시작하며, `Sys.init` 함수가 호출된다.

이 구현에 따라 `Sys.init`은 다음 두 가지 작업을 수행해야 한다. 즉, 다른 OS 클래스의 모든 `init` 함수를 호출하고, `Main.main`을 호출하는 것이다.

이 시점부터 사용자는 응용프로그램을 사용하게 되고, Nand to Tetris의 여정도 종점에 도달했다. 즐거운 여행이 되었기를 바란다!

12.4 프로젝트

목표 이 장에서 설명된 운영체제를 구현한다.

과제 운영체제를 잭으로 구현하고, 아래에 설명하는 프로그램과 테스트 시나리오에 따라 운영체제를 테스트한다. 테스트 프로그램은 각각 OS 서비스를 일부 활용한다. OS 클래스들은 순서에 상관없이 독립적으로 구현하고 단위 테스트를 할 수 있다.

자료 주요 필수 도구는 OS를 개발할 잭 언어다. 또한 독자가 구현한 OS와, 마찬가지로 잭으로 작성된 테스트 프로그램을 컴파일하려면 잭 컴파일러도 필요할 것이다. 마지막으로 테스트를 실행할 플랫폼으로 VM 에뮬레이터가 필요하다.

project/12 폴더에는 `Math.jack`, `String.jack`, `Array.jack`, `Memory.jack`, `Screen.jack`, `Output.jack`, `Keyboar.jack`, `Sys.jack`이라는 이름의 8개의 OS

클래스 뼈대 파일이 들어 있다. 각각의 파일에는 모든 클래스 서브루틴들이 정의되어 있다. 독자들은 구현이 안 된 부분들을 완성하면 된다.

VM 에뮬레이터 운영체제 개발자는 다음과 같이 닭이 먼저냐 달걀이 먼저냐 딜레마에 빠지는 경우가 종종 있다. 만약 아직 개발되지 않은 다른 OS 클래스 기능을 활용하는 OS 클래스가 있다면 어떻게 따로 테스트할 수 있을까? 그래서 OS를 한 번에 한 클래스씩 단위 테스트를 할 수 있도록 VM 에뮬레이터를 준비했다.

VM 에뮬레이터는 자바로 작성된 실행 가능한 버전의 OS를 지원한다. 로드된 VM 코드에서 call foo라는 VM 명령이 나오면, 에뮬레이터는 다음과 같이 진행한다. 먼저 로드된 코드에 foo라는 이름의 VM 함수가 존재하면, 에뮬레이터는 그 VM 코드를 실행한다. 만약 그런 이름의 함수가 없다면 에뮬레이터는 foo가 내장된 OS 함수 중 하나인지 확인한다. foo가 내장 함수라면 에뮬레이터는 그 내장 구현을 실행한다. 이 규칙은 지금부터 설명할 테스트 전략에 딱 알맞다.

테스트 계획

projects/12 폴더에는 MathTest, MemoryTest, … 같은 이름의 8개의 테스트 폴더가 있으며, 각각은 OS 클래스인 Math, Memory, …를 테스트하기 위한 용도다. 각 폴더에는 그에 대응하는 OS 클래스의 기능을 (사용해서) 테스트하는 잭 프로그램이 하나씩 포함되어 있다. 어떤 폴더에는 테스트 스크립트와 비교 파일이 있으며, 또 어떤 폴더에는 .jack 파일만 있다. 독자가 구현한 *Xxx*.jack이라는 OS 클래스를 테스트하는 절차는 다음과 같이 진행된다.

- 제공된 테스트 프로그램에서 *Xxx*Test/*.jack 코드를 조사한다. 테스트 대상 OS 서비스가 무엇인지, 어떻게 테스트되는지 이해한다.
- 독자가 개발한 *Xxx*.jack OS 클래스를 *Xxx*Test 폴더에 넣는다.

- 제공된 잭 컴파일러로 폴더를 컴파일한다. 그러면 OS 클래스 파일과 테스트 프로그램의 .jack 파일이 .vm 파일로 번역되고 동일 폴더에 저장된다.
- 폴더에 .tst 테스트 스크립트가 있다면 그 스크립트를 VM 에뮬레이터에 로드한다. 없다면 폴더를 VM 에뮬레이터로 로드한다.
- 각 OS 클래스에 대해 밑에서 설명한 테스트 가이드를 따른다.

Memory, Array, Math 이 클래스의 테스트 폴더들에는 테스트 스크립트와 비교 파일이 있다. 테스트 스크립트는 load 명령으로 시작한다. 이 명령은 현재 폴더에 있는 모든 .vm 파일을 VM 에뮬레이터에 로드한다. 테스트 스크립트에서 그 다음 두 명령은 출력 파일을 만들고 제공된 비교 파일을 불러온다. 다음으로 스크립트는 여러 테스트를 실행해서 테스트 결과를 비교 파일의 결과와 비교한다. 여러분이 할 일은 이 비교가 성공적으로 종료되는지 확인하는 것이다.

제공된 테스트 프로그램은 Memory.alloc 및 Memory.deAlloc을 전부 테스트하지 않음에 주의하자. 이 메모리 관리 함수들을 완전히 테스트하려면 사용자 수준의 테스트에서는 볼 수 없는 세부적인 내부 구현을 살펴봐야 한다. 이 함수들을 완전히 테스트해 보고 싶다면 단계적으로 디버깅하면서 RAM의 상태를 조사해 보면 된다.

String 제공된 테스트 프로그램을 실행하면 다음과 같이 출력되어야 한다.

```
new,appendChar: abcde
setInt: 12345
setInt: -32767
length: 5
charAt[2]: 99
setCharAt(2,'-'): ab-de
eraseLastChar: ab-d
intValue: 456
intValue: -32123
backSpace: 129
doubleQuote: 34
newLine: 128
```

Output 제공된 테스트 프로그램을 실행하면 다음과 같이 출력되어야 한다.

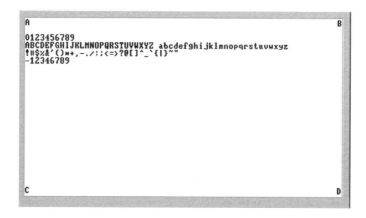

Screen 제공된 테스트 프로그램을 실행하면 다음과 같이 출력되어야 한다.

Keyboard 이 OS 클래스는 사용자-프로그램 사이의 상호작용을 하는 테스트 프로그램으로 테스트된다. Keyboard 클래스의 각 함수들(keyPressed, read Char, readLine, readInt)을 테스트하기 위해 프로그램은 사용자에게 몇 가지 키를 누르라는 메시지를 띄운다. OS 함수가 올바르게 구현되었고 요청된 키를 눌렀다면 프로그램은 ok를 출력하고 다음 OS 함수 테스트로 넘어간다. 문제가 있다면 프로그램은 요청을 반복한다. 모든 요청이 성공적으로 마무리되면 프로그램은 'Test completed successfully(테스트 성공적으로 종료)'라는 메시지를 출력한다. 이때 스크린 출력은 다음과 같아야 한다.

```
keyPressed test:
Please press the 'Page Down' key
ok
readChar test:
(Verify that the pressed character is echoed to the screen)
Please press the number '3': 3
ok
readLine test:
(Verify echo and usage of 'backspace')
Please type 'JACK' and press enter: JACK
ok
readInt test:
(Verify echo and usage of 'backspace')
Please type '-32123' and press enter: -32123
ok

Test completed successfully
```

Sys

제공된 .jack 파일은 Sys.wait 기능을 테스트한다. 프로그램은 사용자에게 (임의의) 키를 누르도록 요청하고, Sys.wait 호출을 활용해서 2초간 기다린다. 그 다음에 스크린에 메시지를 출력한다. 키에서 손을 뗀 후 메시지가 출력될 때까지 걸린 시간이 약 2초인지 확인하자.

Sys.init 함수는 명시적으로 테스트되지 않는다. 하지만 각 테스트 프로그램에서 필요한 모든 OS 초기화를 수행한 다음 Main.main 함수가 호출된다는 점을 기억하자. 따라서 Sys.init이 올바르게 구현되지 않았다면 아무것도 제대로 작동하지 않을 것이다.

완전한 테스트

각 OS 클래스를 따로 따로 성공적으로 테스트했다면, 이 책의 앞부분에서 소개한 Pong 게임으로 전체 OS 구현을 테스트하자. Pong의 소스 코드는 projects/11/Pong 폴더에 있다. OS .jack 파일 8개를 Pong 폴더에 넣고 제공된 잭 컴파일러로 폴더를 컴파일한다. 다음으로 Pong 폴더를 VM 에뮬레이터에서 로드하고, 게임을 실행하고, 예상대로 작동하는지 확인한다.

12.5 정리

이 장에서는 대부분의 운영체제에서 제공하는 기본 서비스들 중에 일부를 소개했다. 메모리 관리, I/O 장치 구동, 하드웨어에서 구현되지 않은 수학 연산 제공, 문자열 같은 추상 데이터 타입 구현 등이 그 예다. 우리는 이 표준 소프트웨어 라이브러리가 두 가지 주요 기능을 반영하므로 운영체제라 부르기로 했다. 그 기능 중 하나는 하드웨어의 복잡한 세부사항과 특이사항들을 투명한 소프트웨어 서비스로 캡슐화하는 것이고, 다른 하나는 이 서비스들을 깔끔한 인터페이스를 통해 컴파일러와 응용프로그램이 사용할 수 있게 해 주는 것이다. 하지만 여전히 우리가 OS라 부르는 것과, 상용 운영체제 사이에는 깊은 격차가 있다.

우선 우리 OS는 운영체제와 밀접한 관련이 있는 기본 서비스들이 많이 빠져 있다. 예를 들어 멀티스레딩이나 멀티프로세싱 기능이 없는데, 대부분의 운영체제 커널은 이 기능에 많은 힘을 쏟는다. 또한 우리 OS는 대용량 저장장치를 지원하지 않지만, 다른 운영체제에서는 파일 시스템 추상화로 주요 데이터 저장소를 다룬다. 우리 OS에는 (유닉스 셸 같은) 명령줄 인터페이스도, 윈도우와 메뉴로 구성된 그래픽 인터페이스도 없다. 일반적인 운영체제에서는 이런 인터페이스가 있지만 말이다. 보안이나 통신 같이 운영체제가 일반적으로 지원하는 수많은 서비스들도 우리 OS에서는 지원하지 않는다.

또 다른 큰 차이점은 peek와 poke 같은 OS 연산을 통해 프로그래머가 너무 자유롭게 컴퓨터 자원에 직접 접근할 수 있다는 점이다. 분명 이런 함수들을 부주의하게, 또는 악의적으로 사용하면 문제가 생길 수 있다. 따라서 OS에서는 여러 서비스들에 접근 권한을 두어서, 단순히 함수를 호출하는 것보다 더 복잡한 보안 절차를 따라야 사용할 수 있도록 한다. 하지만 핵 플랫폼에서는

OS 코드와 사용자 코드 사이에 아무런 차이가 없으며, 운영체제 서비스도 응용프로그램과 동일한 사용자 모드로 실행된다.

이 장에서 설명했던 곱셈 및 나눗셈 알고리즘은 효율성 측면에서는 표준적이었다. 이 알고리즘이나 그 변형은 보통 소프트웨어보다는 하드웨어로 구현된다. 이 알고리즘들의 실행시간은 $O(n)$번의 덧셈 연산만큼 걸린다. 두 개의 n비트 수를 더하려면 $O(n)$번 비트 연산(하드웨어의 게이트)이 필요하므로, 이 알고리즘들은 최종적으로 $O(n^2)$ 비트 연산이 필요하다. 실행시간이 점근적으로 $O(n^2)$보다 훨씬 더 빠른 곱셈 및 나눗셈 알고리즘도 있으며, 비트 수가 많을 경우 이 알고리즘이 더 효율적이다. 이와 비슷하게 선 그리기나 원 그리기와 같은 기하학 연산도 특수한 그래픽 가속 하드웨어에서 더 최적화된 방식으로 구현된다.

Nand to Tetris에서 만드는 모든 하드웨어 및 소프트웨어 시스템과 마찬가지로 우리의 목표는 모든 요구사항을 해결하는 완전한 해결책을 제시하는 것이 아니다. 대신 우리는 시스템의 기초를 확실하게 이해하면서 잘 동작하도록 구현해 보고, 그 다음 더 확장할 수 있는 길을 제안하려 한다. 다음 장과 마지막 장에서 지금까지 프로젝트들을 확장해 볼 수 있는 아이디어들을 소개할 것이다.

후기: 더 재미있는 여행
More Fun to Go

우리는 탐험을 멈추지 않으리라,
그 끝은 출발점에 도착하여,
그곳을 처음으로 아는 것이리라.

T. S. 엘리엇(T. S. Eliot, 1888-1965)

축하한다! 여러분은 이제 기초 원리에서 시작해서 완전한 컴퓨팅 시스템을 구축했다. 독자들에게 즐거운 여행이 되었기를 바란다. 이 책의 저자로서 독자들에게 비밀 하나를 공유하려 한다. 이 책을 집필하는 과정이 우리에게는 더 즐거웠다는 사실이다. 어쨌든 우리는 이 컴퓨팅 시스템을 설계했고, 보통 프로젝트에서 가장 '재미있는' 부분이 설계이기 때문이다. 여기서 모험심이 강한 독자라면 설계를 더 깊게 해 보고 싶을지도 모르겠다. 어쩌면 아키텍처를 개선하고 싶어 할 수도 있다. 여기저기에 새로운 기능 아이디어를 추가해 볼 수도 있을 것이다. 더 범용성이 높은 시스템을 구상할 수도 있다. 그리고 여러분은 스스로 항해사가 되어 가는 방법 말고도 가야 할 방향을 결정하고 싶을지도 모른다.

 잭과 핵 시스템의 거의 모든 부분은 개선하고, 최적화하고, 확장할 수 있다. 예를 들어 어셈블러, 컴파일러, OS 구현 일부를 재작성해서 어셈블리 언어, 잭 언어 및 운영체제를 개선하고 확장할 수 있다. 이 책에서 제공하는 소프트웨어를 바꿔야 할 수도 있을 것이다. 예를 들어 VM 및 하드웨어 명세를 바꾸려면 해당 에뮬레이터를 수정한다. 또는 핵 컴퓨터에 입력 장치나 출력 장치를 추가하려면 새로운 내장형 칩을 모델링해야 할 것이다.

이 책에서 제공하는 도구들은 전적으로 자유롭게 수정하고 확장해 볼 수 있도록 소스 코드가 모두 공개되어 있다. 코드는 특정 플랫폼에서 소프트웨어를 실행하기 위한 배치 파일을 제외하고는 100퍼센트 자바로 되어 있다. 소프트웨어 및 관련 문서는 *www.nand2tetris.org*에서 받을 수 있다. 이 책의 도구들을 독자가 최신 아이디어에 맞게 수정하는 것은 언제든 환영하며, 원한다면 수정한 도구를 다른 사람들에게 공유해도 좋다. 독자들이 코드를 고쳐보는 경험이 충분히 즐거울 수 있도록 우리 코드가 잘 작성되고 문서화도 잘 되어 있길 바란다. 특히 제공된 하드웨어 시뮬레이터에서 새로운 내장형 칩을 추가하기 위한 인터페이스가 간단하고 잘 문서화되어 있음을 말해두고 싶다. 이 인터페이스는 하드웨어 플랫폼에서 대용량 저장 장치나 통신 장치 등을 시뮬레이션하는 데 사용될 수 있다.

독자들이 시스템 설계를 어떻게 개선할지 상상하기조차 어렵지만, 우리가 생각하는 몇 가지 안을 그려보고자 한다.

하드웨어 구현

이 책에 나온 하드웨어 모듈들은 HDL로 구현되었거나 실행 가능한 소프트웨어 모듈로 제공된다. 사실 실제 하드웨어 설계도 이렇게 되어 있다. 하지만 HDL 설계는 언젠가는 실리콘으로 된 '진짜' 컴퓨터가 되어야 한다. 핵이나 잭이 비트가 아니라 원자로 이루어진 진짜 하드웨어 플랫폼에서 실행된다면 좋지 않을까?

이 목표에 다가가는 방법이 몇 가지 있다. 극단적으로는 FPGA 보드에 핵 플랫폼을 구현해 보는 방법이 있을 것이다. 이렇게 하려면 주류 하드웨어 기술 언어로 모든 칩 정의를 새로 작성하고 나서, RAM, ROM, I/O 기기를 호스트 보드에 구현하는 문제를 다루어야 한다. 마이클 슈뢰더Michael Schröder가 개발한 단계적 프로젝트도 *www.nand2tetris.org*에 소개되어 있다. 극단적인 방법 또 한 가지는, 핸드폰 같은 하드웨어에서 핵, VM, 또는 잭 플랫폼을 에뮬레이션해 보는 것이다. 이런 프로젝트들은 핵 스크린의 크기를 줄여서 하드웨어 자원에 드는 비용을 절약하려 하는 것 같다.

하드웨어 개선

핵은 저장 프로그램 컴퓨터stored program computer 아키텍처이기는 하지만, 실행하려는 프로그램을 ROM에 미리 저장해야 한다. 현재의 핵 아키텍처에서는 ROM 칩을 교체하지 않고 컴퓨터에 또 다른 프로그램을 로드할 방법이 없다.

프로그램 로드 기능을 적절하게 추가하려면 아키텍처의 몇몇 단계를 변경해야 한다. 핵 하드웨어는 ROM 대신에 쓰기 가능한 RAM에 프로그램을 로드할 수 있도록 수정되어야 한다. 하드웨어에 내장형 대용량 저장 칩과 같은 영구 기억 장치를 추가해서 프로그램을 저장할 수 있도록 만들어야 할 것이다. 운영체제는 이런 영구 기억 장치에 프로그램을 로드하고 실행하는 새로운 로직을 처리할 수 있도록 확장되어야 한다. 여기서 파일 및 프로그램 관리 명령을 입력할 수 있도록 OS 사용자 인터페이스 셸shell을 추가하면 편리할 것이다.

고수준 언어

모든 전문가가 그렇듯이 프로그래머들도 자신이 쓰는 도구인 프로그래밍 언어에 애착이 강하며, 자신에게 맞게 고치고 싶어 한다. 잭 언어에는 아쉬운 점이 아주 많으므로 여러모로 개선해 볼 수 있을 것이다. 간단하게 바꿔 볼 수도 있고, 상속 기능 추가처럼 VM 명세를 바꿔야 하는 개선점도 생각해 볼 수 있다.

핵 플랫폼에 더 고수준의 언어를 구현하는 방법도 있다. 예를 들어 스킴Scheme을 구현해 보면 어떨까?

최적화

우리의 Nand to Tetris 여정에서 최적화 문제는 거의 옆으로 미뤄뒀었다(운영체제에서 효율성 척도를 소개한 것은 예외). 하지만 해커들에게 최적화는 좋은 놀이터다. 하드웨어나 컴파일러에서 부분적으로 최적화를 시도해 볼 수 있겠지만, VM 번역기를 최적화하는 것이 가장 가성비 좋은 방법이다. 예를 들어 어셈블리 생성 코드의 크기를 줄여서 효율을 높일 수 있다. 기계어나 VM 언어의 명세를 바꿔서 전체적인 최적화를 노리는 야심 찬 방법도 생각해 볼 수 있다.

통신

핵 컴퓨터를 인터넷에 연결해 보면 멋지지 않을까? 하드웨어에 내장형 통신 칩을 추가하고 고수준 통신 프로토콜을 처리하는 OS 클래스를 추가한다면 가능하다. 인터넷 인터페이스를 제공하는 내장형 통신 칩과 대화하는 프로그램도 필요할 것이다. 예를 들면 잭에 HTTP 웹 브라우저를 구현하는 일은 해 볼 만할 것이다.

위의 내용들은 우리가 설계할 때 가려운 부분들이었다 – 여러분의 가려운 부분은 어디인가?

불 함수 합성
Boolean Function Synthesis

우리는 논리로 증명하고 직관으로 발견한다.

앙리 푸앵카레(Henri Poincaré, 1854~1912)

1장에서 우리는 증명하지 않고 다음과 같은 주장을 하였다.

- 어떤 불 함수의 진리표가 있을 때, 그 진리표에서 그 함수를 구현하는 불 표현식을 합성해 낼 수 있다.
- 모든 불 함수는 And, Or, Not 연산자로만 표현할 수 있다.
- 모든 불 함수는 Nand 연산자로만 표현할 수 있다.

이 부록에서는 이런 주장들을 증명하고, 서로 연관되어 있음을 보인다. 또한 불 대수를 활용해서 불 표현식을 단순화하는 과정을 설명한다.

A1.1 불 대수

불 연산자 And, Or, Not에는 유용한 대수적 속성이 있다. 이런 속성 중 일부를 간단히 소개한다. 1장의 그림 1.1에 있는 연관 진리표에서 이 속성들을 쉽게 유도할 수 있다.

$$\text{교환법칙:} \quad x \text{ And } y = y \text{ And } x$$

$$x \text{ Or } y = y \text{ Or } x$$

$$\text{결합법칙:} \quad x \text{ And } (y \text{ And } z) = (x \text{ And } y) \text{ And } z$$

$$x \text{ Or } (y \text{ Or } z) = (x \text{ Or } y) \text{ Or } z$$

$$\text{분배법칙:} \quad x \text{ And } (y \text{ Or } z) = (x \text{ And } y) \text{ Or } (x \text{ And } z)$$

$$x \text{ Or } (y \text{ And } z) = (x \text{ Or } y) \text{ And } (x \text{ Or } z)$$

$$\text{드 모르간}_{\text{De Morgan}}\text{의 법칙:} \quad \text{Not}(x \text{ And } y) = \text{Not}(x) \text{ Or } \text{Not}(y)$$

$$\text{Not}(x \text{ Or } y) = \text{Not}(x) \text{ And } \text{Not}(y)$$

$$\text{멱등법칙:} \quad x \text{ And } x = x$$

$$x \text{ Or } x = x$$

이러한 대수 법칙을 활용해서 불 함수를 단순화할 수 있다. 예를 들어 Not (Not (x) And Not (x Or y)) 함수를 생각해 보자. 이 함수를 더 간단한 형태로 줄일 수 있을까? 어떤 식을 유도할 수 있는지 한번 시도해 보자.

$\text{Not}(\text{Not}(x) \text{ And } \text{Not}(x \text{ Or } y)) =$	// 드 모르간의 법칙
$\text{Not}(\text{Not}(x) \text{ And } (\text{Not}(x) \text{ And } \text{Not}(y))) =$	// 결합법칙
$\text{Not}((\text{Not}(x) \text{ And } \text{Not}(x)) \text{ And } \text{Not}(y)) =$	// 멱등법칙
$\text{Not}(\text{Not}(x) \text{ And } \text{Not}(y)) =$	// 드 모르간의 법칙
$\text{Not}(\text{Not}(x)) \text{ Or } \text{Not}(\text{Not}(y)) =$	// 이중 부정
$x \text{ Or } y$	

방금 설명한 것과 같은 불 함수 단순화는 실질적인 의미가 크다. 예를 들어 원래의 불 표현식 Not(Not (x) And Not (x Or y))를 하드웨어로 구현하려면 논리 게이트가 5개 필요한 반면, 단순화된 표현식 x Or y는 논리 게이트 하나만으로 구현 가능하다. 두 표현식의 함수는 같지만, 후자가 비용, 에너지, 계

산 속도 면에서 5배는 더 효율적이다.

불 표현식을 단순하게 줄이는 일은 경험과 통찰력이 필요한 기술이다. 다양한 단순화 기법들이 있지만 문제는 여전히 풀기 어렵다. 일반적으로 불 표현식을 가장 간단한 형태로 바꾸는 문제는 NP-난해NP-hard 문제다.

A1.2 불 함수 합성

어떤 불 함수의 진리표가 있을 때, 이 함수를 나타내는 불 표현식을 구성하거나 합성할 방법이 있을까? 그리고 그 전에, 진리표로 표현되는 불 함수는 모두 어떤 불 표현식으로도 표현할 수 있다고 보장할 수 있을까?

이 질문들에는 매우 만족스러운 답변이 있다. 첫 번째 질문의 답은 '그렇다'로, 모든 불 함수는 어떤 불 표현식으로 표현할 수 있다. 게다가 불 표현식으로 구성하는 알고리즘도 있다. 이해를 위해 그림 A1.1에서 가장 왼쪽의 4개 열을 살펴보자. 이 열은 어떤 변수 3개짜리 함수 $f(x, y, z)$의 진리표 정의다. 우리의 목표는 이 데이터에서 해당 함수를 나타내는 불 표현식을 합성하는 것이다.

x	y	z	$f(x, y, z)$	$f_3(x, y, z)$	$f_5(x, y, z)$	$f_7(x, y, z)$
0	0	0	0	0	0	0
0	0	1	0	0	0	0
0	1	0	1	1	0	0
0	1	1	0	0	0	0
1	0	0	1	0	1	0
1	0	1	0	0	0	0
1	1	0	1	0	0	1
1	1	1	0	0	0	0

$f_3(x, y, z) = \text{Not}(x) \text{ And } y \text{ And Not}(z)$

$f_5(x, y, z) = x \text{ And Not}(y) \text{ And Not}(z)$

$f_7(x, y, z) = x \text{ And } y \text{ And Not}(z)$

$f(x, y, z) = f_3(x, y, z) \text{ Or } f_5(x, y, z) \text{ Or } f_7(x, y, z)$

그림 A1.1 진리표에서 불 함수 합성하기(예제)

이 특수한 예제를 통해 합성 알고리즘을 단계적으로 이해해 보자. 먼저 진리표에서 함수 값이 1인 행만 초점을 맞춰보자. 그림 A1.1에 표시된 함수에서 행 3, 5, 7이 이 경우에 해당한다. 이러한 각 행 i에 대해, 함수가 1을 반환하는 행 i의 변수 값 조합을 제외한 나머지 모든 변수 값 조합들에 대해서 0을 반환하는 불 함수 f_i를 각각 정의할 수 있다. 그림 A1.1의 진리표에서는 이런 함수를 세 개 도출할 수 있는데, 표에서 맨 오른쪽 열에 그 함수들의 진리표가 표시되어 있다. 이러한 함수 f_i들은 변수 x, y, z마다 1개 항씩, 총 3개 항의 논리곱(And)으로 표현할 수 있으며, 이때 행 i의 변수 값이 1인지 0인지에 따라 그 항은 변수 그 자체나 변수의 논리부정(Not)이 된다. 이 방법으로 구성한 함수 f_3, f_5, f_7이 표 아래에 표시되어 있다. 이 함수들은 불 함수 f가 1이 되는 유일한 경우를 나타내므로, f는 $f(x, y, z) = f_3(x, y, z)$ Or $f_5(x, y, z)$ Or $f_7(x, y, z)$이라는 불 표현식으로 표현된다는 결론을 내릴 수 있다. 종합하면 $f(x, y, z) = $ (Not (x) And y And Not (z)) Or (x And Not (y) And Not (z)) Or (x And y And Not (z))가 된다.

이 예제를 보면 복잡한 증명 없이도 모든 불 함수가 매우 특수한 구조의 불 표현식으로 체계적으로 표현될 수 있음을 알 수 있다. 즉, 위에서 설명한 대로 구성되는 논리곱(And) 함수 f_i들을 모두 논리합(Or)으로 결합한 형태의 표현식이다. 이 표현식은 '곱의 합sum of products'의 불 대수 버전으로, 함수의 논리합 정규형disjunctive normal form, DNF이라 불리기도 한다.

함수에 변수가 많아서 진리표의 행이 기하급수적으로 많을 경우에는 DNF가 매우 길어져서 불편할 수 있다. 이럴 때 불 대수 및 다양한 표현식 축소 기법을 이용하면 표현식을 더 효율적이고 사용하기 좋은 형태로 변환할 수 있다.

A1.3 Nand의 표현력

Nand to Tetris라는 제목에서 알 수 있듯이, 모든 컴퓨터는 Nand 게이트만 사용해서 만들 수 있다. 이 주장을 뒷받침하는 방법이 두 가지 있다. 하나는 실제로 Nand 게이트만 이용해서 컴퓨터를 구축해 보는 것으로, I부에서 우리가 했던 일이다. 또 하나는 정식으로 증명하는 것으로 지금부터 해 보려 한다.

보조 정리 1 모든 불 함수는 And, Or, Not 연산자로만 구성된 불 표현식으로 표현될 수 있다.

증명 모든 불 함수는 그에 대응하는 진리표를 만들 수 있다. 그리고 방금 보여 준 것처럼 그 진리표를 활용해서, 변수들 또는 변수들의 논리부정을 And로 결합하고 Or로 합치는 방식으로 DNF를 합성할 수 있다. 따라서 모든 불 함수는 And, Or, Not 연산자로만 구성된 불 표현식으로 나타낼 수 있다.

이 결과의 중요성을 이해하기 위해 (2진수가 아닌) 정수들에 대해 정의될 수 있는 함수들이 무한한 수가 있음을 생각해 보자. 이런 함수들을 덧셈, 곱셈, 부정만으로 구성된 대수식으로 표현할 수 있으면 좋을 것이다. 하지만 $x \neq 7$일 때 $f(x) = 2x$이고 $f(7) = 312$인 함수처럼 매우 많은 수의 정수 함수들은 그런 형태의 대수식으로 표현될 수 없다. 그러나 2진수의 세계에서는 각 변수가 가질 수 있는 값(0 또는 1)이 제한되므로, 모든 불 함수가 And, Or, Not 연산자로만 표현될 수 있다는 매력적인 특성이 있다. 실용적인 의미도 엄청나다. 모든 컴퓨터를 And, Or, Not 게이트만으로 만들 수 있다는 뜻이기 때문이다.

하지만 이보다 더 나은 방법은 없을까?

보조 정리 2 모든 불 함수는 Not과 And 연산자로만 구성된 불 표현식으로 표현될 수 있다.

증명 드 모르간의 법칙에 따라 Or 연산자는 Not과 And 연산자로 표현할 수 있다. 이 결과와 보조 정리 1를 합치면 증명이 된다.

여기서 행운을 더 밀어붙이면 더 나은 방법을 찾을 수 있을까?

정리 모든 불 함수는 Nand 연산자로만 된 불 표현식으로 표현될 수 있다.

증명 Nand의 진리표(1장의 그림 1.2의 두 번째 행부터 마지막 행까지)를 관찰하면 다음 두 특성을 발견할 수 있다.

- $Not(x) = Nand(x, x)$
  즉, Nand 함수의 x와 y 변수를 둘 다 동일한 값(0 또는 1)으로 설정하면, Nand 함수 값은 그 변수 값의 논리부정이 된다.

- $And(x, y) = Not(Nand(x, y))$
  수식의 양변이 같은지는 진리표를 보고 쉽게 알 수 있다. 그리고 Not을 Nand로 표현할 수 있음을 방금 보였다.

위 두 결과를 보조 정리 2와 연결해서 생각하면, 모든 불 함수를 Nand 연산자로만 이루어진 불 표현식으로 표현할 수 있음을 알 수 있다.

논리 설계의 기초 정리라고 부를 만한 이 주목할 만한 결론은 Nand 함수를 구현하는 논리 게이트 요소 하나만으로 컴퓨터를 만들 수 있음을 가리키고 있다. 바꿔 말하면, Nand 게이트가 충분히 많다면, 그 게이트를 특정 패턴으로 연결해서 주어진 어떤 불 함수도 구현할 수 있다는 뜻이다. 연결 방법을 파악하기만 하면 된다.

오늘날 대부분의 컴퓨터는 수십억 개의 Nand 게이트(또는 비슷한 속성의 Nor 게이트)로 구성된 하드웨어 구조를 기반으로 한다. 하지만 실제로 꼭 Nand 게이트로 국한할 필요는 없다. 만약 전기공학자와 물리학자들이 더 효율적이고 비용이 덜 드는 다른 기초 논리 게이트를 개발한다면, 그 게이트를 기초 구성 블록으로 곧바로 채택하면 된다. 이 사실 때문에 위 정리의 중요성이 떨어지는 것은 아니다.

하드웨어 기술 언어
Hardware Description Language

> 지능은 인공적 물건, 특히 '도구를 만드는 도구'를 만드는 능력이다.
>
> 앙리 베르그송(Henry Bergson, 1859~1941)

이 부록은 두 부분으로 나뉜다. A2.1~A2.5절은 이 책과 프로젝트에서 사용된 HDL 언어를 기술한다. A2.6절은 'HDL 생존 가이드'라는 제목으로, 하드웨어 프로젝트를 성공적으로 마치기 위해 필요한 필수 팁들을 설명한다.

하드웨어 기술 언어Hardware Description Language, HDL는 칩을 정의하는 형식 언어다. 그리고 여기서 칩은 2진 신호를 전달하는 입력 및 출력 핀을 인터페이스로 하고, 다른 저수준 칩과 연결된 구조로 구현되는 객체다. 이 부록에서는 Nand to Tetris에서 활용되는 HDL을 기술한다. 1장(특히 1.3절)에 이 부록에 선행되는 필수 배경 지식이 설명되어 있다.

A2.1 HDL 기초

Nand to Tetris에서 사용되는 HDL은 단순한 언어로, 제공된 하드웨어 시뮬레이터에서 직접 HDL을 다뤄보면서 배우는 방법이 가장 좋다. 이 언어를 배우는 가장 좋은 방법은 제공된 하드웨어 시뮬레이터에서 직접 HDL을 다뤄보는 것이다. 그러므로 가능한 한 빨리 다음 예제들로 실험을 시작해 보기를 바란다.

예제 1비트 변수 a, b, c가 같은 값을 가지는지 확인하려 한다고 생각해 보자. 이 세 변수가 동일한지 검사하는 방법 하나는 불 함수 $\neg((a \neq b) \vee (b \neq c))$를 계산해 보는 것이다. '같지 않음not-equal'에 대한 2진 연산자를 Xor 게이트로 구현 가능하므로, 그림 A2.1과 같이 HDL로 위 함수를 구현할 수 있다.

인터페이스 / 구현

```
/** 주어진 세 개의 비트가 같으면 out을 1로 설정한다. 같지 않으면 out을 0으로 설정한다. */
CHIP Eq3 {
    IN a, b, c;
    OUT out;
    PARTS:
    Xor(a=a, b=b, out=neq1);        // Xor(a,b) → neq1
    Xor(a=b, b=c, out=neq2);        // Xor(b,c) → neq2
    Or (a=neq1, b=neq2, out=outOr); // Or(neq1,neq2) → outOr
    Not(in=outOr, out=out);         // Not(outOr) → out
}
```

그림 A2.1 HDL 프로그램 예시

Eq3.hdl 구현은 2개의 Xor 게이트, 1개의 Or 게이트 및 1개의 Not 게이트까지 총 4개의 칩 부품을 사용한다. HDL 프로그램은 $\neg((a \neq b) \vee (b \neq c))$ 논리를 구현하기 위해 neq1, neq2, outOr라는 세 종류의 내부 핀을 생성해서 칩 부품에 연결하고 있다.

HDL 프로그래머는 내부 핀은 마음대로 생성하고 원하는 이름을 지어줄 수 있지만, 입력 및 출력 핀의 이름을 바꿀 수는 없다. 입력 및 출력 핀은 보통 칩 설계자가 제공하며 주어진 API에 문서화되어 있다. 예를 들어 Nand to Tetris에서는 구현해야 하는 모든 칩마다 토막 파일stub file을 제공한다. 이 토막 파일에는 칩 인터페이스가 구현이 빠진 채로 들어 있다. 독자들은 PARTS 문 아래에는 뭐든지 작성해도 되지만, PARTS 문 위의 내용은 변경할 수 없다.

Eq3 예제에서 Eq3 칩의 첫 두 입력과 Xor 및 Or 칩 부품의 두 입력의 이름 (a와 b)은 그래서 우연히 같다. 마찬가지로 Eq3 칩의 출력과 Not 칩 부품의 출력도 이름(out)이 같다. 따라서 a=a, b=b, out=out 같은 바인딩이 생긴다. 이 바인딩이 이상하게 보일 수는 있지만 HDL 프로그램에서 자주 나오기 때문에 익숙해질 것이다. 부록의 뒷부분에서 이 바인딩의 의미를 명확히 하는 간단한 규칙을 설명할 것이다.

중요한 점은 프로그래머가 칩 부품을 구현하는 방법에 대해서는 걱정할 필요가 없다는 점이다. 칩 부품은 블랙박스 추상화처럼 활용되므로 프로그래머는 어떻게 부품들을 적절하게 배열해서 칩의 함수를 구현할지에 대해서만 집중할 수 있다. 이러한 모듈성 덕분에 HDL 프로그램은 짧고 읽기 쉬우며 단위 테스트에 적합하다.

Eq3.hdl 같은 HDL 기반 칩은 하드웨어 시뮬레이터라는 프로그램으로 테스트할 수 있다. 시뮬레이터에 주어진 칩을 계산하라고 지시하면, 시뮬레이터는 PARTS 부분에 정의된 모든 칩 부품을 계산한다. 그러면 그 칩은 그 칩에 속하는 더 낮은 단계의 칩 파트들을 계산한다. 이렇게 더 낮은 단계의 칩 부품들로 재귀적으로 내려가다 보면, 모든 칩의 기초가 되는 최하단 Nand 게이트까지 거대한 칩 계층 구조를 전부 계산해야 하는 문제가 발생할 수 있다. 내장형 칩을 사용하면 이런 문제는 방지할 수 있다.

HDL은 선언형 언어다 HDL 프로그램은 칩 다이어그램을 텍스트로 정의한 것으로 볼 수 있다. 프로그래머는 다이어그램에 나타나는 *chipName*마다 HDL 프로그램의 PARTS 부분에 *chipName*(⋯) 문을 작성한다. 이 언어는 프로세스보다는 연결을 기술하도록 설계되었기 때문에, PARTS 명령문의 순서는 그다지 중요하지 않다. 칩 부품들이 올바르게 연결되어 있는 한, 칩은 명시된 대로 동작할 것이다. 기존 프로그래밍에 익숙한 독자들에게는 칩의 동작에 영향을 주지 않고 HDL 명령문의 순서를 바꿀 수 있다는 사실이 이상하게 느껴질 수도 있다. 하지만 기억하자. HDL은 프로그래밍 언어가 아니라 명세 언어 specification language다.

공백, 주석, 대소문자 구분 HDL은 대소문자 구분을 한다. 그래서 foo와 Foo는 다른 것을 뜻한다. HDL 키워드는 대문자로 쓴다. 공백 문자, 줄바꿈 문자, 주석은 무시된다. 다음과 같은 주석 형식이 지원된다.

```
// 라인 끝까지 주석
/* 닫을 때까지 주석 */
/** API 문서 주석 */
```

핀 HDL 프로그램에는 입력 핀, 출력 핀, 내부 핀이라는 세 가지 종류의 핀이 있다. 내부 핀은 칩 부품의 출력을 다른 칩 부품의 입력으로 연결하는 역할을 한다. 핀은 기본적으로 0 또는 1 값을 전달하는 1비트 핀이다. 이 부록의 뒷부분에서 설명하는 것처럼 다중 비트 버스 핀도 선언해서 사용할 수 있다.

이름 칩과 핀 이름들은 맨 앞 글자가 숫자가 아닌, 어떤 문자나 숫자로 이루어진 문자열이다(일부 하드웨어 시뮬레이터는 하이픈을 허용하지 않는다). 관례상 칩 이름은 대문자, 핀 이름은 소문자로 시작한다. 가독성을 위해 이름에는 대문자가 포함될 수 있다(예: xorResult). HDL 프로그램은 .hdl 파일에 저장된다. CHIP *Xxx*라는 HDL 명령문에서 선언된 칩 이름은 파일명 *Xxx*.hdl 의 접두사와 동일해야 한다.

프로그램 구조 HDL 프로그램은 인터페이스와 구현으로 구성된다. 그리고 인터페이스는 칩의 API 문서, 칩 이름, 입력과 출력 핀의 이름으로 구성된다. 구현은 PARTS 키워드 아래의 명령문들로 이루어진다. 전체 프로그램 구조는 다음과 같다.

```
/** API 문서: 칩이 하는 일 */
CHIP ChipName{
    In inputPin1, inputPin2, ···;
    Out outputPin1, outputPin2, ···;
PARTS:
  // 여기가 구현 부분이다.
}
```

부품 칩의 구현 부분에서는 다음과 같이 칩 부품 명령문들이 순서와 상관없이 나열된다.

```
PARTS:
    chipPart(connection, ···, connection);
    chipPart(connection, ···, connection);
    ···
```

각 연결connection은 *pin*1 = *pin*2 같은 바인딩으로 정의되며, 여기서 *pin*1과 *pin*2
는 입력이나 출력, 또는 내부 핀 이름이다. 이 연결들은 HDL 프로그래머가
필요에 따라 만들거나 이름을 붙이는 '연결선wire'으로 생각할 수 있다. HDL
프로그램에서는 이렇게 *chipPart*1과 *chipPart*2를 연결하는 '연결선'마다 한 내
부 핀이 *chipPart*1(···)에서는 싱크로, *chipPart*2(···)에서는 소스로 두 번씩 나
타난다. 예를 들어 다음과 같은 명령문들을 생각해 보자.

```
chipPart1(···, out = v, ···);              // chipPart1의 out이 내부 핀 v로 전달됨
chipPart2(···, in = v, ···);               // chipPart2의 in은 v에서 전달받음
chipPart3(···, in1 = v, ···, in2 = v, ···);  // chipPart3의 in1과 in2가
                                           // 둘 다 v에서 전달받음
```

핀에는 하나의 팬-인fan-in과 무한한 팬-아웃fan-out이 있을 수 있다. 즉, 하나의
핀은 하나의 소스에서만 입력받을 수 있지만, 그 핀의 출력은 (다중 연결을
통해) 1개 이상의 칩 부품에 있는 1개 이상의 핀들에 전달될 수 있다는 뜻이
다. 위 예제에서는 내부 핀 v가 동시에 세 입력으로 연결되었다. 칩 다이어그
램에서는 포크fork에 해당한다.

a = a의 의미 핵 플랫폼의 여러 칩들은 같은 핀 이름을 사용한다. 그림 A2.1을
보면 Xor(a=a, b=b, out=neq1) 같은 명령문이 있다. 여기서 앞 두 연결은 구
현된 칩(Eq3)의 a, b 입력을 Xor 칩 부품의 a, b 입력으로 연결한다. 세 번째
연결은 Xor 칩 부품의 out 출력을 내부 핀 neq1에 연결한다. 다음의 간단한
규칙을 보면 기억하는 데 도움이 될 것이다. 칩 부품 명령문에서 = 바인딩의
왼편은 항상 그 칩 부품의 입력이나 출력 핀을 나타낸다. 그리고 오른편은 항
상 구현된 칩의 입력, 출력, 내부 핀을 뜻한다.

A2.2 멀티비트 버스

HDL 프로그램에서 입력, 출력, 내부 핀은 단일 비트 값(기본 설정)이나 버스라고 불리는 멀티 비트 값 중에 하나가 된다.

비트 번호 매기기와 버스 문법 비트는 오른쪽에서 왼쪽으로 0부터 시작하는 번호가 매겨진다. 예를 들어 sel=110은 sel[2]=1, sel[1]=1, sel[0]=0을 뜻한다.

입력 및 출력 버스 핀 이 핀들의 비트 폭은 칩의 IN과 OUT 명령문이 선언될 때 같이 정의된다. 문법은 x[n]으로, 여기서 x와 n은 각각 핀 이름과 비트 폭을 나타낸다.

내부 버스 핀 내부 핀의 비트 폭은 다음과 같은 선언의 바인딩을 통해 정해진다.

```
chipPart1(···, x[i] = u, ···);
chipPart2(···, x[i..j] = v, ···);
```

여기서 x는 칩 부품의 입력이나 출력 핀이다. 첫 번째 바인딩은 u를 단일 비트 내부 핀으로 정의하고, 그 값을 x[i]로 설정하고 있다. 두 번째 바인딩은 v를 폭이 $j - i + 1$인 내부 버스 핀으로 정의하고, 그 값을 버스 핀 x의 인덱스 i부터 j까지(포함하는) 비트들로 설정한다.

입력 및 출력 핀과 달리 (u 또는 v 같은) 내부 핀은 첨자를 사용할 수 없다. 예를 들어 u[i] 같은 구문은 허용되지 않는다.

true/false 버스 상수 true(1)과 false(0)을 사용하여 버스를 정의할 수도 있다. 예를 들어 x가 8비트 버스 핀이라 했을 때, 다음의 명령문을 생각해 보자.

```
chipPart(···, x[0..2] = true, ···, x[6..7] = true, ···);
```

이 명령문은 x를 값 **11000111**로 설정한다. 명령문에 영향 받지 않는 비트들은 기본 값으로 false(0)으로 설정된다. 그림 A2.2에 또 다른 예가 나와 있다.

```
// 비트 단위로 out=Not(in)을 설정함
CHIP Not8 {
    IN  in[8];
    OUT out[8];
    ...
}
```

```
CHIP Foo {
    ...
    PARTS
    ...
    Not8(in[0..1]  = true,
         in[3..5]  = six,
         in[7]     = true,
         out[3..7] = out1,
         ...                );
    ...
}
```

가정: six는 내부 핀으로,
값 110을 담고 있다.

out1은 내부 핀으로
Not8 칩 부품 명령문으로 생성된다.

<u>아래</u>: Not8의 in 입력과 out1의 결과 값

	7	6	5	4	3	2	1	0
in:	1	0	1	1	0	0	1	1

	4	3	2	1	0
out1:	0	1	0	0	1

그림 A2.2 버스 동작(예시)

A2.3 내장형 칩

칩은 HDL로 직접 구현하거나, 고수준 프로그래밍 언어로 작성된 외부 모듈을 통해 내장형 칩 구현을 활용할 수 있다. Nand to Tetris의 하드웨어 시뮬레이터는 자바로 작성되었기 때문에 편의상 내장형 칩도 자바 클래스로 구현했다. 따라서 예를 들어 HDL로 Mux 칩을 만들어 보기 전에 하드웨어 시뮬레이터에 내장형 Mux 칩을 로드해서 실험해 볼 수 있다. 내장형 Mux 칩의 동작은 시뮬레이터에 포함된 Mux.class라는 이름의 자바 클래스 파일에서 이루어진다.

핵 컴퓨터는 부록 4에 나온 약 30개의 일반 칩들로 구성된다. 이 중에 Nand와 DFF 칩은 논리학의 공리와 마찬가지로 미리 주어진, 기초적인 칩으로 간주된다. 하드웨어 시뮬레이터는 내장형 구현을 불러와서 이 기초 칩들의 동작을 구현한다. 따라서 Nand to Tetris에서 Nand와 DFF는 HDL로 만들지 않아도 활용할 수 있다.

프로젝트 1, 2, 3, 5는 부록 4에 나온 나머지 칩들을 HDL로 구현하는 데서 발전한다. CPU와 Computer 칩을 제외한 나머지 모든 칩에도 내장형 구현이 있다. 1장에서 설명한 대로 행동 시뮬레이션에 활용하기 위해 준비된 것들이다.

내장형 칩들(약 30개의 *chipName*.class 파일 라이브러리)은 nand2tetris/tools/builtInChips 폴더에 들어 있다. 내장형 칩은 일반 HDL 칩과 HDL 인터페이스가 동일하다. 따라서 .class 파일마다 그에 맞는 내장형 칩 인터페이스를 제공하는 .hdl 파일도 같이 들어 있다. 그림 A2.3은 내장형 칩의 일반적인 HDL 정의를 보여 준다.

제공된 하드웨어 시뮬레이터는 범용 도구지만, Nand to Tetris에서 만드는 핵 컴퓨터는 전용 하드웨어 플랫폼임을 기억하는 것이 중요하다. 하드웨어 시뮬레이터는 핵과 무관한 게이트, 칩, 플랫폼을 만드는 데도 활용될 수 있다. 따라서 관점을 넓혀서 또 다른 하드웨어를 구축할 때도 내장형 칩 개념을 일반적으로 활용할 수 있음을 이야기하면 도움이 될 것이다. 일반적으로 내장형 칩은 다음과 같은 기능을 한다.

기초 역할 내장형 칩은 미리 주어진, 기초적인 칩 구현을 제공한다. 핵 컴퓨터에서는 Nand와 DFF가 미리 주어진 칩이다.

효율성 RAM 같이 수많은 하위 수준 칩들로 구성되는 칩들이 있다. 이러한 칩을 칩 부품으로 활용하면 하드웨어 시뮬레이터는 그 하위 수준 칩들까지 재귀적으로 전부 계산한다. 따라서 시뮬레이션이 느려지고 비효율적이 된다. 일반적인 HDL 기반 칩들 대신 내장형 칩 부품을 활용하면 시뮬레이션 속도를 상당히 빠르게 만들 수 있다.

```
/** 16비트 And 게이트,  내장형 칩으로 구현됨 */
CHIP And16 {
    IN  a[16], b[16];
    OUT out[16];
    BUILTIN And16;
}
```
tools/builtInChips/And16.class에 구현됨

그림 A2.3 내장형 칩 정의 예제

단위 테스트 HDL 프로그램은 칩 부품의 구현 내용은 신경 쓰지 않고 추상적으로 칩 부품을 활용한다. 따라서 새로운 칩을 만들 때는 항상 내장된 칩을 사용하는 것이 좋다. 이렇게 하면 효율성이 좋아지고 오류를 최소화할 수 있다.

시각화 칩이 어떻게 동작하는지 사용자가 '볼 수' 있게 하고, 칩의 내부 상태도 대화식으로 변경할 수 있게 하려면 그래픽 사용자 인터페이스GUI를 갖춘 내장형 칩 구현을 사용하면 된다. 이 GUI는 내장형 칩이 시뮬레이터에 로드되거나 칩 부품으로 호출될 때마다 표시된다. 이 GUI 기능 추가 칩들은 시각화 기능을 제외하면 다른 칩과 완전히 똑같이 동작한다. A2.5절에 GUI 기능 추가 칩들에 대한 자세한 설명이 있다.

확장 새로운 입력/출력 장치를 구현하거나, (핵과 다른) 새로운 하드웨어 플랫폼을 만들고 싶다면 내장형 칩으로 지원할 수 있다. 새로운 기능이나 추가 기능을 개발하는 데 정보가 필요하면 13장을 참고하자.

A2.4 순차 칩

칩들은 조합combinational이거나 순차sequential 칩이다. 조합 칩은 시간에 무관하며, 입력이 변화하면 즉각적으로 반응한다. 순차 칩은 시간에 종속적이며 클록화clocked되었다고도 한다. 사용자나 테스트 스크립트가 조합 칩의 입력을 변경하면, 주기 또는 사이클이라고도 불리는 다음 시간 단위가 시작될 때만 칩의 출력이 변화할 수 있다. 하드웨어 시뮬레이터는 클록을 시뮬레이션해서 시간의 진행을 표현한다.

클록 시뮬레이터의 클록은 0, 0+, 1, 1+, 2, 2+, 3, 3+ 같이 표시되는 두 가지 상태 값들을 무한히 반복해서 출력한다. 이 이산 시계열의 진행은 tick과 tock이라는 두 개의 시뮬레이터 명령으로 제어된다. tick은 클록 값을 t에서 $t+$로 이동시키고, tock은 $t+$에서 $t+1$로 이동시켜 다음 시간 단위가 되게 만든다. 이 기간 동안 경과된 실제 시간이 얼마인지는 시뮬레이션 목적과는 관련이 없다. 사용자나 테스트 스크립트가 다음과 같이 시뮬레이션 시간을 제어할 수 있기 때문이다.

먼저 조합 칩을 시뮬레이터에 불러올 때마다 GUI에 시계 모양의 버튼이 생긴다(조합 칩을 시뮬레이션할 때는 버튼이 흐리게 표시된다). 이 버튼을 한 번 클릭(tick)하면 클록 주기의 첫 번째 단계가 종료되고, 이어서 한 번 더 클릭(tock)하면 주기의 두 번째 단계가 종료되어서 다음 주기의 첫 번째 단계가 된다.

이와 달리 테스트 스크립트에서도 클록을 진행시킬 수 있다. 예를 들어 repeat *n*{tick, tock, output}이라는 스크립트 명령은 시뮬레이터에게 클록을 *n*시간 단위만큼 진행시키면서, 그 과정에서 어떤 값을 출력하라는 명령이다. 부록 3에 이런 명령들을 정의하는 테스트 기술 언어Test Description Language, TDL가 문서화되어 있다.

클록이 생성한 2-단계 시간 단위는 구현된 칩의 모든 조합 칩 부품의 동작을 조절한다. 한 시간 단위의 첫 단계(tick) 동안 각 순차 칩 부품의 입력들은 칩의 논리에 따라 그 내부 상태에 영향을 준다. 그리고 시간 단위의 두 번째 단계(tock)에서 칩의 출력이 새로운 값으로 설정된다. 따라서 '외부에서' 순차 칩을 바라보면, 두 연속된 시간 단위가 전환되는 시점인 tock에서만 출력 핀이 새로운 값으로 정해짐을 알 수 있다.

조합 칩이 클록을 완전히 무시한다는 점을 다시 이야기하겠다. Nand to Tetris에서 ALU를 포함해서 1~2장에서 만든 모든 논리 게이트와 칩은 조합 칩이다. 3장에서 만든 모든 레지스터 및 메모리 장치는 순차 칩이다. 기본적으로 칩들은 조합 칩이며, 명시적이든 내재적이든 순차 칩이 되려면 다음과 같아야 한다.

내장형 순차 칩 내장형 칩은 다음 명령문을 사용해서 클록에 종속된다는 사실을 명시적으로 선언할 수 있다.

CLOCKED *pin*, *pin*, ⋯, *pin*;

여기서 *pin*(핀)은 칩의 입력이나 출력 핀 중에 하나다. CLOCKED 목록에 입력
핀 *x*가 있으면, *x*의 변화는 다음 시간 단위가 시작할 때만 칩의 출력에 영향
을 준다는 뜻이다. CLOCKED 목록에 출력 핀 *x*가 있으면 칩의 입력의 어떤 변
화든 다음 시간 단위가 시작할 때만 *x*에 영향을 주어야 한다는 뜻이다. 그림
2.4는 핵 플랫폼에서 가장 기초적인 내장형 순차 칩인 DFF를 보여 주고 있다.

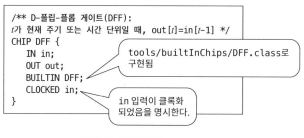

그림 **A2.4** DFF 정의

칩의 입력이나 출력 핀 중 일부만 클록화된다고 선언할 수도 있다. 이 경우
에 클록화되지 않은 입력 핀의 변화는 역시 클록화되지 않은 출력 핀에 즉시
영향을 준다. 실제로 RAM 장치의 address 핀들이 이렇게 구현되어 있다. 주소
지정 논리는 조합형이며 클록과 무관하다.

  아무 핀도 나열하지 않고 CLOCKED 키워드를 선언하는 것도 가능하다. 이
명령문은 클록에 따라 칩 내부 상태는 변경될 수 있지만, 입출력 동작은 클록
과 무관한 조합형이라는 뜻이다.

순차 복합 칩 CLOCKED 속성은 내장형 칩에서만 명시적으로 정의 가능하다. 그
러면 주어진 칩 부품이 순차 칩이라는 것을 시뮬레이터는 어떻게 알 수 있을
까? 칩이 내장형이 아닌 경우에는 칩 부품 중 하나 이상이 클록화되면 전체
칩이 클록화된다. 클록 속성은 칩의 계층 구조를 따라 내려가며 재귀적으로
검사되고, 최종적으로 내장형 칩이 명시적으로 클록화되었는지 확인한다.
만약 클록화된 내장형 칩이 발견되면 그 칩에 의존하는 모든 칩(계층 구조 위

의 칩)을 '클록화'되도록 만든다. 따라서 핵 컴퓨터에서는 하나 이상의 DFF 칩 부품을 포함한 칩들은 모두 직·간접적으로 클록화된다.

칩이 내장형이 아니면 HDL 코드에서 그 칩이 순차적인지 아닌지 알 방법이 없다. (조언: 칩 설계자가 칩 API 문서에 해당 정보를 명시하도록 한다.)

피드백 루프 칩의 출력 중 하나가 직접적으로나, (아마도 긴) 의존 경로를 따라서나 그 칩의 입력으로 다시 연결이 되면, 이 칩에는 피드백 루프feedback loop가 있다고 말한다. 예를 들어 다음과 같은 두 개의 칩 부품 명령문을 생각해 보자.

```
Not (in=loop1, out=loop1)  // 유효하지 않은 피드백 루프
DFF (in=loop2, out=loop2)  // 유효한 피드백 루프
```

위 두 가지 예는 내부 핀(loop1 또는 loop2) 하나가 칩의 출력에서 입력을 받도록 피드백 루프를 형성하고 있다. 두 예의 차이점은 Not은 조합 칩이고, DFF는 순차 칩이라는 점이다. Not의 경우에 loop1은 in과 out 사이에 데이터 경쟁data race이라고도 불리는, 즉각적이고 제어되지 않는 의존성을 만든다. 반면, DFF의 경우에는 DFF의 in 입력이 클록화되었다고 선언되었으므로, loop2가 만드는 in-out 의존성은 클록에 따라 지연된다. 그래서 out(t)는 in(t)의 함수가 아니라 in($t - 1$)의 함수가 된다.

시뮬레이터가 칩을 시뮬레이션할 때는 연결에 피드백 루프가 있는지 재귀적으로 검사한다. 시뮬레이터는 루프마다 경로 중간 어딘가에 클록화된 핀을 통과하는지 확인한다. 그래서 그 사실이 확인되면 루프를 허용하고, 그렇지 않으면 시뮬레이션 처리를 중단하고 오류 메시지를 표시한다. 제어가 안 되는 데이터 경쟁을 방지하기 위한 조치다.

A2.5 칩 시각화

내장형 칩은 GUI 부가 기능이 있다. 이 칩들은 칩 동작 중 일부를 애니메이션으로 표시하는 기능이 추가되어 있다. 시뮬레이터는 GUI 부가 기능이 있

는 칩 부품들을 시뮬레이션할 때 그래픽 이미지를 스크린에 표시한다. 이 이미지에는 대화형 요소가 있을 수 있으며, 사용자는 이 기능을 이용해서 칩의 현재 상태를 검사하거나 변경할 수 있다. 칩에 어떤 GUI 기능을 담을지는 내장형 칩을 구현하는 개발자가 결정하고 구현한다.

하드웨어 시뮬레이터의 최신 버전에는 다음과 같은 GUI 부가 기능을 지원하는 내장형 칩들이 제공된다.

ALU 핵 ALU의 입력, 출력 및 현재 계산되는 함수를 표시한다.

레지스터(ARegister, DRegister, PC) 레지스터에 담긴 내용을 표시하며, 사용자가 그 값을 변경할 수도 있다.

RAM 칩 모든 메모리 위치의 내용 값들을 스크롤 가능한 배열 형태의 이미지로 보여 주며, 사용자가 그 값을 변경할 수도 있다. 시뮬레이션 도중에 메모리 위치의 내용이 변경되면 GUI의 해당 요소도 같이 변경된다.

ROM 칩(ROM32K) RAM 칩과 동일한 배열 형태의 이미지에, 추가로 외부 텍스트 파일에서 기계어 프로그램을 불러올 수 있는 아이콘이 표시된다. (ROM32K 칩은 핵 컴퓨터의 명령어 메모리 역할을 한다.)

Screen 칩 물리적 스크린을 시뮬레이션하는 512열 × 256행 윈도를 표시한다. 시뮬레이션 중에 RAM에 상주하는 스크린 메모리 맵 중 하나 이상의 비트가 바뀌면, GUI 스크린 위에 해당하는 픽셀도 같이 바뀐다. 시뮬레이터에 이 지속적인 새로 고침 루프도 구현되어 있다.

Keyboard 칩 키보드 아이콘을 표시한다. 이 아이콘을 클릭하면 컴퓨터의 실제 키보드가 시뮬레이션된 칩에 연결된다. 이 시점부터 시뮬레이션된 칩은 실제 키보드에서 눌린 모든 키를 가로채서, 키에 해당하는 2진 코드를 RAM에 상주하는 키보드 메모리 맵에 기록한다. 사용자가 시뮬레이터 GUI의 다른 영역으로 마우스 커서를 이동하면 키보드 제어가 실제 컴퓨터로 복원된다.

그림 A2.5는 세 개의 GUI 부가 기능 칩 부품을 활용하는 칩을 나타낸 것이다. 그림 A2.6은 시뮬레이터가 이 칩을 어떻게 처리하는지 보여 준다. GUIDemo 칩은 in 입력을 RAM16K 칩 부품의 레지스터 번호 address와, Screen 칩 부품의 레지스터 번호 address로 연결하고 있다. 또한 GUIDemo 칩은 세 개의 칩 부품의 out 값을 '막다른' 내부 핀 a, b, c에 공급하고 있다. 이렇게 의미 없는 연결을 한 이유는 오로지 시뮬레이터가 내장형 GUI 부가 기능 칩 부품을 처리하는 방법을 보여 주기 위해서다.

사용자가 변경한 내용(단계 3)이 스크린(단계 4)에 어떻게 영향을 미치는지 살펴보자. 스크린에서 끝이 동그라미인 선을 따라가 보면 메모리 위치 5012에 −1을 저장하는 모습을 보여 주고 있다. −1을 2의 보수법에 따라 16비트 2진 코드로 쓰면 1111111111111111이므로, 컴퓨터는 RAM 주소 5012에 해당하는 스크린의 156번째 행의 320번째 열에서부터 시작해서 16개의 픽셀을 그린다. 스크린에서 (*row*, *column*) 좌표에 매핑되는 메모리 주소들은 4장에 정의되어 있다(4.2.5절).

```
// GUI 부가 기능 칩의 데모
// 이 칩의 논리는 의미가 없으며,
// 단지 내장형 칩 부품들의 GUI 기능을 시뮬레이터에서 보여 줄 용도로 만들어진 칩이다.
CHIP GUIDemo {
    IN  in[16], load, address[15];
    OUT out[16];
    PARTS:
    RAM16K(in=in, load=load, address=address[0..13], out=a);
    Screen(in=in, load=load, address=address[0..12], out=b);
    Keyboard(out=c);
}
```

그림 A2.5 칩 부품들의 GUI 부가 기능을 활성화하는 칩

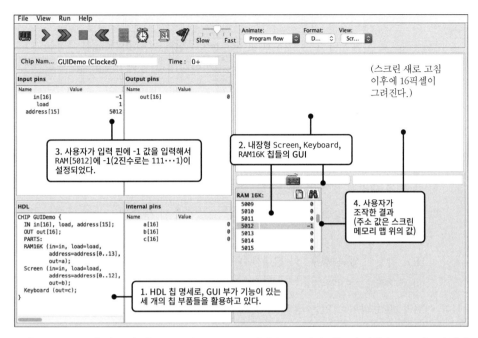

그림 A2.6 GUI 부가 기능 칩 데모. 로드된 HDL 프로그램에서 GUI 부가 기능 칩 부품을 쓰고 있으면(단계 1), 시뮬레이터는 그에 맞는 GUI 이미지를 표시한다(단계 2). 사용자가 칩의 입력 핀 값을 변경하면(단계 3) 시뮬레이터는 이 변경 사항을 각 GUI에 반영한다(단계 4).

A2.6 HDL 생존 가이드

이 절에서는 하드웨어 시뮬레이터를 활용해서 HDL로 칩을 개발하는 방법에 대해서 실용적인 팁을 주려 한다. 팁에 특별한 순서는 없다. 이 절을 처음부터 끝까지 한 번 훑고 나서 필요한 내용을 다시 찾아보면 좋을 것이다.

칩 nand2tetris/projects 폴더에는 01, 02, …, 13(장 번호를 뜻함)이라는 13 개의 서브폴더가 있다. 이 중에서 하드웨어 프로젝트 폴더는 01, 02, 03, 05 다. 각 하드웨어 프로젝트 폴더에는 독자가 만들어야 하는 칩마다 하나씩 HDL 토막 파일들이 포함되어 있다. 제공된 HDL 파일은 구현이 빠져 있으며, 이 부분을 구현하는 것이 프로젝트의 핵심이다. 이 칩들을 책의 순서대로 만들지 않으면 어려움을 겪을 수 있다. 예를 들어 프로젝트 1에서 Xor 칩을 만드는 것으로 시작한다고 생각해 보자. Xor.hdl 구현에는 And와 Or 칩 부품들이 들어가므로, And.hdl과 Or.hdl을 구현하지 않았다면 독자가 Xor.hdl 프로그램을 완벽하게 구현했더라도 동작하지 않을 것이다.

그러나 프로젝트 폴더에 And.hdl과 Or.hdl 파일이 없다면 독자가 만든 Xor.hdl 프로그램이 제대로 동작한다는 사실에 주목하자. 자바로 구현된 하드웨어 시뮬레이터는 핵 컴퓨터를 구축하는 데 필요한 모든 칩(CPU 및 Computer 칩 제외)의 내장형 버전을 제공한다. 시뮬레이터가 칩 부품(예: And)을 계산할 때는 And.hdl 파일을 현재 폴더에서 찾는데, 이때 세 가지 가능성이 있다.

- **HDL 파일이 없는 경우.** 이 경우에는 칩의 내장형 구현을 불러와서 누락된 HDL 구현을 대신한다.
- **토막 HDL 파일이 있는 경우.** 시뮬레이터는 이 파일을 실행하려 시도한다. 구현 부분을 찾는 데 실패하면 실행이 실패한다.
- **HDL 구현이 되어 있는 HDL 파일을 찾은 경우.** 시뮬레이터는 이 구현을 실행하고, 오류가 있다면 보고한다.

(조언: 독자는 두 가지 중 하나를 할 수 있다. 책에서 소개된 순서대로 프로젝트 설명을 따라 칩을 구현해 보자. 이 책에서는 기초적인 칩부터 더 복잡한 칩까지, 밑바닥부터 쌓아 올리는 순서로 설명을 했으므로 칩 구현 순서에는 별 문제가 없을 것이다. 물론 다음 칩을 구현하기 전에 그 전의 칩들을 올바르게 구현했다는 전제 아래서 그렇다.)

추천하는 또 다른 방법은 stubs 같은 이름의 서브 폴더를 만들고, 제공된 .hdl 토막 파일들을 그 폴더로 모두 옮기는 것이다. 그리고 작업하려는 각 토막 파일들을 작업 폴더로 하나씩 이동시킨다. 그리고 칩 구현이 잘 마무리되면 그 칩을 completed 같은 서브 폴더로 옮긴다. 이 방법대로 하면 작업 폴더에는 현재 작성 중인 .hdl 파일(그리고 제공된 .tst와 .cmp 파일)만 있게 되므로, 시뮬레이터가 항상 내장형 칩들을 사용하게 만들 수 있다.

HDL 파일과 테스트 스크립트 작업 중인 .hdl 파일 및 관련 .tst 테스트 스크립트 파일은 동일한 폴더에 있어야 한다. 제공된 테스트 스크립트들은 테스트해야 하는 .hdl 파일을 불러오는 load 명령으로 시작한다. 시뮬레이터는 항상 현재 폴더에서 이 파일을 찾는다.

기본적으로 사용자는 시뮬레이터의 File(파일) 메뉴를 이용해서 .hdl 파일과 .tst 스크립트 파일을 불러올 수 있다. 하지만 이렇게 하면 문제가 생길수 있다. 일례로 작업 중인 .hdl 파일을 시뮬레이터에서 불러온 다음 다른 폴더에 있는 테스트 스크립트를 로드했다고 생각해 보자. 이 테스트 스크립트를 실행하면 다른 버전의 HDL 프로그램(아마도 토막 파일)이 시뮬레이터에 로드될 수 있다. 의심스럽다면 시뮬레이터의 GUI에서 HDL이라는 이름의 창을 살펴봐서 현재 어떤 HDL 코드가 로드되었는지 확인하자. (조언: 시뮬레이터의 File 메뉴로는 .hdl 파일이나 .tst 파일 중 하나만 로드하도록 한다.)

칩을 따로 테스트하기 어떤 경우에는 테스트가 계속 실패하더라도 칩이 올바르게 구현되었다고 생각할 수 있다. 칩은 완벽하게 구현되었지만 칩 부품 중 하나가 문제일 수 있기 때문이다. 또한 테스트를 성공적으로 통과한 칩도 다른 칩의 부품으로 쓰일 때는 테스트에 실패할 수도 있다. 하드웨어 설계에 있어 가장 큰 문제점 중 하나는 테스트 스크립트(특히 복잡한 칩을 테스트하는 스크립트)가 테스트한 칩이 모든 상황에서 완벽하게 작동하는 것을 보장할 수는 없다는 점이다.

다행히 어떤 칩 부품이 문제를 일으키는지는 진단할 수 있다. 테스트 서브 폴더를 생성하고 현재 작업 중인 칩과 관련된 .hdl, .tst, .out 파일 세 개만 그 폴더에 복사해 넣자. 만약 독자가 구현한 칩이 이 서브 폴더에서 테스트를 그대로 통과한다면(시뮬레이터가 기본 내장형 칩 부품들을 사용하게 한다면), 이 프로젝트 앞부분에서 독자가 만들었던 칩들 중 하나에 문제가 있다는 뜻이다. 이 테스트 폴더에 다른 칩들을 하나씩 복사해서, 문제가 있는 칩을 발견할 때까지 테스트를 반복해 보자.

HDL 구문 오류 하드웨어 시뮬레이터는 하단 상태 표시줄에 오류를 표시한다. 화면이 작은 컴퓨터에서는 이 오류 메시지들이 화면 아래쪽에서 보이지 않는 경우가 있다. HDL 프로그램을 로드해도 HDL 창에 아무것도 표시되지 않고 오류 메시지도 보이지 않는다면 이 때문일 수 있다. 키보드를 사용해서 창을 움직일 수 있는 방법이 있을 것이다. 예를 들어 윈도우에서는 Alt + Space, M 과 화살표 키를 사용한다.

연결되지 않은 핀 하드웨어 시뮬레이터는 연결되지 않은 핀들을 오류로 보지 않는다. 기본적으로 연결되지 않은 입력이나 출력 핀은 false(2진수로 0)로 설정된다. 이로 인해서 독자가 구현한 칩에 이상한 오류가 발생할 수 있다.

만약 독자가 만든 칩의 출력 핀이 항상 0이라면, 프로그램에서 그 핀이 다른 핀에 제대로 연결되어 있는지 확인해 보자. 특히 직간접적으로 이 핀으로 연결되는 내부 핀('연결선')의 이름을 다시 확인한다. 여기서 오타가 나서 연결이 되지 않았더라도 시뮬레이터가 오류를 발생시키지 않기 때문에 특히 위험하다. 예를 들어 Foo(…, sum=sun)이라는 명령문에서 Foo의 sum 출력 값은 내부 핀으로 연결된다. 그리고 실제로 이 경우에 시뮬레이터는 sun이라는 이름의 내부 핀을 생성한다. sum의 값을 칩의 출력 핀이나, 다른 칩 부품의 입력 핀으로 연결하려 했더라도, Foo에서 실제로 연결된 것이 없기 때문에 이 핀은 항상 0이 된다.

다시 말해서 출력 핀이 항상 0이거나 칩 부품 중 하나가 올바르게 작동하지 않는다면, 모든 관련 핀의 이름 철자를 확인해 보고, 칩 부품의 모든 입력 핀이 잘 연결되었는지 체크해 보자.

사용자 정의 테스트 프로젝트 폴더에서 독자가 완성해야 하는 모든 chip.hdl 파일마다, chip.tst라는 테스트 스크립트와 chip.cmp라는 비교 파일이 제공된다. 그리고 칩이 출력을 만들기 시작하면 폴더에 chip.out이라는 출력 파일도 생긴다. 독자가 만든 칩이 테스트 스크립트를 통과하지 못한다면 .out 파일을 살펴보도록 한다. 파일에 기록된 출력 값들을 조사하고 테스트에 왜 실패했는지 단서를 찾아보자. 어떤 이유로 시뮬레이터 GUI에서 출력 파일을 볼 수 없더라도, 언제든지 텍스트 편집기로 출력 파일을 조사할 수 있다.

원한다면 직접 테스트를 해 볼 수도 있다. 제공된 테스트 스크립트를 MyTestChip.tst 같은 파일로 복사하고, 칩의 동작을 더 잘 살펴볼 수 있도록 스크립트 명령을 수정하자. 먼저 output-file 라인에서 출력 파일의 이름을 바꾸고, compare-to 라인을 지우도록 한다. 이렇게 하면 테스트가 항상 끝까지 실행된다(기본적으로 출력 라인이 비교 파일의 해당 라인과 일치하지 않으면 시뮬레이션이 도중에 멈춘다). 내부 핀의 출력을 볼 수 있도록 output-list 라인을 수정해 보도록 하자.

부록 3에는 이런 명령들을 정의한 테스트 기술 언어Test Description Language, TDL가 문서화되어 있다.

내부 버스 핀의 인덱싱(서브 버스) 이 경우는 허용되지 않는다. 인덱스를 쓸 수 있는 버스 핀은 구현된 칩의 입출력 핀이나, 그 칩 부품들의 입출력 핀만 가능하다. 하지만 내부 버스 핀을 서브 버스화하는 해결책이 하나 있다. 일단 다음은 동작하지 않는 예시다.

```
CHIP Foo {
    IN in[16];
    OUT out;
    PARTS:
    Not16 (in=in, out=notIn);
    Or8Way (in=notIn[4..11], out=out);  // 오류: 내부 버스는 인덱싱될 수 없다.
}
```

하지만 다음과 같이 고치면 된다.

```
Not16 (in=in, out[4..11]=notIn);
Or8Way (in=notIn, out=out);   // 동작한다!
```

다중 출력 때때로 버스 핀의 멀티비트 값을 두 버스로 쪼갤 필요가 있을 것이다. 이때는 다음과 같이 out= 바인딩을 여러 개 쓰면 된다.

예를 들면,

```
CHIP Foo {
    IN in[16];
    OUT out[8];
    PARTS:
    Not16 (in=in, out[0..7]=low8, out[8..15]=high8);  // out 값을 분할
    Bar8Bit (a=low8, b=high8, out=out);
}
```

때로는 값을 출력하고 그 값을 추가 계산에 활용해야 할 수도 있다. 이럴 때
는 다음과 같이 하면 된다.

```
CHIP Foo {
    IN a, b, c;
    OUT out1, out2;
    PARTS:
    Bar (a=a, b=b, out=x, out=out1);  // Bar의 출력이 Foo의 out1 출력으로 연결된다.
    Baz (a=x, b=c, out=out2);         // Bar의 출력 사본이 Baz의 a 입력으로도 연결된다.
}
```

칩 부품 '자동 완성' 이 책에 나온 모든 칩의 시그니처는 부록 4에 나열되어 있
고 웹 버전(*www.nand2tetris.org*)에도 나와 있다. 칩 구현에서 칩 부품을 사용
할 때는, 온라인 문서에서 칩 시그니처를 HDL 프로그램에 복사 및 붙여넣기
하고, 누락된 바인딩 부분을 채우도록 하자. 이렇게 하면 시간도 절약하고 오
타로 인한 오류도 최소화할 수 있다.

테스트 기술 언어

Test Description Language

실수는 발견의 시작이다.

제임스 조이스(James Joyce, 1882~1941)

테스트는 시스템 개발에서 매우 중요한 요소지만, 컴퓨터 과학 교육에서 충분히 관심을 받지 못하는 분야기도 하다. Nand to Tetris에서는 테스트를 매우 중요하게 생각한다. 우리는 새로운 하드웨어나 소프트웨어 모듈 P를 개발하기 전에 먼저 그 모듈을 테스트하는 모듈 T를 개발해야 한다고 믿는다. 또한 T는 P의 개발 과제의 일부여야 한다. 따라서 우리는 이 책에 나오는 모든 칩과 소프트웨어 시스템마다 직접 작성한 공식 테스트 프로그램을 제공한다. 독자가 직접 테스트하는 것도 환영하지만, 최종적으로는 우리가 제공한 테스트를 통과하는 것이 규칙이다.

책의 프로젝트 전반에 흩어져 있는 다양한 테스트를 정의하고 실행하는 일을 간소화하기 위해서 우리는 공통의 테스트 기술 언어를 설계했다. 이 언어는 Nand to Tetris에서 제공하는 모든 도구에서 거의 비슷하게 동작한다. 테스트 기술 언어는 HDL로 작성한 칩을 시뮬레이션하고 테스트하는 하드웨어 시뮬레이터, 기계어 프로그램을 시뮬레이션하고 테스트하는 CPU 에뮬레이터, VM 언어로 작성된 프로그램(보통 컴파일된 잭 프로그램이다)을 시뮬레이션하고 테스트하는 VM 에뮬레이터에서 모두 비슷하게 사용할 수 있다.

이러한 시뮬레이터들은 테스트 스크립트를 통해 대화식 또는 배치 형식으로 불러온 칩이나 프로그램을 테스트할 수 있는 GUI 기능을 갖추고 있다. 테스트 스크립트는 하드웨어나 소프트웨어 모듈을 관련 시뮬레이터에 로드하고, 미리 계획된 테스트 시나리오에 따라 모듈을 테스트하는 일련의 명령들로 이루어져 있다. 또한 테스트 스크립트에는 테스트 결과를 출력하고, 비교 파일에 정의된 대로 결과가 나오는지 비교하는 명령들이 있다. 요약하면, 테스트 스크립트를 통해 우리는 주어진 코드를 체계적이고, 재현 가능하며, 문서화된 방식으로 테스트할 수 있다. 그리고 이 기능은 어떤 하드웨어 및 소프트웨어 개발 프로젝트에서도 매우 중요한 기능이다.

Nand to Tetris에서는 학습자가 테스트 스크립트를 작성하기를 기대하지는 않는다. 책에 나온 모든 하드웨어 및 소프트웨어 모듈을 테스트하는 데 필요한 테스트 스크립트는 전부 프로젝트 자료와 함께 제공된다. 따라서 이 부록은 테스트 스크립트를 작성하는 방법을 가르치기보다는, 제공된 테스트 스크립트의 문법이나 논리를 이해하는 데 도움을 주려는 목적이 크다. 물론 사용자가 테스트 스크립트를 원하는 대로 수정하거나 새로운 스크립트를 만드는 것도 환영이다.

A3.1 일반 가이드

다음에 나오는 활용 가이드는 소프트웨어 도구와 테스트 스크립트 모두에 적용된다.

파일 형식과 사용법 하드웨어 및 소프트웨어 모듈을 테스트하는 작업에는 네 가지 유형의 파일이 관련된다. 필수는 아니지만, 4개의 파일 모두 동일한 파일명(접두사)을 사용하기를 권장한다.

Xxx.yyy: *Xxx*는 테스트하는 모듈의 이름이고, *yyy*는 hdl, hack, asm, vm 중에 하나로, 각각 HDL 칩 정의, 핵 기계어 프로그램, 핵 어셈블리어 프로그램,

VM 가상 기계어 프로그램을 뜻한다.

Xxx.tst: 시뮬레이터에게 *Xxx*에 저장된 코드가 일련의 테스트 단계를 거치도록 지시하는 테스트 스크립트.

Xxx.out: 부가적인 출력 파일로, 테스트 스크립트가 시뮬레이션 동안 특정 변수의 현재 값을 이 파일에 저장할 수 있다.

Xxx.cmp: 부가적인 비교 파일로, 모듈이 올바르게 구현되었다면 시뮬레이션 과정에서 특정 변수가 가지게 될 목표 값들을 담고 있다.

이 파일들은 모두 같은 폴더에 저장되어야 하며, 이름을 *Xxx*로 통일하는 것이 편리하다. 시뮬레이터와 관련된 문서에서 '현재 폴더'란 용어는 시뮬레이터 환경에서 마지막으로 열린 파일이 있는 폴더를 가리킨다.

공백 테스트 스크립트(*Xxx*.tst 파일)에서 공백 문자, 줄바꿈 문자, 주석은 무시된다. 테스트 스크립트의 주석 형식은 다음과 같다.

```
// 라인 끝까지 주석
/* 닫을 때까지 주석 */
/** API 문서 주석 */
```

테스트 스크립트는 파일명과 폴더명을 제외하면 대소문자 구분을 하지 않는다.

사용법 Nand to Tetris는 하드웨어 및 소프트웨어 모듈 *Xxx*들마다 스크립트 파일 *Xxx*.tst와 비교 파일 *Xxx*.cmp를 제공한다. 이 파일들은 *Xxx*의 구현을 테스트하도록 설계되었다. 어떨 때는 구현 부분이 빠진 HDL 인터페이스처럼 *Xxx*의 뼈대 파일을 제공하기도 한다. 모든 프로젝트의 파일은 일반 텍스트 편집기로 열어보고 편집할 수 있는 일반 텍스트 파일이다.

보통 *Xxx*.tst 스크립트 파일을 관련 시뮬레이터에 로드하는 것으로 시뮬레이션 세션을 시작하게 된다. 스크립트의 첫 명령은 보통 테스트할 모듈

*Xxx*에 저장된 코드를 불러오는 명령이다. 다음으로 출력 파일을 초기화하고 비교 파일을 지정하는 명령이 올 수 있다. 그 뒤의 명령들은 실제로 테스트를 수행한다.

시뮬레이션 제어   시뮬레이터마다 시뮬레이션 제어를 위한 메뉴와 아이콘들이 있다.

File(파일) 메뉴: 시뮬레이터에 관련 프로그램(.hdl, .hack, .asm, .vm 파일 또는 폴더명)이나 테스트 스크립트(.tst 파일)를 불러올 수 있다. 사용자가 테스트 스크립트를 로드하지 않으면 시뮬레이터가 기본 테스트 스크립트를 알아서 불러온다(아래에 설명됨).

Play(실행) 아이콘: 현재 불러온 테스트 스크립트에 지정된 대로 시뮬레이터가 다음 시뮬레이션 단계를 실행한다.

Pause(일시 중지) 아이콘: 시뮬레이터에 현재 로드된 테스트 스크립트의 실행을 일시 중지한다.

Fast-forward(빨리 감기) 아이콘: 시뮬레이터에 현재 로드된 테스트 스크립트의 모든 명령을 한번에 실행한다.

Stop(중단) 아이콘: 시뮬레이터에 현재 로드된 테스트 스크립트의 실행을 중단한다.

Rewind(되감기) 아이콘: 시뮬레이터에 현재 로드된 테스트 스크립트의 실행을 리셋한다. 즉, 테스트 스크립트의 첫 번째 명령부터 실행할 준비를 한다.

위에 설명한 시뮬레이터 아이콘들은 '코드를 실행'하지 않는다. 이 아이콘들은 테스트 스크립트를 실행하며, 테스트 스크립트가 코드를 실행하는 것이다.

A3.2 하드웨어 시뮬레이터에서 칩 테스트하기

하드웨어 시뮬레이터는 부록 2에 설명된 하드웨어 기술 언어HDL로 작성된 칩 정의를 테스트 및 시뮬레이션한다. 1장에는 칩 개발과 테스트에 필요한 필수 배경 지식이 담겨 있으니 먼저 읽어 보기를 바란다.

예제 부록 2의 그림 A2.1은 3개의 1비트 입력이 동일한지 검사하는 Eq3 칩을 나타내고 있다. 그림 A3.1은 이 칩을 테스트하는 스크립트 Eq3.tst와, 이 테스트에서 기대되는 출력 결과를 담고 있는 비교 파일 Eq3.cmp이다.

테스트 스크립트 내용은 보통 몇 가지 설정 명령으로 시작해서, 세미콜론으로 끝나는 시뮬레이션 단계들이 이어진다. 그리고 한 시뮬레이션 단계에서는 보통 칩의 입력 핀을 테스트 값으로 설정하고, 칩의 논리를 계산하고, 특정 변수의 값을 지정된 출력 파일에 기록하는 과정을 거친다.

```
/* Eq3.tst: Eq3.hdl 프로그램을 테스트한다.
Eq3 칩은 세 개의 1비트 입력이 모두 같은 값을 가지면
out에 1을, 그렇지 않으면 0을 설정한다. */
load Eq3.hdl,          // HDL 프로그램을 시뮬레이터에 로드한다.
output-file Eq3.out,   // 스크립트 출력을 이 파일에 기록한다.
compare-to Eq3.cmp,    // 스크립트 출력을 이 파일과 비교한다.
output-list a b c out; // 이어지는 각 output 명령에서
                       // 변수 a, b, c, out의 값을 출력 파일에 기록한다.
set a 0, set b 0, set c 0, eval, output;
set a 1, set b 1, set c 1, eval, output;
set a 1, set b 0, set c 0, eval, output;
set a 0, set b 1, set c 0, eval, output;
set a 1, set b 0, set c 1, eval, output;
```

Eq3.cmp

a	b	c	out
0	0	0	1
1	1	1	1
1	0	0	0
0	1	0	0
1	0	1	0

그림 A3.1 테스트 스크립트와 비교 파일(예시)

Eq3 칩은 세 개의 1비트 입력을 받는다. 따라서 완전히 테스트하려면 테스트 시나리오가 8개 필요하다. 그리고 입력 크기가 늘어날수록 완전히 테스트하는 데 필요한 시나리오 개수도 기하급수적으로 커진다. 따라서 대부분의 테스트 스크립트에서는 그림과 같이 대표적인 입력 값들만 일부분 테스트한다.

데이터 타입과 변수 테스트 스크립트는 정수와 문자열이라는 두 가지 데이터 타입을 지원한다. 정수 상수는 기본적으로 10진수 형식(%D로 시작함)과, 2진수 형식(%B로 시작함), 16진수 형식(%X로 시작함)으로 표현된다. 이 값들은 항상 2의 보수법으로 표현된 2진수 값으로 변환된다. 다음 명령들을 살펴보자.

```
set a1 %B1111111111111111
set a2 %XFFFF
set a3 %D-1
set a4 -1
```

위 4개의 변수들은 모두 동일하게 2진수 값 1111111111111111로 설정되며, 이 값은 10진수로 −1을 2의 보수법으로 표현한 값이다.

문자열 값은 %S가 맨 앞에 붙으며, 큰따옴표로 묶어야 한다. 문자열은 출력 목적으로만 사용되며 변수에 할당할 수 없다.

하드웨어 시뮬레이터의 2단계 클록(조합 칩을 테스트하는 데만 사용됨)은 0, 0+, 1, 1+, 2, 2+, 3, 3+ 등으로 표시되는 값들을 연속으로 출력한다. 이러한 클록 주기(또는 시간 단위)의 진행은 tick과 tock이라는 두 개의 스크립트 명령으로 제어할 수 있다. tick은 클록 값을 t에서 t+로 이동시키고, tock은 t+에서 t+1로 이동시켜 다음 시간 단위를 가져 온다. 현재 시간 단위는 time이라는 읽기 전용 시스템 변수에 저장된다.

스크립트 명령들은 핀, 내장형 칩의 변수, 시스템 변수 time이라는 세 가지 종류의 변수에 접근할 수 있다.

핀: 시뮬레이션하는 칩의 입력, 출력, 내부 핀(예를 들어, `set in 0`이라는 명령은 in이라는 이름의 핀의 값에 0을 설정한다.)

내장형 칩의 변수: 칩의 외부 구현에 노출된다(그림 A3.1 참고).

time: 시뮬레이션이 시작한 이후로 경과된 시간 단위 수(읽기 전용 변수)

스크립트 명령 스크립트는 명령들을 순서대로 나열한 것이다. 각 명령들은 쉼표, 세미콜론 또는 느낌표로 끝난다. 이 종료 표현들은 다음과 같은 의미를 지닌다.

쉼표(,): 스크립트 명령을 종료한다.

세미콜론(;): 스크립트 명령과 시뮬레이션 단계를 종료한다. 시뮬레이션 단계는 하나 이상의 스크립트 명령으로 구성된다. 사용자가 시뮬레이터의 메뉴나 play 아이콘을 이용해서 시뮬레이션 한 단계single-step만 진행하도록 지시하면, 시뮬레이터는 세미콜론을 만날 때까지 현재 명령을 실행한 후에, 시뮬레이션을 일시 중지한다.

느낌표(!): 스크립트 명령을 종료하고, 스크립트 실행을 중단한다. 사용자는 나중에 중단한 지점부터 스크립트 실행을 재개할 수 있다. 보통 디버깅 목적으로 사용된다.

이 다음부터는 파일을 불러오고 설정을 초기화하는 설정 명령setup command과 실제로 테스트를 진행하는 시뮬레이션 명령simulation command이라는 두 가지 개념으로 스크립트 명령들을 분류해서 설명하고자 한다.

설정 명령

load *Xxx*.hdl *Xxx*.hdl에 저장된 HDL 프로그램을 시뮬레이터에 로드한다. 파일명에는 .hdl 확장자가 포함되어야 하며, 파일 경로는 지정해서는 안 된다. 시뮬레이터는 먼저 현재 폴더에서 파일을 로드하고, 파일 찾기에 실패하면 tools/builtInChips 폴더에서 해당 파일을 불러온다.

output-file *Xxx*.out 시뮬레이터가 output 명령의 결과를 지정된 파일에 기록하도록 지시한다. 지정 파일명에는 .out 확장자가 포함되어야 한다. 출력 파일은 현재 폴더에 생성된다.

output-list *v1, v2, ···* 스크립트에서 output 명령을 만났을 때 출력 파일에 무엇을 기록할지 지정한다(다음 output-list 명령까지 유효하다). 리스트의 값들은 변수명과 형식 정의로 구성된다. 또한 이 명령은 출력 파일에 변수명 리스트로 구성된 헤더 라인도 기록한다. output-list에서 뒤에 따라오는 요소 *v*들의 형식은 *varName format padL.len.padR* 같은 형식(공백 제외)이다. 이 지시문의 의미는 *padL*만큼의 공백 문자와, *varName* 변수의 현재 값을 지정된 *format*을 이용해서 길이 *len*만큼 기록하고, 다시 *padR*만큼의 공백 문자와, 마지막으로 구분 기호 |를 기록하라는 뜻이다. *format* 형식은 %B(2진수), %X(16진수), %D(10진수) 또는 %S(문자열) 중에 하나다. 기본 형식은 %B1.1.1 이다.

예를 들어, 핵 플랫폼의 CPU.hdl 칩에는 reset이라는 입력 핀과, pc라는 출력 핀(여러 개 중 하나), 그리고 DRegister(여러 개 중 하나)라는 칩 부품이 있다. 그리고 다음과 같은 명령을 쓰면 시뮬레이션 도중에 이 항목들의 값을 추적할 수 있다.

```
Output-list time%S1.5.1         // 시스템 변수 time
            %B2.1.2             // 칩의 입력 핀 중 하나
            pc%D2.3.1           // 칩의 출력 핀 중 하나
            DRegister[]%X3.4.4  // 이 칩 부품의 내부 상태
```

(내장형 칩의 상태 변수는 아래에 설명되어 있다). 이 output-list 명령어 다음에 output 명령이 두 개 있다면 다음과 같은 출력이 생성될 것이다.

```
| time |reset|  pc |DRegister[]|
|  20+ |  0  | 21 |    FFFF    |
|  21  |  0  | 22 |    FFFF    |
```

compare-to *Xxx.cmp* 다음에 이어지는 output 명령으로 출력되는 라인이, 지정된 비교 파일(.cmp 확장자도 써 줘야 한다) 내에서 대응하는 라인과 동일한지 검사한다. 두 라인이 같지 않으면 시뮬레이터는 오류 메시지를 표시하고 스크립트 실행을 중지한다. 비교 파일은 현재 폴더에 있다고 간주한다.

시뮬레이션 명령

set *varNAme value* 변수에 값을 할당한다. 변수는 핀 또는 칩이나 칩 부품의 내부 변수 중 하나다. 값의 비트 폭과 변수는 호환될 수 있어야 한다.

eval 입력 핀의 현재 값에 칩 논리를 적용하고, 출력 결과 값을 계산한다.

output 시뮬레이터가 다음 논리를 실행하도록 한다.

1. 최근 output-list 명령에서 지정한 모든 변수의 현재 값을 얻어온다.
2. 최근 output-list 명령에서 지정한 형식을 사용해서 출력 라인을 생성한다.
3. 출력 파일에 그 출력 라인을 기록한다.
4. (compare-to 명령을 통해 이미 비교 파일이 선언된 경우): 출력 라인이 비교 파일의 현재 라인과 다르면 오류 메시지를 표시하고 스크립트 실행을 중단한다.
5. 출력 파일과 비교 파일의 라인 커서를 다음으로 이동시킨다.

tick 현재 시간 단위(클록 주기)의 첫 단계를 끝낸다.

tock 현재 시간 단위의 두 번째 단계를 끝내고, 다음 시간 단위의 첫 단계를 시작한다.

repeat *n {commands}* 중괄호로 묶인 명령을 *n*번 반복한다. *n*이 생략되면 다른 이유(예: 사용자가 Stop 아이콘을 클릭했을 때)로 시뮬레이션이 중단될 때까지 명령을 계속 반복한다.

while *booleanCondition {commands}* *booleanCondition*이 true인 동안 중괄호로 묶인 명령을 반복한다. 조건식의 형식은 *x op y*로, *x*와 *y*가 상수나 변수명일 때 *op*는 =, >, <, >=, <= 또는 <>이다. *x*와 *y*가 문자열일 때 *op*는 = 또는 <>이다.

echo *text* 시뮬레이터의 상태 표시줄에 텍스트를 표시한다. 텍스트는 큰따옴표로 묶여야 한다.

clear-echo 시뮬레이터의 상태 표시줄을 지운다.

breakpoint *varName value* 후속 스크립트 명령을 실행한 후에, 특정 변수의 현재 값을 지정된 *value*와 비교하기 시작한다. 변수에 지정된 *value*가 있으면 실행을 중단하고 메시지를 표시한다. 그렇지 않으면 정상적으로 실행을 계속한다. 디버깅에 유용한 명령.

clear-breakpoints 이전에 지정한 중단점breakpoint을 모두 지운다.

builtInChipName method argument(s) 주어진 인수를 사용해서 지정된 내정형 칩 부품의 특정 메서드를 실행한다. 내장형 칩 설계자는 사용자(또는 테스트 스크립트)가 시뮬레이션되는 칩을 조작할 수 있는 방법을 제공할 수 있다. 그림 A3.2를 참고하자.

내장형 칩 변수 칩은 HDL 프로그램이나 외부에서 제공하는 실행 가능 모듈로 구현할 수 있다. 외부 모듈로 구현되는 칩은 내장형built-in이라 부른다. 내장형 칩은 *chipName*[*varName*]이라는 구문을 통해 쉽게 칩의 상태에 접근할 수 있으며, 여기서 *varName*은 칩 API에 문서화되어 있는 변수를 뜻한다. 그림 A3.2를 참고하자.

set RAM16K[1017] 15라는 스크립트 명령을 생각해 보자. RAM16K는 현재 시뮬레이션 중인 칩이나 그런 칩의 부품이라면, 이 명령은 그 메모리 주소 1017에 15를 설정한다. RAM16K 칩은 GUI 기능을 지원하므로, 칩의 시각 정보에도 새로운 값이 반영될 것이다.

내장형 칩의 내부 상태가 단일 값이라면, 그 상태의 현재 값은 *chipName*[]

칩 이름	노출된 변수	데이터 타입/범위	메서드
Register	Register[]	16비트 (−32768···32767)	
ARegister	ARegister[]	16비트	
DRegister	DRegister[]	16비트	
PC (prog. counter)	PC[]	15비트 (0···32767)	
RAM8	RAM8[0···7]	각 항목은 16비트	
RAM64	RAM64[0···63]	각 항목은 16비트	
RAM512	RAM512[0···511]	각 항목은 16비트	
RAM4K	RAM4K[0···4095]	각 항목은 16비트	
RAM16K	RAM16K[0···16383]	각 항목은 16비트	
ROM32K	ROM32K[0···32767]	각 항목은 16비트	load *Xxx*.hack / *Xxx*.asm
Screen	Screen[0···16383]	각 항목은 16비트	
Keyboard	Keyboard[]	16비트, 읽기 전용	

그림 A3.2 Nand to Tetris에서 핵심 내장형 칩들의 변수들과 메서드

이라는 표현으로 접근할 수 있다. 내부 상태가 벡터라면 *chipName*[*i*]가 사용된다. 예를 들면 내장형 Register 칩을 시뮬레이션할 때 set Register[] 135 같은 스크립트 명령을 쓸 수 있다. 이 명령은 칩의 내부 상태를 135로 설정한다. 그리고 다음 시간 단위에서 Register 칩은 이 값을 적용하고 출력 핀에서 그 값을 내보내기 시작할 것이다.

내장형 칩 메서드 내장형 칩은 또한 스크립트 명령에서 사용할 수 있는 메서드를 외부에 제공한다. 핵 컴퓨터에서 프로그램은 내장형 칩 ROM32K로 구현된 명령어 메모리 장치에 존재한다. 그래서 핵 컴퓨터에서 기계어 프로그램을 실행하려면 먼저 이 칩에 그 프로그램을 로드해야 한다. 이 과정을 편하게 하기 위해서, ROM32K의 내장형 구현에는 기계어 명령어를 담고 있는 텍스트 파

일을 로드하는 load 메서드가 있다. 이 메서드는 ROM32K load *filename*.hack 같은 스크립트 명령으로 사용할 수 있다.

마지막 예 핵 컴퓨터의 최상위 Computer 칩을 테스트하기 위한, 비교적 복잡한 테스트 스크립트를 소개하며 이 절을 마치고자 한다.

Computer 칩을 테스트하는 방법 한 가지는 칩에 기계어 프로그램을 로드하고, 컴퓨터가 그 프로그램을 명령어 하나씩 실행하는 동안 특정 값을 모니터링해 보는 것이다. 예를 들어 RAM[0]과 RAM[1]의 최댓값을 계산하고 그 결과를 RAM[2]에 기록하는 기계어 프로그램을 작성했다고 하자. 이 프로그램은 Max.hack이라는 파일에 저장되어 있다.

저수준 계산 과정에서 이런 프로그램이 제대로 동작하지 않는다면, 프로그램에 버그가 있거나 하드웨어에 버그가 있을 수 있다(또는 테스트 스크립트나 하드웨어 시뮬레이터에 버그가 있을 수도 있다). 문제를 단순화하기 위해서 Computer 칩을 제외한 나머지에는 오류가 없다고 가정하자.

Max.hack 프로그램으로 Computer 칩을 테스트하기 위해서 ComputerMax. tst라는 테스트 스크립트를 작성했다. 이 스크립트는 Computer.hdl을 하드웨어 시뮬레이터에 로드하고, Max.hack 프로그램을 ROM32K 칩 부품에 불러온다. 이 칩이 제대로 동작하는지 검사하는 방법 중 하나는 다음과 같다. 즉, RAM[0]과 RAM[1]에 어떤 값을 넣고, 컴퓨터를 재설정reset하고, 클록 주기를 충분히 진행한 후에 RAM[2]를 조사하는 것이다. 간단히 말해서 이 작업이 바로 그림 A3.3의 스크립트가 하는 일이다.

이 프로그램을 실행하는 데 14개 클록 주기면 충분한지는 어떻게 알 수 있을까? 이때는 실행 주기 수를 많이 주고 잠시 후에 언제 컴퓨터 출력이 안정화되는지 관찰하거나, 로드된 프로그램의 런타임 동작을 분석하는 등의 시행착오를 통해 알아낼 수 있다.

```
/* ComputerMax.tst 스크립트
RAM[2]에 max(RAM[0], RAM[1])을 설정하는
Max.hack 프로그램을 사용한다. */
// Computer를 로드하고 시뮬레이션을 준비한다.
load Computer.hdl,
output-file ComputerMax.out,
compare-to ComputerMax.cmp,
output-list RAM16K[0] RAM16K[1] RAM16K[2];
// Max.hack을 ROM32K에 로드한다.
ROM32K load Max.hack,
// RAM16K의 처음 두 셀을 테스트 값으로 설정한다.
// 프로그램 실행을 완료할 수 있을 만큼
set RAM16K[0] 3,
set RAM16K[1] 5,
output;
// 충분한 클록 주기를 진행한다.
// 프로그램 실행
repeat 14 {
    tick, tock,
    output;
}
// (스크립트가 오른쪽에 이어짐)
```

```
// 다른 값으로 또 다른 테스트를 준비한다.
// Computer를 재설정한다:
// 이 과정은 reset을 1로 설정하고 클록을 실행해서
// 프로그램 카운터(PC, 순차 칩)가
// 새 reset 값을 받아들이도록 하면 된다.
set reset 1,
tick,
tock,
output;
// reset을 0으로 설정하고,
// 새 테스트 값을 로드한 후
// 프로그램 실행을 완료할 수 있을 만큼
// 충분한 클록 주기를 진행한다.
set reset 0,
set RAM16K[0] 23456,
set RAM16K[1] 12345,
output;
repeat 14 {
    tick, tock,
    output;
}
```

그림 A3.3 최상위 Computer 칩 테스트

기본 테스트 스크립트 Nand to Tetris의 각 시뮬레이터에는 기본 테스트 스크립트가 있다. 사용자가 시뮬레이터에 테스트 스크립트를 로드하지 않으면 이 기본 스크립트가 사용된다. 하드웨어 시뮬레이터의 기본 테스트 스크립트는 다음과 같이 정의된다.

```
// 하드웨어 시뮬레이터의 기본 테스트 스크립트
repeat {
    tick,
    tock;
}
```

A3.3 CPU 에뮬레이터에서 기계어 프로그램 테스트

어떤 하드웨어 플랫폼 구축이든 지원할 수 있는 범용 프로그램인 하드웨어 시뮬레이터와 달리, CPU 에뮬레이터는 핵 컴퓨터라는 특정 플랫폼의 기계어 프로그램 실행을 시뮬레이션하도록 만들어진 전용 도구다. 이 기계어 프로

그램은 4장에서 설명한 핵 기계어의 2진 버전이나 기호 버전으로 작성할 수 있다.

앞에서와 마찬가지로 시뮬레이션에는 4개 파일이 관련된다. 즉, 테스트할 프로그램(*Xxx*.asm 또는 *Xxx*.hack), 테스트 스크립트(*Xxx*.tst), 출력 파일(*Xxx*.out, 선택적), 그리고 비교 파일(*Xxx*.cmp, 선택적)이다. 이 파일들은 보통 *Xxx*라는 이름의 폴더에 같이 들어 있다.

예제 RAM[2] = RAM[0] * RAM[1]을 계산하는 곱셈 프로그램 Mult.hack을 생각해 보자. 그리고 CPU 에뮬레이터에서 이 프로그램을 테스트한다고 해 보자. 테스트 방법으로는 RAM[0]과 RAM[1]에 값을 넣고, 프로그램을 실행하고, RAM[2]를 검사하는 방법이 있을 것이다. 그림 A3.4에 이 논리를 수행하는 테스트 스크립트가 나와 있다.

```
// 프로그램을 로드하고 시뮬레이션을 준비한다.
load Mult.hack,
output-file Mult.out,
compare-to Mult.cmp,
output-list RAM[2]%D2.6.2;
// 처음 2개의 RAM 셀을 테스트 값으로 설정한다.
set RAM[0] 2,
set RAM[1] 5;
// 프로그램 실행이 완료될 만큼 충분한 클록 주기를 진행한다.
repeat 20 {
  ticktock;
}
output;
// 프로그램을 다른 테스트 값으로 재실행한다.
set PC 0,
set RAM[0] 8,
set RAM[1] 7;
// Mult.hack은 단순한 반복 덧셈 알고리즘을 기반으로 하므로
// 곱해지는 값이 클수록 더 많은 클록 주기가 필요하다.
repeat 50 {
  ticktock;
}
output;
```

그림 A3.4 CPU 에뮬레이터에서 기계어 프로그램 테스트

변수 CPU 에뮬레이터에서 실행되는 스크립트 명령은 다음과 같은 핵 컴퓨터 요소에 접근할 수 있다.

A: 주소 레지스터의 현재 값(unsigned 15-bit)

D: 데이터 레지스터의 현재 값(16-bit)

PC: 프로그램 카운터의 현재 값(unsigned 15-bit)

RAM[i]: RAM 위치 i의 현재 값(16-bit)

time: 시뮬레이션이 시작한 이후 경과된 시간 단위(클록 주기 또는 tick tock)의 수(읽기 전용 시스템 변수)

명령 CPU 에뮬레이터는 다음 변경 사항을 제외하고 A3.2절에 설명된 모든 명령을 지원한다.

load *progName*: 여기서 *progName*은 *Xxx*.asm이나 *Xxx*.hack이다. 이 명령은 (테스트할) 기계어 프로그램을 시뮬레이션된 명령어 메모리에 로드한다. 프로그램이 어셈블리로 작성되면 시뮬레이터는 load *programName* 명령을 실행하는 과정에서 곧바로 2진 형식으로 번역한다.

eval: CPU 에뮬레이터에서는 사용할 수 없다.

builtinChipName method argument(*s*): CPU 에뮬레이터에서는 사용할 수 없다.

ticktock: 이 명령은 tick과 tock 대신에 사용된다. ticktock마다 클록이 하나의 시간 단위(주기)만큼 진행된다.

기본 테스트 스크립트

```
// CPU 에뮬레이터의 기본 테스트 스크립트
repeat{
    ticktock;
}
```

A3.4 VM 에뮬레이터에서 VM 프로그램 테스트

제공된 VM 에뮬레이터는 7~8장에서 정의한 가상 머신을 자바로 구현한 것이다. VM 에뮬레이터는 VM 프로그램을 실행하고, 프로그램 동작을 시각화하고, 가상 메모리 세그먼트의 상태를 표시하는 데 활용된다.

VM 프로그램은 하나 이상의 `.vm` 파일로 구성된다. 따라서 VM 프로그램의 시뮬레이션에는 테스트하는 프로그램(하나의 *Xxx*.vm 파일이나, 하나 이상의 `.vm` 파일이 담긴 *Xxx* 폴더)과, 추가적으로 테스트 스크립트(*Xxx*.tst), 비교 파일(*Xxx*.cmp) 및 출력 파일(*Xxx*.out)이 관여한다. 이 파일들은 보통 *Xxx*라는 이름의 같은 폴더에 들어 있다.

가상 메모리 세그먼트 VM 명령인 push와 pop은 가상 메모리 세그먼트(argument, local 등)를 조작하는 명령이다. 이 세그먼트는 호스트 RAM에 할당되어야 하며, VM 에뮬레이터가 VM 명령인 call, function, return을 실행할 때 이 할당 작업이 같이 이루어진다.

시작 코드(startup code) VM 번역기는 VM 프로그램을 번역하면서 스택 포인터를 256으로 설정하고 Sys.init 함수를 호출하는 기계어 코드를 생성한다. 그리고 Sys.init 함수가 호출되면 OS 클래스들이 초기화되고 Main.main이 호출된다. 비슷한 방식으로 VM 에뮬레이터는 VM 프로그램(하나 이상의 VM 함수들의 모음)을 실행하라는 지시를 받으면 Sys.init 함수 실행을 시작하도록 프로그래밍되어 있다. 그리고 로드된 VM 코드에서 이런 함수를 찾을 수 없으면 에뮬레이터는 그 코드의 첫 번째 명령부터 실행하기 시작한다.

후자의 규칙은 VM 번역기의 단위 테스트를 지원하기 위해 VM 에뮬레이터에 추가된 것으로, VM 번역기는 두 개의 장과 프로젝트에 걸쳐 설명했다. 프로젝트 7에서는 함수 호출 명령은 제외하고 push, pop, 산술 명령만 처리하는 기초 VM 번역기를 만들었다. 이런 프로그램을 실행하려면 가상 메모리 세그먼트(최소한 시뮬레이션하는 VM 코드에 나오는 세그먼트)를 호스트

RAM에 어떻게든 고정해야 한다. 편리하게도 가상 세그먼트의 시작 RAM 주소를 제어하는 포인터를 조작하는 스크립트 명령을 활용하면 이런 초기화가 가능하다. 이 스크립트 명령으로 가상 세그먼트를 RAM에서 원하는 위치 어디에든 고정할 수 있다.

예제 `FibonacciSeries.vm` 파일에는 피보나치 수열의 처음 n개를 계산하는 VM 명령들이 있다. 이 코드는 n과, 계산된 수가 저장될 시작 메모리 주소의 두 인수를 받아 연산을 한다. 그림 A3.5의 테스트 스크립트는 인수 6과 4000에 대해서 이 프로그램을 테스트한다.

```
/* FibonacciSeries.vm 프로그램은 처음 n개의 피보나치 수를 계산한다.
이 테스트에서 n = 6이고, RAM 주소 4000에서 4005에 숫자들이 기록된다. */

load FibonacciSeries.vm,
output-file FibonacciSeries.out,
compare-to FibonacciSeries.cmp,
output-list RAM[4000]%D1.6.2 RAM[4001]%D1.6.2 RAM[4002]%D1.6.2
            RAM[4003]%D1.6.2 RAM[4004]%D1.6.2 RAM[4005]%D1.6.2;
// 프로그램 코드에는 function/call/return 명령이 없다.
// 따라서 스크립트는 스택, local, argument 세그먼트를 명시적으로 초기화한다.
set SP 256,
set local 300,
set argument 400;
// 첫 인수를 n = 6으로 설정하고, 두 번째 인수를 수열이 기록될 주소로 설정한다.
// 그리고 프로그램 실행이 완료될 만큼 충분한 수의 VM 단계를 실행한다.
set argument[0] 6,
set argument[1] 4000;
repeat 140 {
  vmstep;
}
output;
```

그림 A3.5 VM 에뮬레이터에서 VM 프로그램 테스트

변수 VM 에뮬레이터에서 실행되는 스크립트 명령은 가상 머신의 다음 요소들에 접근할 수 있다.

VM 세그먼트의 내용:

local[*i*]:　　 local 세그먼트의 *i*번째 원소 값

argument[*i*]:　argument 세그먼트의 *i*번째 원소 값

this[*i*]:　　　 this 세그먼트의 *i*번째 원소 값

that[*i*]:　　　 that 세그먼트의 *i*번째 원소 값

temp[*i*]:　　　 temp 세그먼트의 *i*번째 원소 값

VM 세그먼트의 포인터:

local:　　　　 local 세그먼트의 RAM 시작 주소

argument:　　 argument 세그먼트의 RAM 시작 주소

this:　　　　　 this 세그먼트의 RAM 시작 주소

that:　　　　　 that 세그먼트의 RAM 시작 주소

구현 특화 변수:

RAM[*i*]:　　　　　　호스트 RAM의 *i*번째 위치 값

SP:　　　　　　　　　스택 포인터의 값

currentFunction: 현재 실행 중인 함수의 이름(읽기 전용)

line:　　　　　　　　*currentFunctionName.lineIndexInFunction* 형식의 문자열
을 담고 있음(읽기 전용).

예를 들어 실행이 Sys.init 함수의 세 번째 줄에 도달하
면, line 변수는 Sys.init.3이라는 값을 담게 된다. 로
드된 VM 프로그램에서 선택된 위치에 중단점을 설정하
는 데 활용될 수 있다.

명령 VM 에뮬레이터는 다음 변경 사항을 제외하고 A3.2절에 설명된 모든 명
령을 지원한다.

load *source*: 여기서 *source* 매개 변수는 VM 코드를 담고 있는 *Xxx*.vm 파일이
　　　나, 하나 이상의 .vm 파일을 담고 있는 *Xxx*라는 이름의 폴더가 될 수 있
　　　다(폴더를 지정한 경우에는 모든 파일이 차례대로 로드된다). 만약 .vm
　　　파일이 현재 폴더에 있으면 source 인수를 생략할 수 있다.

tick/tock: 사용되지 않는다.

vmstep: 하나의 VM 명령 실행을 시뮬레이션하고, 코드 내 다음 명령으로 진
　　　행한다.

기본 스크립트

```
// VM 에뮬레이터의 기본 스크립트
repeat {
    vmstep;
}
```

핵 칩 세트

The Hack Chip Set

칩 이름은 알파벳순으로 정렬되어 있다. 이 문서의 온라인 버전은 *www. nand2tetris.org*에 있으며, 아래 API 형식은 칩을 구현할 때 유용할 것이다. HDL 프로그램에서 칩 부품을 사용하려면 아래 칩 시그니처를 복사 및 붙여 넣기 하고 빠진 바인딩(또는 연결)들을 채워 넣어 보자.

Add16(a= ,b= ,out=) /* 2의 보수법으로 표현된 2개의 16비트 값을 더한다. */

ALU(x= ,y= ,zx= ,nx= ,zy= ,ny= ,f= ,no= ,out= ,zr= ,ng=) /* 핵 ALU */

And(a= ,b= ,out=) /* And 게이트 */

And16(a= ,b= ,out=) /* 16비트 And */

ARegister(in= ,load= ,out=) /* 주소 레지스터(내장형) */

Bit(in= ,load= ,out=) /* 1비트 레지스터 */

CPU(inM= ,instruction= ,reset= ,outM= ,writeM= ,addressM= ,pc=) /* 핵 CPU */

DFF(in= ,out=) /* 데이터 플립-플롭(내장형) */

DMux(in= ,sel= ,a= ,b=) /* 입력을 2개의 출력 중 하나로 라우팅 */

DMux4Way(in= ,sel= ,a= ,b= ,c= ,d=) /* 입력을 4개의 출력 중 하나로 라우팅 */

DMux8Way(in= ,sel= ,a= ,b= ,c= ,d= ,e= ,f= ,g= ,h=) /* 입력을 8개의 출력 중 하나로 라우팅 */

DRegister(in= ,load= ,out=) /* 데이터 레지스터(내장형) */

HalfAdder(a= ,b= ,sum= , carry=) /* 2개의 비트를 더한다. */

FullAdder(a= ,b= ,c= ,sum= ,carry=) /* 3개의 비트를 더한다. */

Inc16(in= ,out=) /* out을 in + 1로 설정한다. */

Keyboard(out=) /* 키보드 메모리 맵(내장형) */

Memory(in= ,load= ,address= ,out=) /* 핵 플랫폼의 데이터 메모리(RAM) */

Mux(a= ,b= ,sel= ,out=) /* 2개의 입력 중에 선택한다. */

Mux16(a= ,b= ,sel= ,out=) /* 2개의 16비트 입력 중에 선택한다. */

Mux4Way16(a= ,b= ,c= ,d= ,sel= ,out=) /* 4개의 16비트 입력 중에 선택한다. */

Mux8Way16(a= ,b= ,c= ,d= ,e= ,f= ,g= ,h= ,sel= ,out=) /* 8개의 16비트 입력 중에 선택한다. */

Nand(a= ,b= ,out=) /* Nand 게이트(내장형) */

Not16(in= ,out=) /* 16비트 Not */

Not(in= ,out=) /* Not 게이트 */

Or(a= ,b= ,out=) /* Or 게이트 */

Or8Way(in= ,out=) /* 8중 Or */

Or16(a= ,b= ,out=) /* 16비트 Or */

PC(in= ,load= ,inc= ,reset= ,out=) /* 프로그램 카운터 */

RAM8(in= ,load= ,address= ,out=) /* 8-단어 RAM */

RAM64(in= ,load= ,address= ,out=) /* 64-단어 RAM */

RAM512(in= ,load= ,address= ,out=) /* 512-단어 RAM */

RAM4K(in= ,load= ,address= ,out=) /* 4K RAM */

RAM16K(in= ,load= ,address= ,out=) /* 16K RAM */

Register(in= ,load= ,out=) /* 16비트 레지스터 */

ROM32K(address= ,out=) /* 핵 플랫폼의 명령어 메모리(ROM, 내장형) */

Screen(in= ,load= ,address= ,out=) /* 스크린 메모리 맵(내장형) */

Xor(a= ,b= ,out=) /* Xor 게이트 */

핵 문자 집합
The Hack Character Set

32: space	56: 8	80: P	104: h	127: DEL
33: !	57: 9	81: Q	105: i	128: newLine
34: "	58: :	82: R	106: j	129: backSpace
35: #	59: ;	83: S	107: k	130: leftArrow
36: $	60: <	84: T	108: l	131: upArrow
37: %	61: =	85: U	109: m	132: rightArrow
38: &	62: >	86: V	110: n	133: downArrow
39: '	63: ?	87: W	111: o	134: home
40: (	64: @	88: X	112: p	135: end
41:)	65: A	89: Y	113: q	136: pageUp
42: *	66: B	90: Z	114: r	137: pageDown
43: +	67: C	91: [	115: s	138: insert
44: ,	68: D	92: /	116: t	139: delete
45: -	69: E	93:]	117: u	140: esc
46: .	70: F	94: ^	118: v	141: f1
47: /	71: G	95: _	119: w	142: f2
48: 0	72: H	96: `	120: x	143: f3
49: 1	73: I	97: a	121: y	144: f4
50: 2	74: J	98: b	122: z	145: f5
51: 3	75: K	99: c	123: {	146: f6
52: 4	76: L	100: d	124: |	147: f7
53: 5	77: M	101: e	125: }	148: f8
54: 6	78: N	102: f	126: ~	149: f9
55: 7	79: O	103: g		150: f10
				151: f11
				152: f12

잭 OS API
The Jack OS API

잭 언어는 메모리 할당, 수학 함수, 입력 가로채기, 출력 렌더링과 같은 기본 OS 서비스를 제공하는 8개의 표준 클래스를 지원한다. 이 부록은 이 클래스들의 API를 문서화한 것이다.

Math

이 클래스는 일반적으로 필요한 수학 함수를 제공한다.

function int multiply(int x, int y): x와 y의 곱셈 결과를 반환한다. 잭 컴파일러는 프로그램 코드에서 곱셈 연산자 *를 식별하면 이 함수를 호출해서 처리한다. 따라서 잭 표현식 x * y와 함수 호출 Math.multiply(x,y)는 동일한 값을 반환한다.

function int divide(int x, int y): x/y의 정수부를 반환한다. 잭 컴파일러는 프로그램 코드에서 나눗셈 연산자 /를 식별하면 이 함수를 호출해서 처리한다. 따라서 잭 표현식 x/y와 함수 호출 Math.divide(x,y)는 동일한 값을 반환한다.

function int min(int x, int y): x, y 중 최솟값을 반환한다.

function int max(int x, int y): x, y 중 최댓값을 반환한다.

function int sqrt(int x): x의 제곱근의 정수부를 반환한다.

String

이 클래스는 char 값의 문자열을 나타내며, 일반적으로 필요한 문자열 처리 기능을 제공한다.

constructor String new(int maxLength): 최대 길이가 maxLength이고, 초기 길이가 0인 빈 문자열을 새로 생성한다.

method void dispose(): 이 문자열을 삭제한다.

method int length(): 이 문자열의 문자 수를 반환한다.

method char charAt(int i): 이 문자열의 i번째 위치에 있는 문자를 반환한다.

method void setCharAt(int i, char c): 이 문자열의 i번째 위치에 있는 문자를 c로 설정한다.

method String appendChar(char c): 이 문자열의 끝에 c를 추가한 후에 이 문자열을 반환한다.

method void eraseLastChar(): 이 문자열의 마지막 문자를 지운다.

method int intValue(): 숫자가 아닌 문자가 감지되기 전까지의 이 문자열의 정수 값을 반환한다.

method void setInt(int val): 이 문자열이 주어진 값을 표현하도록 설정한다.

function char backSpace(): 백스페이스 문자를 반환한다.

function char doubleQuote(): 큰따옴표 문자를 반환한다.

function char newLine(): 줄바꿈 문자를 반환한다.

Array

잭 언어에서 배열은 OS 클래스 Array의 인스턴스로 구현된다. 일단 배열이 선언되고 나면 배열 원소는 arr[i]라는 구문으로 접근 가능하다. 잭 배열에는 타입이 없다. 따라서 각 배열 원소는 기본 데이터 타입이나 오브젝트 타입을 담을 수 있으며, 같은 배열 안에 서로 다른 타입의 원소들을 가질 수 있다.

function Array new(int size): 주어진 크기의 새로운 배열을 생성한다.

method void dispose(): 이 배열을 삭제한다.

Output

이 클래스는 문자를 표시하는 함수들을 제공한다. 이 클래스는 64자씩(왼쪽에서 오른쪽으로 0…63으로 인덱싱) 표현 가능한 23개 행(위에서 아래로 0…22로 인덱싱)으로 이루어진 스크린을 가정한다. 스크린의 왼쪽 상단 문자 위치는 (0,0)으로 인덱싱된다. 각 문자는 높이가 11픽셀, 너비가 8픽셀(문자 간격 및 줄 간격을 위한 여백 포함)인 직사각형 이미지로 렌더링되어 스크린에 표시된다. 필요하다면 Output 클래스의 코드를 조사해서 모든 문자의 비트맵 이미지('글꼴')를 찾아볼 수 있다. 커서는 채워진 작은 사각형으로 구현되었으며, 다음 문자가 표시될 위치를 나타낸다.

function void moveCursor(int i, int j): 커서를 i번째 행의 j번째 열로 이동시키고 거기에 표시된 문자가 있어도 덮어쓴다.

function void printChar(char c): 커서 위치에 문자를 표시하고, 커서를 한 열 뒤로 이동시킨다.

function void printString(String s): 커서 위치에서 시작하는 문자열을 표시하고 커서를 적절하게 이동시킨다.

function void printInt(int i): 커서 위치에서 시작하는 정수를 표시하고 커서를 적절하게 이동시킨다.

function void println(): 커서를 다음 줄의 시작 부분으로 이동시킨다.

function void backSpace(): 커서를 한 열 앞으로 이동시킨다.

Screen

이 클래스는 스크린에 그래픽 모양을 표시하는 함수를 제공한다. 핵의 물리적 스크린은 512개 픽셀(왼쪽에서 오른쪽으로 0…511로 인덱싱)로 된 256개 행(위에서 아래로 0…255로 인덱싱)으로 이루어진다. 스크린에서 왼쪽 최상단 픽셀은 (0,0)으로 인덱싱된다.

function void clearScreen(): 전체 스크린을 지운다.

function void setColor(boolean b): 현재 색상을 설정한다. 이 색상은 이후의 모든 draw*Xxx* 함수 호출에서 사용된다. 검은색은 true로, 흰색은 false로 표시된다.

function void drawPixel(int x, int y): 현재 색상을 사용하여 (x,y) 픽셀을 그린다.

function void drawLine(int x1, int y1, int x2, int y2): 현재 색상을 사용하여 픽셀(x1,y1)에서 픽셀(x2,y2)까지 선을 그린다.

function void drawRectangle(int x1, int y1, int x2, int y2): 현재 색상을 사용하여 왼쪽 위 모서리가 (x1,y1)이고 오른쪽 아래 모서리가 (x2,y2)인 채워진 직사각형을 그린다.

function void drawCircle(int x, int y, int r): 현재 색상을 사용하여 (x,y) 주위에 반지름 r ≤ 181인 채워진 원을 그린다.

Keyboard

이 클래스는 표준 키보드에서 입력을 읽기 위한 함수들을 제공한다.

function char keyPressed(): 키보드에서 현재 눌린 키의 문자를 반환한다. 현재 눌린 키가 없으면 0을 반환한다. 핵 문자 집합의 모든 값을 인식한다(부록 5 참고). 여기에는 newLine(128, String.newLine()의 반환 값),

backSpace(129, String.backSpace()의 반환 값), leftArrow(130), upArrow (131), rightArrow(132), downArrow(133), home(134), end(135), pageUp (136), pageDown(137), insert(138), delete(139), esc(140) 및 f1-f12(141-152) 문자들이 포함된다.

function char readChar(): 키보드 키를 눌렀다가 놓을 때까지 기다렸다가 스크린에 해당 문자를 표시하고 문자를 반환한다.

function String readLine(String message): 메시지를 표시하고, newLine 문자가 감지될 때까지 키보드에서 입력된 문자열을 읽고, 문자열을 표시하고, 문자열을 반환한다. 또한 사용자가 백스페이스를 눌렀을 때 동작을 처리한다.

function int readInt(String message): 메시지를 표시하고, newLine 문자가 감지될 때까지 키보드에서 입력된 문자열을 읽고, 스크린에 문자열을 표시하고, 입력된 문자열에서 처음으로 숫자가 아닌 문자가 나올 때까지의 문자열 정수 값을 반환한다. 또한 사용자가 백스페이스를 눌렀을 때 동작을 처리한다.

Memory

이 클래스는 메모리 관리 기능을 제공한다. 핵의 RAM은 각각 16비트 2진수를 담을 수 있는 32,768개의 단어로 구성되어 있다.

function int peek(int address): RAM[address]의 값을 반환한다.

function void poke(int address, int value): RAM[address]를 주어진 값으로 설정한다.

function Array alloc(int size): 주어진 크기의 사용 가능한 RAM 블록을 찾아 그 시작 주소를 반환한다.

function void deAlloc(Array o): 배열로 형변환casting된 주어진 객체의 할당

을 해제한다. 즉, 이 주소에서 시작하는 RAM 블록을 향후 메모리 할당에
사용할 수 있도록 한다.

Sys

이 클래스는 기본적인 프로그램 실행 서비스를 제공한다.

function void halt(): 프로그램 실행을 중단한다.

function void error(int errorCode): ERR<errorCode> 형식을 사용하여 오
류 코드를 표시하고 프로그램 실행을 중단한다.

function void wait(int duration): 대략 duration 밀리초 동안 대기하고 반
환한다.

찾아보기